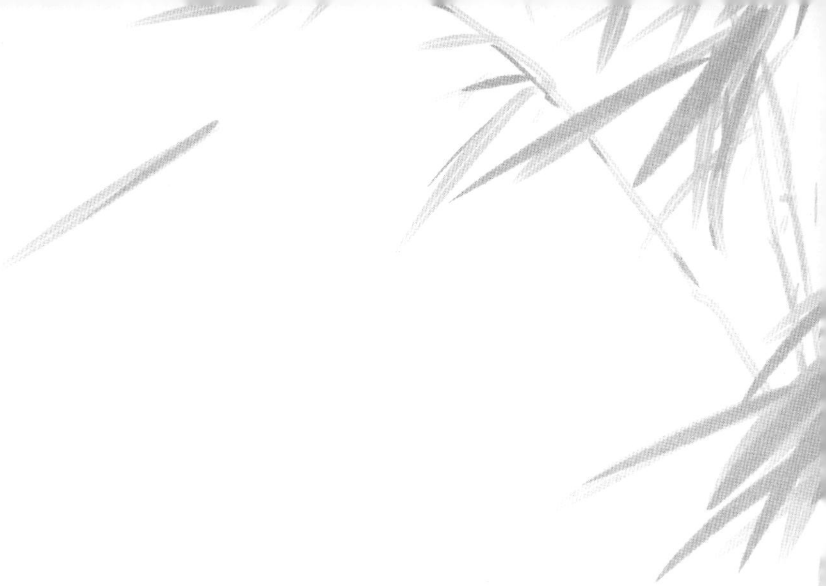

浙江文化研究工程成果文庫

浙江文獻集成

李慈銘日記

第六册

同治八年九月初一日起
同治十一年五月三十日止

[清]李慈銘 著
盧敦基 主編
何勇强 副主編

浙江大學出版社 · 杭州
ZHEJIANG UNIVERSITY PRESS

桃花聖解盦日記戊集

桃花聖解盦日記甲集 起徒維大荒落九月

同治八年九月初一日至同治九年三月三十日(1869年10月5日—1870年4月30日)

先生秉生於冬，冬氣寒，故性冷；得氣於秋，秋令肅，故性傲。惟冷惟傲，故所值多阻而命窮，窮則思通。冬者，春之孕也。先生生冬之末，春氣融結，胚於靈根，故其才肆，其情深。其發爲文章，花葉布濩，爛然若春桃者，春花之紀首也。《月令》：仲春之月，桃始華。先生於世事一切無所好，而獨喜花。於花中獨喜桃。六七歲時，西郭故居景堂之前，有桃一樹，歷年不花。先生下塾輒撫之，爲若怏怏者。後一歲開花，則大喜，爲詩數十言紀之，亦不知作何語也。自是或水行，或山行，見有桃花者輒神往。及長游柯山之湖南山，得桃數百十樹，大樂忘返。遂寄居於山之蘿闍，蓋晨霧朝霏，夕陽晚出，先生之讀書，未有不在花中者也。既客京師，追述昔游，爲《蘿闍游賞志》一書。紀以蘿闍者，爲桃花也。先生不憙佛氏書，而憙居其宮，樂其鐘磬，故嘗屬畫師撰《桃花萬樹一蒲團圖》，而肖像其中。香爐佛火之間，攬春色，注蟲魚，暇則歌詩讀史，燒猪煮茗，蓋畢生以爲歸宿矣。嗚呼！跛者不忘履，眯者不忘視。嘗荼之婦，猶系念於薺甘；銜蘆之禽，豈恝情夫柯蔽。先生廢莪集蓼，身丁百憂，而結念芳華，流連景物，有生之癖，改過滋難。爰取東坡『若見桃花生聖解』之語，以名其盦，并題其日記爲《桃花聖解盦日記》，以續息荼庵之後。吾家太白有云：『桃花流水杳然去，別有天地非人間。』蓋先生之志也。若以比迹潙山，則吾豈敢。㤅伯自序。

同治八年太歲在己巳秋九月己巳朔　晴，秋氣尚熱。鍾沓齋來，午飯後去，沈瘦生偕僧慧來。

初二日庚午　晴。

初三日辛未　晴。遣舟從至王氏妹家，作彌月湯餅。午後偕季弟、五弟同舟至觀音橋，觀嶽祠賽會，夜三更後歸。

初四日壬申　晴。申初初刻七分寒露，九月節。作書致沈曉湖。日晡後近游至楊家衖斗宮觀群少演醮，即歸。

初五日癸酉　晴暖如春。曉湖來，慎齋來，作片約蘅夫午飯，不至。下午偕曉湖、沓齋、瘦生、季弟游光相橋斗壇，復步至江橋而歸。

初六日甲戌　上午晴，下午陰，傍晚溦雨即止。上午偕鍾、沈兩君及瘦生、季弟坐舟至觀音橋，游趙氏廢園，門已半阤，不可入。午飯於孫仿雲家，下午再游商氏躍雷館，傍晚詣花藏闍夜飯，二更時歸，四更後雨。

初七日乙亥　上午陰晴不定，午風，晴。曉湖、沓齋、瘦生及僧慧皆去。閱孫氏星衍文集。剃頭。

初八日丙子　晴。李太守壽榛來，不晤。作片致鄭妹夫，借三番金爲渡江舟楫資。閱《孫淵如文集》。下午俗客沓至，不可耐。夜三弟來，復以事相擾。年來閉門僵卧，尚咄咄來逼人，豈必須范粲柴車、袁閎土室，然後得免耶？

初九日丁丑　晨陰，上午晴，晡後又陰。今日重陽，風日清麗，欲携小舟游三山湖雙間不得。下午步自西小路，緣龍山麓，出王公池，至偏門，訪何氏山齋，晚歸。

初十日戊寅　晨陰，上午晴。料理書篋，竹樓來。

十一日己卯　晴。以藏書朱印遍識晉宋書中，并標題書跗數百十字。族兄月薌之子娶婦，賀以陌錢。舊傭李三遣其子仰紇饋菱一籃來。爲三弟錢鋪被無賴劫詐事，遣僕持牘言之會稽令。近日郡中綱紀不飭，市魁營卒，結黨公行，莫敢誰何。攘物於衢，迕者立敗。漸至毆擊士紳，占奪妻女。予避人却軌，久不與當路周旋，而牽於瓜葛，不得不强預人事，要非寒蟬本心也。東陵之狐，可勝既乎！族兄葆亭來，偕至十一叔處，言建宗祠事，晚歸。

十二日庚辰　晴。爲迤峰寺僧本立書柱聯，又爲人書屏幀數事。五弟來，竹樓來，品芳來，十一叔來，渭亭來。夜偕兄弟坐舟詣觀巷王氏妹家，四更後歸。連夕月甚佳，歸時有霧。

十三日辛巳　晴。以輿迎王氏妹歸。有村寺僧聿高年七十六矣，持紙乞書楹聯，還其紙，更書與之。竹樓來，買薪百束。

十四日壬午　晴。胡梅卿來，累日疲於俗事，今日倦甚，㝃起坐東箱，理《文獻通考》殘本，標識未半，又有來聒擾者，對之小極，何法能遣人耶？三弟來，大妹夫來。

十五日癸未　上午陰，午晴，晡後復陰。是日人事沓至，營擾不堪。竹樓來，十一叔來。偕十一叔、渭亭、葆亭坐舟至郭外舊祠地，營度基宇。楚材之子周晬，遺以四百錢。瘦生來借日記。孫生子宜來。遣傭人詣錦鱗橋毛氏借得缸二，各可受水三石。寫一文，字可千餘字。晚理行篋衣莊，夜買舟赴杭。時秋气乍凉，木葉未落，流雲華月，江天曠然。自出郭門，倚舷看月，行二十里，至梅市，始就枕。五更小雨旋止。

十六日甲申　晨晴，上午陰，下午風雨凄然，驟寒。晨泊西興，上午渡江入望江門，仍寓書局。晤藍洲、施均父，閲局中新補刻永懷堂本《十三經注》，其版舊在蕭山某氏家，去年楊布政購得之者，然拙惡多誤字，蓋即葛本翻刻，不知出誰手也。版頗漫漶，且有闕失，布政屬局中諸子校補之，而無原刻本可證。因據毛氏注疏本爲之修改，轉失葛氏之真。張子虞來。

十七日乙酉　上午晴寒有風，下午陰，晡後小雨。松谿來，趙桐孫來。夜密雨徹旦，窗外老蕉喧聲聒耳，幾不成寐。

十八日丙戌　晨雨寒甚，上午漸止，午微見日景，下午陰。汪洛雅來。子虞來，以尊人少南翁所著《定鄉小志》及《梅花夢傳奇》見示。胡肖梅來。

十九日丁亥　酉初三刻一分霜降，九月中。晴。剃頭。下午偕諸子小步坊市，日暮始回。潘鳳洲以東萊翟云升文泉所著《隸篇》見示，凡十五卷。采西漢訖西晉金石文字，依《説文》十四篇之韵目，而每部編字以《類篇》爲次，皆即原碑雙鉤其文，備列正變，爲之考證。其金石家所已言者，皆不復及。卷首先載碑目，皆注明今在何地，得之何人。第十五篇爲《偏旁考》，則以篆統隸爲變隸，通例則以隸統篆。又續十五篇，再續十五篇，皆校覈精詳，深資小學。書成於道光十八年，前有濰縣陳相國官俊、聊城楊河督以增兩序及翟氏自序。翟氏又言，將别爲三續，未知已成否？

二十日戊子　晴。胡肖梅來，張子虞來，李子長來。

二十一日己丑　晴和。標題《十三經注》四十八册。下午獨行坊市，喫茶説餅，購書於扶雅堂，不成。以千錢買一紅色窑鍾及印石三枚而回。夜偕諸子詣沈知州彤元家觀劇，客囂伎拙，未畢兩闋遽歸。

二十二日庚寅　晴和。家中寄綿袍、絮褌來。閲《孫子十家注》。作片致楊豫庭，借觀近日邸鈔，則以事赴明州矣。作片致子長。下午偕肖梅、鳳洲步登吳山，喫茶於四景園，至城隍廟觀劇。日暮下山，晚烟四起，江湖渺冥，極曠莽蒼碧之觀。入市復小飲，夜歸。

二十三日辛卯　晴和。爲杭人許秋蘆灝題《友鶴圖》五律一首，不存稿。子長來。下午偕潘鳳洲、沈恒農晉藩步詣城隍牌樓，觀宋鑄鐵四太保。再登吳山，喫茶於麗水臺。老樹森立，江光碧寒，深歎秋望之美。仍上城隍廟觀劇，出遊文昌宮，復至四景園飲蕣説餅，日暮而回。

二十四日壬辰　上午晴陰相間，下午晴。校《禮記》一卷。下午偕沈恒農、許子社郊步詣金衙莊，游四閑別墅，故明金御史學曾皋園也。國初歸嚴侍郎沆，吳梅村題曰『滄浪吟館』，後歸章文簡相國、嚴漕督烺，更易數主。去年冬，杭人吳兵備煦、濮兵備詒孫、許兵備道身及江西人萬布政啓琛等，始從嚴氏購得之，易以今名，築室種樹，游者不禁。地在東城之陰，引濠爲池，老樹數百十株，有古梅古桂之屬。會城兵火之後，園林無一存者，得茲營構，足暢吟眺。山磴之間，有盤石可棊。松竹密映，下帶流水，最爲佳處。園外舊有老桂百餘本，大皆數十圍，杭人呼爲桂花坪。今已無一樹，惟朱藤一枝，縈糾古槐，夭矯蟠屈，身大於樹，亦奇觀也。晚歸。

二十五日癸巳　晴，午微陰。校《禮記》一卷付手民。剃頭。晡後偕子虞、沈恒農近步衢巷間，小橋流水，人景亭然，頗徘徊久之。夜閱《孫子十家注》。

二十六日甲午　晴。上午偕藍洲、子虞步出錢唐門，坐湖船至茅家步，換肩輿入靈隱寺，小憩冷泉亭，觀飛來峰。秋氣極浄，萬緑森然，洵洞府之奥區，佛地之麗矚。生不到此十二年矣，劫火所餘，林石無恙，足以息塵回寂，祛煩導清。寺殿已焚，僅留山門及五百羅漢堂而已。繇寺側弢光徑上韜光寺。磴道百盤，高樹夾峙，峰迴嶂懷，烟霞蔚深，泉鳴暗中，上下一碧。約里許，抵山門，復百餘步，至吕仙閣。閣前山勢豁開，江湖鏡列。閣右爲佛殿，殿後注泉爲池，清可數髮。入寺後百餘級，爲初陽臺，有吾鄉祁止祥先生所書『樓觀滄海日；門對浙江潮』十字柱聯。日晡下山，緣路林光山翠，流連不能去，蓋平生登此第一回也。至冷泉亭，夕陽未墜，霜楓漸紅，又憑欄賞詠久之。至春淙亭，坐肩輿下舟，秋色凌波，相爲目送。移舟泊湖心亭，登樓四望，暮烟漸起，山氣杳深。遂回泊錢唐門，復坐輿還寓。得趙桐孫書。夜，高呈甫明經及許子社來邀詣鄰寓觀劇，不往。

二十七日乙未　晴和。沈恒農來，以其閨人手製扇弢見詒。上午偕藍洲、恒農訪王松谿，即歸。桐孫來。松谿來。局送是月薪水三十番金，又十月先支十番金。付王福三番金買臘肉、餅飴、烟草雜物之屬。高呈甫來，屬書便面。得恒農片，再饋玫瑰酒兩瓶，即復謝。

二十八日丙申　晴煦。上午渡江東歸，午至西興駬下船，晡飯於蕭山東門外。傍晚倚窗讀書，夕景滿山，紅樹漸出。更餘出錢清江，四更入郡城，泊門前。

二十九日丁酉　晴和如春，辨色入門。作書致上虞王渠源郡丞，爲恒農致酒及書。以臘肉、餅、烟等分詒大妹、二妹諸家。沈氏從妹來。下午詣梅坡叔閑話。題《式古居彙鈔》籤四十八册，爲書四十六種。夜洗足。

三十日戊戌　晴煦。上午買舟赴平水寶嚴寺，以季弟偕穎堂爲其祖母紀建水陸道場於此也。午抵水步，行里許入寺。自歲丙午侍本生大父來游，汔今二十四年矣。竹徑就荒，谿水半涸，惟山色不壞耳。寺在鑪峰之陰，門前青嶂矗如列屏，秋樹萬重，爛若縟繡。山門柱聯八分書『白雲景裏傳心處；流水聲中選佛場』，寺門榜曰『古雲門』，皆無書者名氏。第二榜曰『顯聖古刹』，旁題『九江節度王思任書，國子祭酒陶望齡立』。按季重官九江道按察僉事，而自稱節度，非也。第三榜曰『敕賜寶嚴禪寺，康熙四十七年住持僧廣智立』。東廡有鐵塔，藏佛牙，有趙凡夫篆書『如來牙塔』四字。旁題『天啓乙丑仲秋趙宧光爲湛然禪師書』。西廡有小碑，刻董思白行書《金剛經》，聞其墨迹尚藏寺中。殿廊壁間銜愚庵孟禪師塔銘，爲弘覺禪師道忞撰文，山西參議前御史天目陸光旭釋名行宣。篆額，雲間僧大威書。又有齋田及免徭碑數通。一爲順治十三年免徭碑，會稽縣知縣蒲城郭維藩撰文，前進士欽假留都里人李安世篆額，前進士行人司行人里人陶履卓書。其後列名者紳士姚應嘉、王亹、金蘭、魯栗、祁熊佳、祁豸佳等二十餘人。正殿有聖祖仁皇帝康熙四十六年御書『寶嚴寺』三字。柱聯曰：『雲門寺裏無賸言幾個僧；石钀峰前好風景一谿水』。散木老人題，僧静伊書。筆意古逸，似青藤、鴻寶諸公。丈室有王季重爲三宜禪師書『正中妙叶』四字。又桐城張文和書『法王大寶』四字。湛然名圓澄，晚號散木道人。陶石梁爲撰塔銘，謂本東關夏氏子。孟禪師，名明盂，字三宜，晚號愚庵。道忞撰銘，謂本錢唐丁氏子。李安世爲明崇禎癸未進士，據碑録，是科有兩李安世，一在二甲，爲紹興山陰人；一在三甲，爲紹興餘姚人。而《府志·選舉表》祇載一人，注云：『碑録是科又有一李安世，餘姚人。』蓋以存疑也。按餘姚之李安世，字奉若，由舉人授泗州學正，成進士後未授官，明亡不仕，有高節，《府志·鄉賢傳》附其父槃傳。《山陰志·鄉賢》有李安世傳，所載同，而於《選舉表》注云：『據碑録，餘姚人。』考《府志·選舉表》舉人中僅有餘姚李安世，無山陰李安世，惟崇禎庚午科有李盛世，山陰人。疑碑録安世及盛世之訛，而餘姚之李安世乃籍餘姚，而居山陰者，本是一人，其登第後，未嘗補官。《府志·選舉表》中注云：『官尚寶司卿。』則亦誤也。今此碑系銜曰『欽假留都』。蓋國初遺老多注籍吏部，示欲出之意，規避禍以全高節，其未嘗授官，固亦甚明矣。

閏八月二十五日至二十九日京報：

工部右侍郎石贊清奏病難速痊，仍請開缺調理。許之。廿五日。以前山東巡撫閻敬銘爲工部右侍郎兼管錢法堂事務。未至時命通政使于凌辰署理。廿六日。山西布政使胡大任休致。巡撫李宗羲劾其飲酒自娱，不見僚屬，年逾六十，遇事健忘，廢弛固循，不勝藩司之任。湖北布政使何璟調補山西布政使。以湖北按察使張建基爲布政使。廿六日。以記名按察使前署直隸清河道劉策先爲湖北按察使。廿七日。

冬十月己亥朔　晨霧重陰，上午雨，西風作寒。居寺中，閲《雲門顯聖寺志》，共十卷。其稱雲門者，顯聖爲雲門外六寺之一也。中有湛然至百愚諸僧語録及塔銘、規約、疏序等，康熙初邑人趙甸璧雲所編。甸爲明諸生，善畫，有文名。國初與陶行人履卓偕隱雲門，有高節。此書自署曰小梅田，不知何指。商寶意言其與董无休、王白岳等稱雲門十大弟子。分立門目，各有小序，辭意奥約，而往往失之晦澀，蓋猶是明季習氣。其《爾宓澓禪師塔銘》《麥浪懷禪師塔銘》，皆祁忠惠所撰。澓名明澓，號散伊。懷名明懷，字修湛，與三宜、明盂皆湛然弟子。又《百愚斯禪師塔銘》，忠惠之兄浄超居士駿佳所撰。浄超自號西遯道人，嘗受法於三宜，而百愚則弁山明雪之弟子。明雪字瑞白，亦湛然之徒也。其塔銘余大成所撰。文皆作彼教中語，想見當日名山道侣，杖錫往還，猶有連社東林風流餘韵。至《佛牙塔記》言湛師得之吴中穹嶐山，備諸靈異，幾至鬥利速訟。歸越後，又爲會稽令火之三日，其色逾鮮。傳幻傳疑，理不足信。夜雨聲徹旦。

初二日庚子　晨小雨，風寒，傍午漸霽，下午晴陰相間。觀寺僧演水陸儀軌。其請召神鬼至侮及宣聖，而曰：『惟願不迷本性，承佛威光，今日今時，來赴法會。』其書爲明僧志磐所撰，是亦小人之無忌憚者矣。晡後偕穎堂步至山前訪湛然塔。夜觀寺僧説幽冥戒。是日祖母倪太恭人忌日。

初三日辛丑　晨陰，有風甚寒，上午微晴旋陰，下午東風橫甚，有微雨。

初四日壬寅　酉初一刻七分立冬，十月節。晨陰有微雨，上午薄晴，風不止。觀寺僧誦水陸發願文。據蓮池袾宏《竹窗隨筆》言，世傳水陸儀文始於梁武帝，因夢感白起求救，與誌公發大藏得此，禱之，光明滿室，今藏經並無其文，金山寺傳本亦無端緒，惟東湖志磐所輯《水陸儀軌》，精密簡易，因爲之訂定云云，其書惟載齋醮功德，無它深旨。自來人主事佛若梁武、南唐後主，可謂精謹，而其效如此。宋景文《唐書·李蔚傳》論，言之尤切，奈何世人反外周公、孔子之言，而別求所謂内典哉。博施濟衆，堯舜猶病。今之爲此者，其愚亦已甚矣。下午道場畢，觀衆僧送聖。晡後由寺登舟，夜還郡城。

初五日癸卯　晴，有風。爲人書紈扇二，摺扇一。傍晚蘭如來，偕至西光社廟，閲祠屋木材，夜飯於竹樓家。

初六日甲辰　上午晴，下午陰，稍和。祖母余太恭人忌日供饋，是日以曾祖考妣、祖考妣祏宔暫奉安於所寓之寢，因合祭高叔祖退谷府君以下。夜飯後族叔梅坡及族兄渭亭、蘭如、竹樓等來。剃頭。

閲九月一日至十三日京報：

上諭：前據丁寶楨奏，遵旨將安得海拏獲正法。復諭令該撫，此外尚有太監幾人，於訊明後一併絞决，隨從人等分别辦理。兹據丁寶楨覆奏，除陳玉祥、李平安、李得喜、郝長瑞、李順，計得壽六犯，均係太監，跟隨私逃，業經遵旨絞决外，其假充前站官之黄石魁、田兒及鏢丁韓寶清、戴登雲、何林芝、高振邦、劉鳳喜等幫同，招摇恐嚇居民，罪惡昭著。以上七犯業經丁寶楨於審明後，一併正法。至金安言、劉文瑞、劉凱、黄廣喜，均係蘇拉，張瑞係跟隨蘇拉服役之人，俱應守法，乃聽從安得海私自出外，實屬不安本分。僧人演文跟隨同行，不守清規。安得海家屬安得邦、安馬氏二犯，隨同外出，均屬罪有應得。以上八犯著發往黑龍江，給披甲人爲奴。餘俱照所議辦理。此旨同八月十一日諭旨著一併載入宫中現行則例。初八日。

上諭：太監王添福爲安得海經管家務，種種不法，情罪相同，著慎刑司將該犯解交刑部，即行處絞。初九日。上諭：左宗棠奏甘肅匪首張貴盤踞底店鎮等處，經黄鼎等督率所部分隊冲殺，賊敗入底店，官軍開礮急攻，賊棄壘而逃，立將門扇岔等壘一律攻破。其岳家堡賊亦棄堡狂竄，官軍沿途追殺，復擣破威戎堡、馬健堡等處賊巢。約計斃賊二千，生擒二百餘，收撫匪黨一千七百餘，蹋平賊巢十餘處。中路漸就肅清，剿辦尚屬得手。陝安道黄鼎著交部從優議敘，總兵徐占彪賞换哈西巴圖魯名號，以提督升用。總兵陳萬春賞换呼敦巴圖魯名號。餘升賞有差。初九日。上諭：左宗棠奏甘肅補用道前署平凉府知府李超群倚匪首張貴自衛，今其子李毓英與張貴交結，並委其戚陳九如代理静寧州知州，爲張貴搜括民財。似此黨匪殃民，實爲地方之害。李超群著即革職拏問，州吏目陳九如、縣丞李毓英一併革職拏問，嚴訊懲辦。初九日。

上諭：丁寶楨奏山東青州營步兵趙連城因改拔馬糧未得，心懷忿恨，起意將參將舒泰、守備金國彦殺害，突於八月十七日乘該處文武赴龍神廟致祭時，用刀將金國彦殺傷，並誤傷署青州府知府王汝訥，先後殞命，實屬情同叛逆。該犯現經拏獲，著丁寶楨即派員提省，嚴審確情，立置重典，以彰國法。該營將備，有無改拔不公、致激事變等情，並著確查究辦。初十日。十一月十二日覆奏，趙連城已解赴青州凌遲處死；知府王汝訥、守備金國彦均照歿於王事例議恤；舒泰交部議處。

吉林將軍富明阿等奏請變通雙城堡營制，略云：據雙城堡總管雙福呈稱，該堡自改設總管衙門以來，生齒益繁。此堡原爲調劑京旗生計而設，初定移撥京旗三千户，繼改爲一千户。吉奉兩省旗丁三千户，由中屯設立協領衙門，管理三屯七翼。復於咸豐間，歷經前任將軍固慶、景綸先後條陳，將協領改爲副都統銜總管，並將七翼改爲六佐，其中左右三屯統歸總屯，建署理事，並撥增甲缺。伏思我朝兵制，胥分八旗，管轄户籍，無容混淆。兹該堡止有六旗，請改設八旗，以爲永久定制。一、六佐今擬改設八旗，佐領分掌鈐記。一、舊有委協領二員，分掌兩司兩翼關防，今分八旗，自應仍分兩翼。其左翼委協領由左翼佐領内揀補管理，左司左翼關防仍掌本旗，佐領鈐記。其右翼委協領由右翼佐領内揀補管理，右司右翼關防仍掌本旗佐領鈐記。一、舊設委防禦二員，原爲稽察街面、屯界等事，由實任驍騎校八員内揀委自應，毋庸裁徹。至原設驍騎校八員即分布八旗，其委佐領之驍騎校一員，由左翼驍騎校内揀其能者掌理，右翼鑲藍旗委佐領鈐記。其委防禦二員，由兩翼驍騎校内揀選，由左翼揀委者兼察右翼四旗事務，由右翼揀委者兼察左翼四旗事務。一、八旗鑲黄等七旗佐領鈐記七顆，鑲藍旗委佐領鈐記一顆，擬請旨飭部鑄頒，其現有六佐鈐記，俟新頒八旗鈐記到時，再行咨部繳銷。一、既改八旗所有委協領二員，委佐領一員，委防禦二員，均事煩責重，合無仰懇天恩，均照委銜賞换頂戴，不加俸銀。又阿勒楚喀原有委協領、委佐領各一員，拉林原有委佐領二員，擬即一體更换委銜頂戴。一、每旗擬設領催三名，共二十四名，分管兵丁。除原有領摧十八名，所增六名餉銀，酌將原設總屯運八名裁撤，所省之餉以爲添設之需。一、總管衙門，原有不開甲缺，無品級筆帖式十員，分撥兩司各三員，印務大二員，倉站各一員。嗣又由阿勒楚喀撥派兩司辦事筆帖式二員。今擬於分撥兩司筆帖式内，各改繙譯筆帖式一員，與前設之二員共四員，分辦兩司事件。並請循照通省章程，一體開除甲缺。其由貢監生員升授者，照定章分别品級，由領催馬甲升授者，作爲無品級筆帖式。該堡租項浩繁，應由此四員内輪派管庫筆帖式一員，二年更换。有詔下部議。

富明阿等又奏言，吉林爲國家根本發祥重地，駐防滿洲、蒙古、漢軍，素稱勁旅。風俗質樸，清語騎射是其所長。惟止省城八旗兩翼向設助教官二員，其餘各城並無專缺教習，以致學校癈弛，清語生疏。查黑龍江通省將軍副都統城守尉各衙門，均設清文教習，訓教旗童，故江省清文、清語，尚未失傳，今請仿照江省酌定專缺教習之額，予以升途。擬添設寧古塔滿教習一員，伯都訥一員，三姓一員，阿勒楚喀一員，雙城堡一員，烏拉總管衙門一員，均於通省實缺無品級筆帖式内，揀選精通清文、清語兼通騎射之人，考校咨部補授，永遠作爲定額。不開底缺，仍支原缺餉銀俸米，並擬由各處自行籌給膏火，毋庸另增正款。至吉林省城，舊有白山書院，係前任將軍富俊捐設，專資旗童誦讀漢書，備習繙譯，迄今年久廢弛，擬添設漢文教習一員，由將軍衙門水手營正丁帖書内，揀漢文優長方正之人，咨部補授。仍食原餉，酌添俸米倉石十二斛，由本省公倉支銷。仍請比照江省章程，每佐領下送旗童二三名，作爲正額。其餘願送習讀者聽之教習，三年差滿，考其所教子弟，或揀放披甲，或挑帖書外郎差使。其教導有方者，有成效者，仿照助教官年滿改武之例，送部引見。其滿州、蒙古、漢軍各以該部落旗翼之驍騎校序補其水手營教習。俟引見後，以該營六品官揀補。如成效不足者，再留教習三年，方准保送引見。有詔下部議。

四川總督吳棠奏甄别州縣各員。四川筠連縣知縣傅有霖、井研縣知縣王鳳翥年力就衰；廣安州知州桂溥辦事遲鈍；犍爲縣知縣陳啓銜、永川縣知縣方翊清才具短絀；南部縣知縣慶泰才識卑陋；西昌縣知縣姚繼祖質地庸闇；前署合江縣王容章聲名平常；前任邛州直隸州知州胡興倬、前署名山縣寇用平吏事疲玩。詔分别休致，降調有差。補八月廿五日。

初七日乙巳　晴，有風自南。上午偕季弟坐舟，詣漓渚金釵隴拜掃曾祖考妣墓。以風逆船行不前，午後始抵岸。更覓版輿舁登山。晡後下舟飯，欲游寶壽寺不果。夜至戴於山訪壽玉谿，談逾頃别，仍登舟飯，移泊沈家阪田家門前宿。微月映林，村浄如水。稻場相望，微聞機杼之音。是日曾祖妣生日。

初八日丙午　晴和無霜。凌晨開船，行至項里，早飯畢，詣先考妣墓拜掃，草露未乾，樹霜猶赤。行禮畢，由斜徑入翠峰寺。寺創於趙宋而明季重建者也。門前有池，方廣數丈，竹林包寺，編籬爲徑，寺門額曰『古翠峰寺』，韋馱神龕前有祁止祥書『保任其事』四字。佛殿有王季重書『毫端現剎』四大字。殿旁左曰還山樓，右曰華嚴閣，皆乾隆中寺僧佛秀所題。殿後因山起廊，傍植花樹。廊盡爲後殿。殿后爲園，山翠竦接，初日滿林。禽聲入幽，萬景俱寂。解帶小愒而返。解維泊柯山前，游普照寺及七星巖，坐理詠窩，觀水久之。午仍下舟飯。下午偕仲弟、季弟回舟，出梅市橋，傍晚入城。五弟、九弟來。

初九日丁未　晴。閲《聖武記》。五弟饋蟹三十螯。爲人書柱聯一。孫仿雲偕三弟來，訂十一日夜飲。沈瘦生來。

初十日戊申　晴。偕九弟詣木客山高祖墓拜掃，復詣亭山掃先王父母殯宫，下午歸。張存齋偕王同知廷訓來。

十一日己酉　晴。偕季弟步詣龍山故居，經張轉運祠小愒，由韓家池，明副都御史韓宜可故居也。出倉橋，閲書於味經沈氏，復由西營至月池坊鄭氏妹家午飯。下午詣汲古齋閲書，晡時歸。族兄葆亭來。傍晚偕季弟坐舟詣孫氏從姊家，赴仿雲之招，夜飲小醉，三更時歸。

十二日庚戌　晨陰，傍午晴。張存齋來。孫生子宜來。傍晚偕竹樓、品芳詣眉語樓小飲。夜二更時蹋月歸。連夕氣暖，月甚佳。

十三日辛亥　晴和如中春。

得存齋片，送來鈔本《國初人傳》一小册，不著撰人名氏，亦無目録，其首尾不可得詳。大旨主於儒林，而明之遺民爲多，有專傳，有合傳，有附傳，有論。蓋乾隆中吾越人所作。遺獻張白雲先生怡傳下注云：吾鄉余若水先生風格與先生仿佛。又沈求如諸先生傳下附記云：蕺山《人譜》訟過條，有香一炷，水一盂等語，顯近枯禿，其嗣孫子志文與予交，時年已八十餘，嘗言此是史孝咸竄入者。又云：會稽人陶庸齋廷奎，石簣祖也。著《正學演説》，力辨良知與嶺南體認之非。石簣不特失其先學，且蒲伏而竄居湛然、澄密、雲悟座下，而猶曰良知良知，文成寧受之乎？又故明御史蔣大鴻先生平階傳云：先生樂會稽有佳山水，遂寓而終，遺命葬樵風涇。在越與毛西河、徐伯調相應和，而獨惡王白岳，好談青紫囊術。其《地理辨微》一書，於郭璞《葬經》下至楊賴諸家，悉加貶斥。然爲人卜地，頗多衰絶。即其自營之穴，後人凌譖（俗作替。），不可問矣云云，知爲越人無疑也。故其論學，頗左右於陽明、蕺山，雖以湯文正與陸隴其並稱，而尤推重湯公。於湯傳論云：當盛朝禮樂昌明之會，必有純德懿修嗣續濂、洛、關、閩之箕裘者，公與陸稼書，殆其人乎？而公之涯涘遠矣！陸傳論云：公與中州湯潛庵齊名，公之力闢姚江也，潛庵以書規之，其言深切而有味，予讀之未嘗不掩卷歎息也。張楊園傳後附記云：清獻之婿曹宗柱輯年譜，述清獻與石門呂留良投分最契，不啻一人。及石門事敗，其家乃改修年譜，盡滅去之。此亦論世者之所宜知也。劉伯繩先生傳論云：蕺山之學，大約圭臬文成，而時有匡拂，具補偏救弊苦心。至考亭一脉，要未嘗規規也。堅守《集注》者，如孫退谷、陸稼書嫌其不合，即以張弧文成者，集矢蕺山，持鋒甚厲。先生乃不能自信，陰加竄易，附合考亭。惲日初仲升助之，黄梨洲弞爲三家村學究定王會圖，諒哉。由此觀之，時風衆勢，雖爲之式穀者，猶不能不爲所牽，此大過所以稱獨立不懼之君子也。又附記云：詆蕺山者，肇端於宛平孫承澤，前此未有也，而平湖繼之。承澤固蒙面賊庭者也。平湖集中載有《上孫退谷先生書》，尊之何啻碩儒魁德，豈喜其意見之同，忘其律身之污乎？侍講學士張瑶山，貞生，字幹臣，又號箕山。傳後附記云：以六經爲聖人糟粕，出程子詩，而稼書誤指爲象山，不細檢故也，近人多踵斯誤。觀諸所言，則其不滿於陸可知。論李洞初，明性，李塨剛主之父。顔習齋云：講學而無用，則不如弗講矣。世之訾王文成爲禪爲霸，皆不敢争也，然而有用也。而世欲以語録説書之陋抗之，不亦誤乎？論沈求如、管霞標、史拙修、退修諸人云：姚江帶水揚文成之波者，横山徐愛穎悟，緒山錢德洪篤實，趙麟陽錦以風節振之，至施忠介邦曜身騎箕尾而完天地之正氣，炳炳烈烈，使後世不敢輕訾文成者，忠介砥柱之力也。又云：文成之學至海門周汝登、石梁陶奭齡，直以連池放生文、雲谷功過格爲聖學筌蹄，而諸先生皆爲所魅，不能覺也；二史爲尤甚。故劉忠端作《人譜》以匡之。眉批：作《人譜》以匡之下增入『又云：會稽人陶庸齋廷奎，石簣祖也，著《正學演説》，力辨良知與嶺南體認之非。石簣不特失其先學，且蒲伏而竄居湛然、澄密、雪悟座下，而猶曰良知良知，文成寧受之乎？』『則淵源』句删去。則淵原受授，大約可知矣。論沈甸華，昀，更名蘭先。陳乾初確云：蕺山門多氣節之士，而契其微旨者寥寥，如祁彪佳世培、吴麟徵磊齋、劉理順湛陸、祝淵開美、王毓蓍玄趾，皆仗義死難，炳炳國史，而於學術無所闡揚。章公正宸、何公弘仁、葉公廷秀，則韜光滅響，以肥遯終身，故語言風旨不見於天下。其斐乎有文者，莫如黄宗羲太冲、惲日升仲初、董瑒无休，又不免聲華徵逐之累，持身亦時見瑕纇。甚且操戈反射，如張考夫、吴褒仲名謙牧，明偏沅巡撫吴麟瑞之子，忠節公麟徵兄子。之徒者，尤不足論。其篤信謹守、始終不渝者，則仁和沈先生、海昌陳先生，巋然爲魯靈光云。論鄭休仲弘、阮公景元兄弟、海鹽人，端簡公曉之曾孫。屠安世、申，秀水人。錢士虎寅，桐鄉人，四人皆蕺山弟子。云：蕺山以誠意之旨倡天下，而後人以僞亂之。緣改革之際，其高弟多死亡，或遠遁伏匿，無可質詢，致砆玉易混；其子孫復不慎於區別，家貧易餌，聽人鼓簧，爲之刊增姓氏，視爲無關輕重之事，而蕺山之派愈錯雜不可問。嗚呼！其誰定之？云云。皆羽翼王、劉，苦心別白，其識議頗高而確，文筆亦通暢，喜往復以盡其辭，而時失之蕪累不擇，蓋沿南雷、謝山之派。

其李寒支先生傳論云：先生文大都仿佛劉文泉、家下賢，則其人沈姓，疑出清玉先生冰壺手也。清玉文不經見，商寶意稱其熟悉勝國朝事，章實齋稱其古文爲一作家。今所傳《古調自彈集》，詩多論古今學術，其《詠史樂府》斷制是非，懔然史筆，亦頗與此相類。《皇朝文獻通考》稱其《抗言在昔集》一卷，皆七言絶句，爲其詠古之作，頗能考證文史，自抒學識，其所品評詩人、文人，悉加排詆，則其宗旨可知。

其所附記，頗多異聞，亦有卓識過人者，如云：歷考古載籍，皆以小學爲字學，而宋人以幼儀當之，則衹此已與古人格格不合矣，何暇復論讀書窮理？又云：程端禮《讀書分年日程》中，講章、語録居大半，乃宋、元迂曲之儒所爲。趙撝謙《學範》雖稍有異同，面目不甚相遠，皆名言不刊。

惟於梨洲黄氏，頗有微辭，其傳有云：先生時有近名之累，每涂澤學術，以相炫耀。又苦貧，不免請託，以冀溉潤，敝車羸馬，時駐於權貴之門，識者少之。又云：石門吕留良與先生素善，延課其子，既而以事隙。相傳晚村以金託先生買祁氏藏書，先生擇其奇秘難得者自買，而以其餘致晚村，晚村怒。又晚村欲刻劉蕺山遺書，致刻費三百金，先生受金不刻，而嗾姜定庵刻之，附晚村名於後。晚村愠先生甚，輒於時文評語陰詆先生爲僞學，甚且遷怒陽明，而先生亦嗤之爲紙尾之學。兩家子弟門人，各樹幟而争，幾於讎仇，而先生之名，亦爲之少减矣。張楊園傳又云：考夫於同門黄太冲、惲仲升，皆素不慊心，曰：此名士，非儒者也。後仲升以僧服爲釋子所輓，幾欲嗣法靈濟，而太冲多爲鄉里所訾謷。

石門狂子覘知之，形於角罵，譽望亦減，人服其鑒。又傳喬廬先生山傳論云：大科之開，以死拒者三人。李二曲、顧亭林，而先生尤峻。黄太冲、魏叔子，則欣欣然食指動者也。一以病，一以喪，皆天之善全之。其言可謂嚴矣。蓋梨洲晚年，名盛慮禍，誠不免蹤迹近人，其居郡城時，至有言其燭籠上題『召試翰林』者。全謝山亦言，梨洲所惜者，未除黨人及文士習氣。然予嘗見傳青主印章，亦有曰『徵辟博學鴻詞』者，蓋滄桑黎獻，託名應召，以避弋人之篡，不必深求也。此傳敍梨洲學術，雖不及《鮚埼亭集・梨洲神道碑》言之之詳，然推之亦未嘗不至，且極言其羽翼劉門之功。有云：自先生倡甬上講經之會，天下始蔚然向風，皆知崇本經術，究聖人本旨，而曩時拘牽陋習，不得而蒙之以尺霧也。先生之功，於是爲大。又云：先生之弟宗會歿，先生爲壙志曰：余兄弟二十年來，家道喪失，風波震撼，雖爲論者所甚惜，然讀書談道，窮巖冷屋，要復人間推排所不下，則嫣然於霜落猿啼之夕者，自信不以彼而易此也。嗟乎！此先生實録也。是則知梨洲之深者矣。

梅坡叔來，葆亭來，沈寄凡來。

閲九月十四日至二十五日京報：

上諭：前任工部右侍郎石贊清由即用知縣服官直隸，素著循聲，洊擢卿貳，勤慎廉潔，克盡厥職。夏間因病賞假，旋准開缺調理。兹聞溘逝，軫惜殊深。著照侍郎例賜恤，任内一切處分悉予開復。十五日。先是，御史陸仁恬奏參廣西候補道李均把持軍需、釐金等局，剥削公項，挾嫌報復，賄賂結納，名列四凶，并父子異籍，姻親同官各款，諭令蘇鳳文確查覆奏。尋奏稱各款均無實據，惟李均前署鹽道任内，與知縣余蕚銜締姻，竟不呈明回避，其子報捐同知，與該員寄籍互異，均屬不合，請交部議處。詔：李均以監司大員與屬吏聯姻，並不呈請回避，及父子籍貫互異，實屬顯達定例，僅予議處，未免輕縱，李均著即革職。十五日。

肅親王華豐奏病難速痊，懇請開缺。詔：准開一切差使，加恩毋庸停俸，安心調理。十七日。

恭親王補授閲兵大臣，大學士官文補授内大臣，禮親王世鐸調補鑲紅旗滿洲都統，熱河都統慶春調補鑲藍旗蒙古都統。十八日。

以西安將軍庫克吉泰爲熱河都統，以墨爾根城副都統克蒙額爲西安將軍，俱令即行來京陛見。以吉林儘先協領伊克唐阿爲墨爾根城副都統。十九日。

上諭：瑞麟、李福泰奏前浙江鹽運使潘仕成以潘繼興商名承充臨全埠鹽商，近因商力不足，改歸官辦。該員虧欠課款甚鉅，業經該督等將潘仕成家産查封備抵。潘仕成著即革職，勒限追繳，如逾限不完，即著從嚴參辦。廿一日。

幫辦軍務寧夏副都統金順奏提督張曜、副都統常福等合攻寧夏南路賊巢，陣斬逆首馬義、馬智、馬雙喜、馬良、納四、周阿瑲等，焚毁賊壘，踞逆悉數殄除。詔：此次官軍進拔老巢，迭殲首逆，寧郡南路漸可疏通，抄辦甚爲奮勉，副都統常福等升賞有差。廿二日。

十四日壬子　晴和。

沈氏黄黎洲先生傳論曰：蕺山遺書，皆嗣君伯繩所綴輯，於蕺山之言有與洛、閩齟齬者，輒加竄改，而其孫子志又甚之。予嘗親見藏稿本，三人之手迹畫然，則伯繩父子不得爲無過矣。先生謂昔之人不敢以爝火之光雜於太陽，今之人乃欲以天漢之水就其蹄涔，不亦異乎？嗚呼！先生之識遠矣。又沈甸華等傳後附記云：越中人士之刻蕺山《五子連珠》，可謂巷無居人。以此觀之，則忠介之書經幾改而失真者多矣。道光間，校刻劉子之書，以多爲貴，於董氏瑒所輯全書四十卷外，復輯遺編二十四卷，其中如《五子連珠》類者，蓋非止一二數，支離割裂，轉令人厭。其時主之者，老書賈沈霞西復粲，不知別擇，真贋雜陳。而佐之者，如蕭山恭甫王氏曼壽、山陰杜氏尺莊禾子兄弟，或已耄及而失智，或徒愛博而無識，荆楛弗剪，菁華消竭。蓋宋、元以來，編輯昔人文集者，往往掇拾它書，搜羅墨迹，致作僞不經，爲著作之累。甚至景撰妄補，如柳集附龍城之録，長編外紀之文。是何異以閉房之記，爲《論語》所遺；以陰道諸篇，爲《尚書》失載？即或言之非僞，而爬羅糞穢，以益丘山，不亦可以已乎！近更有刻《人譜類記》，而求序於詭遇之顯官，託名於不識字之山長，是猶乞狐父之盗錢，以對夷齊之棄屣，其愚且妄爲已甚。而彼不識羞耻，大書以弁其端，及偃然自命爲繼席者，不特不足污蕺山之塵，亦豈織簾肆中所屑顧者哉！

下午剃頭。竹樓、少梅兩弟來。連夕月色佳甚。

十五日癸丑　上午晴和如暮春，午陰，晚有霽色。作書致張存齋、胡梅卿，得存齋復。連日爲戚族所擾，田間親故往來，本是樂事，必擇人與談，則山中無晤言矣。然與農言農，與士言士，匪惟隨事自益，亦可因材教人。商賈、市井已不可堪矣，今之來者，不知其於四民居何等。且皆設機心託公事，舍我日對古人不足之力，而應彼來去無端之人，飽食而妄言，深可恨也。大凡子弟不能讀、不能耕者，即當令其習賈，切不可覓食官司，游行公署。蓋一入此中，則卑官小吏之習氣沾染，終身不能自拔，不特依人難久，終成餓殍，且將舉家漸漬，敗壞風俗。今抽釐捐餉之局遍於天下，其浚億兆作苦之脂膏害猶淺，其群千萬游手之子弟害爲深耳。夜半後雨，有風。

十六日甲寅　終日大風橫甚，陰寒。王甥甪臣來。

沈氏潘東暘先生名開甲，烏程人。傳論曰：先生之論朱、陸，其大旨與孫夏峰、湯潛庵相仿佛，而語更簡穆，温温者使人意消矣。然而當時魁碩如張考夫、陸稼書，方以鄒國之息邪拒詖自荷，而孝感熊相國、儀封張尚書，復爲順風之呼，持鋒更厲，囂囂者豈容一是魏其之汲黯哉？至先生之學，以原本經術有濟實用爲肯要，即心性膚談，猶尚掃之，况講章批尾之陋習足涴其齒頰乎？詹事崔定庵先生名蔚林，字玉階，直隸新安人。傳論曰：南方之學，經孝感、平湖二先生提倡，專以遵朱黜異爲第一義，顧應之者多場屋科舉之士，於説書評尾之外，茫茫無睹也。北方風氣樸質，士以和平篤實爲務，奉夏峰爲歸宿。而先生與潛庵、起庵、上蔡張沐。逸庵登封耿介，耿與湯、張稱中州三大儒。諸公，群以躬行相飭厲，當世亦拱手宗仰，孰得孰失，必有能辨之者。其言皆婉而切。

予嘗論之，陽明之學，誠不能無弊。然無論其功在天地，以一身系明室安危，淑其教者，如趙端肅、孫清簡、黄忠端、施忠介，皆爲千古偉人。而鄉里並時，聞風興起，如上虞四諫、會稽二沈，咸檣柱名教，百折不回，以存天壤之正氣。其門人弟子，如東郭、念庵、南野、陽和，品節德性，粹然無閑，儗之孔門，亦幾入室。即世所訾謷，以爲王門之累者，如趙文肅貞吉、焦文端竑、陶文簡、周海門，雖流入禪雜，宗旨大殊，而亮節清修，俱資世用。徐華亭爲再傳弟子，聞道未深，而鋤去大奸，力反弊政，嘉隆之間，卓然救時名相，以視宋代洛閩大儒之門，優絀何如哉？至東林高、顧，首善鄒、馮，塗轍略歧，胚胎則一。其主持清議，或有矯激之過，而熹宗前後數十年中，危而不亡，翳諸公之力。彼河東、甘泉，最號爲正學者，而一則委蛇於曹石，一則獻媚於分宜，其得失之明，雖市中五尺童子，不能欺也。

國朝之傳朱學者，莫正於孝感，莫醇於平湖，莫大於安谿，然孝感當聖祖廷議徹遣三藩之初，力請停免，蓋踵宋儒迂論，姑息養奸，幾詒大患。使處文成之地，則株守南贛，不敢出一步，而宸濠之禍成矣。平湖立身無可議，然足以爲循吏，爲直臣，不足以當大任。安谿則身叢衆議，無完膚矣。睢州得君，遠不如安谿之專，較之孝感久侍經帷，恩禮稠密，亦多不逮。雖荷聖明保全終始，與平湖略同，而屢阨於讒，不獲大行其志。備兵於秦，巡撫於吴，皆僅及二稔，乃其所施設，奇偉顯融，已足冠於當代，善政流風，迄今未沫，而世顧以陸、王少之。是必循循于《四書》講章，溝猶墨尿，不出聲息，而後爲洙泗大宗，考亭嫡子也。夫分涂責效，不敵如是，宣聖復作，取舍灼然，浮游蟪蛄，宜可息喙。而近日湖湘之士，小效功能，自名理學，以武事爲未足，以心性爲侈談，於是或言用兵皆本《論語》，或言臨敵惟講誠明。其甚者，至以衾景自治之精，誇陳於君后。而依草附木之徒，乃爲死綏之學究，廣刻遺書，欲以配孔廷，躐兩廡，假徽國之游魂，拾平湖之餘唾，捕風吠景，狂譫寱言，究其所得，何足當新建之輿皂，而損日月之明哉？嗚呼！可謂愚已。

章氏鳳梧論劉忠介曰：神廟以來，吾越冠進賢者，趨富貴如鶩。逆璫之過，稱功訟德者，通郡至十餘人，而死詔獄者止一姚江之黄忠端也。自先生以貞介之操，倡明聖學，士大夫後起者翕然宗之。及夫皇國崩陁，而風概逾振，仗節死義之士，後先接踵。北都則倪文正、施忠介、周文節。南都之變，同先生死者，則祁忠敏、王文學毓蓍、周文學卜年、潘布衣集。渡錢唐蹈難而死者，則余大宗伯煌、高兵曹岱、葉孝廉汝蒖、高文學朗、倪布衣文徵、朱布衣瑋、王布衣文宇、傅布衣日炯。陷金華，以越人禦敵死者，則張總鎮鵬翼兄弟三人，吴總鎮邦璿、徐中軍汝琦。魯王航海，從亡而死者，則熊督師汝霖、孫督師嘉績。全髦隱居，以天年終者，則吴通政從魯、傅文學天籟。潔身遐舉，莫可蹤迹者，則吾宗督師正宸、何御史弘仁。足迹不入城市，以農圃老者，則余邑令增遠、徐進士復儀。其它故國舊臣，無一人入仕版。經生杜門誦讀，不應制科者，又比比而是也。推其所自，不得不歸先生風厲之功矣。嗚呼，章氏之言，吾越士夫所不可不知者也。王遂東嘗言，會稽爲報仇雪耻之鄉，非藏垢納污之地。今越中師資久喪，積漸陵夷，人不知名義爲何事。繇是粵逆之變，持節鄉邦者，逾城逃竄。搢紳之列，無一死難，且忻忻然輸貢賊庭，顧望進用。秀孝之受僞職、毒鄉里者，不可悉數。蓋由士不務學，以勢利相崇尚。自道光間有杜主事者，以練勇禦夷爲名，設義倉，結貪吏，假託威福，朋比奸詐，侵削公帑以萬計，首壞風俗而墮家聲。王知府、何主事、沈知府、章御史群不肖繼之，賄賂公行，横暴鄉黨。於是紈袴小兒，市井魁伯，歆羨慕效，蠅附螽化，不惜傾産破家，以厠其伍。遂乃虚冒階級，沐冠盗輿，翩翩接裾於縣令之庭，而見者側目，一方毒其蠆矣。凶德參會，鬼蜮畢出，人怨神怒，釀爲刀兵，或死或生，蒙面一轍，越之名教，掃地俱盡，此王、劉兩公所蒿目於九京者也。

十七日乙卯　晴，寒風不止，晡後陰。曾祖考忌日，供饋。下午偕季弟至倉橋閲市，有仁和趙寛夫氏坦舊藏汲版十七史、十三經，殿版十三經、《明史》，武英聚珍本《水經注》，微波榭本《水經注》《孟子趙注》及《孫子音義》，抱經堂《儀禮注疏詳校》《汗筠齋叢書》第一集，皆紙槧新好，弢帙精工，近時之佳本也，今爲郡中王姓所轉賣者。晡後詣聖儀橋，答張存齋，不值。夜飯於鄭妹夫家。初更時蹋月歸，霜氣甚肅。族叔梅坡來，不值。

十八日丙辰　陰，下午稍見日景。作片致沈雲帆，借陳見桃氏《毛詩稽古篇》。下午詣族叔家閑話。

十九日丁巳　未正一刻六分小雪，十月中。陰有澂雨，即止。季弟詣上塘溇掃殯宫，附祭先王父側室張節母。王眉叔來。

二十日戊午　終日霒陰。閲《毛詩稽古編》。從人賒得汲古坊中《王陽明先生文鈔》及鈕匪石《説文段注訂》《説文新附考》來，計錢千六百文。李巡撫來郡中閲兵，晡後往見，不值。便詣會稽令，亦隨巡撫赴三江口矣。傍晚至開元寺，晤莫薏樓，即歸。三弟來，夜閲鈕氏《説文段注訂》。

二十一日己未　晴和如春。季弟詣馬山山棚橋，掃外王父母墓，讀《陽明先生文鈔》，首以《傳習録》，殿以《年譜》，共二十卷。江都張問達所編者也。毛一山來。爲季弟書《陸放翁全集》籤題，共四十八册。竹樓來。

二十二日庚申　晴和。繆秀才賡飂介竹樓弟來。沈蘅夫來。下午偕諸弟同舟詣道墟章氏，送鏡人房族妹之斂，晡出都瀃門，夕陽中觀繞門山，暮抵樊江，燃燭閲放翁詩。至陶堰暖酒，飲之微醉。初更抵章氏家，五更視斂始畢。終夕不寐，寒甚。

二十三日辛酉　晴，晨霧，上午始散。晨移舟泊麻園尼庵前，登橋望稱山，爲霧所隔不見。飲茗於庵之浄室，開軒面圃，竹樹蕭寂。午歸倦甚。夜早睡，五更疾動。

二十四日壬戌　晴。魯叔容來邀夜飲，辭之。作書致曉湖，略言近日山水間游興。閲放翁詩。魯氏再來邀飲，再作片辭之。竹樓來。

二十五日癸亥　晴。爲族母鮑孺人書主。拜族祖望樓公忌日。魯氏又來速飲，午偕竹樓赴之。先至春燕樓小酌，傍晚飲叔容家，沈蘅夫、王寅生同席。二更時步訪金阿心家聽曲，三更宿寅生家。

二十六日甲子　晴。偕竹樓留寅生家。下午作片，招孫生子宜閑話。得杭州沈恒農書。是日宗祠上梁。

二十七日乙丑　晴。留寅生家，夜呼阿心度曲。得藍洲書，寄來仁和高翁古民行述及譚仲修所作行狀。古民名錫恩，其子仲瀛乞予志墓也。

二十八日丙寅　晴和，晡後陰。上午還西郭，送三妹回婿家，剃頭。作書復藍洲、恒農。陳蘅林先生次子娶婦，賀以四百錢。胡梅卿來，夜坐舟仍詣寅生家，再聽阿心度曲。

二十九日丁卯　晴，連日和煦如春。上午偕竹樓還西郭，夜讀放翁詞。

閲九月二十六日至十月初六日京報：

上諭：蘇廷魁奏黄河兩岸工程防護平穩，各廳普慶安瀾一摺，覽奏實深寅感。著發去大藏香十枝交該署河督，虔詣河神廟，委代謝祀。廿六日。以翰林院侍講學士常恩爲内閣學士兼禮部侍郎。廿六日。以内閣侍讀學士朱智爲鴻臚寺卿。廿六日。

張其光調補浙江定海總兵，喻俊明調補衢州鎮總兵。從英桂奏請也。十月初三日。

丁寶楨奏請旌表武定府樂陵縣孝女孟玉貞，詔下部議。疏言：孟玉貞幼無兄弟，年逾二十，矢志不嫁，奉養孀母。同治七年三月，捻匪驟至，其母病不能逃，女素有膽勇，乃匿母於室，持刀當庭。賊百餘人蜂至，攢刃擊之，餘賊復乘屋發瓦遥擲。女格拒經時，刀傷數賊，身被數十創，氣不少挫。屋上之賊，以火槍連中其右臂，女創甚，始坐地厲聲曰：『汝輩不過欲得財耳，何苦與婦女爲難，必不見容！可殺我而全我母。』有賊目止其衆，謂女曰：『念汝孝不殺汝，可速將母去。』女乃以左臂挾母踉蹌出門，負母逃入鄰村，傷重而仆，療治得不死。臣思殺賊致果，丈夫所難，今孟玉貞以一女子禦賊百餘人，奮身衛母，同免於難，古今罕覯。亟應據實奏懇敕部，照例旌表，以厲末俗。再臣正在覈辦間，有該縣文生孟玉璋控稱孟玉貞素患痰疾，並無救母情事。當經飭委候補知縣朱世俊往同署樂陵縣知縣查傳，孟玉璋逃避無蹤。提集該族鄰人等訊明，孟玉貞守貞救母，衆口僉同。孟玉璋因孟玉貞家道素裕，挾嫌誣控屬實。孟玉璋污衊孝女，情屬刁險，飭縣查取入學年分詳革，一面嚴拏，務獲究辦。

十一月戊辰朔　晨雨，終日霠陰，晡後溦雨，入夜漸密。日來無一錢矣。早起家人具食，有大蟹、鳥臛、猪腰、片湯，此皆貧士之珍味。口腹累人如是，宜其窮也。以不耕得之，已爲奇福。竹樓來。閲《南唐書》。夜雨，徹旦有聲。

初二日己巳　終日細雨密織，西北風起，甚寒，下午尤勁。作書致寅生、竹樓。族叔石湖葬其母妻，送燭楮去，並爲代撰告窆祭文。夜風雨益厲。閲鈕氏《説文新附考》。雨終夜有聲，床漏。

初三日庚午　晨雨漸止，山顛有雪，風益寒，終日霒陰。讀汪容甫、洪稚存兩家雜文。國朝駢文當以兩家爲冠，其説經亦通達博辯，無訓詁餖飣之習。予性識既與兩家近，平生遭遇又頗似之，故每愛誦其文。夜雨。閲《説文新附考》。

初四日辛未　終日密雨有聲。連日患腹疾，今日稍止，又傷風鼽涕，人事復極擾擾，不能讀書。拜外王父忌日。族叔乙林來。夜雨。讀《釋名》。

初五日壬申　巳初一刻一分大雪，十一月節。雨終日瀧瀧。竹樓來。得王松谿書。夜邀族叔允升、族兄渭亭、族弟蘭如、竹樓、潁堂等，以公錢三十千買西郭外祠堂西鄰陳萬青地五畝有奇，即夕成券。是夜雨聲徹旦。

初六日癸酉　上午溦雨，午後漸霽，夜見微月。終日以祠鄰魏姓墻界事，紛紜争辨。下午詣族叔梅坡家。夜詣蘭如、竹樓家。作書致藍洲。

初七日甲戌　上午晴，傍午陰。偕族人詣東魯墟，與佃人議租額，畝收九分七釐。夜歸，有月。是日見鵝鼻、天柱諸山積雪甚深。夜閲鈕氏《説文段注訂》。

初八日乙亥　終日陰，午時微見日景。外王母孫太君忌日，供饋於東箱。族祖母紀孺人三周忌日，送燭楮各一事，且拜之。沈氏族妹來，饋梅諸一器。夜閲陳氏《毛詩稽古編》。

初九日丙子　陰。僧慧病，肝風頭顫，手足牽厥，來城就醫。此兒十四歲矣，癡不解事，又遘此疾，深爲家門之憂。

初十日丁丑　陰，午後有溦雨。作書致詹會稽，爲三弟錢鋪事。晡後步詣倉橋書肆，晤何鏡珊訓導。晚歸，小坐竹樓家。剃頭。夜閱《説文段注訂》，標書跗十餘册。

十一日戊寅　疏雨時作，入晚漸密。法華庵老僧聿高來，送瓦炭兩簍。竹樓來。

閱吾族乾隆間舊譜，前有德清許布政祖京序。布政與予家三世同年也，其文甚劣，所述吾家松雲中丞之言尤繆。字作狂草，亦拙惡。後有修者當删去。又前載宋葉夢鼎所題『詩禮傳家，簪纓繼世』八大字隸書，而結銜曰『大丞相葉夢鼎』。南宋置左右丞相，若止一人，則但曰丞相，無大丞相之稱。又載唐季始祖金華令興宗公之像，而冠以明代幞頭。蓋皆摹自上虞舊譜，流俗不典，所當亟正者也。今人習見優人演劇，皆戴幞頭。俗謂之紗帽。於是塑繪古人，不問時代，皆以此冠之。前日見郡中王姓子弟數人，争其先世宋狀元文莊公像，或云宋繪，或云元繪，詢其冠，則皆幞頭也。予告以故，而彼數人中有舉人、生員者，皆不服，其難以口舌争如此。郡城江橋有碑，大書曰『宋大儒徽國文公同榜狀元王文莊公故里』，亦王氏後人所立也，章實齋嘗笑之，以爲自來只有稱狀元某人榜進士，無稱某人榜狀元者。予謂王宣子史雖無傳，然據陸放翁所撰墓志及周公謹《齊東野語》所紀，其人亦自卓卓，不待同榜五甲中有道學大儒，光其綽楔也。使準此例，將山東季氏家樹一碑曰『至聖文宣王同朝正卿季桓子故里』，不足絶倒乎？蒼蠅附驥，變例至此，亦可哀矣。是不特王氏之羞，亦越人之醜也。

夜雨聲甚密。

十二日己卯　終日密雨。閲《説文》。黼廷族嫂饋筍及臘凫，受筍。雨連晝夜不絶聲，天氣温潤如春時。

十三日庚辰　晴，午後陰，晚溦雨。出詣署郡守李君壽榛、山陰令楊君恩澍，俱晤談。午飯於王氏妹家，傍晚歸。是日温和地潤，不堪緟求，夜小雨。族叔梅坡來。閱《毛詩稽古編》。

十四日辛巳　晨小雨，終日陰，午後微見景。料理篋中書，得《王荊公集》，讀之。楊山陰來。下午詣竹樓家，與族叔石湖等言無賴子詐索公錢事。夜讀《漢書》劉向、霍光、趙充國等傳。有風作寒，月晴。

十五日壬午　晨晴，巳後陰，寒有風。作片致孫子宜，索還日記。詣倉橋沈氏味經堂閱書，賒得微波榭本《孟子趙注附音義》一帙，戴校《水經注》一帙，汗筠齋本錢氏大昭《後漢書補表》、錢東垣校《鄭志》合一帙，抱經堂《儀禮注疏詳校》一帙，沈霞西所輯《劉子全書遺編》一帙，計直番金九圓，皆近時難得者也。諸書爲瓦窑村王秀才鳳笙物，秀才亦馬山倪氏之甥，予幼識之。其父本夏畦之豪秀才，後亦棄而學律，名不出里巷，不料其藏書精備乃能如是。又見有杭堇浦手書所著《劫灰録》一册，皆紀明季永曆事，後有自跋及詩一首，言是修《浙江通志》時，因編輯桂王遺事，紀其大略。其書起甲申汔壬寅，分年條系，所載寥寥，而頗多舛誤。其丙戌年下分注云：隆武唐王聿鍵，福王之子；紹武聿鐭，桂王長子。則似於《明史》亦未嘗寓目矣。下午歸。夜月，清寒如晝。

十六日癸未　晴。

閱《劉子全書遺編》，沈霞西所輯，凡二十四卷。杜春生爲仿董无休氏例撰鈔述於首，卷一卷二爲語類，首曰證人社語録，次曰問答，次曰學言，皆董氏删存之餘也。卷三至十爲文編，首奏疏六，次揭六，次書百一十九，次啓四，次序三十七，次引二，次題跋四，次考一，次議一，次記三，次雜著十八，次墓志、表、狀、傳、贊共十，次祭文四，次劉氏家傳二十三，次劉氏内傳三，次詩九十七，皆采之董氏所删及法帖、墨迹、家譜者也。卷十一至卷二十二爲裒此俗字，當作捊。纂，首曰《陽明先生傳信録》三卷，次曰

《人譜雜記》二卷，次曰《中興金鑑録》七卷。《金鑑録》者，劉子於南渡時命門人同纂。曰《祖鑑》，法高帝也。曰《近鑑》，法宋高宗也。曰《遠鑑》，法唐肅宗、晉中宗、漢世祖也。曰《王鑑》，法周宣王、殷高宗、夏少康，而附以越王句踐也。曰《帝鑑》，堯、舜、禹、湯、文、武也。卷二十三附録《明史》本傳。卷二十四附録歷任始末、誥命、世譜，爲其次孫士林字子志。所編，行實則士林所撰也。其前又冠以像及贊。霞西搜萅之勤，亦可謂不遺餘力。而忠介文以人重，雖片言隻字，芒寒色正，自足流傳，則其實守之功，尤不可泯。然其中如與族弟諸書，多瑣屑家事，與祝開美諸書，覼縷方藥，半無文字，此等皆必不可存。答張生考夫第二書，末附注張語，貶斥姚江，隱譏忠介，此即楊園畔師之實據，而一概載之，尤爲無識。至忠介本不能詩，董氏編入全書者，已無一可觀，今並其删棄之什，掇拾靡遺，彌爲拙劣。《明史》忠介本傳，出於拙手，敘次蕪澀，乃不能參互諸書，加以考訂。蔣士銓所作像贊，俗氣滿紙，至以熊廷弼與魏忠賢並論，其所見蓋不能及兒僮，而概爲闌入，是知別擇之事，不可不屬之人也。其書校勘粗疏，誤文奪字，層見疊出，又不逮全書遠矣。

朱竹垞《明詩綜》小傳即《静志居詩話》。載思陵賜忠介敕詞曰：『疏食菜羹，三月不知肉味；敝車羸馬，廿年猶是書生。』以爲莊烈之知忠介，未嘗不深。今考此編所載誥命，則四語乃天啓元年忠介官太僕少卿時敕詞也。疏食菜羹，作素食布袍，蓋其時衆正盈朝，忠介方由行人驟歷三遷，旋又擢副通政，幾欲引之政府，故其詞頭推重如此。

下午行歷諸宗人家，晚歸。

十七日甲申　晴。祖母倪太君生日，供饋於東箱。族長來，以年老目瞽乞增公錢五千，爲醫藥資。朱生來，爲予刻二印，其文曰『李氏孟學齋治經之印』，曰『李㤅伯讀書記』，何鏡山來。

十八日乙酉　晴。撰高古民墓志銘。夜月甚清徹，三更後突小雨。

十九日丙戌　晴陰相間，天氣温和微潤。以明日冬至，先祭外姻之無後者。夜雨。族叔梅坡來。

二十日丁亥　丑正三刻四分冬至，十一月中。終日霒陰，午微見景。祭高祖考妣、曾祖生妣、曾祖考妣、祖考妣、先考妣及張婆。書局寄來前月及是月薪水三十番金。爲高呈甫、張純甫書扇。作書致局中諸友，並録高古翁銘文去。遣人以果物饋張氏妹。晡後步詣倉橋沈氏肆，還書直十番金。傍晚詣鄭氏妹家，夜歸。還季弟日用所借六番金。買姚十白菜七百六十斤。

夜閲錢可廬《後漢書補表》，凡八卷。首曰諸侯王表，次曰王子侯表，次曰功臣侯表，次曰外戚恩澤侯表，次曰宦者侯表，次曰公卿表。其書考訂精密，多駁熊表之誤。然東京之司隸校尉，職任綦重，河南尹以下七郡守，皆其所屬，實不可以不表，錢氏置此而表河南尹，蓋謹守班表之例，不敢出入。連平練童子恕撰《後漢公卿表》，乃列司隸而舍河南尹，毛生甫亟稱之，然二官究宜並列也。

夜雨。

二十一日戊子　小雨，甚寒。是日付菜債兩番金，柴債一番金，船債一番金有奇，燭楮債一番金，牛乳債一番金，雜物債三番金。計昨所入者，已澌罄矣。撰魯叔容之母周孺人八十壽序騈文，凡七百言。予此事頗深自秘，不輕應人，雖以幣來，亦多辭絶，蓋非特恐輕易失言，亦以此等無謂文字，徒耗心血，以百年易盡之日，供人役使邪？今魯以收養馬氏女之故，有市德心，而乞文以榮其親，尚合於誼，故破例爲之。夜雨聲歷歷。

二十二日己丑　上午陰，午後微有日景。剃頭。夜困甚，卧讀《水經注》。

二十三日庚寅　陰，午後有溦雨。爲人書扇二，以序文致魯叔容。爲沈蘅夫扇頭書蕭世子大圜

《言志》文。閲《毛詩稽古編》鄘風至鄭風。

二十四日辛卯　陰。閲《毛詩稽古編》齊風至唐風。下午詣某坡叔家，又至西光社祠，與族人言祠畍事。夜，梅坡叔、渭亭兄、竹樓弟偕來。

二十五日壬辰　陰。召圬者造竈於寓室之後翼，古所謂宧也。許君云：『宧，養也，室之東北隅，食所居。』於室之複閣上，得扇面二：一爲先六世祖天山府君書所作詩三首；一爲同邑厲思晦先生壽府君五十詩兩首。府君詩云：『細雨斜風鴨嘴船，神馳學圃舊堂前。青藜光燦香留翰，白苧衣單冷護肩。篋裏經傳皋北座，秋空劍洗錫山泉。寒花分得它鄉夢，一樹栖烏喚客眠。』《秋日錫山阻雨懷劉師》。『揚子江多險，頃時風色昏。黄雲草木變，濁浪地天渾。千里阻歸櫂，九秋斷客魂。金山吹不動，拳石至今存。』《揚子江阻風》。『一去維揚渡，歸帆迅鳥飛。秋深菱角勁，霜落蟹敖俗作螯。肥。村婦鳴砧杵，漁人醉釣磯。風塵游子倦，爲憶北山薇』《舟次丹陽》。厲先生詩云：『讀盡英雄傳，如君有幾人。仲連高世士，元亮葛天民。霜化銜冠髮，杯留横海鱗。知非今日始，世事莫輕論。』『四十九年前，君生我未然。再加四十九，百歲共華顛。昔似破轅犢，今如上水船。艱難須努力，早著祖生鞭。』府君所爲詩甚多，其登第以後，有零稿十餘册，舊藏予家。又沈霞西嘗於故紙中收得一册，厚寸許，以歸族祖望樓教習。予曾見之，皆未第時作，繕録精好，朱墨爛然。遭亂以後，竟無一存。今得此三詩，吉光片羽，彌足寶貴。此外，文惟《鑑湖垂釣圖記》一首，存上虞梁湖王氏《天香樓法帖》中。厲先生名煌，康熙癸巳進士，官翰林編修，與府君同列詩巢二十一子中。府君宦不達，而高亮伉慨，儕輩無偶，平生軼事傳者甚多。觀厲先生此詩及汪退谷圖跋中『經綸滿腹』之言，可以想其梗概矣。題揭書籤，又以印記遍識新所得書。傍晚溦雨。往送寄帆族母之喪即歸。夜雨稍密，有雪。

二十六日癸巳　陰，午微晴。得陳蓮峰陳州書，并寄惠朱提四兩，由鳳樓表兄處交來，千里半流，其意可感。鳳樓之子士寅亦有書來候。理寓室瓦，換貝窗兩扇，《説文》云：『在屋曰囪。』字本作囪，象形。段氏於穴部窗下注：『疑窗字爲淺人所增。』是也。其囪部從《廣韵》去重文之窗，則非。今呼爲天窗，而通以在墻之牖爲窗。再詣西光相社祠，議建庶母祠堂。夜有風。

二十七日甲午　晴。得梅卿書，饋酒四罌并梅花四盆。受花及酒兩罌，作書復謝。題揭書籤。沈氏從妹來，梅坡叔來。夜詣梅坡叔，以福建棗糕一匣、酢果諸一匣見惠。是日遣人至亭山，修先大父殯屋，又屬季弟及穎堂弟詣白魚潭徵佃租，得穀三十石。毛益山處借兩缸，俱容二石許。

二十八日乙未　晴。舊傭李騰雨爲其子仰𪇴娉婦，請予書婚帖，欣然許之。夜閲《水經注》。

二十九日丙申　晴和。得沈蘅夫書。得藍洲書，寄來高翁墓志潤筆銀三十兩。下午詣山陰令陽君，爲先祠西畔被魏阿寶侵占墻基，乞其判還也。又詣會稽詹令，爲三弟錢鋪事。便道至觀音橋二姊家，晚歸。五弟來，饋蟹十二螯。夜詣梅坡叔、竹樓弟家，二更歸。作書復藍洲，屬其謀之局中諸子公。購《太平御覽》《文苑英華》兩書。閲《水經注》。

三十日丁酉　晴和。會族人議緟建庶母祠。下午詣鄭妹夫，屬其换銀。因還前所借及戒珠寺𢥞錢等十番金，又還汲古書莊《王陽明先生文鈔》直一番金，《鈕氏説文》兩種值四百錢，即歸。夜詣竹樓家，二更時有風。族長某及五弟來，止宿於東箱。閲《水經注》。付王福工食兩番金。

閲十月初七日至十一月初七日京報：

上諭：瑞麟、李福泰奏查出前任運司辦事專擅款目轇轕，請飭調來粵清理一摺。據稱廣東樂桂埠商孔法徠等，因商力疲乏，援案稟請加三折配，業經瑞麟兩次批駁，該商等復朦混續稟，前任運司方濬頤並不檢查前案，擅准搭折，以致連陽、封富等商紛紛效尤，該司亦俱批准。並查該司任内收支款目，多屬不符等語。方濬頤於上司批駁之案，何以專擅批准任内完解，數目又多不符，其中有無通同朦混情弊，亟應嚴切根究。調任兩淮鹽運使、前任廣東鹽運使方濬頤，即著馬新貽、丁日昌飭令迅赴廣東，候瑞麟等督責清理，毋任遲延。所有兩淮鹽運使員缺，並著馬新貽派員署理。十月初八日。

上諭：左宗棠請將陣亡總兵馬德順等分别予恤、建祠等語。記名提督浙江處州鎮總兵馬德順前在安徽、江西、浙江直隸等省，迭次帶勇鈔賊，著有戰功。七年調赴陝西。本年九月，在甘肅西安堡鈔匪，蹋毁賊營數十處，殺賊甚夥。以首逆未擒，深追遇伏，力戰陣亡，殊堪嘉憫。馬德順著照提督陣亡例議恤，並加恩予謚，在河南洛陽原籍及甘肅西安堡各建專祠。同時遇害之副將張顯揚、都司張成進、黄萬青，擬保都司熊天起、把總楊大鵬、沈鳴山、徐壽喜、李大榮、外委姚光成，均著各照官階從優議恤，並祔祀馬德順專祠。初九日。

上諭：前因文彬奏山東兖州府知府沈錫慶稟訐兖沂曹濟道長賡，非刑斃命，與長賡所稟情節懸殊，當經降旨，將長賡、沈錫慶一併解任，令丁寶楨嚴審確情具奏。兹據丁寶楨奏稱，審明長賡因訪查李三等有隨捻焚掠之案，旋即拏獲，供認不諱。究出李三曾在府署轎班房溷迹賭博，並訪聞府役卞衍運等，開場聚賭。當將李三等五犯正法，並將卞衍運等四犯拏獲棍責。因其大肆咆哮，重責致斃。沈錫慶因傳聞道署連斃九命，且有府署夫役在内，未經查明原委，遽行稟訐，請將長賡、沈錫慶一併革職留任等語。此案長賡因府役聚賭，並不按律懲治，輒用木棍責斃數命，實屬任性，僅予革留，未免過輕。惟據丁寶楨奏，稱長賡歷任地方，辦事認真，兖沂一帶盜匪芟除殆盡，閭閻賴以乂安，此次因公獲咎，情尚可原。長賡著從寬，革職留任。沈錫慶所稟各情，雖非有心隱飾，惟於府役聚賭，未能先事查拏，事後又不詳細查明，率行具禀，亦屬不合，著一併革職留任。十一日。

上諭：李鶴年奏甄別各員請旨分別降革，另補一摺。河南扶溝縣知縣孟宣泗辦案草率，聲名平常；候補知縣王德洋舉止輕浮，行同市儈，均著即行革職。署尉氏縣知縣陶鳴遠識見鄙瑣；候補知縣劉立功才具平庸，均著降爲府經歷、縣丞，歸部銓選。新鄉縣知縣多仁措事未當；鎮平縣知縣謝金誥才欠開展，均著開缺留省，酌量補用。十三日。

上諭：英桂、卞寶第奏請將庸劣不職之廳縣分別革降一摺。福建海澄縣知縣朱心培性情貪鄙，辦事顢頇；延平府上洋通判姚榮紀嗜好太重，聲名平常；署彰化縣知縣通判盧灥操守不謹，嗜好甚深，均即行革職。准補平和縣知縣署羅源縣知縣陸如琨公事廢弛，難期振作，著以縣丞降歸部選。十四日。

工部右侍郎閻敬銘奏病未痊愈，不能赴任，請開缺調理。許之。十四日。

上諭：丁日昌奏訪查營弁勇丁滋事、釀命，請分別革職審辦一摺。丁日昌無服族人都司丁炳，因銷差回籍，經過蘇州，輒因丁日昌出省查勘水災，帶同家人閑游妓館，與水師勇丁爭鬭。游擊薛蔭欆帶兵巡夜，查拏滋事人等，棍責勇丁殞命。請將薛蔭欆、丁炳先行革職，並自請議處等語。都司丁炳在妓館爭鬭、游擊薛蔭欆責勇釀命，均屬藐法妄爲，著先行革職，交馬新貽親提全案人證，嚴行審訊，按律懲辦。丁日昌雖事前公出，事後訪聞，究屬疏於防範，著交部議處。原奏稱勇丁殞命後，礟船自行驗埋，至今並無屍屬告發，亦不知死者姓名，若非臣密加偵防，幾至無從根究。丁炳爲臣無服族屬，未便由臣自行審訊，請敕下兩江督臣親提人證，盡法懲辦。伏念臣受恩深重，刻懔冰兢，乃營弁丁屬，因臣公出，輒致滋事釀命，雖由臣自行訪聞，究屬疏於防範，請將臣先行交部議處云云。十七日。

上諭：前因劉嶽昭奏參四川總督吳棠荒謬貪污，物議沸騰各款，當經諭令李鴻章馳往四川確查具奏。兹據李鴻章覆奏，吴棠家眷抵川，親丁僕從僅五十餘人，並無用夫三千餘名，四轎一百餘頂及需索門包之事。該督到任時，司道及各屬員等均未致送規禮，亦無飭送木桶裝銀情事。補署各缺均按班次，由兩司會詳，豪無情弊。裁減胡中和、湘勇令張祖雲，另募川勇，係爲節省餉需起見。川省應解劉嶽昭、劉嶽曙鑲銀，陸續籌撥，並未停解。至另解岑毓英鑲銀，本係應協滇鑲，並非移此就彼。岑毓英亦並無差官饋遺之事。並訪聞川省官場習氣，頗尚鑽營，吴棠莅任後，遇事整頓，致貪官猾吏造言騰謗等語。吴棠被參各款既據李鴻章查明，均無其事，即著毋庸置議。川省吏治防務均關緊要，吴棠務當振刷精神，力籌整頓，毋稍瞻顧詒誤。劉嶽昭於所參吴棠各節，並未詳查虛實，輒以傳聞無據之詞率行入奏，實屬不合，著傳旨嚴行申飭。該督現已馳抵雲南省城，著將應辦各事與岑毓英和衷商榷，不得稍涉偏私，致干咎戾。十八日。

上諭：前因御史張澐奏參四川道員鍾峻、彭汝琮貪詐鑽營，又據御史龔承鈞奏彭汝琮任意招摇各節，先後諭令李鴻章查辦。兹據奏稱，鍾峻被參各款查無行賄實據，惟妄改場規。張澐原疏言其充丁卯鄉試提調時，因素行貪鄙，士子作竹枝詞四處張帖，遂立意困之。士子點名時，於二門内另設卷局三處，以致擁擠不行，至次日黎明題紙已下，不能封門云云。包攬釐局，已有明證。彭汝琮貪利各情，雖不承招，而鑽營實有其事。且丁憂後奉旨飭令回籍，仍敢逗留，求爲崇實、吴棠幕友，請分別參辦等語。四川成綿龍茂道鍾峻，著即勒令休致，永不敘用。鹽運使銜候補道彭汝琮，著即行革職，勒令回籍，不准投效各路軍營，再圖開復。崇實、吴棠於飭令回籍之員，仍復留充幕友，均有不合，著交部照例分別議處。龔承鈞原疏臚列彭汝琮醜迹甚備，言其先爲湖南候補知府，與藩司文格、臬司裕麟認爲師生，諂媚萬狀，軍需捐局皆委總理。署理常德府時，稟請文格將辰州府木税移至常德城外，改爲抽釐，即卸府篆，仍管木税。於城内别設公局一所，屋百餘間，花園戲臺，重樓密室，優伶狎客，日聚其中。其後巡撫惲世臨察知劣迹，方將參辦，適已革雲貴總督張亮基尚在長沙，裕麟及汝琮之父彭崧毓皆張亮基門生，朝夕苦求援救張亮基。爲緩頰於惲世臨，繳出所侵釐金銀一萬兩，免其參劾。湖南既官民交惡矣，乃捐升四川道員。初到省時，督臣駱秉章在任，尚知斂迹。迨駱秉章告病，成都將軍崇實兼署督篆，而汝琮之鬼域復出矣。四川有軍需防剿局，藩司主之，臬司及鹽茶道、成綿道助之，汝琮先諂事藩司江忠濬認爲同鄉，隨即揚言藩司愿懦不能展運，極力排擠，江忠濬遂辭局務，而崇實遂委汝琮總理其事。凡帶勇之提鎮，無不結爲兄弟，認爲師生。欲增一營，必先言定抽分若干，方可邀准。不肖之員竟以一見汝琮爲榮，而汝琮遂夜郎自大，對衆言川省之軍務奏摺皆伊主持。於是司道皆敢怒而不敢言矣。其聚賭演戲，爲人求缺求差之事，指不勝屈。至同治六年九月，其母施氏病故，汝琮於七年正月始報丁憂，交卸軍需局。又求崇實奏留在川辦理甘肅軍米，經部議駁奉旨飭令回籍守制，而崇實又延爲運務幕友。凡陝、甘、雲、貴軍事皆預操縱之權，及新任川督吳棠到任，汝琮恐無所容，又託崇實薦於吳棠，作爲兩衙門公請幕友。吳棠雖不加以重任，而川中文武視總督將軍及彭汝琮爲鼎足之勢，則汝琮一人兼總督將軍之權矣。有諭旨而不遵，是目不知有君，有重服而不守，是心不知有母。不忠不孝，百喙奚辭。崇實以一品大員，動爲官僚所矜式，何獨昵一諂諛之小人。大員如是，監司如是，而欲民之不爲盜也，得乎？云云。張澐所參鍾峻五款亦極不堪，鍾峻浙人也。十八日。

上諭：軍機大臣吏部尚書文祥病逾匝月，尚未就痊，實深廑系。著派御醫王繼武前往診視，並賞給人參八兩調理。二十日。

上諭：福濟等奏領隊大臣積勞病故，懇恩賜恤一摺。副都統銜伊犁領隊大臣霍伽布，著照軍營病故例賜恤。圖庫爾著賞給藍翎侍衛，爲伊犁領隊大臣。廿三日。

上諭：御史賈瑚奏請將道員長賡處分，飭部另議，劉嶽昭傳旨申飭不足以昭炯戒一摺，所奏不爲無見。惟山東兖、沂、曹、濟道長賡前因丁寶楨附片申明該道員係爲整頓地方起見，且在蘭山縣、沂州府任内，均能賊畏民懷，爲東省必不可少之員，是以僅予革職留任，以示薄懲，非謂嚴酷之員概可稍從末減。總督劉嶽昭據傳聞失實之辭，率行彈劾大員，原應治以應得之罪，因李鴻章密陳時事多艱，朝廷用人不能不節取其長，且劉嶽昭前在各路軍營尚有微勞，現當雲南軍務需人，正資鈔辦，該督前經革職留任，是以僅予嚴行申飭，以儆將來。該御史於朝廷曲成人才之意尚未深悉，所奏著毋庸置議。惟長賡職任監司，有撫綏地方之責　，若仍以嚴酷爲能，必致濫及無辜，著丁寶楨留心察看，如再任性妄爲，即據實嚴參懲辦，不得稍有徇隱。至劉嶽昭以總督大員辦理軍務，倘敢如前輕率任意，不能使地方日有起色，必當重治其罪，毋謂寬典可再邀也。廿四日。丁寶楨原奏言：兖州賭風之熾，差屬之横，均爲人所共知，臣年來屢飭長賡，認真懲治，以安良懦而清盜源。該員疾惡過嚴，任勞任怨，遂致因公獲咎。若使當時稍徇情面，斷不肯爲，是其居心行事專爲整頓地方，實可共諒。且查長賡前委署蘭山縣時，沂州一府遍地皆賊，郡城以内居民、署役無不與賊相通。該員力除内奸，擒斬臣逆數十名，地方漸有轉機。旋丁親憂，奏請奪情留任，誠以該府不可無此人也。嗣蒙簡放沂州府知府，復開授兖曹沂濟道。數年以來，江東連界著名匪首芟除不下五百餘名，現在沂州一屬民情乂安，皆係該員之力，邇來沂屬各州縣有因公進省來見者，臣詳詢地方情形，咸謂該員此次解任，沂屬及江南徐屬各州縣官民若失長城，且鄉間不逞之徒聞有私相喜幸者，是其聲威素著，賊畏民懷，實爲東省必不可少之員。茲因責斃在官，不法人役，以致獲咎，恐郡縣惡蠹相率膽玩，由此漸長刁風，地方難期整飭，惟有仰懇天恩，如臣所請，予以革職留任，俾該員益勇於治事，可以收久安之效云云。

以都察院左副都御史童華爲工部右侍郎，兼管錢法堂事務。童華未至任以前，仍以通政使于凌辰署理。以大理寺卿彭久餘爲都察院左副都御史。廿八日。上諭：吏部左侍郎胡肇智、刑部右侍郎桑春榮均加恩在紫禁城騎馬。丁紹周仍補授太僕寺少卿。翰林院侍講黄鈺轉補侍讀。以左春坊左中允李文田爲翰林院侍講。俱廿八日。

上諭：文盛奏廢員由配所脱逃請飭拏辦一摺。前任浙江寧海縣知縣黎定攀因案革職，發往軍台效力贖罪，竟敢私自脱逃，實屬玩法，著步軍統領衙門、順天府、五城一體嚴拏，務獲究辦。廿九日。上諭：金順奏請將陣亡副都統優恤建祠等語。記名副都統烏拉協領貴陞，前在各路軍營疊著戰功，自上年至本年九月間，先後在陝西榆林、甘肅、寧夏等處鈔賊，均能出奇制勝，兹以進攻王家疃莊賊匪，中礮陣亡，殊堪憫惻。貴陞著交部照都統陣亡例從優議恤，並入祀京師及原籍昭忠祠，仍於死事地方建立專祠，以慰忠魂。廿九日。

上諭：劉坤一奏分别舉劾守令以資治理一摺。所保之江西贛州府知府魏瀛、試用知縣周之鏞、候補知縣任玉琛均著送部引見。瑞州府知府柳淵不自檢束，難資表率，著開缺以同知補用。義寧州知州竇鴻甄才欠開展，人地不宜，著開缺以知縣中簡缺改補。建昌縣知縣崔慕灡識見稍拘，著開缺以簡缺知縣另補即用。知縣藍向葵聽斷平常，難勝民社，著以教職候選。萬安縣知縣丁藹士居心巧滑，辦事乖張，著即行革職。十一月初二。

上諭：李鴻章奏道員殉難甚烈，請予謚建祠等語。原任湖北督糧道徐豐玉於咸豐三年九月間在湖北田家鎮地方帶勇剿賊陣亡，前經奉旨交部從優議恤，並入祀本省昭忠祠。兹據奏稱，該員當大股賊匪上犯之時，孤軍力戰，死事最爲慘烈。徐豐玉著加恩予謚，並於殉難及原籍地方建立專祠。初三日。

上諭：前因御史張澐奏參道員宣維禮寅緣開復，濫用捐款等情，當交李鴻章就近查辦。兹據奏稱，宣維禮前在四川打箭爐同知任内，浮用爐庫臺費等項銀二萬餘兩，經駱秉章奏參，摘去頂戴。上年調赴貴州辦理川軍善後，即向川黔各局借領職銜貢監等執照三百余張，並携帶文武隨員多人，沿途滋擾。到貴州後安居省寓，其所收捐銀及借貴州倉穀開報安平粥廠，銀兩浮冒甚多。安插賀興仁降衆一項，又自捏開銀數。宣維禮以差委人員移行各處文檄輒稱欽使，性情貪黷，行止不端，此等劣員，何可稍事姑容，以詒民害。四川候補道宣維禮著即行革職，永不敘用，並發往軍臺效力，用儆官吏。

該革員前在四川勸派捐項，即著吴棠查明，將所餘捐款押令盡數呈繳，其借用貴倉穀未放之二百石，並著曾璧光責令如數繳還。初四日。吴可讀、邵子彝、方熊祥、姚覲元、沈敦蘭、王兆蘭、李廷簫、周家楣、左雋、劉錫金、李桂林、余上華、鄧華熙、鄧承修、徐用儀、陳欽、張聯第、張翀霄、秦賡彤、王立清、江人鏡、徐士鑾俱記名以御史用。初四日。

上諭：慶春奏土默特貝子旗八枝箭箭丁滋事，請派大員查辦一摺。著派刑部左侍郎志和馳馹前往熱河，會同該都統審明定擬。初五日。

免直隸東明縣自咸豐十年至同治六年未徵錢糧，以累歲河溢及寇警。從曾國藩奏請也。初六日。

上諭：左宗棠奏請將傷亡提督易德麟議恤並予謚建祠等語。提督易德麟前隨劉松山轉戰數省，所向克捷。上年分統各營渡河鈔辦回匪，勞績尤多。前以進攻靈州吴忠堡受傷殞命，殊堪憫惻。記名提督易德麟著交部照提督陣亡例議恤，加恩予謚，准於原籍湖南湘鄉縣及甘肅靈州建立專祠，以慰忠魂。初七日。

十二月戊戌朔　上午霒陰，午晴。遣王福赴質庫贖敝羊裘及内人等衣飾，付十番金。以訟祠墻事呼庫吏張樂餘來。下午詣西光社祠與族人平公事。季弟及穎堂詣梅市徵高祖祀田米租，得二十六石有奇，大半蒸濕不可食，又須償人及完税，隔歲之糧，豈及計邪！閲《毛詩稽古編》。是日天氣和煦如春時。夜作書致山陰令。

初二日己亥　上午霒陰，下午小雨，入夜漸有聲。閲《毛詩稽古編》。午步詣倉橋沈氏書肆，付戴校《水經注》及《儀禮詳校》直五番金，借得殿本《水經注》及《抱經堂叢書》兩帙以歸。

初三日庚子　雨，下午有霰，夜雨益密，有風。校閱《水經注》。剃頭。夜某坡叔來，復喫牛乳。

初四日辛丑　大風嚴寒，晨霰，上午陰，下午晴。校《水經注》。戌初三刻三分小寒，十二月節。

初五日壬寅　晴，風，嚴寒冰壯，今冬第一日也。季弟穎堂詣亭山徵殯田租。閱《毛詩稽古編》第二十五卷至第二十九卷。陳氏古學湛深，此五卷爲總詁，分舉要、考異、正字、辨物、數典、稽疑六門，薈萃衆義，尤爲精確。其考異、正字、辨物三類，條分縷析，貫串古今，考古者所不可不讀也。胡梅卿來，毛一山來。夜仍閱《水經注》，以寒甚手僵不能作字，故輟校。

初六日癸卯　晨陰，上午晴。爲人書楹帖六聯。

放翁詩如：『正欲清言聞客至，偶思小飲報花開。』『常倚曲闌貪看水，不安四壁怕遮山。』『雕檻迎陽花迸發，畫梁避雨燕雙歸。』『花藏密葉多時在，風度疏簾特地凉。』『喚客喜傾新熟酒，讀書貪趁欲殘燈。』『快日明窗閑試墨，寒泉古鼎自烹古祇作亯，或云即𦎫。茶。古祇作荼。』『旋移畫舫破山影，古祇作景。高捲古祇作卷。珠簾延月明。』『一窗蘿月禁春瘦，萬壑松風撼晝眠。古祇作瞑。』『棋劫正忙停晚餉，詩聯未穩畫寒鑪。』『燈明紙帳雪霜色，火熟銅瓶風雨聲。』『手中書墮初酣枕，窗下燈殘正劇棋。』『旋烹甖粟留僧話，故種芭蕉待雨聲。』『尋山猶費幾兩屐，貯酒真須百斛船。』『雲磑旋舂菰米滑，風爐親候藥苗香。』『鶯花舊識非生客，山水曾游是故人。』『繞庭數竹饒新笋，解帶量松長舊圍。』『静喜香烟縈曲几，卧驚玉子落紋枰。』此等數百十聯，皆宜於楹帖。至如『尋碑野寺雲生屨，送客谿橋雪滿衣。』予曾爲雲門寺僧書之本放翁《留題雲門草堂》詩。『兩槳去摇東浦月，一龕回望上方燈』，予曾爲王城寺僧書之，皆切合佳境。『剩償平日清游願，更結來生熟睡緣』，則禪房皆宜之。『外物不移方是學，俗人猶愛未爲詩』，則非尋常書室所得用也。

放翁律句，太平切近人，又往往句法相似，與全篇氣多不貫，其詩派之不高，自由於此。近人譏楊氏大鶴選劍南詩概取平孰，致失放翁真面，其論誠是，然放翁七律究不宜學也。予嘗最與冣異，俗作撮。其五首，亦驪龍之珠矣。《感憤》云：『今皇神武是周宣，誰賦南征北伐篇。四海一家天曆數，兩河百郡宋山川。諸公尚守和親策，志士虛捐少壯年。京洛雪消春又動，永昌陵上草芊芊。』《題接待院壁》云：『笙歌凄咽離亭晚，回首高城半掩門。疊疊遠山横翠靄，娟娟新月耿黄昏。未嫌雙觵妨攲枕，自是孤舟易斷魂。遥想河橋落帆處，隔江微火認漁村。』《行至壽昌得請許免入奏仍除外官感恩述懷》云：『曉傳尺一到江村，拜起朝衣漬淚痕。敢恨帝城如日遠，喜聞天語似春温。翰林惟奉還山詔，湘水空招去國魂。聖主恩深何力報，時從天末望修門。』《書憤》云：『早歲那知世事艱，中原北望氣如山。樓船夜雪瓜州渡，鐵馬秋風大散關。塞上長城空自許，鏡中衰鬢已先斑。出師一表真名世，千載誰堪伯仲間。』《和周元吉右司過敝居追懷南鄭相從之作》云：『梁益東西六十州，大行臺出北防秋。閲兵金鼓震河渭，縱獵狐兔平山丘。露布捷書天上去，軍諮祭酒幄中謀。豈知今日詩來處，日落風生蘆荻洲。』皆全首渾成，氣格高健，置之老杜集中，直無愧色。此外清新婉約者尚有數篇，然僅到得中晚唐人境界。如《九月三日泛舟湖中作》云：『兒童隨笑放翁狂，又向湖邊上野航。魚市人家滿斜日，菊花天氣近新霜。重重紅樹秋山晚，獵獵青帘社酒香。鄰曲莫辭同一醉，十年客裏過重陽。』《禹迹寺南有沈氏小園四十年前嘗題小闋壁間偶復一到而園已易主刻小闋於石讀之悵賦》云：『楓葉初丹槲葉黄，河陽愁鬢怯新霜。林亭感舊空回首，泉路憑誰説斷腸。壞壁醉題塵漠漠，斷雲幽夢事茫茫。年來妄念消除盡，回向禪龕一炷香。』二首自然清轉，情韻甚佳，亦劉隨州、許丁卯之亞矣。

初七日甲辰　終日霒陰，天氣微和。整刷所讀前後《漢書》，重題籤跗。呼人裝房室半窗，嵌以玻黎。

初八日乙巳　晴和。讀《水經注》。下午出門小步街市，至嶽廟前而回。孫生子宜來。夜閱蓮士詩詞。作詩懷沈曉湖，得五律二首柬之云：『不見忽三月，相思如水深。殘年愁雨雪，清夢足山林。著述今增幾，除書信又沉。閉門貧亦好，知爾歲寒心。』『南望長湖曲，寒林萬疊山。村墟流水近，門巷夕陽閒。壽毋扶笻健，山妻拾橡還。西頭新釀熟，一笑解塵顔。』

初九日丙午　晴，和煦如春中暮間。曾祖生妣傅太君生日，供饋於聽事。又薦太君之考妣於東箱。昨夜方作詩懷曉湖，有『除書信又沉』之語，今日閱邸鈔，知十月末已選得浦江訓導矣。更賦一詩柬之云：『老得東州八品官，眼前差自慰飢寒。浦陽人物今餘幾，博士生涯亦大難。百里欣看程不遠，高堂應爲飯加餐。詩成剛報除書至，定有香分苜蓿盤。』柯山媪來言僧慧風疾益增，甚憂之。夜洗足。閱盧校《西京雜記》畢，閱《逸周書》。

初十日丁未　早陰，上午雨霰雜作，有風甚寒，下午微雪，晚有霽色。昨詩成未寄，今日得曉湖書，報予除官事。因更賦一詩，并寄之云：『兩日詩成書未寄，打門忽報有書來。始知文字關神契，喜對妻孥舉酒杯。貧賤知交同骨肉，山林摇落惜人才。皋比一坐堪安隱，世事如今口莫開。』閱《水經注》。夜作書致曉湖。二更風甚，霰又作，三更下雪，比曉積尺許。梅坡叔來，商族長求增歲費事。

十一日戊申　陰凌嚴寒，下午又雪。胡梅卿來還《國朝文述》，又略閱一過。以番銀六枚付質家贖去臘所典布羊裘，將改製之，爲歲朝之服。夜閲《水經注》。連日痔創大發。竹樓來。

十二日己酉　積陰隆寒，傍午微晴。是日庶母祠堂上梁。閱汪氏《述學》。調印泥。傍晚詣竹樓新居，看造門作竈，夜歸。整比案上書，易其位置，碌碌數番始定。予終日閱書，而甚惡散亂，又限於地，不得不積之高，其始必類略相依，小大相比，數日之後，便復淩雜，此亦有生可笑事也。騰雨饋秫米一斗。

十三日庚戌　晴寒。

閱盧抱經、莊葆琛所校《白虎通》，是書悂繆緟貤，幾於難讀，今校正者十得六七，其功甚鉅。然亦有擅删而未安者。如《爵篇》諸侯襲爵章，何以知天子之子亦稱世子也？《春秋》傳曰：公會王世子於首止。或曰：天子之子稱太子。《尚書》校本此下據《通典》增傳字，亦非。下六字明是今文《太誓》之文，今惟見於《尚書大傳》。孟堅時伏生、歐陽之書盛行，不必引傳也。曰：太子發升於舟。此下舊有『或曰諸侯之子稱代子，則傳曰晉有太子申生，鄭有太子華，齊有太子光，由是觀之，周制太子代子，亦不定也。漢制天子稱皇帝，其適嗣稱皇太子，諸侯王之適子稱代子，後代咸因之』，共六十九字。今以爲此見《初學記》，乃徐堅說，故避唐諱，後人偶爲附綴，而寫者不知，誤並以爲正文。案此文前後《初學記》無引者，後人何由憑空附入此段？至引古書而避諱改字，亦古人之通例。按其文義，自『或曰諸侯之子』至『亦不定也』，四十二字，辭義與上相貫，明是《白虎通》本文。其『漢制』以下二十七字，當是徐説，後人誤據《初學記》綴入，又妄改世作代耳。今概節之，非也。《崩薨篇》尸字本作屍。柩章：『尸柩者何謂也？尸之爲言陳字本作敶。也，失氣亡神，形體獨陳。柩之爲言究也，久也，不復變也。』『陳也』上舊有『失也』二字，今據《北堂書鈔》《太平御覽》删去。案柩下究、久皆以音爲訓，尸下當本作『失也，矢也』，亦取訓於音。矢者陳也，故下解之曰『失氣亡神，形體獨陳』。後人蓋不解矢有陳義，因改曰陳也，以合下文。《左傳》解矢魚爲陳魚，《爾雅·釋詁》：矢，陳也。不知《説文》尸部曰：『尸，陳也。』此本訓尸主之尸，非訓屍柩之屍。鄭注《曲禮》『在床曰尸』，亦曰『尸，陳也』者，以尸、屍可通用，班氏意蓋相同，故取尸陳之訓爲第二誼；或本作『尸之爲言矢也，陳也』。《御覽》載《禮統》語正同。以矢訓尸，以陳轉訓矢，文法亦通。

十四日辛亥　晨及上午晴，傍午漸陰。閲盧氏《鍾山札記》《龍城札記》。跋《朱少師事實》，其曾孫世衛所編者也。子宜來，夜飯後去。

十五日壬子　晴和。剃頭。徐國安饋雙鷄。夜偕五弟詣蘭如家，三鼓歸。

十六日癸丑　晴，晡後陰。賞張姬之母米一石，以小舟載付之。步詣余輝亭小談，偕至鹽茶局，訪王蓮伯不值。午飲於春燕樓。下午由火珠巷至鮑家衖，訪何治鋒，亦不值。迹之開元寺晤談，日暮偕輝亭至大善橋。獨詣鄭妹夫家夜飯，二更後歸。得王芝仙孝廉片，饋鴨臘一雙，胡桃仁一簍。

十七日甲寅　晴有風，晚寒洌凜凜。作書致芝仙，受胡桃，返鴨。朱岳卿來，爲予刻『白華絳趺閣清課』小印。作片致孫子宜。夜讀《漢書》趙尹韓張兩王、蓋諸葛劉鄭孫毋將何、蕭望之等傳。

十八日乙卯　晴。整比篋中書。梅卿來。遣王福買度歲所用供具、食物及燭爆之屬，計直九番金。又付縫衣盧紉工直五番金。予既不能治生，又室無萊婦，屢爲魖鬼所耗，其未爲溝中瘠者，幸耳！

十九日丙辰　未初初刻三分大寒，十二月中。終日陰曀。跋姚姬傳《古文辭類纂》，其『纂』作『篹』，篹出《玉篇》，訓竹器，蓋即《説文》之籫。纂可通籑，以籑訓具食，亦訓陳，有列聚之義，故可通用。篹俗字也，不可通。夜閲段氏《説文注》附，訂其个、由、繼三條，皆記之眉端。以个爲箇，説猶有理；以由附繇而不附甹，已爲武斷；至改繼爲繼，而曰：从糸㡭，不可通。當从糸𢇍，以糸聯𢇍也。又特增一㡭篆，可謂自相矛盾，顛倒之甚者矣。

二十日丁巳　晴。偕季弟灑掃東箱，張設書畫，爲歲事之觀。

閱《説文》。自六書之學不明，人不識字，即以避諱一事言之，有避而反觸者，有避而出入無主者。如我朝聖祖諱上一字，凡偏旁從此者，皆缺筆作玄，獨於『畜』字不敢缺，不知畜本畜積字，《説文》訓田畜也，與艸部之『蓄』音義相同，《淮南子》説玄田爲畜，其字正从玄，而嘼産之嘼本作嘼，與畜遠不相涉也。高宗諱上一字，缺筆作『弘』，凡偏旁从此者，皆如之，不知『弘』本从『ㄥ』，古『肱』字，篆文作『厷』，隸變作『厶』，『厶』乃公『厶』今作私，私，禾也。字，今缺筆改『厶』作『ㄥ』，轉成『ㄥ』之本文矣。宣宗諱下一字，曾奉聖諭，改寫作『寗』，今缺筆作『寍』，不知安寍之寍在宀部，从心、从皿，寗在丂部，願詞也，从丂寍聲。聖諱本取安寍義，故宣廟諸弟之名曰愷曰忻曰愉，皆从心。是作寍者轉犯諱之本誼矣。又高宗諱下一字，今皆用『歷』，不知《説文》本衹有『歷』，無从厤从日之字，从日者乃俗字也。端慧太子諱一字，今皆用『槤』，不知《説文》本衹有『槤』，無从玉从連之字，从玉者亦俗字。今上御名下一字，昔年有御史疏言改避偏旁，多失字之本恉，下詔申禁，然其言與城郭之郭本衹作𩫏。字偏旁不同，誠是也。言與孰、𩫏等字亦異，則又知一而不知二矣。可以文字爲小學而忽之哉！

二十一日戊午　晴。祖母余太君生日，供饋於東箱。舊傭騰雨來，借錢爲子娉婦，付以三番金。以兩番金買黏秫裹角黍，又兩番金買年糕。閱《説文》。

閱十一月初八日至十五日京報：

上諭：福濟奏遵議布倫托海辦事大臣請即裁徹，仍歸科布多管轄一摺。新設布倫托海辦事大臣既經該將軍與奎昌、錫綸等相商，均稱裁徹爲宜，自係實在情形，著即照所議裁徹，該城官兵即行徹回，所頒印信即著繳銷。索倫額爾特等處領隊大臣及棍葛札爾參應辦事宜並奏咨各件，著統歸科布多參贊大臣經理，以符舊制。而一事權刺麻歲支茶布銀兩，及棍葛札爾參于一二年後應否與各處呼圖克圖一體輪流年班進京，著理藩院妥議具奏。此次裁徹布倫托海係改歸舊制，著福濟等妥爲曉諭，俾得守分安居。朝庭初無歧視，毋得互相議論，致兵民人等復生它慮也。十一日。詔：科布多幫辦大臣明瑶、布倫托海幫辦大臣錫綸俱來京當差。布倫托海辦事大臣文碩調補科布多幫辦大臣。十一日。文祥奏假期已滿，病仍未痊，懇請開缺調理。詔：軍機大臣、吏部尚書文祥著賞假期兩月，安心調理，毋庸開缺。十一日。

以禮部尚書全慶兼署吏部尚書。十二日。

詔：以本年夏秋間江水泛溢，免安徽無爲、當塗、銅陵、望江、東流、蕪湖、繁昌、和州、含山、懷寧、桐城、宿松、南陵、貴池、青陽、合肥、巢縣等十七州縣及各衛屯田應徵同治五、六、七三年未完錢糧及商牙魚雜各税、蘆課馬學囚籍各項官租。從巡撫英翰請也。十三日。上諭：本年各直省辦理秋審人犯經刑部由緩决改情實者，河南省多至六起，山東省多至八起，該撫並臬司於秋讞重犯，未能詳審覈議，均交部分別議處。嗣後各將軍府尹督撫等，務當督同所屬，遵照定例，酌覈案情，悉心究擬。固不可失之刻覈，亦不可惑於救生不救死之説，故從輕減。總期執法持平，無枉無縱，用副明慎用刑至意，將此通諭知之。十三日。

以鴻臚寺卿承繼爲通政使司副使，以詹事府左庶子惠林爲翰林院侍講學士。十四日。

二十二日己未　晴。得陳藍洲書，并局寄十二月分薪水十七番金，計除《十三經古注》兩部直錢八千八百文，以一部送季弟，一部爲竹樓代購。何治鋒來。夜作書復藍洲。

二十三日庚申　上午陰，下午雨。張魯封先生爲孫娶婦，予薛氏姑之外孫也，賀以楹聯云：『論學重張文，羨祖庭親作經師，佇看諸孫承業起；世姻聯薛譜，感姑氏克成宅相，式歌祥女入門來。』爲人書楹帖兩副。作片致何治峰，以書燭及楹聯賀張氏。得治峰書，送來塘工局填補工費錢百緡。夜祭竈。洗足及下體。

二十四日辛酉　雨。五更報賽歲神并祀先祖。傍午坐肩輿出門，賀張馣翁、存齋喬梓，看新人。午詣王氏妹家飯。晡至鄭氏妹家。知薛氏表妹適鄭康者，已於昨日以瘵殁。予薛氏姑有女四人，長適張存齋，早卒，今日娶婦者，其遺男也。次適酈，次適鄭，其季適汪，亦早夭，今存者惟酈耳。傍晚歸。是日還衣物雜債廿四番金，送二妹兩番金，九弟一番金，賞王福四番金，又工食兩番金。

二十五日壬戌　晴。竹樓昨移新居，今日贈以楹聯，書十六字云：『五經資人布帛菽粟；六書辨物規正準繩。』下午偕季弟詣鄭妹夫家，夜飯於眉語樓，二更時歸。梅卿來，沈雲帆來，俱不值。遣人至二妹、三妹家饋歲。

二十六日癸亥　上午晴，午薄陰，下午又晴。遣人至大妹家饋歲。晡後偕季弟、九弟至街市買水仙花，晚歸。得慎齋義烏書，并惠十番金爲卒歲之謀。

二十七日甲子　晴和。是日予生日，古人以周歲爲一歲，然則予今日正足稱四十耳。剃頭。付沈雲帆書直五番金，買抱當作裒。經堂十種及汲板宋書。夜作書復慎齋并寄以詩兩首云：『東頭借屋寄閑身，卒歲蕭然自耐貧。長享暨儒三韭饌，忽叨知己一流銀。文章豈謂能求友，衣食須知擇人。慚愧束脩供换酒，史雲塵釜頓生春。』『瘦羊博士近何如？聲息相聞百里餘。官舍弦歌消夜永，山城桃李入春初。周磐自足三饘養，徐淑新傳尺鯉書。會看冰開歸櫂動，一燈華雨樂閑居。』

二十八日乙丑　晴和。懸曾祖考妣、祖考妣、先考妣像。偕季弟步至大路買桌椅。晚小愒鄭氏妹家，即歸。三日來付年債四十番金。

二十九日丙寅小盡　晴和。拜先君子、先恭人栗主下景堂，晚祭先。比日小感風寒。鼽涕不快，又病目。夜早睡。付家人内外壓歲錢六千。

閲十一月十六日至十二月十五日京報：

上諭：醇郡王奏請整肅功令以杜專擅一摺。據稱領侍衛内大臣向無歸宗人府管轄之例，自惇親王補授宗令，臚列值班新章多條奏准通行，且將領侍衛内大臣值班推班，亦令一律呈報，藉整頓之名，啓攬權之漸。請將新定值班章程，特派王大臣重加删定等語。惇親王向來辦事間有意氣自用不能詳慎之處，若如醇郡王所稱，藉整頓公事爲名，施竊弄威權之術，諒惇親王亦斷不敢出此。醇郡王措詞過當，殊屬非是，著傳旨申飭。惇親王、醇郡王同爲國家懿親，情聯手足，總當以敦睦爲懷，不得各存意見。至王公值班，本有舊制可循，所請特派王大臣重定章程一節，徒事紛更，著毋庸議。宗人府前定值班章程日久，不無室礙，亦著毋庸置議。嗣後應值班之王大臣等遇進班之期，如有藉詞推諉，曠誤不到者，一經發覺，定當遵照嘉慶、道光年間歷次所奉諭旨，嚴行懲辦，決不寬貸。二十日。

詔：於本月二十六日親詣大高殿祈雪，時應宫派惇親王奕誴，昭顯廟派恭親王奕訢，宣仁廟派醇郡王奕譞，凝和廟派孚郡王奕譓分往拈香。廿三日。

上諭：前因丁日昌奏訪查營弁人等滋事釀命，當經降旨交馬新貽親提嚴審，並將丁日昌交部議處。兹據該撫奏稱，續查案内有伊姪監生丁繼祖同往，聞鬧先回。並風聞伊子分發知府丁惠衡一併在内。經署臬司杜文瀾督審，均稱伊子並未在場。請將丁惠衡、丁繼祖分别斥革，徹底根究。並自請革職治罪等語。此案丁日昌之姪監生丁繼祖既經同往，著即斥革，交馬新貽歸案審訊。伊子丁惠衡是否同往，著於到案時一併交馬新貽審明虚實，分别辦理。丁日昌咎祇失察，前已交部議處，所有自請治罪之處，著毋庸議。廿四日。上諭：前諭曾國藩察看臬司史念祖能否通曉刑名足資表率，據實具奏。兹據奏稱，史念祖心地明白，器局開展，論事亦尚有識。惟直隸刑名較繁，該臬司資望尚淺，若調刑名，稍簡之省，磨厲數年，當可陶成令器等語。臬司爲刑名總匯之區，無論何省，均關緊要，史念祖心地既尚明白，若隨同曾國藩遇事講求，久加歷練，於公事較有裨益。著曾國藩飭令張樹聲，將直隸積案辦竣，即行前赴山西臬司本任。史念祖俟接印任事後，仍著曾國藩隨時察看，如不能稱職，即著據實具奏。廿四日。

上諭：候補國子監司業孫詒經奏詞臣全家殉難，請予謚建祠一摺。原任翰林院編修張洵於咸豐十年、十一年間，賊匪竄陷杭州，全家先後殉難，業經降旨分别旌恤。惟念該故員守城禦寇力竭捐軀，闔門從容就義，深堪嘉閔。張洵著加恩予謚，並准於原籍建立專祠。其妻張施氏、繼妻張勞氏，子張敘典、張從典、張念典，女喜姑及張濂之妻張李氏、女九姑一併祔祀，以彰忠節。廿七日。

慶福補授太常寺少卿，周星譽、周恒祺均交部照例記名，以繁缺道員用。廿八日。上諭：内閣侍讀學士鍾佩賢奏臬司責任綦重，未宜輕授一摺。前因曾國藩覆奏直隸臬司史念祖人尚明白，可望陶成令器，當諭令曾國藩俟該臬司到任後隨時察看，於造就人才之中，實寓慎重刑名之意。兹據鍾佩賢奏稱，與其察看於後，詒誤已多，曷若審擇於前，所全不少等語，所奏亦不爲無見。史念祖著即開缺，以原官留於直隸，交曾國藩差委，俾資學習。如能諳練公務，即由該督隨時奏聞。至所請軍營保至藩臬人員，查非科目出身及曾任實缺道府者，仍令先補道府察看，稱職由該督撫奏明後列單，請簡之處，著吏部妥議章程具奏。廿八日。原奏稱史念祖甫於同治初年捐納佐雜虛銜，投效軍營，洊保府道，雖馳驅戎馬不無一日之長，而於吏治官方，本非所習，今春蒙恩簡授臬司，命下之日，衆論嘩然，並有謂其識字太少，未通文理云云。

上諭：前因劉典奏參記名提督劉效忠在營滋事，當經降旨革職，解回山東原籍。兹據丁寶楨奏稱，劉效忠即劉占考，前充捕役，繼由竊盜，謀叛山東、直隸、河南邊境，均遭荼毒。招撫後調赴陝營，又甚不安本分。此次押解回籍，所過州縣信口謾駡，派送人役輒以洋槍轟擊。解至寧陽，該撫傳見訓諭，猶敢出言無狀。迨押至濟寧看管，該革員大肆咆哮，不服管束。其往來之人，均係濮、范、鄆城水套無賴。濮、范各屬村莊，自聞該革員回籍，人心惶懼，皆欲赴省控請誅殛等語。劉效忠以首亂受撫之人，未加顯戮，已屬法外施仁，乃竟不知悔罪自新，種種狂悖，實屬狼子野心，法難再宥。丁寶楨已將該革員按律正法，並歷揭其罪，出示曉諭，所辦甚是。劉效忠之弟已保副將劉占克，前已隨同叛逆，殘暴衆著，著即行革職，同其家屬人等牢固監禁。其子已捐同知劉維清、已捐主事劉維恒，均著即行革職，永遠監禁，不准釋放，爲怙惡不悛者戒。廿八日。原奏稱劉效忠爲山東首亂之人，罪大惡極，本不可以招撫，從前率行敷衍，其叛逆時首破濮州，至今城池尚未修復，請將其財産悉鈔入官，發給濮州作城工云云。劉崐奏甄別庸劣各員，湖南試用知府陳鼎金、試用通判陳端濂、候補知縣喬宗岳、試用知縣陳士璵、李廷誥、劉乙照等六人，請旨革職。從之。廿九日。以直隸大順廣兵備道錢鼎銘爲直隸按察使。廿九日。以上直隸天津府知府李文敏爲大順廣道。

上諭：慶春奏查明熱河開荒漸侵正圍酌擬章程一摺。前因熱河圍場地多閑曠，經前任都統瑞麟、麒慶先後分别科則，招佃展墾，乃日久展放，漫無限制，以致侵占正圍，自應查明，禁止所有鑲白旗伊遜川開墾荒地。即著照舊有大卡倫爲界，其河東、河西私墾地畝，鈞飭令一律封禁，並嚴檄該總管等督修卡倫，建立紅樁，毋令任意展墾。旗民佃户領地後，陸續侵入山坡溝岔，以及領多報少各弊，懲罰章程，著庫克吉泰到任後詳細參酌，妥爲辦理。十二月初二日。

上諭：都察院奏江蘇紳民、翰林院編修銜蔡則澐等遣抱以淮水故道亟須濬復等詞，赴該衙門呈遞，據情代奏。並將所遞圖説全案咨送軍機處呈覽。淮河關系民生，亟應設法修濬，以復故道，應如何籌辦，著馬新貽、張之萬、丁日昌斟酌情形，會議具奏。蔡則澐等所遞圖説一件鈔案二本，著都察院咨送馬新貽等閲看。初二日。原呈稱同治六年，在籍湖南候補道裴蔭森等因清水潭漫决，禀請濬復淮水故道，經兩江總督批准開設導淮局，次第興工，同漕運總督、江蘇巡撫奏准議行，嗣因經費支絀，暫從緩議。惟自黄河南徙淮水爲患幾五百年，不乘此時復淮故道，恐濱淮千里屢患洪濤，導淮之不可緩者一也。同治五年清水潭决口，課税免征振恤堵築，與其糜費於事後，何如補救於事先，導淮之不可緩者二也。運河東西兩堤，前經奏明全力興修，良爲下河保障，然川决而潰，傷人必多，不謀分泄之法，仍憂潰決，導淮之不可緩者三也。高郵水則前經奏明，一丈四尺即行啓放車邏各壩，然與其拘守誌樁，俾下河頻爲澤國，何如亟復故道，使下河永克水灾，導淮之不可緩者四也。豫省黄河南岸决口，曩俱匯歸淮河，不將淮水故道疏濬，萬一黄河南堤漫溢，勢必下河各州縣成爲湖蕩，導淮之不可緩者五也。軍務肅清，指日行漕，上年胡侍郎請濬黄河故道，以利漕運，淮爲黄水尾閭，尤須首議興辦，是導淮一案並系漕運之通塞，導淮之不可緩者六也。　定郡王溥煦奏病難速痊，請開差使停支王俸。詔：許開去差使，仍加恩賞給半俸。初二日。

以户科掌印給事中楊書香爲内閣侍讀學士。右贊善徐致祥轉補左贊善。翰林院編修歐陽保極升補爲右贊善。初三日。詔：本月初四日再親詣大高殿祈雪，時應宫等仍分遣諸王。初三日。

兵部右侍郎伊精阿卒。詔旨褒惜，賞銀三百兩經理喪事，照侍郎例賜恤。初六日。伊精阿，滿洲人，由部曹在上書房行走，歷擢卿貳，同治初，命在弘德殿行走云。以内閣學士兼禮部侍郎賓珣爲兵部右侍郎。初六日。上諭：吏部尚書文祥之母秉性淑慎，克享遐齡，教子有方，俾成良弼。今日疾終，深堪軫惻。朝廷優禮大臣，推恩賢母，著賜祭一壇，賞銀二千兩經理喪事，由廣儲司給發靈柩回旗，沿途地方官妥爲照料，以示優眷。初六日。署陝西巡撫劉典奏請回籍終養。許之。以四川布政使蔣志章爲陝西巡撫，即赴新任，毋庸來京請訓。劉典俟蔣志章到任後始行交卸。初六日。

以江西按察史王德固爲四川布政使，即赴新任，毋庸來京請訓。初七日。

以奉天奉錦山海道兼按察使銜俊達爲江西按察使。山東督糧道貴寶調補奉錦山海道兼按察使銜。以工科給事中周恒祺爲山東督糧道。初八日。詔：協辦大學士湖廣總督李鴻章即馳赴貴州，督辦軍務。四川、湖南、貴州各軍統歸節制。浙江巡撫李瀚章署理湖廣總督。浙江布政使楊昌濬署理浙江巡撫。所遺浙江布政使，著楊昌濬揀員署理。初八日。

左宗棠奏劉松山等北路官軍進剿回酋馬化隆於金積堡，攻克馬家、納家等莊，吴忠各堡，大小五十餘寨，請將陣亡各員分别議恤予謚一摺。詔：頭品頂戴記名提督李就山剿平髮捻各逆，卓著戰功，兹因中炮陣亡，殊堪憫惜。交部照提督陣亡例議恤，加恩予謚。提督銜記名總兵周本立、記名總兵易作義、副將温其林、參將李必貴、游擊王順明、盛德林、張聖魁、廖得英、楊寶玉、陳芝蘭、都司萬友山等十一人，均交部議恤。初十日。左宗棠又奏提督雷正綰等軍會剿金積堡逆回。十一月初九日，總兵簡敬臨馳抵堡之東面，遥見北面之賊被劉松山擊敗南竄，乘勝冲過回巢，欲與劉松山合隊，越賊堡數處，中炮陣亡。營官姚連升等亦同殁於陣，請分别議恤予謚。詔：提督銜前浙江衢州鎮總兵官簡敬臨、升用提督姚連升均交部照提督陣亡例議恤，加恩予謚。提督銜記名總兵譚正明，補用總兵鄧雲高，副將秦龍瑞、羅榮貴，參將宋維朗，晏發貴、徐有錫、王致清、彭鼎升，游擊熊在新、陳有忠等十人，均交部議恤。初十日。詔：遴選光明殿道衆在大高殿祈雪，於本月十二日開壇。是日親詣拈香，派德長、承志、晉祺、慶恩、承德鑑、廷鈞、穆隆阿分爲四班，輪流住宿，上香行禮。時應宫等處仍分遣諸王。初十日。

詔：熱河都統庫克吉泰加恩在紫禁城内騎馬。十一日。

以宗人府府丞胡瑞瀾爲都察院左副都御史，以太常寺卿王映斗爲大理寺卿。十二日。

詔：翰林院編修許振祎遇有五六品缺出開列在前，俟補缺後，遇有侍講學士缺出，儘先升用。侍講學士惠林開缺，以三品京堂候補，並賞加二品銜。檢討王慶祺遇有五六品缺開列在前，俟得缺後以應升之缺儘先升用。編修楊紹和遇有應升缺出儘先開列，俟補坊缺後，賞加侍講學士銜。廣東惠州府知府、前翰林院侍講劉湝年在任以道員前先補用，俟得缺後，賞加布政使銜。國子監司業李袓開缺，以五品京堂候補並加四品銜。以武英殿校刊《文宗顯皇帝聖訓》，書成敘勞，從孚郡王等請也。十四日。

同治九年（一八七〇）

同治九年太歲在庚午歲陽曰上章，歲名曰敦牂。春正月月在厲陬。元日丁卯　晴無雲，天氣和煦。昧爽起祀門行之神，叩謁先像，偕季弟穎堂詣各房拜像賀年。

初二日戊辰　晴和。跋天山府君及厲思晦先生詩扇。

初三日己巳　晴暖如春暮時。何鏡山來，胡梅卿來。孫生子宜來，不晤。凡賀客僅到門不請見者不記，各房族人不記。

初四日庚午　晴陰霙隸，暖不堪裘。出門賀年二十家，晚歸。張存齋來，不值。

初五日辛未　辰初一刻六分立春正月節。終日霒陰，時有溦雨，下午寒，有風西來。王妹夫來，鄭妹夫來。傍晚祀先人。

初六日壬申　晨陰。上午小雨，午有霰，下午密雨，夜大雷電，風雨迅厲。偕季弟坐舟詣陳港，拜陳氏祖姑像，又詣其鄰丁氏。下午至單港五弟家飯。夜冒雨詣單港社廟觀劇，四更宿舟中。

初七日癸酉　風雨寒冽，下午風益横。上午至柯山，晤沈瘦生。旋詣壽勝山，訪曉湖兄弟，留飯。閲曉湖近詩。傍晚仍至柯山，冒雨詣七星巖觀梅。夜飯於瘦生家，二更就舟中宿。

初八日甲戌　霒陰沍寒，時見飛雪，夜大雪，比曉積半尺許。下午偕季弟、穎堂步至街市，買花爆。夜飯於鄭妹未家。更餘冒雪坐舟歸。

初九日乙亥　終日雪，密下如織，寒甚逾嚴冬。

閲陳穆堂《竹書紀年集證》，共五十卷。其書援證頗博，用力甚勤，而好爲議論，不脱學究習氣。蓋《紀年》一書，顯由晉人僞撰，而今所傳者，又爲南宋以後人補綴增竄，乃僞中之僞，惟其間出晉人，爾時古書多在，故存疑存信，十疵一醇，往往足以取證經史，亦爲考古者所不廢。陳氏臚列自來爲是學者胡應麟、楊慎、孫之騄、徐文靖、鄭環、張宗泰、陳詩、趙紹祖、韓怡、洪頤煊十家，又博采衆籍，而於金氏《綱目前編》、羅氏《路史》、馬氏《繹史》、梁氏《史記志疑》四書，所取獨多，其拘牽書法，臆測古事，亦與梁氏之失同。又並時通州雷氏淇，最精此學，陳氏蓋猶未見其書，故無采者。要而論之，徐箋最簡絜，雷校頗綜覈，皆陳氏所未逮，而詳贍則勝於二家，足以鼎足立矣。陳氏名逢衡，字履長，江都人，所著尚有《隋書經籍志考證》。

初十日丙子　晴，剃頭。夜作書致沈瘦生，致仲弟，復族弟小帆。

十一日丁丑　晨晴，上午陰，午晴，至晚月照殘雪，清不勝寒。先妣生日，鄭氏妹來，孫氏從姊來，午供饋。新河人姚某請飲春酒，三却之。

十二日戊寅　終日霒陰微雨，夜雨漸密有聲。

十三日己卯　上午陰，下午密雨，入夜淋浪。偕季弟及穎堂步至市門閣買燈，又詣倉橋沈氏味經堂閱書，賒得花齋本《管子》一部，明人翻宋本《論衡》一部，凌氏《禮經釋例》一部，翟氏《四書考異》一部，計直兩番金。遭雨，買小舟歸。陳鳳樓表兄來。單港漁人饋鯿魚一，重五斤餘，尚潑刺欲飛，此鑑湖珍物也，夜以祀先，招季弟、潁堂共食之。燃燭臥讀《論衡》。連夕疾動。夜雨聲達旦。

十四日庚辰　終日陰，晨有旭景，傍晚小雨。沈瘦生及書賈沈雲帆處各取書來。使一春無事不出門，當校《管子》畢之。後梅沈氏妹來。王寅生再請飲春酒，再作片辭之。族叔梅坡來，竹樓來，五弟來。夜偕諸弟放花爆，又爲牌九之戲。一更後密雨，瀧瀧聲徹旦。

十五日辛巳　終日寒雨，夜風怒雨益密。讀《管子》。聞湖州戴子高布衣有是書校本，多受之其師陳碩甫氏者，它日當往求之。夜祀先。今年上元風雨，歲事當又減矣。二更後風益甚，遂雪，比曉積二三寸。周貴爲子娶婦，假以袍服，予錢四百文。

十六日壬午　沍雪隆寒。王氏妹偕其前室之女玟姑來。張甥藕官、荷姑來。

十七日癸未　晴陰相間，有武生胡某，以去年馳馬，誤觸張䴉翁仆地，予欲言之當路重懲之，既䴉翁病漸愈，胡某又以與族弟品芳有姻連，屬品芳轉求解於予。予與䴉翁戚誼甚密，且有知己之感，力拒之，而以當事者皆不足與言，又素落莫，絶往還，遂亦弛其議。胡某忽與其弟肅衣冠，具酒脯，介品芳踵門陳謝，予固不内胡某，乃置酒脯於品芳而去。昨梅坡叔來，强予受其半，今日遣人委酒一甕，乾魚一尾，固謝之不可，此亦不義之物，終當却之者也。午後偕季弟、竹樓小游街市，傍晚小飲春燕樓，夜歸。得王寅生書。招觀燈，即復辭，連夕又疾動。

十八日甲申　晴。祀先，收遺像。沈曉湖偕其弟校亭來，見示人日喜予兄弟過訪詩，下午去。周貴送酒饌一筵來，固却之不得，偕季弟合答以一番金。爲人書楹帖。夜，竹樓邀同族叔兄弟四五人飲春酒。得陳藍洲書。

十九日乙酉　北風小雨，下午陰。胡梅卿柬招廿二日夜飲。孫子宜來，訂明日午飲。鄭妹夫來，約廿五日游蘭亭，告以稍緩，待日暖花開時。族弟嘯巖來，族叔石湖來，族兄渭亭來，偕至十一叔家議魏姓墻界事。是日覺齒痛，感寒不快。夜得子宜書，即復。

二十日丙戌　寅初一刻十一分雨水，正月中。終日霒陰，下午微見日。瓦窑村寺僧聿高來，饋食物數種，固却之。予以錢五百文，强委糕餅兩厘、殘燭一斤而去。午坐小舟赴子宜之招，坐惟張存齋及子宜兄弟。是日齒痛甚，兼患肝氣，寒熱并作，冰衿終席而歸。夜食粥。

二十一日丁亥　微晴多陰。與祭五世祖考橫川府君生辰，即歸，剃頭。

二十二日戊子　晴。慎齋來，留午飯，晡後去族叔石湖邀夜飲。辭之。停晚坐小舟詣司獄司前胡氏，赴梅卿、梅仙兄弟之招，同席者陳葉封兄弟、何鏡山兄弟、葛秀才兄弟、田孝廉、傅秀才等八九人，三更歸。曬先人繪像。

二十三日己丑　晴。連晨禯霜如雪。

閲《臺館鴻章》，明萬曆間大學士沈文恭一貫所輯，而吴文恪道南、鄒四山德溥爲之評點，其前有張文莊位及文恭兩序，凡十九卷，皆明代人所作。爲文十七卷、爲詩二卷，分體爲類，而又多分子目，瑣屑糅雜，殊無倫次。蛟門閣老之文，染於當日塗飾險詭之習，而才氣終不可掩。故此選雖意主應制，多取其閎肆開暢者，間或傷俗傷蕪，流入江湖小説家言，而情文瑋麗，名篇甚夥，且多不經人見之作，較之《明文衡》、《明文授讀》等書，乃轉過之。蓋有明三百年，古文可傳世者，實爲寥寥，而臺閣榮世之文，則一代自有一代之風氣。其間鋪華摛藻，尚存古風，似不如今時之嫥意頌揚，千篇一律。至名臣奏議，尤多犯顔强諫，無所諱忌。即下而山林小品，清言佳致，亦有可觀。故裁以古作者之體格，經訓之粹言，則多見絀。而就其一時人才，以甄綜雅俗、抽英擢華，固亦有不容概没者也。是書板甚惡劣，魯魚亥豕，十而七八，蓋當日坊市射利翻刻，故標題曰：『三太史評選皇明垂世臺館鴻章』云。

作書致曉湖、慎齋及孫生子宜，皆約以廿六日游蘭亭。

二十四日庚寅　晴。比十餘日來寒甚，昨午後始少減，今日漸和。水仙花大開。傍晚渡河城中官道，古之運河。至對岸净瓶社廟觀劇。越俗正月後旬演劇賽神，謂之後燈頭。

二十五日辛卯　晴和。上午坐小舟詣鄭妹夫家，爲沛甥上學詒以果餅錢一番金，午歸。曉湖偕其弟校亭來。沈蘅夫來。胡梅卿來。慎齋來。偕曉湖、慎齋、季弟夜話。王氏妹所生子殤，作書慰寅生。

二十六日壬辰　晴，微風。鄭妹夫以舟來，邀同曉湖、慎齋、校亭、鄭蘭舫、孫生子宜及季弟詣蘭渚山。午抵婁公步，騎驢上山，行五六里至亭所。徐學使樹銘題其門曰『古蘭亭』。右軍禊地已不可尋，今之爲亭實非曩迹，且别無它建，何名曰古，所題三字頗爲不辭。門内一岡横亘若屏，上有古松三四樹，下蔭流水，最爲佳處。岡後錯置磐石四十餘枚，引水環之，取流觴曲水之目。强地就名，違性襲迹，可歎彌甚。後爲流觴亭。稍進爲御碑亭，聖祖御書『蘭亭序』，高宗御書蘭亭紀事雜詠諸詩共爲一碑，屹立不壞。左屋三間爲右軍祠，祠前亦蓄水爲池，中峙數石。池前又爲屋三間，水四環之，作船舫形，皆山陰令楊君所新構者，今又於岡後築文昌閣。予嘗以元時有蘭亭書院置山長，越有書院自此始。而王文成公葬山之華街，去亭近，勸楊君罷文昌而復書院祀文成，又别爲祠三楹，祀唐林兩義士，以識冬青穴之故事。楊君不能從也。復游天章寺，山門已廢，樓廡多傾，惟佛殿有羅弘載坤所書『勝地名藍』一扁，方丈有釋惠照所書『蘭山法窟』一扁，尚完好無恙。夕陽時下山，夜歸。

二十七日癸巳　陰。慎齋、校亭去。梅卿書來，招同曉湖過飲，辭之。晡後偕彦僑渡河觀劇，晚歸。上虞王渠原淦來，不值，夜小雨旋止，同曉湖閑話。

二十八日甲午　晴暖。壽玉谿來，午飯後去。曉湖去，偕季弟再至上岸觀劇，晚歸。連夕疾又發。

二十九日乙未　晴暖有風，晡後陰。下午坐小舟詣倉橋閱市，還十三日所賒書直兩番金，又賒得王氏鳴盛《尚書後案》，任氏大椿《弁服釋例》，共直一番金。晤胡梅卿、魯瑶仙。晡詣王妹夫家，慰妹及妹夫。晤沈蘅夫，晚歸。作書致何治鋒，催塘工餘款。夜作書致藍洲。得治鋒復書。

三十日丙申　晨陰，上午日微晴，有黄色，暖不堪裘。令圬人理瓦補屋漏，集故專爲花隖，賒瓦三百片。鄭妹夫來。作書致梅卿。還《臺館鴻章》。閱王氏《尚書後案》，此與江氏《尚書集注疏》，皆説經之鴻寶，一生鑽研不盡者也。

閱去年十二月十六日至今年正月初十日京報：

以左春坊左贊善徐致祥爲右春坊右中允。十二月十六日。

上諭：曾國藩奏提督戰功卓著，因傷身故，懇請賜恤予謚一摺。記名提督劉克仁自從戎以來，轉戰大江南北，所向克捷，並隨同鈔滅大股捻匪，兹以傷發溘逝，軫惜殊深。著照提督立功後在營因傷身故例議恤，並加恩予謚。十八日。　上諭：候補國子監司業孫詒經奏，各省鄉試請嚴杜弊端，並殿廷考試，應專重文理，不必苛求字體，各摺片著禮部議奏。十八日。　詔：本月十九日再詣大高殿祈雪，其時應宫等處仍分遣諸王。十八日。

上諭：御史游百川奏請修德以召祥和一摺。今歲雪澤衍期，月蝕再見，直隸山東、湖廣等省，水旱沴祲，上蒼示儆，寅畏殊深。允宜兢業爲懷，倍加修省，内外大小臣工亦當各矢公忠，恪盡厥職，其有言責諸臣，尤宜遇事指陳，毋泛毋隱。庶幾君臣交儆，以迓天庥。十九日。游御史疏甚爲亢直，其中極言道光時内外大僚粉飾太平，營私害政，釀成粤寇之禍。又言兩宫及皇上皆當以同治初元之心爲心，以同治初元之政爲政，皆人所不敢言，近時之佳疏也。

上諭：左宗棠、劉典奏審明已革總兵因奸斃命，衆證確鑿，從嚴定擬一摺。已革總兵陳德林帶隊駐劄陜西岐山縣城外，輒在雷家溝地方强奸民婦雷劉氏，並將民人孫全戮傷斃命。迭經委審供招，衆證確鑿，豈能因其狡不承認致稽顯戮，陳德林著即行正法，以肅軍令而昭炯戒。二十日。以勝嗣武爲湖北鄖陽鎮總兵。二十日。

上諭：蘇鳳文、馮子材奏蕩平吴逆全股越南各省肅清一摺。廣西新寧逆匪吴亞終與賊党吴運麟等擾害漢土數十州縣，竄出越南，復陷木馬、高平、諒山等處，經蘇鳳文等調集官兵，攻克大慈等巢後，該逆逃迸左洲，官軍又將左洲收復，追至茗藪地方，將逆目王必顯殲斃，該匪奔往左良，總兵謝繼貴督軍追剿，迭獲勝仗。賊衆旋匿古覽壘中，同知王恩浩乘勝斬關，各將弁一齊擁入，殺賊甚多，生擒吴逆之母黄氏等，及逆目謝八等多名，並起獲吴亞終屍身，同各逆一併梟示，在逃之逆首吴鯨亦已拏獲到營。其越南永祥府等處土匪，並經副將吴天興等攻破賊壘，餘匪竄匿山西一帶，搜捕無遺。現在越南各省一律肅清。馮子材攻剿奮勉，著交部從優議敘。蘇鳳文籌畫周備，一併交部議敘。其尤爲出力之總兵謝繼貴著免補總兵，交軍機處記名，以提督用，並賞給該員父母一品封典。餘升賞有差。廿一日。以詹事府詹事文奎爲内閣學士兼禮部侍郎。以侍學士長敘爲鴻臚寺卿。廿一日肅親王華豐薨。詔：華豐於咸豐間承襲親王，賞戴三眼花翎，歷任内大臣都統、宗人府宗令、領侍衛内大臣，均能勤勞罔懈，恪恭盡職。前因患病懇請開缺，俯允所請，仍賞食全奉。方冀調理就痊，長承恩眷。兹聞薨逝，悼惜殊深。著賞給陀羅尼經被，派貝勒奕劻即日帶領侍衛十員前往奠醊，加恩於例賞外，賞銀一千兩經理喪事，其飾終典禮，該衙門察例具奏。廿三日。賜謚曰恪。

以托克瑞爲齊齊哈爾副都統。廿四日。

福州副都統富勒渾泰奏傷疾舉發，懇請開缺回旗調理。許之。以吉林協領全福爲福州副都統。廿五日。

上諭：嗣後各省督撫及統兵大臣遇有勞績保案，仍照舊章，不准保至藩臬兩司，其道府等官仍不得保。至記名簡放及指項題奏等名目，其前已保藩臬記名題奏者，如非曾任實缺道府，無論是否科目出身及曾任丞倅州縣等官，均准其帶用原銜，一律先補道員，俟到任後由各該督撫察看，如果實能稱職，准出具考語可否升用，奏明請旨，如不能稱職，亦隨時奏參，毋得遷就。其鹽運使一項，從前如有保奏記名者，亦照此辦理，從吏部奏議也。廿六日。吏部片奏軍營保奏道府州縣等官，試用一年期滿，請嚴行甄別。從之。廿六日。

江西巡撫劉坤一奏奉新縣在籍御史帥方蔚年八十歲，明年庚午重赴鹿鳴。安徽巡撫英翰奏太湖縣貢生張宧之妻羅氏年一百歲，子四人，孫九人，曾孫十六人，玄孫一人。宿松縣儒士吴世薈之妻賀氏年一百一歲，子五人，孫七人，曾孫七人，玄孫二人。

上諭：丁寶楨奏遵保賢能府州縣開單呈覽一摺。山東濟南府知府龔易圖、高唐州知州帥嵩齡、歷城縣知縣孫善述、蓬萊縣知縣彭九齡、章丘縣知縣蔣慶第、即墨縣知縣林溥高，密縣知縣周麟章，才具政績均有可觀，深堪嘉獎。著丁寶楨飭令該員等益加策勵，勉爲循良，毋得始勤終怠。同治九年正月初一日。

詔：丁憂署廣東南韶連鎮總兵鄭紹忠暫留署任緝捕土匪。從瑞麟、李福泰奏請也。初九日。

上諭：瑞麟、李福泰奏特參庸劣各員請旨分别降革一摺。廣東興寧縣知縣周連甲萎靡不振，習氣尤深；前署饒平縣事試用知縣萬邦楨不洽輿情；前署龍川縣事試用知縣孫汝爲舉止躁妄，徇庇家丁；試用同知吴人壽性情鄙陋，聲名平常；赤谿同知黎正春、補用同知華本松、署英德縣事補用知縣阮承恩趨向不端，物議沸騰，均著即行革職。前署徐聞縣事准補澄海縣知縣王伯良、前署新安縣事准補鶴山縣知縣吴濱、前署河源縣事准補西寧縣知縣齊勝時庸懦無能，不知振作，均著以教職銓選。初十日。

二月丁酉朔　上午晴，下午陰寒，夜風。

初二日戊戌　晨霰，午後密雨，寒甚。閲《尚書後案》，得王妹夫書，約初五日再游蘭亭，作書復辭之。夜倦甚，卧讀《論衡》，此蔡中郎帳中物，然理淺詞複。漢人之文，鮮有拙冗至此者。中郎之事，顯出附會。惟言多警俗，不嫌俚直，以曉愚蒙。間亦有名理解頤者，故世争傳之。西湖本訛奪尤多，當取《漢魏叢書》本校正一二耳。

初三日己亥　終日霒陰，下午有溦雨。剃頭。

閲《論衡》，其《問孔篇》雖語多荒謬，昔人比之小人之無忌憚，然其問令尹子文章『未知焉得仁』，謂知與仁本是兩事，可以證舊讀知爲智。問女與回也孰愈章『吾與女俱不如也』，可以證舊本不字上有俱字，作一句讀。問子見南子章『予所鄙者，天厭之』，解爲『我所爲鄙陋者，天厭殺我』，可證否本作鄙，舊解爲鄙陋。厭本讀如今之壓，舊解爲塡壓。《説文》『猒，飽也』，『厭，笮也』，『壓，壞也』。三字孳生而義别，今用壓爲厭，而猒之本字，壓之本義，皆莫之知。翟氏灝《四書考異》引此，據下文有『卧厭不悟』語，謂《論衡》讀厭爲魘，非也。魘是最俗之字，《左傳》叔孫穆子夢天厭己。卧厭之厭，本亦讀如壓，天厭之者，即天厭己之謂，蓋古有此語也。仲任著書在《張侯論》未出之前，又嘗受業於班叔皮。考班氏父子多用《魯論》中語，則仲任云云，固《魯論》舊説也。

初四日庚子　終日陰，夜雨旋止。沈瘦生來。竹樓來。作書致王妹夫，辭蘭亭之游。傍晚偕瘦生、竹樓、季弟飲春燕樓，夜歸。

初五日辛丑　丑初三刻十分驚蟄，二月節。終日微晴多陰，夜密雨時作。寅生再信來邀。是日曾祖妣忌日。設祭畢，上午坐小舟詣觀巷，偕寅生、蘅夫等四五人同舟出常禧門，午後抵婁公步，再騎驢游蘭亭。晡後下山飲舟中，夜泊何山坂裏村聽雨，四更後解維入城，五更歸。

初六日壬寅　陰寒，微見日景，上午西北風大作。閲《論衡》。

初七日癸卯　晴。遣舟信迎王氏妹，不來。下午出門詣楊笙吾、朱厚齋，俱晤。又詣鄭氏妹，屬妹夫購青緞履。又詣族兄葆亭，不值。晚歸。

初八日甲辰　陰，晡後有晴色。得陳藍洲書，并局寄正月分薪水廿番金。上午偕内子姬人及季弟眷屬各一舟，詣柯山游七星巖。沈瘦生及其從父雨巖方督人穿池種荷，造橋其上，爲題『渡香』二字。登八卦壇，望普照寺，午飯於舟中。晡後邀仲弟同行，出鑑湖第五橋，泛鴛鴦大湖，過湖塘，看村落晚烟，夜泊九巖看月。

初九日乙巳　晴。晨泊越王峥下，顧肩輿取道山西嶺入深雲寺，謁歐兜祖師道場，寺門有黄石齋八分書『越王峥』三字，上有樓祀越王句踐，門外有雙池，殿后又有一池，泉甚清洌。寺僧供茗，香味皆佳。是峥一名栖山，去縣西南一百二十里，高數百丈，徑道斗絶，俯瞰錢江，平生三度登此矣。復登大尖山，游靈巖寺。山去峥八九里，磴領盤亘，上下尤峻。寺較深雲爲大，漸已崩圮，寺僧方鳩工新之。後院有木桃一樹，作花正穠。日午下山，飯後返櫂，夜入城。王蓮伯來，乞撰請祀宗滌甫先生鄉賢祠公牘，不值。是日付山輿錢一千七百文，每舁三百四十文，凡五舁。

初十日丙午　陰。午有日景，東風甚横。偕季弟及族人詣西郭外直上港長橋廟前，上八世祖思山府君冢。此地向呼花園墳，相傳舊爲某氏園，故自明以來皆沿稱之。而予家族譜，以地去青田湖不遠，湖旁有瓜咸里，里有黄神廟，今呼爲花園廟，因疑墳稱花園亦由於此，然莫能致詳也。墳在田中，無守冢人，左界有大樟樹一，已半枯。予家自遷郭婁溇，一世祖至十二世祖皆葬溇之前後左右，惟六世祖、七世祖葬南池山中，八世祖葬於此，而十世祖葬直步師子塢，十一世祖天山府君葬謝墅焉。祭畢移舟出偏門，緣南門至謝墅，上天山府君冢，夜歸。

十一日丁未　陰。

閲歸安徐斐然所選《國朝二十四家文鈔》共三百五十一首。前有嘉慶元年歸安吴蘭庭、泰順曾鏞兩序。其中如毛際可、徐廷駒、茅星來等，皆濫以充數。且采及陸隴其、袁枚，而如黄梨洲、徐巨源、顧黄公、王山史、李寒支、彭躬庵、傅湘帆、毛西河、張京江、陶子師、儲畫山、杭堇浦、陳和叔、劉海峰、邵思復、方樸山、全謝山、姚惜抱、錢竹汀、彭二林諸家，皆乾隆以前文集早行世所共知者，俱不録一字。其其稍僻及後出者，更不必論。即其所選，如陳説巖之《午亭文編》，馮山公之《解舂集》，雖文未成家，其議論考辨，儘有佳篇，而皆僅登五首，又頗拙劣。魏勺庭、邵青門、方望谿三家，名作林立，而多遺大篇，取其小品。以王于一之《李一足》《湯琵琶傳》，侯朝宗之《馬伶》《李姬傳》，爲近俳不録。而采王之《孝賊傳》《義虎記》，侯之《郭老僕墓志》，乃彌近小説。勺庭劉文炳、江天一諸傳，最爲出色，乃屏不收，而取其《大鐵椎傳》，則俚率游戲，直是《水滸傳》中文字。青門《盧忠烈公傳》，爲集中第一首，乃舍之而登老儲之作。蓋斐然本三家村學究，耳目陋狹，即予所約舉之二十家，尚未能知。又專以時文挑撥之法妄論古文，務取其淺近滑易者，系以庸劣之批尾，乃井蛙自足。遽定爲國朝二十四家，一何可笑耶。所録惟竹垞、湛園二家，甄别較當。其不取沈歸愚、藍鹿洲等，亦差爲有識。予閲此最早，嘗爲補訂軫石、壯悔、叔子、望谿四家。今亂後失其本矣。

下午偕季弟詣倉橋閲市。爲陳藍洲平《晉書》價，購得明刻《越絶書》一册。又至大街買眼鏡。年來燈下看書過多，目漸昏，不能及十步外，不得不須此物矣。傍晚詣鄭氏妹家，小坐即歸。夜雨三更後，有檐霤聲。

十二日戊申　密雨甚寒，下午稍止，夜二更時大風。

十三日己酉　薄晴，寒甚有風。夜感寒，胸懣不能寐。

十四日庚戌　晴。身熱頭痛，胸腹張甚，夜暴下，終日憊卧。余暉亭、王蓮伯來，不晤。

十五日辛亥　晴，微風。小愈，食粥。折柬約張魯封先生、汪謝城、余暉亭、胡梅卿、何冶峰諸君二十日夜飲。并作片約張存齋、謝城，辭以疾。

十六日壬子　上午晴陰相間，下午陰，夜雨。得藍洲書。作片致孫生子宜及暉亭、梅卿。作復藍洲書。得曉湖書，約三月三日爲吼山之游。得何鏡山片，約明日游蘭亭，即復謝。得暉亭復。梅卿復。夜作書復曉湖，以是日須至木客山上高祖家，請改游期。

閲魏劉卲此字从卩不从阝。从力从阝者邑名，从力者勉也，从卩者高也。劉字孔才，故知當作卲，應仲遠之名亦當作卲，今傳寫皆誤作劭。《人物志》，是書共十二篇，雖各爲標目，而實一意相承。其恉主於别材器使，爲名家之學，而推重術家之流。如范蠡、張良者，奇謀通變，能用能藏。又以道之平淡玄遠爲極致，蓋申、韓而參以黄老，其中名言雋理可味者多。文筆亦峻厲廉悍，在並時《申鑒》《中論》之間，較爲簡古。武進臧玉林氏嘗以此與《文心雕龍》及《史通》並稱，謂三劉之書最堪玩味，是也。惟向無善本，所見叢書諸刻，類多訛奪。其中頗有僻澀之字，而又輾轉烏焉，幾不可解。是刻有明人文寬夫跋，謂其敘五行曰『簡暢而明砭』，火之德也，明砭字無義，當作『簡暢而明啓』。其不知妄改，宋明人之陋而可笑，往往如是。

是日本漸愈，因作字過多，閲書亦稍勞，夜復不快。五更舊疾又動，明當少休攝之。

十七日癸丑　上午晴暖，下午復陰有風。何鏡山再走信速游蘭亭，辭以疾。剃頭。鄭妹夫來，大妹詒胡桃嵌棗一合。族叔乙林來。夜與季弟及家人爲博戲。

十八日甲寅　霒陰，寒甚，午後有霰。書新購諸書籤。

十九日乙卯　上午晴，下午陰。族兄葆亭來。得余暉亭片。會稽吏胡升之來，先付六番金，屬其辦理起復文書，議定自縣至撫院署，共給費二十八番金。夜閲《論衡》，其《雷虚》《論死》《紀妖》當作祅。三篇最有名理，乃一書之警策。《紀妖篇》論鬼神陰陽之情狀，可作《中庸》義疏。

二十日丙辰　寅初一刻春分，二月中。終日晴和。祀曾祖以下三代。是日先王父及節孝張太太忌日，又供饋於東箱。得藍洲書。得曉湖書，言吼山之游改期二十五日。得張魯翁喬梓書，辭飲。暉亭、梅卿、鏡珊、子宜來，夜飲至二更散去。

二十一日丁巳　晴暖。五弟以舟來。偕季弟、九弟詣樵風涇門前山，上曾祖生妣之父傅翁及曾祖姑陳孺人冢。便過覆舓山下泊舟，游禹祠及南鎮祠。游楫已散，桃李方華，山水之間麗矚映發，夕陽時下山，回舟入城，正一年春事最好時矣。夜邀族父兄弟五六人飲，三更散去。

二十二日戊午　晴暖。太高祖妣陶太君忌日，與祭散餕。得王渠原片，送沈恒農書來。作書致山陰楊令，屬其於蘭亭西偏建唐義士祠，以識冬青穴故事。又於墨池之側緟構臨流亭，鵝池之側創築玩鵝亭，且於右軍祠前補種杜鵑一樹。作致藍洲書。復沈恒農書。王蓮伯、何鏡山來邀游蘭亭，不赴。

二十三日己未　晴暖如初夏。閲《論衡》。洗足，易袷衣。付庖人高五乙酒食錢三番金，付王福工食一番金，付爨蘇錢一番金。

二十四日庚申　晴，暖甚，夜大風雨，雷電徹旦。沈曉湖、校亭兄弟及楊雲程招游吼山，餔後以舟入城來邀，偕季弟襆被同往，夜出都瀃門泊舟飯。初更風雨大作，辟歷繞舟數匝，震盪不可坐。岸上人家火發，光燭舟中。比曉聞前村有震死者。

二十五日辛酉　晨雨不絕，巳時日出漸清，即晴字。午復暄燠，傍晚溦雨旋止，夜風起頓寒。曉解維行至曹山，先游水石宕，登陶文簡公讀書樓，所謂石簣山房也。文簡嘗以此水爲放生池，又置田飯僧，構寺於其側，樓上下三楹，洞嶼錯峙。水清以深，奇詭幽森，不名一狀。樓舊已漸圮，乙丑予歸之歲，滬上王叔彝觀察修葺之，曾屬予撰記立石，未果而王君卒矣。憶道光庚子歲，予年十二，秋日侍先本生王父及先君子來此，汔今三十年，巖磴竹樹，歷歷可指，而予家已閲三世，昔之童者將爲老人，祖父音容邈已漸不可記憶，更三十年又復如何耶？次游岸石宕，時日景漸午，巖瀑如綆，田水亂流，聲滿高下。由竹徑入一山門，巖石谺闢，中爲大池。緣池穿右廊達佛殿，殿有樓，四壁圍青石如削，桃花落滿池砌間。憶佛殿前舊有扁曰『華明禪院』，今無矣。復游棋枰石，緣石磴行數百級，泉流纖道，滑蹇於步。上有庵，庵前有泉方尺許，石四甃之，味甚甘洌，盛夏汲終日不涸。昔游時，先王父手掬水以洗予眼，曰：『當令兒瞳清如秋水。』庵屋十餘間，後有石瘦削孤立十餘丈，上有横石覆之，形如棋枰，中罅處可容數十人坐。先有僧坐關於此，至藏婦女爲奸穢焉。吾郡東鄉，兹山最爲勝地，惜無好事者爲設亭謝，俗作榭。增飛動之觀耳。日午移舟至繞門山，泊如意庵前飯，晡後歸。

二十六日壬戌　陰寒溦雨。偕戚族十人祀文昌。夜大雨。

二十七日癸亥　上午陰，下午日景屢見。王連伯來。夜讀《尚書後案》。傭人阿騶以是日罷。予待此輩素寬，日用所須，不稽其出入，念其爲貧士作傭，雖日沾潤於我，亦能有幾，又自以多病不耐勞，故尤不欲盡人力，内而婦子，外而戚屬，無不非予，予不顧也。而此傭月給千錢，馴至不肯擔水作米，日與其儕聚博，每買一物，輒高其價一二倍，漸且倜然肆爲惡言，是不可容矣，斥去之。書之以見治家之難，而世人媮薄之不可感如是。

二十八日甲子　終日霒陰寒甚。季弟邀族兄祀文昌，予亦與飲。讀《尚書後案》。夜雨。

二十九日乙丑　霒陰嚴寒。補作吼山紀游詩，得五古七章，夜半後密雨聲甚厲，瀧瀧達旦。

三十日丙寅　溦雨，至午止有風寒甚，如隆冬。補作人日訪曉湖山居詩，又是日晚至柯巖看梅花詩，兩游蘭亭詩，游天章寺詩，曉登越王峥憩深雲寺歐兜尊者道場，復登大尖山游靈巖寺詩，舟行湖塘詩，凡得七古一章，五律一章，七律四章，五古三章。久不刻意爲此事矣，近以曹山之游，水石光響，時往來於胸，遂激發成此。它日稍暇，當再補去年游靈隱、韜光、寶巖諸詩也。凡寫詩詞不宜用説文體，散文亦須擇而用之，駢文則無害。

庚午人日風雨訪曉湖壽勝山居飲梅花下作

入春七日無醉處，扁舟訪君入山去。天公妒人風雨橫，破帽衝寒欲迷路。到門屈曲谿港交，隔山烟霧來如潮。長鬚躧履喜報客，凍雀驚噪松林梢。君家兄弟清似鵠，奉母閑居備清福。獻春伏臘事不憂，花下百缸酒新熟。黄楊過盡兵火年，人生得飽無愚賢。醯鷄褌虱亦天地，鳳皇飢死人誰憐。三載同君客京邑，憂亂傷離過時節。梅花如雪湖山寬，誰想今朝作人日。白雲繞屋竹繞川，門前疏麥千畦田。承平再見民物盛，豈必吾有方欣然。君今被檄往司鐸，余亦仍營一囊粟。浦陽春水滹沱冰，明歲應恩今日樂。

人日晚泊柯山大風中著屐至巖中看梅花

日暮停舟探野梅，醉披風帽入巖隈。落英過雨緣籬糝，凍蕚催春近水開。天外遠香傳洞壑，暝邊雪色見樓臺。閑情爲語山中客，人日題詩紀我來。

孟春下旬偕曉湖慎齋孫生星華妹夫鄭愷季弟惠銘游蘭亭時邑令楊君新葺流觴亭右軍祠

載酒來尋蘭上里，依然勝賞屬山池。衣冠舊事三春禊，巖壑新妝六代詩。天際晴雲歐冶竈，竹間斜日右軍祠。費他曲水邯鄲步，豈有清流似昔時。

偕諸子游天章寺

廿載題襟選佛場，癸丑歲，偕社友孫子九、陳荃譜、徐賓意、周雪甌、王孟調等十九人舉秋課於此。重來劫火認蒼涼。破扉補竹難尋徑，壞壁穿雲欲上堂。鶴影荒山悲舊侶，徐、陳、王、周諸君皆早逝。鵑啼古穴問空王。冬青穴遺址久泯。院田已盡鐘聲歇，老衲編籬話夕陽。

後十日再游蘭亭

俯仰已十日，騎驢重入山。林泉生古色，風日眷塵顔。高詠何人繼，浮雲與世間。只今亭下水，嗚咽幾時還。

春曉登越王峥憩深雲寺歐兜尊者道場復登大尖山游靈巖寺作三首

夜眠九曲曲，晨泊栖山足。笋蹻舁我行，清暉不可觸。仄岸滴朝露，層坡絢晴旭。斗上嶺百盤，危梯插山腹。人家依竹樹，檐雷接飛瀑。忽見松陰明，江光納林曲。餘暨連錢唐，脉脉辨川陸。頫視羅群峰，千鬟刷新沐。倒捲成波濤，百里眩一緑。何人結洞居，白雲就之宿。

霸圖久已歇，箐深盤馬岡。鐘鼓始何代，絶巘開道場。尊者根净諦，蒲團作洞房。披緇便示寂，了了空花香。結跏留蜕影，下界現妙光。斷贏游澗池，棄笋摇風篁。我來證清梵，泉聲響空廊。茶香出深磬，雲斷天風長。不見五千楯，盡化松與樟。

西望揭大尖，拔地若華跗。循嶺縱幽探，山氣盡奔注。下折窮宛蜒，上隮絶攀附。起伏争孤堂，勢縮不能住。轉險屢睜眙，奪隘互迎拒。岫展得寺門，危峰隱檐宇。石壓經樓青，潮生殿鈴語。天風吹山桃，紅墮下方霧。脚下萬緑騰，不見來時路。

舟行湖塘村

重携畫舫過湖塘，風物依然愛此鄉。山界平橋分翠靄，樹依村市占斜陽。沿堤花氣通人語，隔岸松風引酒香。頭白草堂終未就，[渚鷗汀鷺豈相忘。]項峰腸斷隴雲蒼。丙辰、丙寅兩奉先太恭人卜居皆未遂。

春日雨後曉湖校亭兄弟招同楊張兩君及季弟彥僑游曹谿水石宕訪陶文簡書樓步憩空明庵登吼山絶頂觀棋枰石試雲石泉返泊繞門山作七首

急雨及晨歇，佳客携蘭舟。沿緣樊江口，村落涵清幽。漸覺谿港窄，層崖束以稠。翠麥繞修磴，巖腰眠牯牛。花浮石上泉，烟開松際樓。迴看茅屋上，時有春雲流。

青石卓面前，洞門谺而闢。舟石故相讓，水流與爲折。泓然得空潭，四照展深碧。師象誰爲名，洞有師山、象山，皆肖石形。奇想絶人力。危梁拗虹環，矗嶼斷雲立。巨魚時一躍，㝩㝩響寥慄。

祭酒習儒墨，餘事能詩篇。虛樓躡曩迹，清風生我前。想見倚欄坐，翻經映深淵。危言爭國本，冲襟游緇禪。奈何東林徒，指爲朱李傳。苦栕作相路，遂令丘壑專。

舍舟更登岸，繞足田水聲。畦盡得竹徑，山扉含烟呈。入門萬石立，中養方池明。一峰挂飛瀑，下激松風鳴。流湍界皷廊，危樓震虛弦。雛尼誦經罷，花落游魚行。

幽尋陟其遐，及顛必由趾。飛泉夾磴來，屐滑不可齒。踞危結僧廣，嵚崎映清泚。海氣明佛面，雲影度幢址。一石笠而皷，纖趺竦孤跱。上灑俯百尋，時時落松子。

曦午暢晴眺，身外無高岑。東望極海際，天水何沉沉。陶稱兩山名。僅丘垤，蛾眉分修陰。平楚交遠風，白雲相淺深。塵目亦已饜，嗽泉清我心。回舟弄茶火，石翠紛衣襟。

匼匼繞門山，勢與犬亭續。萬夫不停斤，窮奇鎪崖腹。醜娟非一名，餘力破坤軸。上隊礙鳥飛，中廔度雲宿。藤蘿絡夕陽，下飲古潭緑。安得携素心，因厂各爲屋。

閱正月十一日至二月初六日京報：

兵部尚書載齡丁母憂，以都察院左都御史靈桂署理兵部尚書，以貝子載容署理正紅旗漢軍都統。

十一日。

太子少保銜前任杭州將軍崑壽病卒。詔：照將軍例賜恤。十二日。崑壽，内務府旗人，由侍衛積功至廣東陸路提督調將軍，告病。

江西巡撫劉坤一請旌表浙江山陰縣孝女楊二姑。詔：禮部議奏。原疏稱二姑父九臯三品封職以游募江西，寄居南昌，娶程氏。咸豐戊午程氏病篤，二姑時年十五歲，刲臂和藥以進，病遂减。九臯爲二姑選婿，得王氏子馴謹篤學。二姑以母疾未瘳，請長齋奉母，終身不嫁。父母慰諭之，並請王氏緩婚期。己巳冬王氏諏吉納采，父母爲之厚治嫁具，二姑朝夕涕泣，粒米不入口者數日，至遣嫁之前一夕，竟一慟而絶。時同治八年十一月初二日也。請援近年刑部員外郎蔣鳳藻之妻彭氏、直隸静海縣知縣陳元禄之女陳氏，均因母親病，刲臂旌表例，恩准建坊，入祀節孝祠云云。山東巡撫丁寶楨奏陣亡山東同知銜候補知縣彭錫齡之妻鄒氏，妾吴氏，俱殉夫自殺。請旌如例。詔：禮部議奏。原疏稱：彭錫齡順天大興人，前署范縣知縣，因欽差大臣左宗棠調赴軍營，本年四月在陝西宜川剿賊陣亡，其妻鄒氏，原任滕縣知縣鄒崇孟之女，年三十三歲。妾吴氏，年二十四歲。聞訃俱不食五日，乘夜各吞金自盡云云。

癸未，神武門内敬事房木庫火。上諭：本日寅刻，神武門内敬事房木庫不戒於火，經王大臣等迅速進内督率官弁撲救，旋即止熄。該王大臣等勤奮急公，深堪嘉獎。所有隨同救火之侍衛章京，司員等著各賞加一級，在事兵丁各賞銀二兩。火灾示警，亟應恐懼修省，寅畏天威。本日廷臣筵宴即著停止。十七日。刑部右侍郎英元調補倉場侍郎。以左副都御史達慶爲刑部右侍郎。十七日。原任倉場侍郎衍秀病故。

上諭：御史馬相如奏，請飭崇文門及京外各關監督，將徵税木傍照例懸挂，並令各商親自填簿，不准胥役需索各等語，著該部議奏。十八日。

左宗棠奏參甘肅在籍紳士工部員外郎候選道王夢熊，寄居静寧州，黨匪殃民，屢被控告，供證確鑿。又在積料堡一帶派捐糧石，稍遲之户即被拷掠，請革職提審。從之。十九日。

上諭：英翰奏甄别賢否各員開單呈覽一摺。安徽署霍丘縣知縣王寅清、鳳陽縣知縣俞熙、前署亳州知州王懋勛、署蕪湖縣知縣南成烈才具，政績均有可觀，深堪嘉奬。盱眙縣知縣崔秀春辦事巧滑，利心太重；廬江縣知縣黄光彬性耽安逸，廢弛捕務；署績谿縣知縣宋堯金心地糊塗，聲名甚劣，均著即行革職。候補同知趙源陰險狡詐，見利忘義，著革職永不敘用。壽州知州顔海颺辦事過執；太平縣知縣蔣山才欠開展，均著開缺另補。代理蒙城縣知縣補用知府李炳濤盡心吏治，久著循聲，清廉自矢，甚屬可嘉，仍飭該員始終一轍，用副朝廷厚望。廿一日。

丁亥，理藩院火焚柔遠司廳房十間。上諭：本月二十一日，理藩院柔遠司茶房不戒於火。據步軍統領存誠等奏稱，前往撲救，旋即止熄。並據崇綸等奏，請將當月司員各官交部議處，並自請察議等語。該堂司各員未能先事豫防，實屬咎有應得。理藩院尚書崇綸、左侍郎載鶩、右侍郎廣壽均著交部察議。當月司員及柔遠司掌印司員均查取職名，交部照例議處。廿二日。

副都統銜西寧辦事大臣玉通病卒。詔旨褒惜，加恩照副都統賜恤，靈柩回旗時，沿途地方官妥爲照料，應得恤典該衙門查例具奏。豫師賞給副都統銜，爲西寧辦事大臣。廿三日。

上諭：朕奉慈安皇太后、慈禧皇太后懿旨，三載考績，爲國家激揚大典，中外滿漢諸臣有能盡心職守，懋著勛勞者，允宜持加甄敘，以示優眷。兹當京察届期，恭親王首贊樞廷，於今九年，夙夜靖共，虚衷匡弼，鉅細靡遺，深資夾輔，著交宗人府從優議敘。吏部尚書文祥、户部尚書寶鋆、都察院左都御史沈桂芬、户部右侍郎李鴻藻同心翊贊，克慎克勤，均著交部議敘。大學士官文歷任封圻，勤勞夙著；大學士、直隸總督曾國藩老成宿望，表率群僚，調任畿疆，盡心民事；協辦大學士、湖廣總督李鴻章韜略優長，懋昭勛績；陝甘總督左宗棠宣力巖疆，不辭勞瘁，均著交部從優議敘。餘著照舊供職。廿四日。

曾璧光奏總兵季榮春等剿除定番逆匪，生擒逆首陳喬生。詔升擢有差。廿六日。

詔：此次京察引見京堂各官，均照舊供職。廿七日。

上諭：卞寶第奏請開缺回籍終養，情辭懇摯，本宜俯如所請，惟念卞寶第自簡任福建巡撫以來，辦理一切俱臻妥協，未便遽易生手。卞寶第著毋庸開缺，賞假三月，回籍迎接伊母赴署。該撫於視事之餘，晨昏侍奉，既無負朝廷委任之意，兼可慰該撫孝養之思。勿再固請。卞寶第起程後，福建巡撫著英桂兼署。二月初三日。

以禮科掌印給事中周星譽爲廣西左江兵備道。初五日。原任左江道陳慶桂，順天舉人，大興籍，浙之會稽人。兄慶松由翰林御史爲知府，慶桂以左江道署右江道。卒於任。

三月丁卯朔　晨微晴，終日薄陰。傭人阿金以是日受工。稍改舊詩。下午詣鄭氏妹家，即由西營出倉橋閲市，晡後歸。聞嵊人戕其令嚴某，并其妻女殺之，今日知府海霈及謝副將以兵二百人往。胡梅卿來。閲《戰國策釋地》上下兩卷，陽湖張琦翰風所著，簡覈可傳。其訂正舊注之誤，尤足爲吴、鮑功臣。夜讀《説苑》。

初二日戊辰　溦雨，至午稍止，晡後東風起，復小雨作寒。作書致曉湖，并録寄人日及吼山諸詩。作片致壽玉谿，并爲撰包村忠義祠楹聯。梅卿書來，約明日修禊蘭亭。剃頭。令匠人修窗楹門限。夜作書告仲弟及三妹，以初七日上先君子冢。竹樓來。二更後微雷有雨。

初三日己巳　溦雨時作。梅卿再走信來，約游蘭亭。是日高祖妣周太君忌日，偕五弟、九弟詣木客山，上高祖考妣及曾祖生妣冢，祭畢，已過晡矣。欲呼山人舁竹椅至蘭亭，以雨作，恐不得到，遂罷。回涂輕雲匝山，烟態萬狀，菜畦麥罫，滴翠流金。過小隱山、何山，竹樹浮鮮，緑逾於染。過湖南岸太守祠，紅墻在烟，淡不可即，尤非畫所能到矣。傍晚歸。夜作書致胡梅卿，并占五律一首詒之，又成《雨中自木客山至偏門》五律三首。

胡梅卿比部壽謙**梅仙駕部**壽頤**兄弟約上巳日修禊蘭亭舟至木客山以日暮風雨失期歸後柬兩君**

上巳期佳客，携尊水石間。屐聲穿樹静，驢影過橋閑。暮雨蘭亭渚，春雲木客山。停舟兩延佇，寂寞載詩還。

雨中自木客山出何山橋過湖南岸馬太守祠作三首

木客行吟地，雲深鳥自呼。樹連伯翳廟，山有百蟲將軍廟，祀伯益，土人呼稽山廟。山入允常都。遠岫多銜屋，輕烟不滿湖。人生能著屐，莫惜酒錢無。

十里偏門路，村居勝似仙。林霏生野寺，橋路入谿烟。鳥囀新寒食，人耕好墓田。緑蓑風雨裏，花滿闔泥船。

不見長湖曲，猶傳太守祠。朱扉含慘色，春水異襄時。山影多連郭，溪聲自入池。信辭無謝范，青史至今疑。太守事，謝、范《後漢書》皆未載。慘色、襄時皆暗用本事。郡志言太守被訴，使者按治，有千百人投狀，皆幽陰所爲也。《漢令》：解衣而耕曰襄。《尚書》「懷山襄陵」枚傳：「襄，上也。」其實襄者，開也，生也，故謚法：開土有功曰襄。此言今日之水，非太守所開之水也。

初四日庚午　終日密雨。偕五弟、九弟及群姪詣甯湖狀元橋，上本生曾祖考妣冢，雨甚，幾不克祭。回泊鳳凰山下石泉庵前飯，山雨稍止，烟流滿空，林壑掩映，村落交翠，洵南州之仙宅，越水之麗區。寫以四十字，尚嫌其不盡也。晚歸。得梅卿書，并和昨所寄詩及蘭亭遲予不到詩。是日天氣溽潤，夜雨聲尤緊，三鼓後稍止。

雨泊鳳凰山下石泉庵

雨過春郊浄，荒庵小泊船。山形團似屋，村瀑亂於烟。水緑全歸樹，橋明遠界天，青黄誰著色，繡遍鏡湖田。

初五日辛未　辰初二刻十三分清明，三月節。晨陰，上午漸霽，午晴，春光甚麗。偕季弟坐舟詣漓渚金釵隴，上曾祖考妣墓。舫人迷路，由戴於山折行至亭山之陽，始改而西，行出徐山港，迂曲十餘里，村溆紆迴，水碧如玉。午始抵墓，祭畢游寶壽寺，竹林蒙密，寺徑幽深，門前雙柏竦峙，翠景森寒，午不墮日。寺榜爲余若水先生所書，鐘樓已壞，佛殿僧廊多燬於賊，惟西院有新樓三楹，頗極華好。憶咸豐甲寅之冬，偕友人孫子九來游，此樓尚未建也。相距十七年，問寺之主僧已歷三世，令人慨歎。傍晚入城。是日付守墓人錢三百文，出轎錢四百文。又以墓前地被水衝成溝，令山人修之。

游漓渚寶壽寺自甲寅之冬偕孫子九來此及今十七年寺屋半焚院之主僧已歷三世矣悵然成詠並懷子九汀州

峰迴嶂抱碧谿流，雲鎖山門路倍幽。新雨翠浮松裏徑，夕陽紅補竹間樓。舊時題句僧誰記？劫後鐘聲佛自愁。爲念孫因今作客，可傳清夢到汀州。

初六日壬申　晴旭鮮煦，下午東風大作。偕季弟詣亭山徐家漊，掃先祖考妣殯宮。回泊山下，訪明詩人王埜墓。前有石闕，題曰『明表逸士王先生之墓』，陰題『野翁蜕巖』四字，柱聯曰『一片青山白石』，千秋高節清風』。墓碑爲浙江左參政前知紹興府西淙洪珠所題，曰『明王隱士蜕巖』。旁又有一石，大書『蜕巖』兩字，蓋埜所自書者。其自題『小芙蓉城』四字當鎸於石闕，今不可得見。墓西小冢爲埜之女胡節婦，有碣題曰『明節婦王檗屏墓』。考府縣志言，埜字貞翁，無子。一女檗屏，能詩，有高行，而亦不詳其名，不載其埜翁之字檗屏。墓在亭山陰之足，面對梅里尖，予往來數數過之，今日始酹杯酒，且賦詩一章吊之。晡時過偏門，登岸入城，由王公池緣卧龍山下，出錦鱗橋而歸。夜二更時，東北風横甚，三更後密雨有聲。是日付守殯人錢三百文。

暮春過亭山下吊明詩人王埜翁蜕巖及其女檗屏墓

雲繞春山水繞亭，小蓉城畔草青青。東風三月詩人墓，華表千年處士星。酹酒無人來下馬，枕松有女尚傳經。湖邊多少閑桃李，不敢飛花近檗屏。

初七日癸酉　晨霡陰，上午密雨，西北風勁，作寒，傍午少霽，午後復密雨，下午濕陰溦雨，傍晚止。偕鄭妹夫、季弟、大妹、二妹及諸甥詣項里，上先君子先恭人墓。到山雨甚，谿喧滿村。祭時雨止，幸克終事。晚歸。是日付守墓人錢四百文，山轎錢三百文。計三日來酒食、舟楫之費十番金，應客召傭及鼓篇之費三番金，楮燭之費一番金。

項里山行山有清谿十八橋

曲曲清谿路，攲橋帶小村。水聲喧雜雨，樹色重連雲。茶火緑僧舍，山花紅墓門。幾時傍先壟，築屋繞松根。先考妣葬山中。

初八日甲戌　陰。得曉湖書并吼山紀游詩五古四章，高秀刻露，其中如『潭深雲削根，天總苔裂空上聲』，『山光補疏竹，石氣蓄深樹。元氣忽破碎，剥剥不遑土』，尤爲警策。王蓮伯來。胡梅卿來。

得陳藍洲書，并局寄前月薪水廿番金。

初九日乙亥　薄晴。竹樓來。偕季弟小步至龍山後即歸。乙林叔來。

初十日丙子　晴陰相間。連夕舊疾發動，且患痔，憊甚。卧閲茗柯文。孫生子宜來，不晤。

十一日丁丑　薄陰，午後有微雨。偕三弟、五弟、仲弟、季弟詣謝墅，祭本生祖考妣殯宫，回泊李家漊飯，下午歸。步詣王蓮伯，不值。夜月甚好。

讀《越絶書》，此書各叢書本皆殽亂訛脱，紛不可理。予嘗欲合諸本及各古籍所引，校正此書與《吴越春秋》，又輯録謝承《後漢書》，虞預《會稽典録》合而刻之，以見越中史學淵源之古，困於資力不能成就，而鄉人又無好事者，越俗不好古，可一歎也。越絶字，近儒以爲是越紐之誤。案：首篇《外傳本事》，首發絶字之義，兩云『絶者，絶也』，謂句踐内能自約，外能絶人，故不稱越經書記，而稱越絶。末篇《敘外傳記》，又自比於孔子之作《春秋》，謂聖人殁而微言絶，聖文絶於彼，辯士絶於此，故題其文謂之越絶。其恉甚明，何得謂誤。又自紀其姓名爲袁康，定其文辭者爲邑人吴平。而袁字隱語乃曰『以去爲姓，得衣乃成』；吴字隱語乃曰『以口爲姓，承之以天』。康爲建武時人，而以袁爲𡊮，以吴爲吴，已大繆六書之恉。足見程邈隸行以後，俗字紛紜，漢時已不可究詰。如以劉爲卯金刀，以貨泉爲白水真人，至見之圖讖，此許君《説文》所以不得不作也。

十二日戊寅　晴。毛一山來，招同竹樓、穎唐詣龍山下張神廟觀劇，晚歸。

十三日己卯　晨薄晴，上午陰，小雨，下午雨。偕仲弟、季弟、鳳妹詣石堰上十六叔家。登前山望青田湖山，僅廣百畝，高不數丈，石骨棱起，高樹冠之。西爲韓家山，稍高大。北爲黿山，錯峙鑑湖中。所謂三山也。又詣上塘漊掃先祖側室張節母殯宫。事畢，出中鄖泊跨湖橋，觀龍舟。晡後歸。又令家人詣電湖祭外舅馬翁及馬氏姑殯。是日剃頭。

閲二月初七日至二十日京報：

上諭：左宗棠奏提督鈔賊大勝，中礮陣亡，懇請優恤予謚建祠一摺。廣東陸路提督劉松山於正月初十日督軍進剿甘肅石家莊回匪，攻克各寨，斃匪一千數百名。復進攻馬五寨，十五日攻破外卡各軍，一鼓齊登，劉松山策馬督攻甚急，忽寨中飛子洞中左脅，受傷甚重，即時陣亡。劉松山由勇丁轉戰湖南等處十餘省，剿平粵捻各巨寇，謀勇兼優，無愧名將。此次西征回匪，躬冒鋒鏑，該逆聞風膽落。方冀攻克金積堡，掃蕩而前，肅清邊圉，不料中道陣亡，覽奏曷勝悼惜。劉松山著照提督陣亡例從優議恤，加恩予謚，入祀京師昭忠祠，並於陝、甘等省立功地方建立專祠，賜謚忠毅。所部陣亡各員一併祔祀。該提督各省戰績，宣付史館立傳，其遺櫬回籍時，沿途地方官妥爲照料，以示朝廷軫念忠勤至意。初七日。劉松山，湘鄉人，爲布政使銜謚壯武王鑫舊部，從征十八年，死時年三十七歲，娉婦二十餘年，尚未娶云。布政使銜候選道劉錦棠賞加三品卿銜，接統劉松山舊部。從左宗棠請也。初七日。錦棠，松山從子，總理營務。以記名提督前河南布政使張曜爲廣東陸路提督。初七日。

浙江金衢嚴兵備道如山調補浙江督糧道。初八日。

原任湖北鹽法道王東槐加恩予謚，並於山東原籍自行捐建專祠，同時死事之妻女家丁一併祔祀。從丁寶楨請也。十二日。

上諭：此次京察一等各員，宗室岐元著以四五品京堂補用。宗室嵩溥、豫璋著以五品京堂補用。玉珩、啓莊著交軍機處記名，仍專以道員用。慶裕、江人鏡、羅嘉福、鍾寶華、張丙炎、王慶祺、趙佑宸、許應騤、林天齡、常興、宜成、邵子彝、鈺坤、承勛、穆特布、成允、李衢亨、管貽葄、姚覲元、錫縝、裕長、左雋文、魯特克、紳布、石峻、豫章、多齡、錫恩、英瑞、顔士璋、惲鴻儀、王袞、愛廉、慶錫、綸禧、麟徵、奎福、裕景、雲隆、光穆、緝香、阿朱、澄瀾、王師曾、文增、文治、董潤俱著交軍機處記名，以道府用，文治以闕差道府用。十三日。以光禄寺卿朱學勤爲宗人府府函。十三日。後三日命仍在軍機章京上行走，旋丁憂。上諭：吏部奏調補知府與例不符請旨辦理一摺。浙江温州府知府陳思燏既據英桂等奏稱，於福建情形甚爲熟悉，著即准其調補福建臺灣府知府，嗣後不得援以爲例。該督撫應得處分，加恩寬免。十三日。次日又詔：臺灣地要事煩，歷經降旨，令該督撫於閩浙兩省知府内揀調，英桂等未候諭旨，遽請調補，自與舊章不符，嗣後遇有臺灣府缺出，即著該督撫奏明請旨，於兩省知府内揀員調補，倘一時不得其人，並准於應升人員内擇其人地相宜者奏明題補，以重要缺。

上諭：此次京察記名各員，著自本月二十二日起，按照名次先後，每日三員，于寅刻赴乾清門伺候召見。十五日。

御史王師曾升補刑科給事中，御史盧士杰升補工科給事中，刑科掌印給事中蔣彬蔚交部照例記名，以繁缺道員用。周士鍵開復道員，分發陝西候補。十六日。編修祁世長升補授翰林院侍讀。十六日。

兩廣總督瑞麟、廣東巡撫李福泰奏請將陽江直隸州改爲直隸同知，陽春、恩平二縣仍歸肇慶府管轄。詔：下部議。原疏稱同治五年，前撫臣蔣益澧建議將肇慶府屬陽江縣改爲直隸州，轄陽春、恩平、開平三縣，奏奉諭旨，飭部議准。旋據開平縣紳士具呈，由部咨行改議，將開平一縣仍隸府屬。迨同治七年，據陽春、恩平兩縣紳士亦以隸州不便呈訴，臣瑞麟覈奏，請將陽江州仍復爲縣，由部議覆，俟臣李福泰到任後，體察情形，會同具奏，以昭慎重。奉旨依議咨行，到粤臣福泰抵任，即會同臣瑞麟檄飭兩司糧道及肇羅道、肇慶府、陽江州，查覆陽春、恩平二縣，委以復歸府轄爲便。惟陽江紳士僉稱，陽江童試多至一千餘人，祗因距府遥遠，應院試者未及一半，自聞議改直隸州，得以建造考棚，就近院試。闔邑踴躍，集資鉅萬，已將考棚捐造竣工。今一旦改還爲縣，仍須遠赴府考。虚糜捐項，益覺向隅。請援雲南景東直隸廳考棚院試載在學政全書例，將陽江改爲直隸同知，並請學院按臨開考，以示矜恤。臣等再四體察，陽江洋面西達高廉，東連廣海，袤延數百里，時有洋匪出没。先是嘉慶年間，將春江協改爲陽江鎮，立法已得要領。惟同城文武祗一縣令，凡事必須稟命道府，於控制沿海要區尚未悉當。如改爲直隸同知，遇有海洋要務，飭於陽江鎮就近商辦。責成既臻，周密體制，亦極合宜。至專棚院試，覈與雲南景東廳成例，雖稍有未符，第廣東學臣，按試高廉，必由陽江經過，如仿照瓊屬科歲併行之例，於經過時將廳屬生童歲科並考，尚不周折。用特專摺，懇請准將陽江直隸州改爲直隸同知。照案定爲繁難要缺，比照首府縣新例，先以正途人員題調，並准學臣便道。按疏將陽春、恩平二縣仍歸肇慶府轄屬，以順輿情。所有陽江刑名錢穀事宜，歸肇羅道考覈。肇羅道應添管轄陽江直隸同知字樣、直隸州學正訓導，與直隸廳教諭訓導品級相同。應請改正官銜，陽江州吏目應改爲陽江廳司獄，與太平司、海陵島司兩巡檢並歸廳轄。其陽江州州判係由縣丞裁改，有征收屯糧之責。應請援照福建臺灣淡水同知轄艋船縣丞、噶瑪蘭通判轄頭圍縣丞例，將陽江州判改爲陽江同知。轄屬縣丞專管屯糧事務，縣丞司獄仍照原案作爲選缺，同知司獄即駐知州吏目舊署云云。

上諭：協辦大學士、湖廣總督李鴻章著帶兵先赴陝西督辦該省援剿事宜，俟陝西肅清，仍即馳赴貴州督辦軍務。十七日。

十四日庚辰　晴煥蒸潤。偕季弟步詣山後張神廟觀劇，午後歸。竹樓來，言明日赴省考諭。夜月甚佳。漓渚山人來，言修墓已畢，付以兩番金。

十五日辛巳　上午大雨，下午晴，蒸溽特甚，傍晚西南風起，夜晴。作書致孫生子宜，屬代撰公舉鄉賢稟牘。掃東箱後室，稍漆飾之，設波黎窗，置書架二，桌一，椅一，几一，爲讀書之所。遣陳嫕求城東秀才趙餘謙之妹爲僧慧婦。得子宜復書，此生筆札頗有父風，後生之領袖也。

十六日壬午　晨晴，上午復陰，有西北風作寒，晚益勁，夜雨，二更後益甚，徹旦淋浪。夜偕仲弟裝訂舊書，此三十年前塾中故事，思之慨然。

十七日癸未　霪雨徹晝夜有聲。終日書籤識印，營營故紙以中，至夜二更不止。非惟遣日，亦以習勤，況揭籤以便檢尋，過印以防攘竊，尤非無益事也。夜風雨益甚。

十八日甲申　雨連日夕不止。

十九日乙酉　漸有霽色。三日來遍題室中書籤，零本破册，亦都整比可尋。作書致子宜，並以學海堂本《四書考異》六册，屬轉致朱生岳卿，酬其刻印之勞，又以朱生頗有志於讀書也。得孫生復，并借《嘉泰會稽志》及《寶慶續志》來。夜閱《會稽志》。

二十日丙戌　晴燠。申初一刻十分穀雨，三月中。是日溽潤如雨，傍午南風甚盛，晚有西南風。族叔梅坡邀同石湖叔、渭亭兄及五弟穎堂等，詣梅市路南之南漊，上高叔祖孝廉悔庵公冢。午出梅市村橋，泊柯山裏村橋，緣堤步出南塘觀競渡，至瘦生家小坐，復還舟中飲，晡後游七星巖。時緑陰已成，雨色如黛，坐理詠窩久之，晚烟四起，風吹草香，山居一年最好時也。夜歸。

春晚至柯巖坐理詠窩中梅陰滿庭欣然題四絶句於壁

生結梅花冷淡盟，年年山信負流鶯。多情留得清陰待，照我林間弄扇行。

翠幄愔愔積雨餘，二分籬落稱蕭疏。閑房似水林香静，好借山窗讀道書。

曲磴高低襯碧苔，紅闌斜靠蠣墻隈。繡球花落泥痕細，知是何人印屧來。

風吹水檻自生凉，簾捲雲深日倍長。多約山僧來結夏，一蒲團裏聽爐香。

二十一日丁亥　陰，晡後有晴色。慎齋自義烏歸，來訪，午飯後去。夜雨。

二十二日戊子　陰。復换置架上書，以黴氣將至，擇稍秘者藏之篋中。夜改舊詩。

二十三日己丑　晴燠蒸潤。偕季弟坐舟出昌安門，至馬山山棚橋，上外王父母冢。外王父倪公，名振麟，字仁甫，會稽諸生，早卒。祔葬其考寳三公墓右。外王母孫氏，旌表節婦，葬墓之左數十步。皆僅有石椁，未封土及塋域。舅家衰替，睹之泫然。下午回舟至柏舍村，小泊社廟前觀演劇。復至則水牌村，泊戴氏古塋前。塋外爲石垣，周數十畝。垣有重門，門前數十武有石闕，題曰『戴氏聯坊墓道』，殊不解所謂。其中五墓相連，文石琱鏤，備極精巧，似南宋時物。戴氏居在村中，亦有祠廟，而自來無顯者，何以侈麗至是？當再訪之里老焉。馬山在會稽縣北三十里，府縣志作二十里。地實無山，惟里人言其社廟中有一石骨隆起，當是山之故址。按王梅谿《會稽風俗賦》所謂蛾馬迹迷者，乃指城中之白馬山。名勝志以爲在蕺山東南一里許，土漸削山石依然者是也。此之馬山，不見圖經，而馬山市、馬山橋之名，皆載於府縣志，不知其所自始矣。《嘉泰會稽志》已載馬山橋。去馬山里許爲陸家埭，予外家倪氏聚族居焉。自稱爲澄湖倪氏，考其鄉名里名，皆不曰澄湖，蓋其村之水名然，亦不知所本。倪氏自明以來世耕讀爲士族，至國朝屢有登鄉科者，乾隆中有四川岳池知縣必英、大理寺丞一桂，皆以舉人仕爲官，至道光間有順天東路同知烒，亦以舉人歷官畿輔牧令有聲。户部主事崧、大理寺卿杰，父子以甲科起家，始益大，然其族寖且貧，今衰至無有爲弟子員者。吾越城北頻海無山，村市委陋，無足游賞，予自南歸後未嘗至馬山，今日往返三十里間，所過松林、新興、明商諸村，廬井掩翳，經亂獨完，田野沃稠，殿春彌秀。社頭市尾，追外氏之衣冠；捉蟀驅鷄，認兒時之杝落。不免悥溢所望，悲來自中矣。夕陽時入城，至探花橋登岸，觀郡人迎東嶽神，晚歸。得孫生子宜書并所擬請祀鄉賢公牘。作書復子宜，借以近年日記三册。

暮春至馬山澄湖埭上外王父母冢感賦

卅里澄湖埭，重來似夢中。田園春晚色，耕讀外家風。樹密村居静，雲開海氣通。自慚虚宅相，頭白尚飄蓬。

二十四日庚寅　晴熱蒸溽，室中如雨，剃頭。沈蘅夫來。竹樓來。遣傭人至郭外載土一舟來，置庭中以蒔花。傍晚詣竹樓家，小坐即還。夜作書并孫生所撰稟牘，致王蓮伯。五更時雷電大雨。

二十五日辛卯　晨密雨，至午後稍止，有風微寒，溽氣畢收。作書致曉湖，約同作杭州之游。得何竟山書，并以《漢三老碑》拓本見贈，即復謝。得王眉叔浦江書。

二十六日壬辰　陰。散布秋花數種於庭。作片致何治鋒、竟山喬梓，屬其代催塘工餘錢四十四千四百三十四文。族弟嘯巖來。作書致陳藍洲。夜二更後密雨徹曉。

二十七日癸巳　終日寒雨。有生員何□□者忽投刺摯俗作贄。所刻時文兩册，其帖中以兄弟相稱謂。此生年輩甚後，不學而無行，予素拒不與通，今率爾詒書，且敢詅癡衒醜以加於我，豈有以窺我之易與耶？予初甚怒，欲罵而還其書，已作札矣，既念君子責人不於匪敵。彼蠅螬之無禮，豈足較哉。因改作書致胡梅卿，以梅卿與相善，屬轉還其書，亦所謂不惡而嚴也。山陰令楊君柬明日夜飲，辭之。得慎齋書。

二十八日甲午　陰。比日窮甚，抵家人首飾付質庫，得錢十一千。楊笙吾再來速飲，作書固辭之。始食櫻桃，今年此物價甚賤，而經久雨，色味俱壞，可惜也。閱阮文達《揅經室集》。日來精神殊憊，讀書略無所得。

二十九日乙未　晴，久雨得霽。欣然出門，步至倉橋街閱市，買江氏《古韵標準》、畢氏《山海經注》及《經訓堂》零種俱不成。詣鄭氏妹家少坐。偕季弟及族弟小帆，詣孫氏從姊家午飯。下午游趙氏廢園，灌木鬱森，緑陰甚盛。坐小橋邊磐石上，上蔭古樟，下俯流水，憩當作愒。賞久之。晚坐舟歸。始食豌豆。

三十日丙申　晴，晡後陰。閲《揅經室集》。五弟來約後月初四日觀單港競渡。作書致陳蓮峰陳州，屬五弟轉交陳訪梅附去。夜雨。

閲二月二十一日至三月十五日京報：

孫詒經仍補授國子監司業。廿一日。

記名提督楊春祥交部從優議恤，於死事地方及河南原籍建立專祠，並加恩予謚。從寧夏副都統金順請也。廿三日。疏稱楊春祥隨同張曜轉戰十餘年，紀律嚴明。去年阿拉善旗被圍，該提督帶隊赴援，重圍立解。旋復進援寧夏，每戰必先。兹以連拔堅壘，中炮陣亡云云。

遣鄭敦謹、英元赴天津諭收海運漕糧。廿四日。以太僕寺卿劉有銘爲太常寺卿。廿四日。

詔：陣亡廣東陸路提督劉松山咸豐九年以後戰績再行宣付史館，仍於本籍建立專祠。從曾國藩請也。廿五日。

翰林院編修趙佑宸升補詹事府左贊善。廿六日。

上諭：萬青藜等奏耆紳重遇鹿鳴請與筵宴一摺。前任浙江布政使沈兆澐，早年登第，由翰林洊擢藩司，退老林泉，年躋耄耋，鄉舉再逢，洵屬藝林盛事。著加恩賞給頭品頂戴，准其重赴鹿鳴筵宴，以惠耆年。廿六日。

户科給事中尋鑾煒轉補禮科掌印給事中。三十日。

劉典奏正月間陝西北山回逆大股撲犯米脂、延川、宜川等縣，官軍迭擊却之。詔：剿辦甚爲得手，所有此次出力之延榆綏鎮總兵劉厚基、署延榆綏道成定康等，前次應得革職留任處分均准其開復，並寬免所屬失守處分，餘升賞有差。三月初一日。成定康旋補授甘肅甘凉道。原任甘凉道董文焕，山西人，前年由編修擢任，去冬穆圖善奏稱尚未至甘，今不知何如矣？文焕頗能爲詩，憙小學，蓋得之其鄉人王主事軒，亦翰林中之才者。

詔：英翰補授安徽巡撫。初二日。户部顔料庫員外郎滿洲軍機章京英康准補浙江金衢嚴道。初二日。以詹事府少詹事紹祺爲詹事府詹事。以翰林院侍讀鐵祺爲侍講學士。初三日。翰林院編修林天齡升補詹事府右贊善。初三日。

以大理寺卿興恩爲都察院左副都御史。初五日。大理寺卿王映斗以病請開缺，許之。初五日。李宗羲奏參庸劣各員。山西永寧州知州楊篤、定襄縣知縣崔占鼇、武鄉縣知縣唐恩鉉、惇縣教諭侯有晄等，請革職永不敘用。從之。初五日。巡視中城給事中慶承等奏宗室覺羅人等犯事到案，及宗室覺羅婦女具控遺抱，俱請照定例辦理。從之。初五日。原疏稱例載宗室人等輕入茶坊、酒肆滋事召侮，或與人鬥毆，不論曾否腰繫紅黄帶子，其相毆之人即照尋常鬥毆一體定擬。又宗室犯事，到官無論承審者何官，俱先將該宗室摘去頂戴，與平民一體長跪聽審。其婦女不准自行出名具控，倘有冤抑，必須有抱告之人，若自行赴案逞刁，無論所控曲直，均照違制例治罪。定例綦嚴，請飭下宗人府及問刑各衙門，申明定例，一體遵行云云。

以前陝西巡撫喬松年爲倉場侍郎。初七日。

上諭：此次甘肅回逆竄入陝西境内，逼近省垣，經劉典督率司道等布置巡防，尚無詒誤。陝西布政使翁同爵、督糧道趙新均賞帶花翎。延榆綏道嵩壽准其賞還頂翎，並寬免所屬失守處分。從署陝西巡撫劉典請也。初八日。

上諭：志和、庫克吉泰奏審明滋事箭丁及辦理不善旗員，分别懲辦，並妥議章程開單呈覽一摺。此案土默特旗八枝箭箭丁常明等，因該旗科派太重，輒以該箭丁不應歸土默特旗管轄，聚衆呈控。又復立會斂錢，抗不比丁。並有毆傷旗員，霸搶地租。情事實屬罪無可逭。常明、德爾沁札布、丹珠爾均著發往南五省驛站，充當苦差。哈哈笑、老布、幅尼膺、福聽從霸地歐差，著發交山東、河南驛站充當苦差，均由理藩院定地發配。該箭丁等事犯雖在咸豐十一年十月恩赦以前，惟始終怙惡不悛，且係積年滋事之犯，均著不准援減。管旗章京阿常阿、花尚阿等因公苛派錢文，雖非侵吞入己，究屬不能體恤。署任協理松威、丹忠疲玩糊涂，難期振作，均著即行斥革。土默特札薩克貝子索特那木色登襲職在後，著寬免失察處分，一俟該旗諸事妥協，即由該都統給咨回京，毋得在旗逗留。嗣後該旗事務著卓索圖盟長、熱河都統隨時認真整頓，有犯必懲，以靖地方。志和等所擬章程八條甚爲明析，所有八枝箭箭丁等，著歸土默特旗管束。並著理藩院將乾隆四十六年奏定章程，詳細纂入則例，其管旗章京、副章京仍遵舊例。由理藩院補放所稱變通比丁章程，申明交納丁錢舊章，及箭丁子女不准妄行役使、隨侍陪嫁、覈減差派、加重越訴罪名、嚴拏訟棍各條，均著照所擬辦理。即著庫克吉泰將所奉諭旨並新定條款刊刻曉諭，俾有遵循。初九日。

原奏稱，八枝箭本係土默特旗阿拉巴土，因康熙間台吉蘇克都爾身故無嗣，其妻塔濟將此項人丁進上，蒙聖祖仁皇帝賞收，嗣於乾隆四十一年因箭丁內旺楚克多爾濟私載頂翎，任意妄爲，特派大臣查明。蘇克都爾近族將八枝箭編爲十八枝箭，分賞札薩克貝子色布特恩楝魯普等十七員台吉管理。乾隆四十六年復經奏立章程，理藩院於修理則例時未經纂入，以致該箭丁有所籍口，屢次以曾經進上不應，仍歸土默特旗管轄呈控。咸豐初年，因征調煩多，科派太重，每丁每年派交差錢至七十餘千，民不聊生。該箭丁先後來京控告，繼且私立會首，斂錢聚衆，抗不比丁，因而有毆傷旗員、霸搶地租之事。論初次之走險，其情實有可原，觀後此之負嵎，其罪萬無可逭。既爲之懲貪官而除苛政，即不得不爲之嚴首惡而遏亂萌云云。

上諭：劉典奏官軍追剿竄回迭獲大勝，請將出力各員獎勵一摺。陝西北山回逆竄犯腹地，經官軍迎剿擊退後復竄韓城、郃陽、蒲城、大荔、華州、臨渭各境，搶渡渭河，經提督劉端冕、李輝武等分路截剿，先後殺斃悍賊五六百名，賊衆大敗。其搶渡涇河賊股，經主事周瑞松等擊竄後，李輝武復於乾州、武功等處剿殺多名附從，游勇悉數擊散，餘逆竄回甘肅老巢，内地已無賊踪，剿辦尚爲得手。所有此次出力之提督李輝武、劉端冕、傅開德均交部從優議敘。總兵張佑庭等升賞有差。另片奏劉端冕截剿回酋馬正綱一股，殲除殆盡，請將出力及陣亡各員分别獎恤等語。提督劉聲集交部從優議敘，總兵鄧有勝等升賞有差。陣亡之擬保總兵副將吴賢華等均交部照擬保官階陣亡例議恤。初十日。

桃花聖解盦日記乙集 起上章敦牂夏四月

同治九年四月初一日至十一月三十日（1870年5月1日—1871年1月20日）

同治九年庚午夏四月丁酉朔　微晴。閲《揅經室集》。買大管羊豪筆一枝。族兄葆亭今日移觀音橋新居，作楹聯賀之云：『初哉首基，積善以始；祓禧褫祜，衆福之門。』葆亭以孤童積困，學賈於同邑張氏，以堅忍蹇訥得肆主心，不十年遂爲富人。益持重赴利，家日起，今甲於一鄉，越中稱徐、李、胡、田四姓是也。而孅嗇愈甚，敝衣垢顔，出入徒步。有子三人，不令識字，皆習爲市井浮薄之行，識者頗歎鄙之。自去年冬大營居宅，盡買故明閹党尚書徐大化第，築土濬河，重堂廣楹，至今興建未已。然有可紀者四事。予高祖兄弟八人，分爲八房，第八房先致富，第七房繼之，葆亭爲第六房，今又繼之，若代興者，一也。葆亭之曾祖父當嘉慶中宰四川之銅梁，歸與先王父並屋居。銅梁爲蜀膏腴地，而歸裝甚儉，身歿之後，諸子至不給朝夕，今日可以觀廉吏之報，二也。葆亭有母年八十矣，先備艱劬者數十年，今亨華膴亦已數十年，尚健甚無恙，三也。大化閹孽，惡甚彪虎，而其故第巍然城東者二百餘年，今改屬吾宗，一洗遺殃，四也。從城東孫氏乞花，得薔薇數枝，植之庭中。爲人書聯扁數事。

初二日戊戌　晴。剃頭。張梅巖教諭來。子宜來。

閲《揅經室集》。文達之學與王石渠父子最近，故訓詁名通而專以聲音辨文義，時亦失之偏譎。其甚者至以一事之偶合，盡改古書，以就己説。筆舌亦頗冗漫，似並時之程易疇，其考證名物亦雅與程氏近。若《堯典東作南僞西成朔易解》《釋頌明堂論》《禹貢東陵考》《南江圖考》《文言説》《詩十月之交四篇屬幽王説》《論語論仁論》《孟子論仁論》《性命古訓》《論語一貫説》諸篇，卓識精裁，獨出千古，固足俟聖人而不惑者也。

初三日己亥　晨密雨，至上午益甚，下午風雨稍止。閲《尚書後案》。

初四日庚子　晴。令圬人理屋漏，加瓦六百片。胡梅卿來。下午偕梅卿、梅仙兄弟及陳葉封、玉泉兄弟同登卧龍山麓，游龍山書院。地本總捕同知署，久傾廢，今山陰令楊君改建爲書院。有屋百餘間，頗高敞，有登眺之美。夜飯於梅卿家，三更歸。

初五日辛丑　上午薄陰，微晴，午雨，下午陰。坐小舟詣單港觀龍舟，午飲於五弟家，下午步詣三洞橋觀競渡，復詣社廟觀劇，晚歸。顧春園表叔來，不值。王蓮伯、余輝庭來，不值。黄昏時春園表叔及其兩姪又來。夜雨。

初六日壬寅　丑正初刻九分立夏，四月節。晨陰，上午晴熱。族弟幼薌邀同季弟、九弟及鄭妹夫坐舟出西郭門，詣青田湖觀競渡，泊舟霞頭沈氏父子進士坊前，游楫甚盛，殊苦煩熱，欲呼小舟歸，不果。下午有湖風稍凉，遂流連不得歸。

初七日癸卯　晴熱，宜單衣。晨入城，舟楫邕閼，歷時始通。得何竟山書，并交來塘工局補還錢四十四千四百卅四文，即作書復之。睡至午起。洗足。

閲《儀禮釋宫》，此李氏如圭所著，朱子録之，蓋欲取以入《儀禮經傳通解》，而後人遂誤以爲朱子作，編入文集。乾隆中開四庫館，始據《永樂大典》所載李氏《儀禮集釋》諸書，及《中興書目》，知爲李作，奉敕更正。又命武英殿以活字版印行之。而《欽定三禮義疏》成於乾隆初年，故《儀禮》卷首列是書尚稱爲朱子所作。今浙局翻刻《義疏》，悉仍原本之舊，未及改也。

初八日甲辰　陰，下午小雨。付完去年田税十四番金，又還債十三番金，付王福工食兩番金。葆亭來謝。夜雨漸密有聲，二更後益瀧瀧達旦。

初九日乙巳　晨至上午密雨，午後稍止，傍晚又雨。爲人書扇面五，其一是去年梅山僧隱松所求。隱松不守戒律，而事母頗孝，能忍苦積錢帛以營佛刹。梅山之本覺寺，城中之大覺林，皆經亂幾廢，而極力興作，復與名藍。又能知予之爲正人，時來問訊。去秋八月，夜歸山寺，爲其仇殺於門。予方欲言之當塗，而邑令楊君已擒盜置獄矣。念仲殊之宿孽，感法深於夢魂，爲寫王僧孺懺悔禮佛文一通，以詒其嗣法心得。竹樓來。夜大雨有雷，淋浪徹曉。

初十日丙午　晨雨，上午漸止，午後微晴。六世祖妣樊太君忌日，與祭及餕。得平景蓀二月廿九日書，并寄來夏嗛父燮所著《五服釋例》《述韵》兩種。五弟來，偕至藥皇廟觀劇，即歸。

十一日丁未　薄晴有風。族叔乙林來。朱厚齋來。王蓮伯來。

十二日戊申　晴和。剃頭。爲人書楹聯兩副，又爲澄港陳氏作祠聯云『讓宅成廉，泝於越先賢，雅有高風式閭里；聚星表瑞，承潁川世望，所期名德勝公卿。』仲弟來。沈瘦生來。食豌豆尚嫩，此來自城北吴融村者。吾鄉疏豆之屬，西早而東遲，即此可見。竹樓、嘯巖來。下午偕季弟、小帆同舟赴杭。日晚過柯橋，游柯亭，亦邑令楊君所修者，亭閣臨河，頗增官道之色。五更至蕭山。

十三日己酉　曉陰，上午晴。晨抵西興向驛廨呼轎擔。山水暴漲，江闊逾故，東岸新沙，盡没成浸。上午渡江，午抵杭州，仍寓書局。偕王松谿及季弟游金衙莊嚴氏滄浪館，今所謂四閑別墅也。夏緑漸穠，亭榭深秀。坐水廊及磐石上，覺香氣蓊勃。因風扇清，拂騰撩烟，鮮孕一碧。足令塵客解煩，雲侶延賞，忘其在會城都市矣。出詣酒家小飲，傍晚歸。

十四日庚戌　晴和有風。偕松谿、仲修、藍洲、鳳洲諸子出涌金門，從孟蘭艇湖上之飲，同上湖船名薛舫者，杭人爲慰農太守所造，頗華好可坐。先游三潭印月亭，飯於詁經精舍，復放船詣鳳林寺惕薛廬，坐泉側久之，出游孤山，登放鶴亭，仍過橋，泊平湖秋月亭，傍晚入城。

十五日辛亥　晴。黄質文交來前月薪水二十三番金，即以廿二番金致布政司吏余固庵，爲辦起復咨文之費。校《通鑑輯覽》一卷。

十六日壬子　晴。出門詣署撫楊布政，晤。詣秦澹如運使，不值。唁沈恒農吊其尊人念農司業之喪。詣楊豫庭晤談。午後歸。沈曉湖來，言明日還山陰，十九日赴浦江學任矣。偕季弟餞之豐樂橋酒樓。是日熱甚，晚陰。

十七日癸丑　晴熱如故。偕松谿、仲修飲質文家，午後歸。

十八日甲寅　微陰有風。偕季弟邀松谿及小帆出涌金門游西湖，覓一湖舫名四時春，規制與薛舫略同，而髹飾稍樸，其名見樊榭《湖船録》，尚是南宋舊名也。先至三潭印月亭，游南山，登净慈寺，望雷峰塔及南北兩高峰，欲謁蒼山張公墓不果，復放舟游湖心亭，泊詁經精舍，訪俞蔭甫編修於講樓，出飲平湖秋月亭。晡後歸。夜密雨數作，達旦有聲。澹如都轉來，趙桐孫來，俱不值。

十九日乙卯　晴。爲松谿書扇。以燭楮四事致沈念翁家。晡後偕季弟等飲豐樂橋酒樓，遂閲市至箭橋而回。夜與黄君元同談喪服，謂近世士夫不講服制，倫常因之舛，族黨因之離，争嗣争財，訟獄繁興，其敝由於宗法之不立，人不知正尊旁尊，本末輕重之等，不勝慨然。楊豫庭來。

二十日丙辰　晴陰相間。剃頭。署撫楊君來，不見。俞蔭甫來。校《春秋彙纂世表世系》《列國興廢説》《地名考》等，共九十八葉。高仲瀛來謝。

二十一日丁巳　申初二刻六分小滿，四月中。晴，熱甚。作書致趙桐孫借抱經堂本謝校《荀子》。作書致高仲瀛乞新刻本《一切經音義》。爲山陰令代撰滁甫師祀鄉賢勘辭，即作書致王蓮伯，屬其轉寄。得秦澹如觀察書，并尊公小峴司寇《蘇祠落成圖》卷索題詩。王渠原來。仲瀛贈《一切經音義》一部。晡後步訪秦澹翁晤談。又詣沈恒農家晤王渠原，傍晚歸。夜與元同談。三更時雨作。

二十二日戊午　密雨，至下午稍止。袁孝廉振蟾自全椒來，言淮滁風土樸陋，山重地瘠，多沙似北方。又言金陵近狀，蕭條可念。元同以所著《禮詁》兩册見示。傍晚雨復作，終夜滴瀝有聲。閲《儀禮正義·喪服篇》。

二十三日己未　小雨數作，凉甚，可重綿。坐肩輿詣水香庵，拜沈芷麓知州之祖百歲冥壽，即歸。作書致秦澹翁，借邸鈔。得趙桐孫書，并以《荀子》見借。孟蘭艇來。閲《儀禮正義·喪服篇》，胡氏於此篇分至五卷，徵引斷制，備極明晰，蓋校它篇爲尤詳。

二十四日庚申　微晴多陰，夜雨。閲元同、鳳洲兩君詁經課卷中《周禮鄉考》《鄉大夫解》《月令太尉解》《釋圩》諸篇。元同解《周禮》從鄭注，而解《月令》與鄭違；鳳洲解《周禮》與鄭違，而解《月令》從鄭注，皆各有依據。然元同之説較爲謹嚴。《釋圩》亦多不同，皆詳覈可備一説者也。爲澹如觀察題《蘇祠落成圖》七古一章，即作書并圖卷還之，録稿於此：

秦澹如都轉屬題其尊人小峴司寇蘇祠落成圖

錫山使君今吏隱，踼來示我蘇祠圖。爲言侍郎昔蒞浙，手闢精舍西湖隅。祠成潔齋薦俎醴，歲時文詠相嬉娱。陳生繪圖紀佳事，湖山點綴霜天疏。洊經兵火燬祠屋，此卷亦逐烟雲徂。時清神物竟還璧，恍若世寶陳璠璵。西湖持節繼前美，靈祠重展榛荆區。侍郎遺愛比玉局，祖孫配食良非誣。蘇祠西偏舊祀淮海，今復以侍郎祔。盛衰遷轉系名德，展圖追昔重嗟吁。睿皇之初世極治，浙西繁富凌京都。長吏政成事多暇，提倡風雅聯簪裾。儀徵相公秉節鉞，首祀許鄭開精廬。幸有侍郎作同志，徵文考獻情無殊。要知興造主觀感，非特文字資規摹。祇今民氣未蘇復，正藉司牧勤噓枯。即指斯圖證今昔，樓閣十九成丘墟。老葑幾聞捲宿蝌，稚楊未見摇春株。自來吏治尚儒雅，豈彼俗學堪追趨。使君繡衣禀家法，行見萬物咸昭蘇。梁谿大好暢園里，未容歸櫂尋蓴鱸。風寒巖畔老梅發，寒泉一曲仙所居。通門百代有宿契，年年生日陳山蔬。紫衣未坐預籥笛，從君迎神舞巴渝。

二十五日辛酉　晴有風。坐肩輿出城，下湖船至蘇公祠，登望湖樓，復坐船至鄂王祠謁王墓。回偕澹如都轉、蔭甫編修及同局諸子飲詁經精舍樓下。午游平湖秋月亭、放鶴亭。傍晚仍泛船至涌金門外坐輿歸。孫子佩太守來，不值。閲元同《禮詁》，元同於喪服最留心，故所詁多足正前人之失。

二十六日壬戌　晨雨，上午密雨凉甚，下午雨稍止。閲《儀禮正義》卷三《士昏禮篇》。此篇及卷五至卷七《鄉飲酒禮篇》，卷八至卷十《鄉射禮篇》，卷十一、卷十二《燕禮篇》，卷十三至卷十五《大射儀篇》，皆竹村弟子江寧楊大堉字雅輪。所補者也。得豫庭片問歸期，即復。沈芷麓來謝。

二十七日癸亥　晴潺埃䨴。上午坐肩輿出門，答拜孫子佩晤談。答謝高仲瀛，不值，午歸。趙桐孫來，楊豫庭來，秦澹如來，汪洛雅來。爲豫庭書紈扇，訖即作書還之。書局司事黄質文交來是月薪水二十二番金。

二十八日甲子　上午晴熱，下午雨，傍晚有疾風，夜風雨益甚。晨束莊偕季弟等渡江至西陵驛，覓舟東行，入蕭山城飯，出東門至鎮海橋小泊，登橋望四山烟雨。晚至迎龍閘，遇暴風小住，夜過西小江、錢清江，聞風水聲甚厲。

二十九日乙丑　陰。晨入西郭門抵家。是日本生祖父忌日，以三弟值年在徐山，不得往與祭。付王福工食三番金。剃頭。

閱三月十六日至四月十二日京報：

翰林院侍講奎潤轉補侍讀修撰，崇綺升補侍講，編修吴鳳藻補授陝西道監察御史。十七日。

左宗棠奏陝甘逆回由金積堡四出竄擾，逆首馬正和圍撲預望城，攻破阿布條、何家溝等處，欲犯李旺黑城子運道。提督周紹濂等督軍截剿，擒斬甚多。據賊俘供稱，馬正和及其弟僞元師馬魁均已轟斃，其竄走下馬關、吴家腦各股，亦經提督徐占彪剿除殆盡。詔：周紹濂、徐占彪等升賞有差。十八日。

大學士朱鳳標管理户部三庫事務。二十日。

協辦大學士湖廣總督李鴻章等奏湖北鄉試士子至萬二千人，增設號舍三千餘間，請照同治甲子科四川添設同考官兩員例，將同考十房增爲十二房。詔：禮部議奏。署浙江巡撫楊昌濬奏浙江舉人中額增至一百四名，請按定例，每舉人五名取中副榜一名，將浙江應中副榜定額十八名外，永遠加中二名。詔：禮部議奏。上諭：楊昌濬奏知縣被戕並連斃家屬，現獲凶犯提省審辦一摺。據稱，本年二月三十日，民人龐阿新突入嵊縣署内，將署知縣嚴思忠並其女及妾嚴王氏斫傷，先後身死。僕婦王氏、李氏亦被斫傷。經縣典史李承湛將凶犯拏獲提訊，語言顛狂有類風狀等語。覽奏實堪詫異，所稱風病情形，殊難憑信。著楊昌濬即將該犯提省嚴審，因何起意戕害，有無别項衅端及挾仇主使之人。

務須切實根究，從嚴懲辦，以彰國法。三十日。以通政司副使程祖誥爲光禄寺卿。三十日。

上諭：李鴻章奏江蘇釐捐協濟軍餉，自同治四年閏五月起至七年六月底止，計撥解過剿捻軍需銀七百五十餘萬兩，該省商民踴躍輸將，俾剿捻各軍得以迅速成功，實屬急公好義。著照該督所請，加廣江蘇省文武鄉試，永遠中額各八名，以示鼓勵。嗣後它省不得援以爲例。四月初一。

内閣侍讀慶裕補授湖北鄖陽府知府。初三日。

詔：本月初六日親詣大高殿祈雨，時應宫等分遣諸王。初四日。

宗人府理事官岐元補授内閣侍讀學士。禮部郎中軍機章京梁僧寶補授江南道監察御史。初五日。

上諭：都興阿等代奏丁憂尚書因病請假一摺。文祥著賞假兩個月，並賞給人參五兩，安心調理。初七日。

上諭：刑部尚書譚廷襄持躬端謹，練達老成，由庶吉士改授部曹，歷任監司，迭膺疆寄。旋以侍郎洊擢尚書，並命在總理各國事務衙門行走，揚歷中外，宣力有年，均能恪盡厥職。昨因患病賞假，方冀調理就痊，長資倚畀，遽聞溘逝，悼惜殊深。著加恩追贈太子少保銜，賞給陀羅經被。派貝勒奕劻帶領侍衛十員，即日前往奠醊。照尚書例賜恤，任内一切處分悉予開復，應得恤典該衙門察例具奏。伊子户部候補主事譚寶琛俟服闋後以本部員外郎補用。譚寶琫賞給舉人，服闋後准其一體會試。其靈柩回籍時，著沿途地方官妥爲照料，用示篤念耆臣至意。初九日。兵部尚書鄭敦謹調補刑部尚書，以都察院左都御史沈桂芬爲兵部尚書，以吏部右侍郎龐鍾璐爲都察院左都御史，以都察院左副都御史彭久餘爲吏部右侍郎。初九日。

吏部郎中邵子彝補授江西九江府知府。十一日。

上諭：理藩院奏遵議承襲汗爵一摺。杜爾伯特汗爵著以噶勒章那木濟勒承襲，根布札布著仍承襲親王，巴咱爾扎那著仍承襲貝勒。十二日。

大學士直隸總督 一等侯曾國藩奏試辦練軍酌定管制。略云：直隸練軍，臣於上年八月酌議事宜一摺。擬照舊制略爲變通，先行試辦，一面咨行。提督傅振邦於古北口提標兵内挑選千人，正定鎮總兵譚勝達於正定鎮標兵内挑選千人，廣東瓊州鎮總兵彭楚漢於督標兵内挑選千人。共三千人，分成六營，其前署督臣官文裁剩之四千人。分地操防，相因未改，自去冬成軍後，各立營壘，認真操演。本年三月初旬凍解春融，彭楚漢帶保定兩營，拔赴正定一次。譚勝達帶正定兩營，拔赴保定一次。四月初旬，傅振邦帶古北口兩營拔赴保定一次。沿途支搭帳棚，不入村鎮，兵丁築壘挖濠，每日習熟，不以爲苦。惟北方野曠風勁，冬臘正二等月，單帳易裂，鐵橛難穩。若古北口及宣化，則十月已不能支棚矣。將來嚴寒出師，或須分駐村鎮，鑽程追賊，或當暫棄鍋帳，在諸將隨時酌辦。畿南騎賊頗多聚散不常，非有得力馬隊不能制之。直隸緑營官馬缺額極多，存者大半疲瘦，蓋緣草料昂貴，每日非實銀一錢，不能養馬一匹。而例領馬料七折，僅得銀二分一厘，是以各省官馬從未見有膘壯者。獨勇隊中常多良馬，銘軍馬尤肥健。蓋以其爲勇丁之私馬，是以愛惜珍重，調養得宜。臣與僚屬熟商，欲求馬隊精强，必令馬爲士卒之私物。欲令士卒惜其私馬，必以勇營爲之倡，而以兵營效之。因飭譚勝達募馬勇二營，彭漢楚募馬勇一營，王可升練馬兵一營，每營二百五十人，四營合成千人。勇則各帶私馬以來，兵則先給官馬，每月扣銀一兩，俟將馬價扣畢，即作爲該兵之私馬，俾人人自護私馬，則合營皆勁騎矣。官文所留之四千人，均擬改從新章並添練三千人，又擬添練馬隊千人，共成一萬二千人數。俟有成效，即將馬勇陸續裁徹，再將銘軍分別調遣，庶畿輔有警，不致倉皇失措云云。四月十二日。

五月丙寅朔　晨微陰，午晴熱。偕季弟、九弟詣藥皇廟觀劇，士夫里居，偶然逐隊作小游戲，亦未遽傷雅道。然以儼然衣冠厠於閑子市人，已爲不倫，且地窄人衆，蒸汗成雨，既感沴厲，又廢居諸，終爲有生之大戒也。傍晚歸。閲《荀子》。夜過乙林族叔談。

初二日丁卯　晴熱，下午有風。閲《荀子》。晡後詣倉橋閲市，賒得江春修氏《古韵標準》一部、胡墨莊氏《儀禮古今文疏義》一部、共十七卷。《微波榭叢書四種》、杜氏《春秋地名》一卷，《春秋長曆》一卷，趙子常《春秋金鎖匙》一卷，宋元憲《國語補音》三卷。《戴氏遺書》兩種，《聲韵考》四卷，《聲類表》九卷。共直兩番金。傍晚詣鄭氏妹家小坐歸。夜讀《後漢書》。是日洗足。

初三日戊辰　雨。遣人饋鄭、張兩妹家節物。作書致藍洲。并以《荀子》還趙桐孫。又作書致朱西泉秀才，屬其飭局中寫手補鈔《荀子》十二葉，且託代購《季彭山先生讀禮疑圖》。

初四日己巳　終日密雨。

閲胡氏承珙《儀禮古今文疏義》。其書臚舉鄭注所載古今異文，援據《説文》及古籍故訓，詮其通假，辨其正俗，務明鄭君取舍之意，致爲謹嚴。自序謂墨守鄭學，鬯厥指歸，良不誣也。又謂鄭注略例，蓋有數端，有必用其正字者，取其當文易曉，從甒不從廡，從盥不從浣之類是也。有即用其借字者，取其經典相承，從辯不從徧，從膉不從嗌之類是也。有務以存古者視爲正字，示乃俗誤，行之而必從視是也。有兼以通今者，升當爲登，升則俗誤已久，而仍從升是也。有因彼以决此者，則別白而定所從，《鄉飲》《鄉射》《特牲》《少牢》諸篇是也。有互見而並存者，可參觀而得其義，《士昏》從古文作枋，《少牢》從今文作柄是也。可謂深明指要者矣。

是日還各鋪雜債十三番金，付傭人阿金錢一千。潁堂弟送來去歲教田束脩七番金。徐國安送彫菰兩把。

初五日庚午　雨，晚有晴色。付眼鏡錢一千八百文，付春燕樓酒食錢三千文。以青紙朱書《抱樸子》所載老君辟邪當作袞。符六道，遍粘門户，間以點綴艾人蒲劍之觀。

初六日辛未　晴。閲江氏《古韵標準》。作書致仲弟爲單港田事，仲弟受先人遺産二十畝，昔歲已鬻數畝，今夏棄其六。念其貧病無術，救之，然是區區者將已割盡，來日悠悠，何以存活？分寒推熱，其在天乎？作書致孫生子宜爲僧慧説親事。予聞城東趙秀才有妹年長而善操作，家又甚貧，僧慧既甚弱，須健婦，且受田劣四十畝，非寒人女不能相安。以子宜與秀才交，故屬轉請之。賒箋紙百番、封函百枚、楹帖兩副。

初七日壬申　陰，傍晚雨。五世祖妣祁太君忌日，偕季弟往與祭，下午餕畢歸。子宜來。五弟來。夜雨。

初八日癸酉　辰初初刻十分芒種，五月節。晨雨，上午晴，晡後陰，傍晚小雨即止。閲孫淵如《古文尚書馬鄭注輯》。得藍洲書即復。竹樓來。夜有月。

初九日甲戌　小雨作黴，晚有晴色。

閲《古文尚書馬鄭注》。孫氏此書，雖據王伯厚本增輯，而全載經文，别標體例，實自爲一書。其中頗指江艮庭、王禮堂兩家之失。然孫氏屢據它本以改經文，亦往往有未當者。如《皋陶謨篇》「在治忽」此及下條，今僞古文皆在《益稷篇》。改作「采政曶」。案鄭注本「忽」作「曶」，見《史記集解》，固可信；而「在治」作「采政」，則《史記索隱》明言是今文，非出古文也。「無若丹朱傲」句上加「帝曰」二字，「予娶涂山』上加『禹曰』二字，此固據《史記》。然司馬氏雖云從孔安國問故，其書則多采伏生今文，此『帝曰』『禹曰』，未必全出古文也。《般庚》中『自怒曷瘳』，改作『自怨曷瘳』，此據《隸釋》所載《漢石經》，然蔡中郎所書乃今文，非古文也。《般庚》下『今予其敷心腹腎腸』，改作『今予其敷優賢揚歷』，此據《三國志注》，然裴氏稱爲今文，固未確，而必指定古文，則《尚書正義》引鄭注本作『憂腎陽』，謂即『優賢揚歷』之誤，亦未有明證也。

遣人至藥肆合大黄檀麝屑爲香，將焚以辟黴氣。是日疲苶殊甚，終日多卧。夜閲《史記》。

初十日乙亥　上午大雨，下午稍止，夜復雨。剃頭。

閲孔衆仲《詩聲類　詩（韵）〔聲〕分例》。孔氏此書以補顧亭林、段懋堂兩家之未盡，近時上虞朱亦棟、當塗夏燮頗譏之。然孔氏於聲類，分陽聲原即元、丁即耕、辰即真、陽、東、冬、綅即侵、蒸、談九類，陰聲歌、支、脂、魚、侯、幽、宵、之、合九類，概以偏傍爲主，部分秩然。又畫分東、冬爲二，實發前人所未發。其謂入聲自緝、合等閉口音外，皆非古人所有。又論聲惟主陰陽，而不言唇舌喉齒牙。惟主偏傍，而不言字母等韵。雖推之於後，往往見其未密。而論三代秦漢古音，實爲獨得要領。夏燮拘守等韵，故徒見其捍格耳。《詩聲分例》亦較江氏之《詩韵舉例》爲密。

沈雲帆送汲版《三國志》至《五代史》共十四部來。此陳藍洲託予代購者，中《魏書》及《五代史》皆鈔補數卷，《魏書》又雜配有涂點處。此兩種尚須别購，其直三十番金，又須加鈔釘費兩番金，寒士得此亦爲難矣。夜雨聲徹曉，有風。

十一日丙子　晨大雨，甚凉，上午雨稍疏，午有日景，下午薄晴。得慎齋義烏書。閲孔顨軒《經學卮言》。賒得新茶兩斤，計錢八百有四十，可以過夏渴矣。作書致子宜，爲點定其詞數十闋。子宜此事甚有父風，可憙。作片致沈雲帆，取不全本江艮庭《尚書合注音疏》。得藍洲書并局寄本月薪水十番金。得子宜書言趙氏姻事，秀才須請其從兄某決之。某以狂名越中者，素與予不諧，其事必無成。爲族叔允升題《錢江圖》七絶一首。爲族弟作楷書便面一方，可謂其爲人也多暇日者矣。齋前新種薔薇，爲僕人剪壞，又誤拔去一本，爲之不怡竟日。傍晚詣竹樓，不值。

十二日丁丑　上午薄晴，下午澂雨，入晚漸密，黄昏大雨。閲茹三樵《周易二閭記》。茹氏之《易》，以此種爲最佳，其詮象解義，多本漢詁，援據經史，疏證名通。惟假設茶閭、蘆閭二人問答之辭，自相駁辯，蓋仿西河毛氏白鷺洲主客説《詩》之例，然時涉諧謔，近於小説，又往往泛引不根，或存兩可之詞，是其病也。夜雨聲徹旦。

十三日戊寅　終日濕陰澂雨，黴氣蒸潤。雜閲群書，疲困小極。撰《易經》制藝『爲大赤爲良馬』文一首。

十四日己卯　上午小雨，下午大雨，黴溽益甚。作書致藍洲。與季弟、九弟等戲擲百官采選格。

十五日庚辰　密雨屢作。焚香温經。筧庸礱穀十石，爲内去年南米。課僕人栽花。

閲四月十三日至二十四日京報：

詔：原任御史尹耕雲免補知府，以道員仍留河南，無論題調缺出，奏請簡用，並賞戴花翎，加布政使銜。十三日。李鶴年初奏尹耕雲在河南籌辦防剿，積勞有年，深資得力，請以按察使記名，遇缺儘先題奏。部議不准。復請以按察使遇缺題奏，又被駁，乃改今官。

以大理寺少卿唐壬森爲太僕寺卿。十六日。

盛京將軍都興阿等奏據岫巖廳海防通判詳稱，岫巖鳳皇城所屬地方僻處巖疆，濱臨海澨，幅員遼闊，户口繁多。自乾隆年間設官以來，尚無學校，凡文武士子歷年應試，分附各城。今生齒彌繁，人才愈盛，現在廳屬計有文武進士各三名，文舉人十二名，武舉五名，它若教習恩拔副歲優貢及廩增附生無一不備。當觀風時，應試文童實有六百三十五名，文理頗有可觀。武童亦有一百十三名，技藝亦多嫻熟，人才之盛，幾甲奉天。據舉人許壯觀等聯名呈請，援照昌圖成案，建學設官，定額取士，購買田地，興造學宫，所需經費捐輸籌辦，業經集有成數，造具名册。伏查奉天昌圖地方，前因親王伯彦諾謨祜剿辦馬賊條陳事宜，曾經奏添學校在案。今岫巖鳳皇城所請事同一律，自應仿照辦理。擬請添設訓導一員，歸部銓選。惟應試人數較多，固不便援二十取一之例，致涉過寬。若額設太少，反不如附考別城取中較易。擬請每届考試文生取進八名，武生取進二名，並請添設廩額二名，增額二名，五年一貢，其前附考別城各生，均令改歸本籍云云。詔：禮部議奏。

詔：遴選光明殿道衆在大高殿祈雨，遴選僧衆在覺生寺諷經，均於四月二十六日開壇。是日親詣大高殿拈香，派春佑住宿，晉祺、慶恩、廷鈞、立端分爲兩班，輪班住宿，上香行禮。覺生寺派睿親王德長拈香，誠明住宿，桂豐、載岱、瑞興、德鑑分爲兩班，輪班住宿，上香行禮。時應宫派惇親王奕誴，昭顯廟派惠郡王奕詳，宣仁廟派鎮國公奕詢，凝和廟派鎮國公奕謨。黑龍潭派貝勒溥莊，白龍潭派鄭親王承志分往拈香。廿四日。

十六日辛巳　晨小雨，午大雨有風，下午稍止，夜復密雨。焚香温經。偕族兄弟六七人午飲。胡梅卿來。得孫生子宜書。連日苦雨，湖水驟漲。

十七日壬午　晨陰，上午微見日景，下午南風大作，蒸溽煩熱，甚覺不適。讀惠氏《九經古義》。作書致研香從伯豐城。研香伯客江右者將廿年，年垂七十矣，貧老不得歸，其廉竫慎默之風，足以儀型族黨，本生王父最愛之。今以齒宜爲房長，予有服族尊，亦惟伯一人也。又作復平景蓀書，俱以小帆赴江西，屬其附去。

十八日癸未　上午大雨，午後薄晴。閲《九經古義》。小帆赴江西，欲再往干平景蓀爲之道地，以予昨所作書寥寥無情文，轉託季弟請益數語，此甚可厭。人既不能自立，又不肯耐艱苦守貧食力，䇲䇲求人，不憚煩黷，乃復牽率它人，與之同辱，若不應之，則生怨恨。予與景蓀情分，僅去絶交一間耳，生今之世，執利以外無可恃者，腐芥曲針，理宜自喻。予初頗有責望景蓀之意，後自思念彼之性分不過如是，便亦置之度外。今既不得已，因憶景蓀前在都時曾以烏絲闌紙索予寫洪北江《與崔瘦生書》一通，未有以應，乃檢扇面一事節録北江此文，付小帆轉致之，以踐平生之諾，以報其近日贈書之意。至於筆札裁答已定，虚詞往復，理不多陳。予前日在杭州往謁署撫楊君，其人予素識之，今忽詞色倨傲，相視落落，予色然駭異。及出將穿閣就輿，楊相送予禮，辭之，楊曰：『督撫送京官體制如是也。』予出而大怒，謂小器易盈，何至如是。既思彼以三家村學究驟擁八騶，作十一郡節使，宜其魂魄已失，彼心目中自朝庭階級外，豈復知有人事，予何求於兵子輩而輕往取辱，宜當自尤，乃猶以長柄胡盧責人正禮，不更大誤耶？凡書此者，皆以志吾之過也。呼陳生修鐘錶。傍晚偕季弟步詣春燕樓，具小飲餞小帆，夜歸。

十九日甲申　晴熱，蒸溽。剃頭。湖水驟漲，聞上江暴流甚駛，漫溢西唐，郡守已往視矣。子宜來，夜飯後去。夜始换凉席。

二十日乙酉　晴，熱甚，南風大作，歘暴不常。沈雲帆來。族叔石湖來，竹樓來。祭外祖母生日。閲《隋書·經籍志》。

閏四月二十五日至五月初四日京報：

以光禄寺卿成林爲大理寺卿。以翰林院侍讀學士鄂芳爲詹事府少詹事。廿六日。

以給事中愛廉爲光禄寺少卿。廿九日。詔：本日引見之正二品蔭生曾紀澤，加恩以員外郎分部行走。廿九日。紀澤，國藩子也。命翰林編修汪敘疇充雲南正考官，四川人，乙丑。編修王先謙充副考官。湖南人，乙丑。編修張端卿充貴州正考官，雲南人，乙丑。檢討劉青照充副考官。四川人，乙丑。五月初八日。

以太常寺卿劉有銘爲大理寺卿。初一日。

詔：新襲肅親王隆懃加恩賞戴三眼花翎，在御前行走。初二日。

上諭：劉崐奏撲滅滋事會匪首要各犯全行伏誅一摺。湖南湘鄉縣會匪逆首賴榮甫即二蒙花，本年二月間潛集匪黨分股劫掠，經劉崐派軍會同團練認真剿辦，該逆首及逆目康學池等一併擒獲，訊明正法。全股悉就撲滅，辦理尚爲妥速。仍著飭令各該地方官督率團練實力巡緝，此次出力員弁，准其擇尤酌保。初三日。

上諭：劉崐奏援黔官軍迭克苗寨，請將出力陣亡員弁分別奬恤一摺。貴州苗匪負嵎肆擾，經記名布政使席寶田等統帶援黔官軍，由五岔進兵，沿途平燬苗寨，並將施洞口老巢攻克，復飭提督龔繼昌等乘勝進攻九股河賊壘，連戰皆捷，將榮山及廣福坉各苗寨悉行焚燬，剿辦尚爲得手。席寶田、龔繼昌均著賞給白玉翎管一支，白玉搬指一個，大荷包一對，小荷包兩個。提督唐本有等均著遇缺儘先題奏。周家良賞給一品對典。總兵蘇元春賞換法什尚阿巴圖魯名號，提督黄仁遺賞換額圖渾巴圖魯名號。總兵黄元梁賞换倭什洪額巴圖魯名號。韓孝忠免補總兵，以提督交軍機處記名簡放。餘升賞有差。陣亡之参將陶正柏、游擊譚朝一、都司周永芳、李永福等十一人均分别從優議恤。初四日。詔：初六日仍親詣大高殿祈雨。昭顯廟改派孚郡王奕譓，宣仁廟派惠郡王奕詳，並派貝勒溥莊詣黑龍潭，怡親王載敦詣白龍潭，餘各依舊。初四日。

二十一日丙戌　晴，酷熱。中暍不快。穎唐以是日約同會十二家祀關帝，分得胙肉直一番金。陳鳳樓兄來。五弟來。卧閲《新唐書》。作書致子宜。始聞蟬聲。買洋布兩幅以製小庭日障，既以避暍，亦可蔭花。

二十二日丁亥　晴，酷熱如前。仍不快。閲《新唐書》。

二十三日戊子　晴，南風大作，炎歊不可當。以夏至與祭六世祖、五世祖，祀曾祖考妣、祖考妣、先考妣。王渠原贈新搨《跳山漢建初元年買地記》兩本，又顔魯公《麻姑山仙壇記》一本，即作書復謝，槁俗作犒。其使二百錢。京師以今夜子初三刻九分交夏至，五月中气。浙江以子正初刻九分屬明日。

二十四日己丑　夏至五月中。晴，酷熱。閲《隋書·經籍志》。作書致陳藍洲。王渠原來。仲弟來。夜熱甚，早睡。

二十五日庚寅　晴景酷烈，几席暴熱。閲《隋書》儒林、循吏、隱逸傳。《儒林》《循吏》兩序，議論皆佳，可與范蔚宗頡頏。戲與諸弟擲采選圖，此孫念祖編修新刻之越中者，不古不今，蓋依舊圖而妄加損之，全不知官制遷改原流，故以朱筆改正其序，亦使子弟習知官簿勛品定制，釐然不可稍紊，此雖小小戲劇事，然世之公卿，有終身居臺閣，而問之如坐雲霧者。吾夫子所謂飽食終日，博奕猶賢也。梅卿來。得藍洲書，並寄局中新刻《通鑑輯覽》十卷來。

二十六日辛卯　晴熱，連日南風横甚，午後陰，溦雨數零，晡後烈景如故，傍晚驟雨有雷，晚晴頗凉。作書致楊邑令，爲内去年南米附致番金十七圓。作書復慎齋。夜三更後，大雨數作。

二十七日壬辰　晨雨，上午漸見日景，午後晴雨不定，復有黴意。閱《魏書》。剃頭。子宜來。楊邑令柬邀明日夜飲。

二十八日癸巳　晴熱。閱《魏書》。魏伯起辭筆高簡，在蕭子雲、姚思廉之上。晡後坐肩輿詣龍山書院，赴楊笙吾之招，同坐爲王眉叔，胡梅卿、梅仙兄弟，何竟山，陳耕莘等。夜二鼓歸。

二十九日甲午　晴，酷熱。得陳藍洲書，來取所購十四史，并寄來是月薪水十番金。竹樓來。壽玉谿來，言以六月下旬葬其二親於吼山。得梅卿書，約下月初二日游柯巖。閱《毛詩稽古編》。

三十日乙未　晴，酷熱。十日來驟熱不可當，時時中懣若病，不能讀書。

閱五月初五日至十二日京報：

上諭：楊昌濬奏署總兵出洋捕盜被害懇恩優恤建祠一摺。浙江署黄巖鎮總兵陳紹帶領兵船出洋巡哨，在東機岙地方猝遇賊船。該署總兵開礮轟擊，斃盜多名，遽因潮落水淺，被風冲入賊船隊中，力戰受傷，與千總楊郁等同時遇害。並據楊昌濬奏稱，該署總兵平日治軍嚴肅，所用軍火悉皆捐廉自製，緝捕甚爲得力，此次巡洋捕盜，力戰捐軀，殊堪憫惻。提督銜補用總兵署浙江黄巖鎮總兵象山協副將陳紹著從優照提督陣亡例議恤，並准於黄巖縣及原籍廣東地方建立專祠，加恩予謚，交國史館立傳，以慰忠魂。甚隨同陣亡之千總楊郁、蔡騰光均照陣亡例議恤。初六日。

上諭：英桂奏遵查副將恃强霸産結黨滋事各節分別辦理一摺。福建在籍副將林文明强占民人林應原等田産，並占收入官叛産租穀，經英桂查明，飭令歸還賠繳。該副將抗不遵依，率黨直入彰化縣署，刃傷勇丁，形同叛逆。英桂已派員將該犯拏獲正法，足昭炯戒。其脅從人衆，即著英桂飭令臺灣鎮道妥爲安插，予以自新。初七日。恭親王奏病未痊愈，請續假調理，並請派署都統及各處印鑰。詔：

恭親王再賞假一個月，安心調理。正白旗滿洲都統著貝子載容署理，軍機等處印鑰毋庸派署。初七日。浙江温州鎮總兵方友才、處州鎮總兵吴鴻源，水陸對調。從閩浙總督英桂請也。十二日。以太僕寺卿唐壬森爲宗人府府丞。十二日。命内閣學士兼禮部侍郎王祖培順天人，庚子。爲廣東正考官，翰林院編修謝維藩湖南人，壬戌。爲副考官。編修陳振瀛順天人，癸亥。爲廣西正考官，御史馬相如漢軍人，壬戌。爲副考官。國子監祭酒寶森滿洲人，庚申。爲福建正考官，編修劉曾廣西人，癸亥。爲副考官。十二日。

六月丙申朔　晴，酷熱。沈瘦生來。始食楊梅。傍晚始浴。

閱《嘉泰會稽志》，此志共二十卷，夙稱佳志。然有數病。門類雜碎，不立總目，至以守禦、討賊、平亂分爲三目，求遺書亦别爲一目，偏冗無法，一也。其紀地里山水，古今錯雜，漫無裁制，未嘗實覈其道里，析指其沿革，等於鈔胥，莫從考覈，二也。其志人物，於宋時但及宰輔、侍從，而即繼以神仙、高僧、伎術，陋而無識，三也。其敘太守，直書陳武帝曰『陳霸先』，陳文帝曰『陳蒨』，此雖以俱在梁時，然自來無此書法。其敘人物，直列謝安、謝玄、謝靈運、謝惠連、王羲之、王徽之、王獻之、王弘之、孫綽、杜京産、褚伯玉、何胤諸人，而不别之爲流寓，皆繆於史法，四也。

其姓氏敘云：舊經載會稽之姓十四，而不著其望之所出。氏姓書及書傳所載，其望實出會稽者虞、望出會稽陳留。夏、夏後，或云陳宣公後有夏氏，望出吴郡會稽，晉有會稽夏統。茲、《左傳》魯大夫茲無還，今望出會稽。資、黄帝裔孫有食采於資者，後以爲氏。《姓纂》漢有資成，南陽人，望出陳留會稽。駱望出河南會稽。五氏而已。孔、晉有會稽孔愉，自以爲出於夫子之後，先世避亂徙會稽，遂爲會稽人。謝、望出陳留，後漢有謝夷吾、謝奉皆會稽人。朱、出沛郡、義陽、吴郡、河南四望。漢有會稽朱雋，宋有會稽朱百年。賀、望出河南廣平，漢侍中慶純避安帝父諱，改爲賀氏。吴賀齊、唐賀知章，皆會稽人。

知章之後有鑄，以詩文名元祐中，自稱鑑湖遺老。又有道士賀仲清者，會稽人，亦自言知章之後。鍾離，漢有鍾離昧，會稽鍾離意，及《吳志》有鍾離牧、鍾離徇，舊經有鍾離表，皆郡人。紹興中有鍾離松，仕至朝請大夫致仕，高宗以耆老聽再仕，力辭。雖不云望出會稽，而世居此者，皆有顯人。鍾氏粗有所見，望出潁川，江南有禮部侍郎會稽鍾謨。而榮、望出樂安。俞、望出河間。戚望出齊郡。三氏，於此未有聞焉。康、衛康叔之後，又梁有康絢，其先出自西域康居，漢時遣子入侍，因留河西，遂氏焉。《唐·儒學傳》有會稽康子元，望出會稽東平、京兆。唐康日知，靈州人，有功深趙，封會稽郡王；子志睦，會稽郡公；孫承訓，會稽縣男。莊、望出會稽、東海、天水，至後漢避顯宗諱，改氏嚴。闞、望出會稽、天水，吳有會稽闞澤。留、出自會稽，本衛大夫留封人之後，《漢功臣表》疆圉侯留肹，其後避地山陰，遷居東陽。摇、《姓苑》云：『句踐之後，有東海王摇，子孫因以爲氏。』《漢功臣表》有海陽侯摇毋餘，望出會稽。黄、《姓苑》云：『句踐之後封於黄，因以爲氏。』或云亦嬴姓十四氏之一也。漢有夏黄公大司農黄昌，皆會稽人。望出會稽、江夏。裘，望出渤海，《姓纂》云：『會稽有裘氏。』今會稽有旌表義門裘氏。皆望出會稽，而舊經不載，總之凡二十有一，其考覈可謂詳備。然案會稽在西漢有安遠侯鄭吉，東漢有太尉鄭弘。考鄭氏之見於史傳者，鄭國爲鄭人無論已，其見於漢在吉前者，惟鄭當時爲陳人；在吉後者，鄭昌、鄭弘兄弟，泰山剛人，鄭崇，高密人。今鄭氏皆望滎陽，滎陽在漢特河南郡之一縣；陳屬淮陽郡；泰山、高密各别爲郡，皆於滎陽無涉，滎陽鄭氏特顯自晉以後耳。而會稽之鄭在漢已有一侯一公，是鄭氏當有會稽一望無疑也。以論姓氏，當居孔謝之前，此獨漏而未舉，亦爲疏略。又黄氏下注云：『黄氏所在有之，然仕至丞相者，惟西漢黄霸及高宗初黄潛善二人，相距千五百年。』案東漢黄瓊、黄琬祖孫皆爲司徒，時之司徒，即丞相也，此而不數，可謂失之眉睫。張氏《續志》七卷，較有體裁，是書爲嘉慶間郡城善卷堂張氏據宋本緟刊，而校勘粗疏，致多誤字；又刻非仿宋，而遇當日朝廷君國等字皆提行書之，尤爲不知刻書之法。

初二日丁酉　晴熱，微陰，晚西南有電光隱然，雲過雨零，隨作即止。作書致梅卿辭今日柯山之游。並作片致陳葉封，屬轉致梅卿。竹樓來。

初三日戊戌　晴。剃頭。夜四更時大風。

初四日己亥　晨雨，上午晴熱如故，下午陰雨，復有黴意。閱惠氏《古文尚書考》。夜涼。

初五日庚子　晨至上午大雨數作，下午稍止。鄭妹夫三十生日，饋以雙鵝、雙鷄、雙鯉、豚肩及饅頭糕麵之屬。竹樓來。仲弟去。爲人寫紈扇三事。校《一切經音義》。下午步詣竹樓小坐。傍晚偕季弟坐小舟詣鄭妹夫家夜飯，二更時歸。夜涼甚，須綿被。

初六日辛丑　終日密雨淋浪，凉如秋中。校《一切經音義》。夜凉甚，早睡。

初七日壬寅　上午雨，下午晴。晨起凉甚，須緾綿小帽。校《一切經音義》。作書致胡梅卿，約明日游鎮東閣。竹樓來，是日下午日景清和，最宜校書，以俗事冗擾，忽過可惜。夜得梅卿復書。

初八日癸卯　晴。

校《一切經音義》。玄應此書，引證晐洽，雖字體未能盡據《説文》，或不免正俗顛倒，然大致精密。唐初如陸元朗之《經典釋文》，最稱詳慎。而於字之正俗，亦往往迷誤。所引字書，時多出入。玄應所病，政與之同，其確覈處則反過之。且其書自宋以來，入之佛藏，無人過問，梵流傳刻，輾轉訛誤，亦較甚於陸書。此本爲去年冬仁和曹籀據莊氏炘校證本，授杭州尼明净翻刻。籀本妄人不學，又年耄不知校勘，故重惟眦繆，滿紙烏焉，幾不可讀。予舊有莊本，已失去。粤東海山仙館本未嘗得見，今姑以《説文》《玉篇》《釋名》《小爾雅》《廣雅》諸書，及近儒任氏《小學鉤沉》、孫氏《倉頡篇》等略爲是正。至其繙譯梵言，訛奪尤多，家無梵書，末由校對，計四日來僅得三卷，以後入伏，酷暑復熾，又當輟業矣。

賒得杭紡綢七尺二寸，值錢三千一百有奇。傍晚天氣甚清，緩步至北小路，徘徊王文成祠，至大寺遺址，斷碑豐草，蟲聲滿地，悄然多思。看龍山晚烟，由北海橋而回。

初九日甲辰　晴陰靉靆。胡廷襄饋楊梅兩籃。王訪梅來。酉初三刻二分小暑，六月節。是日晨尚凉，須袷衣，上午漸熱，夜凉，月甚佳。

初十日乙巳　埃䨴，熱煩。閲《毛詩稽古編》，比日暑中得凉，最宜讀書，而意緒棼亂，又時時疲困欲卧，遂致作輟無恒，深負光景。夜半後小雨。

十一日丙午　晨大雨，上午日景漸出，下午陰，小雨，晡後復晴，遠聞雷聲隱然。剃頭。閲《毛詩稽古編》。夜凉坐月。

十二日丁未　陰曀，小雨。梅卿來。兩日中料檢小庭中花草，頗費心力，此亦閑暇之累，後當戒之。得曉湖初三日浦江書。閲《尚書合注音疏》，竹樓來。族叔梅坡來。徐國安來，請出西郭會龍橋看競渡。夜擬偕群季乘凉往觀，借舟未得，遂不往。

十三日戊申　上午晴陰相間，下午晴。閲《尚書合注音疏》。校正《通鑑輯覽》明莊烈帝、明福王一卷。

十四日己酉　上午雨，午後陰。校正《通鑑輯覽》漢高帝、惠帝、吕后一卷。得王訪梅書，并以戊辰年詩一卷寄閲。比夕凉，須被。

十五日庚戌　初伏，陰凉，晚雨。作書致秦澹翁，以王訪梅欲以詩往摯，介予爲一言也。上午坐舟詣倉橋閲市。詣蓮花橋胡梅卿、梅仙兄弟，午飯後同登鎮東閣，坐窗外倚欄啜茗，城外諸山烟雲繚繞，極蒼鬱之觀。晡後坐舟出昌安門洞橋，訪王眉叔。傍晚沿蕺山麓石家池，出草藐阪而歸。張梅巖、孫子宜來，不值。夜涼甚，須衾褥。

閲五月十三日至二十二日京報：

上諭：前因京師自春入夏，雨澤稀少，降旨開壇祈禱。現在節逾芒種，晨田望澤尤殷。朕于本月十六日親詣大高殿虔申叩禱，派惇親王奕誴恭祀天神壇，醇郡王奕譞恭祀地祇壇，孚郡王奕譓恭祀太歲壇，並派肅親王隆懃詣覺生寺拈香，改派榮毓與前派之桂豐等輪班住宿上香行禮，鎮國公載鋼詣黑龍潭拈香，時應宫派惠郡王奕詳，昭顯廟派鎮國公奕詢，宣仁廟派鎮國公奕謨，凝和殿派貝勒溥莊拈香，均著先期齋宿，于十六日分詣行禮。大高殿道衆祈禱，覺生寺僧衆諷經，及輪班住宿上香。住宿之王大臣等均著敬謹將事，以迓和甘，並派鄭親王承志詣白龍潭拈香。十三日。次日詔鄭親王承志現在續假，改派怡親王載敦詣白龍潭拈香。

詔：委散秩大臣公承志更名承霈。十四日。

上諭：劉崐奏援黔官軍拔取新城踏平堅巢請將出力陣亡員兵分别奬恤一摺。貴州苗逆盤踞新城等處，經記名布政使席寶田等督率援黔湘軍，于攻破施洞口後，分路進取，乘勝直擣新城，逆衆奔潰，當將新城克復，並次第剗平甕板、斑鳩各匪巢，剿辦尚爲得手。所有在事出力之道員鄧善燮著賞給喀勒崇依巴圖魯名號，提督黄開運著賞换伊博德恩巴圖魯名號，總兵蔣良春著賞换噶爾薩巴圖魯名號，餘升賞有差。陣亡之擬保總兵副將蔣子榮、擬保總兵銜升用副將即補參將曾子鴻等均從優議恤。十六日。

詔：刑部步軍統領順天府各衙門將現辦各案趕緊清釐，以消沴厲。十七日。命光禄寺少卿潘斯濂充山東學政。十七日。

以鴻臚寺卿朱智爲通政司副使。十八日。次日復詔仍在軍機章京上行走。

劉坤一奏續修江西省通志，延請在籍紳士三品京堂銜翰林院修撰劉繹、前大理寺卿李聯琇、道銜前掌京畿道監察御史帥方蔚等爲纂修，八年十一月開局。命太僕寺少卿丁紹周江蘇人，庚戌。爲四川正考官，内閣中書舍人劉景宸河南人，壬戌。爲副考官。翰林院編修王緒曾山東人，癸亥。爲湖南正考官，檢討楊泰亨浙江人，乙丑。爲副考官。廿二日。丁寶楨奏請加丘真人封號。詔：禮部議奏。

十六日辛亥　晨至上午密雨，午後稍止。節孝張太太生日，薦素饌。朱岳卿來。得傅節子五月望日福州書，言新得温氏《南疆佚史》足本，徐氏《小腆紀傳》稿本，及魯可藻《嶺表紀年》等十餘種。沈雲帆來。傍晚雨止，雲陰掩翳如深秋，風來泠然，水緑上岸，小步門首，便過東西族人家。

十七日壬子　凉陰小雨。校正《通鑑輯覽》明莊烈帝紀一卷。作書致孫生子宜。媒嫗董春蘭來言僧慧屯頭王氏姻事。

十八日癸丑　濕陰溦雨。壽玉谿今日葬其親，來告期。予聞其賓客甚衆，因辭以疾，遣傭以一番金往賻之。作書致梅卿。作書至沈瘦生爲僧慧姻事。校正《通鑑輯覽》宋高宗紀三卷。

十九日甲寅　晨陰，上午晴，蒸鬱酷熱，晡後微陰。族叔允升邀族兄弟等四五人，坐大舟由西郭外東瀫西瀫，湖北郭外則水牌廿眼橋，出松林村觀競渡，午後泊舟西珠庵前大樟樹下飯，晚移舟朱薛門前觀劇。胡梅卿、梅仙兄弟來。薛春淵來。五弟來。夜坐船頭佇月追凉，徹曉始歸。是日剃頭。

二十日乙卯　上午陰，下午晴，鬱熱如前。卧至上午起。下午浴。校《通鑑輯覽》唐中宗、睿宗一卷。得陳藍洲書，并局寄是月薪水二十番金。得孫生子宜書。

二十一日丙辰　晨陰，上午晴，晡後陰，傍晚風大起。閱錢竹汀氏《廿二史考異》。夜雷雨。

二十二日丁巳　晨大雨有雷，上午密雨數作，午後稍止，晡晴。張梅巖教諭來。爲人書扁額兩事，楹帖兩聯。作書致沈瘦生。作書致藍洲并所校《通鑑輯覽》七卷，且以楹聯贈黄質文。

二十三日戊甲　晴，暑甚。中濕不快。讀《史記》。以楹帖一副贈鄭妹夫。

二十四日己未　晴，酷暑。是日爲僧慧聘屯頭任原增長女，遣媒媪董春蘭等傳柬定婚，娉金四十番，媒金四番。任氏本王姓，聚居屯頭村，多習申韓律。女名禾，今年二十矣，聞馴而謹禮，能操作食貧，故媒定之。屯頭在昌安門外四十里賀家池之東，與道墟鄰。偕蘭如舟往，夜初更始返。犒媒人及僕媪等共用錢三千五百有奇。爲族弟小帆之妹書婚帖，許字於鄭，爲研香從伯甥女之子，鄭妹夫之從祖兄弟子也。

二十五日庚申　午初初刻十二分大暑，六月中。中伏，晴暑，熇清。僧慧乳媪回柯山，分以媒錢一番金。僧慧幼失父母，此媪頗勤而有恩，自先恭人棄養後，分授之田皆此媪經理，粒粒如己物。今所出之娉金、媒金，皆所夙儲而辦，深可嘉也。閲《史記》。

二十六日辛酉　晨晴，上午陰有風，午晴，下午大雨再作，晚晴。閲《史記》。得孫生子宜書，索書紈扇，即復之。晡雨過後偕季弟步至河隔岸觀演劇，甫到，驟雨復集，急呼船渡河歸。是日剃頭。

二十七日壬戌　晴陰雜雨，蒸溽熱煩，晡後烈景復熾。比感凉有腹疾，昨又舊疾舉發，疲苶殊甚。終日卧閲雜書。鄭妹夫饋西瓜八枚，受之，犒其使百二十錢。

二十八日癸亥　晴熱，晚有風。校《通鑑輯覽》宋文帝一卷。壽玉谿來謝吊。竹樓來。食西瓜稍多，腹痛不快。

二十九日甲子　上午微陰，終日晴。

閲《晉書載記》。錢氏《廿二史考異》謂乞伏父子生長西徼，未習儒書。而《國仁傳》載其言曰：『先人有奪人之心。』《乾歸傳》載其言曰：『兵猶火也，不戢將自焚。』又曰：『孤違蹇叔，以至於此。』皆文人緣飾，失其本真。予案自唐以前，人尚華藻，紀載修飾，大率如此。《載記》中若此等者，不勝僂指。如秃髮兄弟、鮮卑醜族，沮渠蒙遜，盧水胡雛，豈嘗知有書史。而烏孤有曰：『兼弱攻昧，三者何先？』利鹿孤之餞楊桓，有曰：『鯤非溟海，無以運其軀；鳳非修梧，無以晞其翼。』傉檀之謂楊桓曰：『安寢危邦，不思擇木。』謂宗敞曰：『卿魯子敬之儔。』又引《詩》曰：『中心藏之，何日忘之。』蒙遜之謂景保曰：『昔漢祖困於平城，以婁敬爲功；袁紹敗於官渡，而田豐爲戮。卿策同二子。』又乾歸謂諸將曰：『昔曹孟德敗袁本初於官渡，陸伯言摧劉玄德於白帝，皆以權略取之。』其子熾磐有曰：『此虜矯矯，所謂有豕白蹢。』其臣翟瑥之言曰：『昔項羽斬慶子即卿子冠軍。以寧楚，胡建戮監軍以成功。』乞伏曇達之言曰：『昔伯珪憑險，卒有滅宗之禍；韓約肆暴，終受覆族之誅。』後凉吕超亦出氐種，而其對姚興之問宗敞，有曰：『敞在西土，方魏之陳徐，晉之潘陸，琳琅出於昆領，明珠生於海瀕。若必以地求人，則文命大夏之棄夫，姬昌東夷之擯士。』其對吕隆有曰：『應龍以屈伸爲靈，大人以知機爲美。』又曰：『孫權屈身於魏，譙周勸主出降。』皆動稱古今，屬辭典雅，出於增造，不問可知。

然當日雖僭亂相仍，而戎夏既混，才辯互出。十六國中，張氏、李氏，皆中華士夫，儒雅相尚。段業爲京兆人，博涉史傳，儒素長者，固不必論。而劉淵幼好學，師事上党崔游，習《毛詩》《京氏易》《馬氏尚書》，尤好《春秋左氏傳》、孫吴兵法，《史》、《漢》、諸子，無不綜覽。劉和好學夙成，習《毛詩》《左氏春秋》《鄭氏易》。劉聰幼而聰悟好學，博士朱紀大奇之，年十四，究通經史，兼綜百家之言、孫吴兵法，工草隸，善屬文，著《述懷詩》百餘篇，賦頌五十餘篇。劉宣好學修絜，師事樂安孫炎，沉精積思，不舍晝夜，好《毛詩》《左氏傳》。劉曜讀書，志於廣覽，善屬文，工草隸。石弘受經於杜嘏，誦律於續咸，好爲文詠。慕容皝尚經學，善天文，爲世子時，率國胄受業於平原劉讚；既即位，勤於講授，學徒甚盛，至千餘人，造《太上章》以代《急就》，又著《典誡》十五篇，以教胄子。慕容儁博觀圖書，有文武幹略，雅好文籍，自初即位至末年，講論不倦，覽政之暇，惟與侍臣錯綜義理，凡所著述四十餘篇。李流少好學。李雄聽覽之暇，手不釋卷。李班敬愛儒賢，師何點、李釗，又引名士王嘏等以爲賓友，每謂融等曰：『觀周景王太子晉、魏太子丕、吴太子孫登，文章鑒識，超然卓絶，未嘗不有慚色。』李期聰慧好學，弱冠能屬文。李壽敏而好學，少尚禮容，每覽良將賢相建功立事者，未嘗不反覆誦之。苻堅八歲請師就家學，及長，博學多才藝。苻丕聰慧好學，博綜經史。苻登頗覽書傳。苻融聰辯明慧，下筆成章，談玄論道，雖道安無以出之，耳聞則誦，過目不忘，時人擬之王粲。嘗著《浮圖賦》，壯麗清贍，世咸珍之，未有升高不賦，臨喪不誄。苻朗幼懷遠操，及爲方伯，有若素士，耽玩經籍，手不釋卷，每談虚語玄，不覺日之將夕。姚襄好學博通，雅善譚論。姚興講論經籍，不以兵難廢業，時人咸化之。姚泓博學善談論，尤好詩詠。慕容寶敦崇儒學，工談論，善屬文。慕容德博觀群書，多才藝，沮渠蒙遜，史亦言其博涉群史，頗曉天文。禿髮傉檀與姚興所使韋宗，論六國縱横之規，三家戰争之略，機變無窮，辭致清辯，宗出而歎曰：五經之外，冠冕之表，復自有人。以上俱見各載記中，趙氏翼《廿二史劄記》中僭僞諸君有文學一條，所采尚未全備。此皆胡羯氐羌，而史所稱如此，雖或因仍各國私史，未必盡真，然間氣所鍾，以成胡亂，亦有不可概論者。其間立學養才，所在多有。李雄、劉曜、皝、儁、苻堅、姚興、拓跋，尤爲專意，或親臨講試，或建壇宫中，雖旦夕小朝，兵戈雲擾，而文教之盛，轉勝江東，豈非盜亦有道者歟！

慕容盛與群臣言，詆周公、伊尹，而稱管、蔡爲忠於王室，太甲爲至賢之主。佳虜二字出盛本論。之言，不足深詰，惟云管、蔡言公將不利於孺子，周公當明大順之節，陳誠義以曉群疑，而乃阻兵都邑，擅行誅戮，不臣之罪，彰於海内，方詒王《鴟鴞》之詩，歸非於主。案以周公居東爲征商，以我之弗辟，辟爲致法，此始於東晉《僞孔傳》。若鄭康成《尚書注》固訓辟爲避，以居東爲屏居東都，《鴟鴞》之詩爲救己之官屬。即王肅《尚書注》，故與鄭違，亦祇以居東爲案諭其事。《詩》毛氏傳亦僅言『寧亡二子，不可毁我周室』，未嘗顯言誅戮。而《鴟鴞序》云周公救亂也，成王未知周公之志，公乃爲詩以遺王。其稱救亂者即救成王多行誅殺之亂，故鄭箋即本序誼而申言之。許君《説文》引作『我之不辟』，訓辟爲治，治亦非致法誅戮之謂。然則以辟爲法，以居東爲征東，自枚賾以前，並無此説。《隋志》言北土《尚書》惟用鄭注，江南兼行枚氏，乃慕容盛在晉安帝隆安初而所言如此。則知當日幽薊間已有行《僞孔傳》者矣。

閲五月廿三日至六月初八日京報：

詔：二十六日仍詣大高殿禱雨，分遣諸王貝勒公等恭祀三壇，及禱於時應宫，昭顯廟、宣仁廟、凝和廟、覺生寺、黑龍潭、白龍潭，又遣睿親王德長祭關帝廟，貝勒奕劻祭城隍廟，輔國公續銘祭清漪園龍神祠，裕恪祭静明園龍神祠。廿三日。

詔：曾國藩赴天津查辦事件。廿六日。

上諭：崇厚奏津郡民教起衅争毆，自請治罪，並將地方官分别嚴議一摺。此案天津民人因迷拐幼孩匪徒有牽涉教堂情事，懷疑起衅，復因法國領事官豐大業在崇厚署中施放洋槍，並向天津縣知縣放槍，忿激群毆，致將豐大業斃命，並焚燬教堂。崇厚辦理通商事務，不能綏靖地方。天津道周家勛有表率之責，未能先事豫防。天津府知府張光藻、天津縣知縣劉傑辦理不善，以致釀成巨案，均屬咎無可辭。著先行交部分別議處，仍著曾國藩於抵津後確切查明，嚴參具奏。至迷拐人口匪徒及爲首滋事人犯，均應查拏懲辦。並著曾國藩會同崇厚，徹底根究，秉公辦理，毋稍偏徇。廿八日。上諭：本年正月間户部尚書寶鋆之姪候選筆帖式景曾病故，其娉室詹事紹祺之妹馬佳氏聞訃後即行過門守節，立志堅貞，深明大義，著該部照例旌表。廿八日。署鑲白旗滿洲都統貝勒奕劻原奏，景曾由欽賜舉人贊禮郎候選筆帖式，馬佳氏今年十七歲，請援原任刑部尚書成格之孫女過門守貞，議准不拘常例年限，即與旌表例云云。

兩江總督馬新貽等奏江蘇青浦縣捐建明兵部右侍郎兼翰林院侍讀學士、賜謚忠裕陳子龍專祠，請列入祀典，春秋致祭，並以吏部考功司主事夏允彝及其子完淳附祀。陳、夏皆松江華亭人，而陳墓在青浦之南鄉廣富林，向有祠宇。詔：禮部議奏。以大理寺卿劉有銘爲都察院左副都御史。三十日。

上諭：前因天津地方有匪徒迷拐幼孩，牽涉教堂，民間懷疑起衅，將法國官領事官群毆斃命，並毆斃多人，兼誤殺俄國商民情形，甚屬可閔。因思各國通商以來，遇有交涉事件，皆有條約可循，中外商民相安已久，朝廷一視同仁，但分良莠，不分民教，各處匪徒如有影附教民，作奸犯科者，即應隨時訪拏，從嚴懲辦，豈可任令民間傳播謡言，妄行生事。此次天津既有民間滋鬧之事，恐各省地方亦不免因此懷疑起衅。著各省督撫嚴飭所屬地方官，剴切曉諭，妥爲彈壓，並將各處通商傳教地方，隨時保護，毋任愚民籍端滋事。六月初一日。

詔：以京師得雨深透，於初八日親詣大高殿行禮報謝，諸王貝勒公等分詣壇廟各祠，均先期齋宿，大高殿覺生寺即行徹壇。初二日。詔：加封直隸邯鄲縣聖井龍神爲靈應聖井龍神，仍修整祠廟。初二日。

秋七月乙丑朔　晴，酷暑。閲《尚書集注音疏》。爲人書紈扇三。夜熱甚，比曉汗不得乾。

初二日丙寅　晴，暑甚酷，下午微陰，有雷旋止。讀《尚書集注音疏》。得仁和沈恒農書，以仲修所撰尊甫念農司業行狀寄閲。作書致張梅巖。夜步詣鄭妹夫家，二更歸。熱甚，徹旦不寐。

初三日丁卯　晨霧，上午晴暑如故。以錢七百文買銅帽架一對。得秦澹如書。梅卿來，夜飯後去。

初四日戊辰　晴，酷暑。閲《尚書後案》。夜梅坡叔來。浴。

初五日己巳　晴，酷暑。買徐國安草五十四束，重千五百二十斤，先付兩番金。作書致秦澹如都轉，致譚仲修、致沈恒農、致藍洲。買西瓜十七枚，付錢八百七十文。

閲趙翼《廿二史劄記》。常州老生皆言此書及《陔餘叢考》，趙以千金買之一宿儒之子，非趙自作。以《甌北詩集》《詩話》及《檐曝雜記》諸書觀之，趙識見淺陋，全不知著書之體。此兩書較爲貫串，自非趙所能爲。《叢考》猶多入小説，又不如《劄記》之有體要，然於史事多是纂耆之功，無所發明，筆舌冗沓，尤時露村學究口吻，以視錢氏《廿二史考異》，固相去天壤，即擬王氏之《十七史商榷》，亦遠不逮也。

初六日庚午　晴，酷暑，下午微聞雷聲。剃頭。夜熱甚。

初七日辛未　晴，酷暑，下午有大風零雨，旋止。先君子生日設祭，鄭妹夫、大妹、二妹、三妹、仲弟、阿僧及諸甥俱來。姚寶卿招夜飲，晚坐小舟赴之，同席爲梅卿、何竟山及王雨庵、張廣川之子。二更後歸，是夜熱甚，比曉不能熟寐。

初八日壬申　晴，酷暑。讀《尚書集注音疏》。下午浴。

閲六月初九日至十八日京報：

以順天府丞龔自閎爲大理寺少卿。翰林院侍講學士蘇勒布轉補侍讀學士。以□□□文澂爲翰林院侍講學士。以内務府郎中師曾爲武備院卿。初十日。

命龔自閎仍署理順天府丞。十一日。

命都察院左副都御史劉有銘爲浙江正考官，翰林院侍講李文田爲副考官。吏部右侍郎彭久餘爲江西正考官，内閣侍讀學士楊書香爲副考官。翰林院編修曹煒爲湖北正考官，兵部郎中蔡逢年爲副考官。十二日。

户部郎中姚覲元交部從優議敘，穆特布成允候補道員後賞加布政使銜，主事沈濟邦賞加道銜坐糧廳監督，户部郎中瑞斌等升賞有差。以通州諴收江浙、山東漕糧完竣敘勞也。十三日。

上諭：左宗棠奏提督之母率眷殉難，懇請旌恤等語。已故烏魯木齊提督文祺之母佟佳氏等回旗道阻，暫寓肅州，適值州城淪陷，率眷自焚，闔門殉難，深堪憫惻。文祺之母佟佳氏、嬸母特爾欣氏、妻富察氏、妾李氏，子六品頂戴英俊、英麟、英榮、英偉、英賢，女大妞、二妞，均照例分別旌恤。十四日。上諭：布政使銜雲南迤東道蔡錦青、布政使銜補用道沈壽榕前經劉嶽昭奏保一品封典，嗣經吏部議駁，兹劉嶽昭奏請改獎，蔡錦青著賞給二品封典，沈壽榕著賞給强都巴圖魯名號。十四日。

上諭：左宗棠奏知府祁之銓患病懇請開缺，所遺員缺請旨簡放，甘肅凉州府知府員缺著朱百川補授。十六日。

上諭：御史賈瑚奏請飭嚴緝匪徒一摺。據稱京城地面屢有匪徒迷拐幼孩，本月初九日，崇文門外巾帽胡同有高姓之子二格，被匪徒迷拐走至興隆街，經旁人看出截住，匪徒當即逃逸等語。匪人迷拐子女，大爲民害，著步軍統領衙門、順天府、五城一體嚴緝，務獲究辦，並隨時派委員役認真訪察，如有迷拐蹤迹確實可據者，立時拏獲送部，按律治罪，以靖閭閻。十七日。上諭：左宗棠奏請將擅離職守之總兵革職拏問一摺。署甘肅肅州鎮總兵陶生林到任年餘，毫無振作，且有吞賑捐糧等事。上年九月間，假巡閱營堡逗留高臺，旋復稱病求卸署任，不候批准，輒赴左宗棠軍營稟請投效，實屬荒謬已極。陶生林著即革職拏問，從嚴參辦。十七日。

上諭：左宗棠、穆圖善奏本年三四月間陝回禹得彦等竄入甘肅靈州、慶陽等處，經道員魏光燾等帶領各營沿途截剿，迭獲勝仗，將逆目李經舉等殄斃。道員黄鼎一軍復在固原一帶剿賊大勝，擊斃逆目丁阿渾等。西竄之崔三一股亦經南路官軍截擊，擒斬甚多。狄河金積堡出竄之賊掃除殆盡。提督楊世俊等升賞有差。陣亡之游擊黄俊傑、朱受光、李得貴等十四人均交部議恤。十八日。

初九日癸酉　晨微霧，上午晴，酷熱，下午大雨雷，零雨入夜。族弟嘯巖來。五弟來。下午偕五弟詣梅坡叔。夜偕五弟、季弟、渭亭兄、嘯巖、穎堂、少梅詣王氏妹家。

初十日甲戌　上午薄陰，午晴，暑如故。下午大風雨，旋止。晡後偕諸弟歸，孫生子宜來，不值。

十一日乙亥　晨陰，上午晴，暑甚熾，晡陰，大風，有雷不雨。梅卿來。五弟來。前新淦典史王某來。某居城中，本爲縣吏，有次子出嗣其兄，予族叔□□者，鄙陋人也。憙與胥儈游，因以長妾所生女適王某子，其女死，王某子援福建票本事例，内貲爲縣丞，加理問銜。族叔復以次妾所生女繼之。未幾族叔死，適粤賊逼浙東，王某子隨婦家避寇於道墟，寇至，王某與其婦聯袂沉於河。丁卯之冬，予采次族中殉難男女三十餘人，致浙之采訪局，族弟因録布政司理問銜候選縣丞王政偕妻李氏抱一女溺死事，求予連類書之，以告主局秦澹如觀察，觀察彙入册。戊辰，李中丞據以入奏請恤，下部議。王政贈知州銜，廕一子入監讀書，六月期滿，注銓縣丞，既得請部檄至縣，而王某長子阿阜先以弟死冒其官，更以己所捐從九品銜名王德者，妄報督團兵禦賊陣亡請恤，得雲騎尉世職。忽奉縣檄，懼事露，遂誣稱王政實不死，報者誤耳，乞詳請大府奏請注銷。縣以聞局，局聞之巡撫，署巡撫楊布政飭局覈實。時主局者爲王清如觀察，以告秦觀察，觀察以告予，予屬族弟以詰王某。王某老奸猾吏，習無文不肯承。予謂族弟曰：『王氏弄法誤恩，使窮治其事，家立破矣。』族弟告王某，某始恐。今日來見，尚游移其辭，嫁非於人。吾越人心險惡大率如是。（此處塗抹）作書致孫生子宜。閱《尚書集注音疏》。比日（此處塗抹）行事拂亂，心不得寧，偶對簡編，深歎鑽研不盡。得孫生復書。夜涼有月。

十二日丙子　寅初二刻三分立秋，七月節。上午晴暑，午尤酷，下午陰，大雷有雨，入夜瀟然。梅坡叔來。校《通鑑輯覽》南北朝一卷。作書致藍洲，屬梅卿附去。

十三日丁丑　晨雨，上午陰，午溦雨，晡後雨，入晚漸密。作書致曉湖浦江及其弟校亭。作書致子宜。光相橋觀郡人導迎朱翁子神衛，前後部羽葆鼓籥甚盛，二千年太守衣繡晝行，足夸婦人矣。潁堂送公田鄉試費錢十四千來。竹樓來，言以今日赴杭。下午走送竹樓，便過梅坡叔談至晚歸。王蓮伯來，求撰《郡城樂生會碑記》。夜雨。閱《漢書·貨殖傳》。

十四日戊寅　雨疏密相間，蕭然作秋，下午薄晴。閱《漢書》。剃頭。夜雨。

十五日己卯　晨雨，巳後日出，晴熱。先君子忌日。以釋氏言是日爲中元，先以素饌祭曾祖考妣、祖考妣、先考、先妣及外王父母、外舅姑。偕季弟詣宗人家，與祭六世祖考、五世祖考。得梅卿杭州書。

十六日庚辰　末伏，晴，下午晶爽有秋意。再祭先君子。考正祠堂神室自唐太子太師汝陽王至高祖蕪園府君官位字號，付族叔兄弟輩。夜飯於石湖叔家，二更歸。

十七日辛巳　晴，上午微陰，終日北風爽甚。閲沈沃田《學福齋集》。其文清和婉約，持論有本，不愧儒者之言。作書致沈校亭，致孫生子宜。五弟來。鄭妹夫饋餦餭、采卵、龍眼，受其餦。鄭妹夫來。毛一山來。子宜來。傍晚偕一山、五弟、季弟飲春燕樓。夜歸。朱厚齋來，不晤。

閲六月十九日至二十三日京報：

上諭：劉嶽昭、岑毓英奏克復威遠廳城一摺。雲南威遠廳久被逆匪馬標等占據，自上年春間經劉嶽昭等派兵攻剿，迭獲勝仗，現將威遠廳克復。其田四濫一股，亦經官軍剿擊，破其巢穴，將逆首田四濫等擒獲正法。南路一律肅清。在事各員雲南永昌府知府張同壽等，升賞有差。十九日。

上諭：曾國藩奏永定河南岸漫口一摺。此次永定河南岸五工十七號堤埝漫溢，奪溜口門刷至二十餘丈，實屬咎無可辭。永定河道李朝儀統轄全河，疏於防範，惟到任未久，著革職留任，以觀後效。曾國藩著交部議處。廿一日。

上諭：護軍統領克興阿奏請將未能闌阻車兩之值班護軍校等議處一摺。二十日，尚書萬青藜、鄭敦謹車兩趕入東華門外栅欄以内，該值班章京未能即時阻止，實屬疏忽。護軍校恩祥、司鑰長慶安著交部分别議處。萬青藜、鄭敦謹未能約束車夫人等，亦屬不合，均著交部議處。廿二日。以翰林院侍講學士惠林爲光禄寺卿。廿二日。命内閣學士兼禮部侍郎銘安爲江南正考官，右贊善林天齡爲副考官。編修陸爾熙爲陝甘正考官，國子監司業孫詒經爲副考官。廿二日。

十八日壬午　晴曮氣清。允升叔饋餅粥四簏。潁堂弟饋餦餭、飴餈。少梅弟來。晡後下船出西郭門，微風扇凉，昃景絢采，山水清發，田園蔚深，新秋晚天，足供佳賞。夜至柯橋泊市樓飯，出感聖湖，月上而瞑。

十九日癸未　晴熱。晨至西興，驛丞陳蔭榮爲具轎擔夫役，上午渡江，抵杭寓三元坊晤梅卿，仲修適來，言李公鴻章有移督直隸之信。

二十日甲申　晴熱。作書致仲修、致藍洲。剃頭。仲修來。子虞來。松谿來。鳳洲來。書局送是月薪水廿番金來。得藍洲書。連夕疾動。

二十一日乙酉　晴熱。袁公虒來。竹樓來。元同來。黄質文來。得子虞書，即復。均甫來。

二十二日丙戌　晴熱。五更起偕梅卿赴學政署録遺，晤李亞白、張玉珊、李子長諸君，下午出場，孫生子宜來接，傍晚還寓。梅仙自越來。

二十三日丁亥　溦雨。作書致仲修、藍洲。桐孫來。沈蘅夫來。子虞來。夜大雨瀟瀟，聲徹五更。

二十四日戊子　終日密雨數作，地氣蒸溢，下午西風甚涼。何竟山來，胡嘯梅來。夜大雨，聲甚厲，達旦喧騰，是日仲弟四十生日。

二十五日己丑　晨淋雨沉滯，上午稍止，午後小雨旋止，晡晴，暑溽氣蒸，晚稍登霽，夜溦雨漸作，四更後瀧瀧有聲。嘯巖弟來。仲修來。

二十六日庚寅　晨雨，上午晴，炎熱尚盛。馬生來言謄録事。剃頭。許庶常景澄來，不晤。張公束拔貢來。付會稽吏辦考納卷等費五番金。

二十七日辛卯　晴，熱甚，卯正初刻一分處暑，七月中。上午偕梅卿、梅仙兄弟肩輿游金衙莊故嚴氏滄浪館，荷花已過，樹緑正穠，坐山後小亭中聽諍晝鳥聲，令人意遠，午歸。仲修來。張梅巖來。子宜來。

二十八日壬辰　晴，熱甚。作家書致季弟并家用三番金。得王訪梅書。下午梅卿兄弟具蓮藕酒果，偕昌安孫生飲。黄巖副貢王詠霓來。得黄元同片，索還所著《禮詁》，即作書復之。寫卷頭履歷三代。傍晚微陰，望東中雲合，鄉郡當有雨。

二十九日癸巳　晴，暑甚酷，晡後微陰，有風。上午坐輿出門答客，晤許竹筠庶常、譚仲修、張公束、袁公虎、陳藍洲、翁巳蘭，午後歸。傍晚偕梅卿、梅仙步詣街巷間，從一綫鋪主人李姓飲，夜歸。

三十日甲午　上午晴陰鬱熱，晡時雷雨，入晚稍止。傷風鼽涕。梳頭。得張公束書，屬寫紈扇。梅卿兄弟招同陳鈞堂刑部康祺、翁巳蘭、許竹筠、張子虞、孫峴卿夜飲，呼歌者五六人，四更始散。

閲六月二十四日至七月初三日京報：

以翰林院侍講學士徐桐爲太常寺卿。以國子監祭酒翁同龢爲太僕寺卿。廿四日。李鶴年奏甄别河南候補知府師長怡等四人。詔降調有差。廿四日。

上諭：毛昶熙著前赴天津，會同曾國藩查辦事件，所有隨帶司員一併馳驛前往。廿七日。上諭：慈禧皇太后之母承恩端恪公夫人溘逝，慈衷哀慟，悲不自勝。朕仰體孝思，中懷莫釋。著由内賞銀三千兩，交照祥等祇領經理喪事。廿七日。

上諭：李瀚章、郭柏蔭奏請將陣亡道員予謚建祠等語。前任湖北漢黄德道張汝瀛於咸豐三年間在田家鎮禦賊陣亡，業經交部優恤。惟念該故員以孤軍堵剿巨寇，力竭捐軀，深堪嘉閔。張汝瀛著加恩予謚，並准於殉難及原籍地方建立專祠，以彰忠節。廿八日。旋謚勇節。

上諭：曾國藩、崇厚奏查明天津滋事大概情形一摺。據稱，研訊教民迷拐人口一節，王三雖經供認，授藥與武蘭修，然尚時供時翻，亦無教堂主使確據。仁慈堂查出男女一百五十餘名口，均稱其家送至堂中豢養，並無被拐情事。至挖眼剖心一條，經曾國藩親加推問，百姓無能指實。詢之天津城内外，亦無遺失幼孩控告之案。此等情形如湖南、江西、揚州、天門及直省之大名、廣平，皆有檄文揭帖，紛傳不一，厥後各處結案，總未將虚實剖辨。津民平日熟聞各處檄文揭帖之言，已信爲實。又因外國堂門終年扃閉，教堂仁慈堂皆有地窖，爲去潮濕置煤炭之用，治病者被留不出，並收留無依及疾病將死之人，蓄疑莫解。本年四五月間，適有拐匪用藥迷人之事，牽涉教堂，該民人見領事官豐大業對官放槍，遂致萬人嘩噪，同時並舉，其實挖眼剖心、戕害生民之説，豪無實據等語。此案迭諭曾國藩會同崇厚持平辦理，現據奏稱，均系謡傳，津人致疑之由，昭然共見，外省地方遇有此等謡言，群疑亦可稍釋。至匪徒迷拐幼孩人口，例禁本嚴，惟恐日久玩法，著刑部於此等凶犯到案時加等治罪。各直省亦照刑部所議，從重處治，以禁凶殘。京師爲首善之區，尤宜搜查匪類。著步軍統領衙門隨時緝訪。廿九日。疏有云，天主教本勸人爲善，聖祖仁皇帝時，久經允行，倘戕害民生若是之慘，豈能容於康熙之世？即仁慈堂之設，亦與育嬰堂、養濟院略同，專以收恤窮民爲主，每年所費甚鉅，而反受殘酷之謗，宜洋人之憤憤不平也。曾侯此言，可謂鳳德之衰。上諭：曾國藩奏直隸天津府知府張光藻、天津縣知縣劉傑辦理民教啓衅一案，事前疏於防範，事後又不能迅速獲犯，請革職治罪等語。張光藻、劉傑均著即行革職，交刑部治罪。廿九日。湘鄉此疏出，言者嘩然，臺閣交章攻擊，其鄉人皆致書責之，司冠鄭小山昌言於朝，刑部無治罪之例，語云：行百里者半九十。諒哉！

胡肇智奏請開缺養病。詔：再賞假兩月調理，毋庸開缺。七月初一日。

八月乙未朔　晴陰相間，晡後雷雨。秦澹如都轉來。王杏泉來。王眉叔來。秦秋漁銛來。下午偕眉叔、秋漁、梅仙登吴山，愒四景園吃茶説餅，雨作，偕梅仙顧肩輿而還。楊豫庭來，不值。

初二日丙申　晨陰，上午晴熱，下午陰雨。作書致季弟。作片致秦澹翁借京報。竹樓來。沈恒農來。恒農片來，饋餒脯、埸燭，即作片復謝。作書致仲修。夜小雨。

初三日丁酉　晴暑尚熾，晡後風凉，傍晚小雨。作書招巳蘭飲，不至。再作書致季弟。仲修來。子虞來。

初四日戊戌　晨及上午微陰，小雨，午微晴，下午陰，晡後澂雨旋止，晚又雨，入夜瀟瀟。穎堂弟來，得季弟書。沈子琛、校亭兄弟、楊雲程及曉湖長郎紫生來。剃頭。午後出門，步詣鹽橋下，訪何鏡山，又詣木埸巷訪松谿、元同及竹樓寓樓，談至晚，覓肩輿而還。

初五日己亥　晴熱。楊孝廉燮和來。張公束來。沈恒農來。

數日前聞兩江制府馬公出城謁客，方下輿，有衣僕隸衣者跪道左，馬公問故，其人忽出匕首，刺馬公中腹下，剸入者四寸。材官道從者以百數，皆愕眙不知所爲，而其人已逸去。馬公輿而歸，血逆注，不能言。闔城鼎沸。旋聞公即於次日日加未卒。予深驚駭，且疑其未真，今日知撫署有急報至，事已確，且已擒盜。供稱姓名爲張正榮，河南光州人。究所繇及主使，皆不答。吁！可異哉！馬公歷官，以謹慎稱，待士夫頗有恩，與之交者未嘗見其疾言遽色，忽遭此變，深爲未喻。且以一縣令，不二十年，致位督部，雖身與軍事，無汗馬之勞，徒以薦牘屢膺，隨材平進，甫晉皖藩，旋擢浙撫，命督閩浙，即移兩江。眷渥任隆，幾無倫比。而享衢方展，異變忽臻。年甫五十，尚未有子。豈禍福之相倚，抑高明之難居歟？其隸浙四載，雖無赫赫名，而拮据綏集，以儉率下，調停悍吏，與民休息。故去後頗令人思。予辱與相知，備承推挹，雖居窮忍餓，未曾仰賴豪髮，而虛襟略分，有逾故交。自移建康，予性素懶，未通一書，而公每見浙中人士，未嘗不殷殷致問。近日子虞、公虒自秣陵歸，猶傳公深以僕病爲念。知己之感，生何能忘！今秋得辦北上之資，當迂道絶江，具斗酒隻鷄，哭公雨花臺上耳。乙丑冬，鄉人羅□□、章□□之與予爲難也。時二凶挾蔣布政勢横甚，公雖不能直而甚憤之，嘗公言之越人曰：『羅某都中所爲，衣冠不齒，若章某鼠伏鄉里中可耳，今皆痛詆李君，則李君爲人益可信矣。』及次年春，公來越，晤予於舟中，深以前事愧。予再三致謝，且曰：『君子小人不辨自明，君何屑與彼二人辨哉！』時高君次封爲越守，嘗出公先後手書示予，其傾折於予，有非辭所能盡者。丁卯之春，予來杭見公，公猶喟然及前事曰：『今賢士大夫猶多爲君不平，而君未嘗稍見辭色，此君之所以過人遠也。』烏虖！即此一事觀之，公得不爲知己哉！

恒農招同公束、蔡春泉等夜飲，更餘歸。

初六日庚子　晨陰涼，上午晴熱，下午陰，晡後雷雨，至夜漸止。仲修、子虞、鳳洲來。藍洲來。潁堂來。作片致書局，取是月薪水十番金。作書致恒農。

初七日辛丑　晨甚涼爽，上午復埃餲熱鬱，下午陰。作片致仲修，借入闈用物。得恒農書，饋肉餃、魚鬆。鬆、餃皆俗字，此二物古時所無，不妨從俗。仲修爲料檢考具，藍洲爲添買帷帳，皆遣人送來。予於科名絶意已久，今年以梅卿、仲修、藍洲三君極意勸勉，重違其意，再效登場衒嫁詅癡，必無所當，然如三君之周旋友誼，亦可謂有古人之風矣。憶自道光己酉初應省試，先本生大父出入顧復，無異孩抱，而護之入闈者，則先師蕭山王先生冕藻也。咸豐辛亥以後，大父見背，一切衣食，皆先太夫人遥爲主持。每試前一日，必遣一僕至，凡闈中所需，纖悉皆具。己未入都，南北道阻，予亦不復應試。同治甲子，以亡友陳德夫力挽入闈，凡移寓辦裝及食用之物，皆德夫及譚研孫庶常分任經理，不以告予。乙丑南還，旋丁大故，今年已四十二矣。負債未償，又作此劇，不特鮮民靡恃，抱恨終天，王先生殉義永興，碧血早化，同試之友，百無一存，即德夫亦歸骨西江，墓草久宿。俯仰今昔，曷勝泫然！得季弟初六日書。仲修來。恒農來。付僕人三番金，添買考具，以布一幅製號舍裹帷。

初八日壬寅　晴熱。午入闈，坐服字舍。

初九日癸卯　晴熱。

初十日甲辰　陰凉微雨，傍晚漸密。晚還寓，作書致彦僑。付家用三十番金。

十一日乙巳　密雨貫晝夜。午入闈，坐黎字舍。

十二日丙午　晴。聞李芍農放江西學政，丁濂甫少卿放浙江學政。

十三日丁未　卯正初刻一分白露節。晴，下午微陰。傍午出闈。恒農來。

十四日戊申　晴熱。午入闈，坐行字舍。感寒身熱不快。

十五日己酉　晴。身熱力疾。對策五千餘言。夜有華月采雲。

十六日庚戌　晴，下午陰。晨出闈。仲修來。子虞來。陸春江來。夜偕梅仙至書局赴同人醵飲，更餘歸，寒熱復發。

十七日辛亥　上午晴，下午陰。先妣忌日。卧疾。作書致沈恒農。致黄質文，託代購湖北新刻《國語》《國策》《文選》諸書，致張玉珊送行。秦澹翁柬訂明日夜飲。王芝仙孝廉來。

十八日壬子　晴。仲修來，陶子方庶常謨來，子虞來，恒農來，汪洛雅來，竹樓來。澹翁再走信邀飲，力疾赴之，同席爲仲修、子虞、沈蒙叔、許子誦、吴仲英、藍洲諸君，二更歸。

十九日癸丑　晴熱。作書招翁巳蘭來，寫扇帖等事。仲修來，竹樓來，孫生子宜來，陳鈞堂來，松谿來。晡後偕梅卿、梅仙、巳蘭、鈞堂坐輿出鳳山門，至江上袁氏江雲水月舟中，從桂香飲。清談徹旦，復飲酒而歸，賦《望海潮》詞一闋。是日付酒食資十二番金，賞船婢三老等兩番金，輿夫三番金。

望海潮 秋日偕胡梅卿比部、梅仙駕部、翁巳蘭農部、陳鈞堂比部夜飲錢唐江袁氏舟中，達曙而散，賦此解。

涼風移暑，微雲催夕，籃轝小駐江程。斜日畫船，開窗並處，蕒絲亂點蜻蜓。臨水晚妝明。正蒨衫小扇，相鬥輕盈。笑約青山，桂花香裏待潮生。當筵夜按秦筝。又金尊款月，銀燭揺星。襟上淚痕，釵邊鬢影，年來訴盡漂零。戍鼓已三更。聽隔江吹笛，烟柳冥冥。酒醒香殘，爲誰扶夢到重城。

二十日甲寅　晨大霧，旋晴。曉自江上入城。楊豫庭來，不晤。秦澹翁來。聞曾滌生相國仍督兩江，李少荃協揆移督直隸，小荃中丞真除湖廣總督，楊布政真授浙撫，直隸盧布政定勛調浙藩。王眉叔來。

閲七月初三日至二十三日京報：

上諭：克勤郡王晉祺奏請開墾馬廠一摺。著户部議奏。初三日。

上諭：劉嶽昭、岑毓英奏官軍攻克姚州城池擒獲首逆一摺。逆首馬金保等竄踞姚州，負嵎日久。總兵楊玉科於連克定遠各城後，乘勝進攻，先將長屯、黄家屯校場等處賊壘平毁，漸逼城下。該逆抵死抗拒，楊玉科力戰受傷，復飭兵勇開挖地道，轟倒北門，各軍一擁而入，當將姚州城池克復，擒獲首逆馬金保、藍平貴等正法，餘賊悉數殄除，全境一律肅清。剿辦尚爲得手。仍著劉嶽昭等督飭楊玉科，乘此聲威，分路進剿。並飭李維述迅拔鎮南州城，以期净掃逆氛。楊玉科等賞加提督銜，並賞换瑚松額巴圖魯名號。餘升賞有差。陣亡之副將銜都司唐文華、劉智等十二人均交部分别從優議恤。初四日。

上諭：富明阿等奏琿春邊務殷煩，請將該處協領賞加副都統銜，以資鎮攝等語。琿春協領訥穆錦著賞加副都統銜。嗣後琿春協領一缺，即作爲副都統協領，永爲定制。初五日。

上諭：本日引見御史之刑部員外郎周瑞清，著注銷御史開缺，以五品京堂候補。初六日。

上諭：前因福建巡撫卞寶第請開缺回籍終養，當經賞假三個月，令其回籍迎接伊母赴署，毋庸開缺。兹據奏稱伊母年已八旬，腿疾未愈，勢難遠道就養，仍懇開缺養親等語，情辭懇切，自應俯如所請。卞寶第著准其開缺養親。初七日。以山西布政使何璟爲福建巡撫。以山西按察使張樹聲爲布政使。以山東鹽運使范梁爲山西按察使。初七日。

山東巡撫丁寶楨奏請增山東鄉試同考官十二房爲十四房。詔：禮部議奏。以湖北漢黄德道鄭蘭爲山東鹽運使。初八日。命翰林院侍講崇綺爲河南正考官，中書王憲曾爲副考官。編修朱逌然爲山東正考官，右春坊右中允徐致祥爲副考官，編修曹秉濬爲山西正考官。編修黄錫彤爲副考官。初八日。

上諭：蔣志章奏審明已革總兵糾毆斃命一摺。此案已革總兵鄧光升因馬勇徐有富等索錢毆辱，輒糾合勇丁楊大漢等毆打洩忿，楊大漢等將徐有富、孫金發斫傷斃命。該革員訊無當場主使情事，自應按律定擬。鄧光升著照章改發黑龍江安置，並不准其留養。餘著照所議辦理。初八日。

上諭：曾國藩奏永定河南岸五工於六月二十六日續漫成口刷開三十餘丈。該廳汛各員未能先時搶護，實難辭咎。永定河道李朝儀、三角淀通判朱津，均著再行交部議處。即著曾國藩督飭在工各員，趕將口門盤裹，以防續坍。曾國藩著再行交部議處。十一日。上諭：御史秀文奏請嚴禁内城賣戲一摺。京師内城地面向不准設立戲園，近日東四牌樓竟有泰華茶軒、隆福寺胡同竟有景泰茶園登臺演戲，並於齋戒忌辰日期公然演唱，實屬有干例禁，著步軍統領衙門嚴行禁止。十一日。

以順天府府尹王榕吉爲大理寺卿，以鴻臚寺少卿張緒楷爲順天府府丞，以通政司參議張澐卿爲鴻臚寺卿，前任國子監祭酒車順軌仍補祭酒。十八日。

以詹事府詹事雲南學政梁肇煌爲順天府尹，未至任以前仍以王榕吉署理。十九日。梁肇煌，廣東番禺人，其父同新以道光丙申翰林，歷官順天府府尹，咸豐戊午緣科場事降調。

山西巡撫李宗羲丁憂，以新授福建巡撫何璟調補山西巡撫。以廣東布政使王凱泰爲福建巡撫。廿三日。

二十一日乙卯　晴，熱甚。作書致巳蘭。坐肩輿出詣秦澹如，不晤。訪署臬司何青士觀察晤談。遂出錢唐門至平湖秋月樓小愒。偕梅卿、梅仙由栖霞領至武林山，游靈隱寺，坐泠泉亭上久之。復登天竺禮大士，午飯於酒家。仍歷三竺至栖霞領下，謁岳忠武祠，復至望湖樓謁蘇文忠祠，晡後歸。何青士廉使來，不值。廉使江寧人，尚書恪慎公之子，少以貴公子能詩詞，有聲都中。歷官郎署臺諫，居科中最久，名益著。今爲監司，年已六十餘矣。予在中外未嘗通謁，前日入闈候點名，廉使磬折致恭，極道傾慕之意，故今日往報之。廉使言，嘗於都下某鉅公所見予詞，歎爲百年來所未有。予平生未嘗以文字自衒，亦未一得其力，如廉使者愛才之雅，猶有老輩風流，固爲可紀也。

秋日偕麋卿耆仲兄弟出錢唐門緣六橋上靈隱坐泠泉亭觀飛來峰遂歷三竺至上寺還憩湖上蘇公祠作五首

秋暑尚未已，金飇扇微清。出城未一里，照眼湖光明。危橋控叢綠，壞塔撐孤晴。小艇賣菱去，時亂鷗鳧行。

竹徑入栖霞，宛延赴靈鷲。到寺萬慮澄，山門展雲岫。清風接柯陰，濕翠導泉竇。空亭不見人，鐘聲墮松鼬。

我觀飛來峰，微妙固難説。嵌空衆相具，陰森萬靈接。松風偶一鳴，洞壑遞清慄。倒植藤蘿根，千朵緑雲立。

盡勝歷三竺，路與秋雲平。巖桂遍作華，夾徑香風生。爐烟絢霞景，鉢池洗秋晴。下界拾嵐翠，微聞清磬聲。

疏笋就山飯，天風送籃舁。蒼然溯湖曲，言就坡仙居。晚荷紅未歇，娟娟出深蘆。清游良不易，眷此秋陰初。

二十二日丙辰　上午陰，下午晴。爲松谿、恒農書扇。爲諸暨陳梅坡秀才書扇，郭孝廉書屏帖，駱雲生孝廉書扇，潘秀才書扇。潘秀才於予入闈日，道遮梅仙而求之。予於此事最拙，而辱秀才望塵之拜，亦一奇也。坐肩輿詣恒農，不值。詣仲修晤談，仲修贈予高伯平所鈔郝氏《爾雅義疏》足稿本一部，江寧汪氏士鐸《水經注圖》一册。出詣書局訪元同、鳳洲、松谿、陶子方諸君，皆晤。午飯後歸。

二十三日丁巳　晴，晨風日甚佳，午又熱。偕梅卿、梅仙坐輿渡江，晶日遠風，江光甚麗。午前抵西興驛，屬驛吏覓大舟二，晤王杏泉、芝仙父子。下午開船入蕭山縣城，飯於市樓。偕梅仙小步街巷，傍晚出城，更餘過西小江，四更過柯橋。

二十四日戊午　微陰。晨抵家，梅卿兄弟别去。以玫瑰酒、月餅、榲帖、摺扇、塲燭、香菸、杭粉及官給小盤碗等詒鄭妹夫。以番銀四圓詒張氏妹，爲阿藕十歲製衣履。夜四更時小雨。

二十五日己未　晴，熱甚。剃頭。竹樓來。作書致五弟，遺以玫瑰酒及摺扇。作書致慎齋弟。過比鄰陳葉封、玉泉兄弟談。余暉庭來。梅卿來。

二十六日庚申　上午微晴，下午風起頓凉，晡小雨旋止，晚又雨。偕季弟、九弟擲采選格。付王福番金十圓，屬毛一山買繒。得王訪梅書，約同游秦秋漁娱園。族弟少梅赴衢州，夜往送之。

二十七日辛酉　微晴，多陰。鄭妹夫來。作書致眉叔。梅仙偕玉泉兄弟來，不晤。舊蒙師陳薌鄰來。魯綬昌又具柬請爲其母壽，鄉里間與此等人作周旋，真欲施十重鐵步障。

二十八日壬戌　秋晴氣佳。是日申初初刻五分秋分，八月中。作書致梅卿，并還西洋燈膏直兩番金。得梅卿書，約夜飲春燕樓。上燈後偕陳玉泉坐舟赴之，晤梅仙及田杏村孝廉、葛梅孫秀才，二更歸。得慎齋書，約明日上城。

二十九日癸亥小盡　陰，晡後小雨。以秋分祭曾祖考妣、祖考妣、先考妣，僅具饌食數器，致時節之感而已。梅仙來。書楹帖一副致魯綬昌。慎齋來。下午偕眉仙、沓齋、季弟擲采選圖。夜小雨。

閲七月二十四日至八月十三日京報：

福建布政使鄧廷枏調廣東布政使。以福建按察使潘霨爲布政使。貴州按察使葆亨調補福建按察使，以貴州糧儲道林肇元爲按察使。廿四日。

上諭：劉崐奏請將訛詐上司之革員治罪一摺。已革湖南知縣李廷誥因向臬司李廷樟營求署缺，並出銀票一紙，意存賄託。經該臬司呵逐，揭參革職。該革員竟敢逗留省垣，不即回籍，並挾嫌妄向臬司訛索銀票，實屬目無法紀。李廷誥著發往軍臺效力贖罪，期滿後永遠不准捐復，並不准投效各路軍營，以示懲儆。廿五日。疏言據布政使王文韶詳稱，李廷誥廣西監生，捐納知縣。因與臬司李廷樟同鄉，上年秋間面向臬司求署巴陵縣缺，經臬司大加訶斥。越數日復至臬署，求託友人郭姓，出示一千五百兩銀票一紙，又四百銀票一紙。郭姓即行正言呵逐而去，臬司遂同本司面稟，以才具庸鄙、妄事營求，奏參革職。本年六月初五日，本司在院署官廳，該革員在旁迎謁本司，詢以何尚逗留不行，遵例回籍？該革員答稱，李臬司處有一千五百兩銀票一紙未曾收回，求爲作主。實屬形同無賴云云。

大學士官文充崇文門正監督理藩院，尚書存誠充副監督。廿六日。

李瀚章奏請爲湖南湘鄉縣貞烈婦謝彭氏由本家建立專祠，並將事迹宣付史館。詔：禮部議奏。

疏稱：謝彭氏被功服，夫兄謝嗣遠圖奸未成，羞忿自盡。經湖南撫臣劉崐專摺奏請，旌表在案。嗣據長沙縣在籍紳士周玉麒等禀稱，謝彭氏爲長沙縣舉人彭申甫之女，歸湘鄉縣人謝嗣純爲室，謝嗣純幼患癡迷，不能成夫婦之禮，謝彭氏守貞八年，絕無怨尤，侍奉重闈及病夫，孝順兼至。其夫堂兄謝嗣遠，寅夜圖奸，謝彭氏守正不污，羞忿自縊，兩次均遇救得免，家人屢勸，百折不回，竟乘間服毒殞命。當彌留之頃，猶以不得終事重慈自責。後謝嗣遠在押縊死，議擬完案，犯人未正典刑，該氏抱憤九泉，請援准按陳烈婦建立專祠例云云。

上諭：左宗棠奏請將殉難道員建祠等語。前署甘肅安肅道恒齡於同治四年間肅州回變，督勇巷戰，身受重傷，因衆寡不敵，力竭捐軀。家丁賈瑞珍、紀福、彭壽同時陣亡，其母、妻、二妾並婢媪等均舉火自焚，洵屬忠義萃於一門。該故道業經降旨賜恤，著再於死事地方建立專祠，其母、妻及二妾著交部分別旌表，袝祀專祠，家丁婢媪等並准一併袝祀。其母、妻、二妾等姓氏，著鑲紅旗滿洲都統查明，知照該部及陝甘總督辦理。廿八日。恒齡爲原任固原提督經文岱之子。

上諭：左宗棠奏收撫回衆現籌安插等語。陝甘回匪煽亂以來，迭經官兵剿辦，殲戮甚多。朝廷軫念民生，屢諭統兵大臣，但分良莠，不分漢回。原以回民同係食毛踐土之人，其中被逼不能自拔者自必不少，斷無概行誅戮之理。茲據左宗棠奏稱，該回衆等久處賊巢，既苦頭目之侵陵、迫脅，甫離巢穴，又畏漢民之報復尋仇，因之依違其間，以求苟免，此等情形實屬不免。該督現擬劃出荒絕地畝稍成片段者，將收撫之。陝回給以籽種課其耕作，辦理甚爲妥協。著即督飭該地方官悉心經理，彈壓撫綏，俾得各安生業。其甘回中如有真心悔罪，自拔來歸者，亦即妥籌安插，並著剴切曉諭。漢回居民務各永泯猜嫌，同登衽席，用示朝廷覆幬無私至意。廿九日。

命工部左侍郎鮑源深敬勘昭西陵隆恩殿及東西陵寢門應修工程。三十日。 翰林院侍講學士孫家鼐轉補侍讀學士，以右庶子何廷謙爲侍講學士。三十日。

上諭：吴棠奏川東沿江各廳州縣被水，並請將玩視民瘼之知縣革職查辦等語。本年六月間，川東連日大雨，江水斗漲數十丈，南充、合州、江北廳、巴縣、長壽、涪州、忠州、酆都、萬縣、奉節、雲陽、巫山等州縣，城垣衙署營汛，民田廬舍多被冲淹，居民遷徙不及，亦有溺斃者。覽奏實深軫念。著吴棠督同藩司即行籌撥公項，遴委妥員兼程前往查勘，分別被災輕重，會同地方官優加撫恤。並飭該管道府及各該廳州縣，趕緊查明，被淹若干户，溺斃人口若干名，酌量振恤，毋令一夫失所。酆都縣知縣徐濬鏞於江水進城時先行遠避，置難民於不顧，殊出情理之外，著即革職，聽候查辦。八月初二日。

松森補授司經局洗馬。初三日。 以鴻臚寺卿張澐卿爲奉天府府丞兼提督學政。 命工部左侍郎鮑源深爲順天學政，吏部右侍郎彭久餘爲江蘇學政，内閣學士兼禮部侍郎景其濬爲安徽學政，侍講李文田爲江西學政，太僕寺少卿丁紹周爲浙江學政，侍講黄體芳爲福建學政，侍講學士何廷謙爲廣東學政，修撰洪鈞爲湖北學政，編修廖壽恒爲湖南學政，編修夏子鍚爲四川學政，編修何金壽爲河南學政，御史龔承鈞爲山西學政，編修汪鳴鑾爲陝甘學政，編修郭懷仁爲廣西學政，編修汪敘疇爲雲南學政，檢討劉青照爲貴州學政。 以奉天府府丞任兆堅爲鴻臚寺卿。初三日。 丁日昌奏請將伊子鹽運使銜分發補用知府丁惠衡即行斥革，並自請嚴加議處。 詔：丁惠衡著即革職，丁日昌加恩寬免。疏稱：臣公出時，曾屬臣子將署内官親家丁小心稽察，乃敢任聽出外閑游，滋生事端。迨臣訪聞，有臣子跟丁范貴在内，疑伊亦在場，當時忿怒，欲以家法處死，丁惠衡畏死，潛逃至今半年之久，猶復懼責不歸，致臣九旬老母寢食不安，兹督臣馬新貽僅請交部議處，尚覺情浮於法云云。

命兵部左侍郎胡家玉兼署吏部右侍郎，禮部右侍郎温葆深兼署工部左侍郎。初三日。　昭西陵隆恩殿等工程，改派工部左侍郎恩承敬謹勘估。

上諭：魁玉奏總督猝被行刺因傷出缺一摺。據稱兩江總督馬新貽於七月二十六日赴署右箭道校閲，事竣回署，突遇凶犯刺傷脅肋，當經隨從武弁等將該犯即時拏獲嚴訊，僅供稱河南人，名張文祥，而行刺緣由供詞閃爍，該督受傷甚重，延至次日身故等語。覽奏不勝駭異。總督衙署重地，竟有凶犯膽敢行刺，實屬情同叛逆。即著魁玉督同司道各官趕緊嚴訊，務得確情，盡法懲辦。馬新貽持躬清慎，辦事公勤，由進士即用知縣，歷任煩劇。咸豐年間隨營剿賊，迭克堅城。自簡任兩江總督，於地方一切事宜辦理均臻妥協。方冀長承恩眷，倚畀優隆，兹因被刺遇害，披覽遺章，實深悼惜。馬新貽著賞加太子太保銜，照總督例賜恤，並入祀賢良祠，賜謚端敏。任内一切處分，悉予開復。伊子馬毓楨加恩賞給主事分部行走。該督靈柩回籍時，著沿途地方官妥爲照料。應得恤典，該衙門察例具奏，用示憫念疆臣至意。初四日。　毓楨爲馬公從兄弟子，新自山東來，尚未定爲嗣，而變起。公之被刺也，方由箭道步入署。東側門有疏戚某自其鄉來，遮道乞貸，公止而問之。盜忽自旁出，刺公倒地。吏急閉城門捕盜，人情洶洶。布政使梅君出示諭民言，總督有家難，無預外人事。而安徽學政殷閔學次日試録遺生，出題曰『若刺褐夫』，士論大嘩。此輩不特全無人心，其文理不通亦已甚矣，設有以此登白簡者，縱朝廷寬而不問，恐亦無地以自容也。　大學士、直隸總督曾國藩復爲兩江總督。協辦大學士、湖廣總督李鴻章調任直隸總督。浙江巡撫署理湖廣總督李瀚章、浙江布政使署理巡撫楊昌濬俱實授總督、巡撫。曾國藩未到任以前，江寧將軍魁玉暫兼署兩江總督。初四日。

直隸布政使盧定勳調任浙江布政使。以直隸按察使錢鼎銘爲布政使。新授山西按察使范梁調任直隸按察使，以山西河東道李慶翱爲按察使。初五日。

命大學士倭仁爲順天正考官，協辦大學士刑部尚書瑞常，刑部尚書鄭敦謹、宗人府府丞唐壬森爲副考官，侍講黃鈺等十八人爲同考官。初六日。

山西太原府知府俞世銓升授河東道，以内閣侍讀江人鏡爲太原府遺缺知府。初七日。

上諭：英桂奏福建莆田縣地方本年五月間有革勇林瑞來等，因官兵查拏花會，輒敢糾約在營勇丁，竊取號衣，借名搜犯，肆行搶掠，並有殺斃人命，奸淫婦女情事，現經拏獲正法。邇年以來，各省遣散勇丁，往往潛匿各處，乘機搶掠，擾害地方，並有造言惑衆、借端生事各情，亟應嚴拏懲辦。著各路統兵大臣暨各直省將軍督撫，督飭該地方官，遇有此等勇丁，立即查拏，從嚴懲治，勿稍寬縱，將此通諭知之。初八日。

順天鄉試頭場題：『季康子問仲由』兩章，『禹稷顔子易地則皆然』，『故天之生物必因其材而篤焉』，『人語中含樂歲聲得含字』。

上諭：庫克吉泰奏郡街兩次被水，現籌辦理情形一摺。本年六七月間，熱河郡街兩次大雨，被沖民房六百餘間，淹斃大小男婦四十六名口，其師子溝等處兵民房屋亦多被沖。該民人等迭被水灾，蕩析離居，情殊可憫。即著直隸總督、熱河都統一面督飭地方官設法堵禦，一面查明被灾各户口，加意撫恤，勿令一夫失所。其堤壩應修各工，並著直隸總督會同庫克吉泰派員認真勘辦，不得草率從事。初九日。

上諭：李瀚章、郭柏蔭奏川江水勢異漲，荆宜等屬猝遭水患，並漢水時發，沿河漫淹一摺。本年夏間，湖北大雨，江水斗漲，漢水又發，以致宜昌郡城内外概被淹没。荆州南岸公安地方被淹最重，松滋、石首、監利、嘉魚、咸寧、蒲圻、江夏、漢陽、黄梅、鍾祥、荆門、京山、潛江、天門、沔陽、漢川、黄陂、孝感、雲夢、應城各州縣，均因各堤漫潰，田畝淹没，人民遷徙，殊深軫念。所有被灾較重之宜昌、公安二郡邑，著李瀚章督飭司道籌款振撫，其各處並著督飭各該地方官設法安撫，毋令一夫失所。初十日。内閣侍讀學士鍾佩賢請開缺回籍省親。許之。初十日。

上諭：崇實、吴棠奏川軍援黔迭克逆苗巢寨，請將出力陣亡員弁獎恤一摺。四川援黔官軍自攻克黄飄、白保等寨後，道員鄧錡督率各營分路進攻，掃蕩苗寨二十餘處，與現駐施秉之楚軍會合進剿，將岩鷹坉、甕谷籠苗巢先後攻克，提督陳希祥亦將附近各峒寨毁平，與鄧錡乘勝進取叫鳥峒堅巢，晝夜環攻，擒斬賊目，巢寨掃除殆盡。鎮遠道路疏通，剿辦甚爲得手。鄧錡等賞擢有差。其力戰陣亡之總兵姚華萃著交部從優議恤，並准於死事地方建立專祠。都司楊通祥、楊奇清，守備駱安邦，均從優議恤，並祔祀姚華萃專祠，以慰忠魂。十一日。上諭：曾國藩奏陳病目情形，懇請另簡賢能，畀以兩江重任，俟津事奏結，再請開大學士缺一摺。兩江事煩責重，曾國藩老成夙望，前在江南多年，情形熟悉，措置咸宜，現雖目疾未痊，但得該督坐鎮其間，諸事自可就理。所請著毋庸議，仍俟津事結後，即行赴任，毋再固辭。十一日。上諭：曾國藩奏海疆地方緊要，懇請破格用人一摺。天津府知府員缺，准其以記名海關道刑部郎中陳欽署理。十一日。

上諭：英翰奏請將已故督臣予謚建祠並事迹宣付史館一摺。兩江總督馬新貽前因被刺身故，降旨優恤，本日復據禮部奏請，業經予謚。惟念馬新貽服官安徽最久，當髮捻交乘之際，力保臨淮，堅守蒙城，厥功甚偉。迨擢任浙江巡撫、兩江總督，所在有聲，此次猝被凶徒戕害，追念勛勤，深堪嘉憫。馬新貽著再加恩，准其於安徽立功地方建立專祠，事迹宣副史館，用示褒獎藎臣至意。十二日。上諭：給事中王書瑞奏督臣遇害請派大員查辦一摺。兩江總督馬新貽被刺身故，迭經諭令魁玉督同該處司道等，將該犯嚴訊確情，盡法懲辦，諒不至草率從事。惟以兼圻重臣、督署要地，竟有不法凶徒，白晝行刺，斷非該犯一人挾仇逞凶，已可概見。現在該犯尚無確供，亟須徹底根究。著派張之萬馳赴江寧，會同魁玉督飭司道各員，將該犯設法熬審，務將其中情節嚴訊奏明，不得稍有含混。十二日。

上諭：穆圖善奏營勇索餉滋事請將失察之統領革職一摺。甘肅駐省各軍經左宗棠飭西征糧臺撥給一月滿餉，以示體恤。後因買糧需款甚急，飭該省司道將此款改爲買糧銀兩，隨後再將月餉補解。乃各營哨官竟敢帶同散勇多人，齊入藩署求發足餉，勢甚洶涌。該司道等恐釀成事端，已允將原撥餉銀全數覈發。而該勇丁復敢拋擲磚石，致蘭州道蔣凝學身受石傷，實屬目無法紀。穆圖善已將糾約滋事之親兵中營幫辦副將張金魁查出，即行正法。統領親兵記名提督馬洪勝，雖查無同謀情事，而於幫辦出營滋事毫無覺察，著即行革職。十二日。

九月甲子朔　上午微雨蒸溽，下午密雨旋止，晚有晴色。慎齋去。下午偕竹樓、穎堂、季弟擲采選格。夜雨，四更時大雨。

初二日乙丑　終日晴雨不常，黴濕鬱熱。

初三日丙寅　晴，熱甚，如夏中。是日郡人迎關帝出游，坐門口觀之。剃頭。王杏泉、余暉庭、壽玉谿來。夜偕季弟、五弟戲擲采選格。

初四日丁卯　晴陰埃𣆶，溽熱更甚。婦父馬翁生日，設食祭之。嘯巖弟來，不晤。

初五日戊辰　涼風斜雨，晡後稍澄爽，有秋意。魯叔容來，不晤。得王杏泉書。梅卿、梅仙來。

初六日己巳　陰晻，熱悶。晨卧疾動，終日小極。作書致王杏泉。作片致王眉叔，約初八日同宿秦秋伊娛園，初九日犬亭山登高。族叔梅坡來。瓦窑寺老僧送菱一籃來。夜雨。與季弟、沈瘦生擲采選格。

初七日庚午　霎靆蒸溽，午晴，晡後陰，傍晚風漸凉，雨作，晚密雨，入夜有聲。作書致梅卿，得復。王蓮伯來。補作仲弟四十生日詩。

予弟仲肅四十生日勖以詩五章爲壽

初秋氣始肅，我客杭城隅。遥念故山麓，賃廡西頭居。典衣作生日，飣盤陳瓜蓏。稱觴乏佳客，鷄豚頗充閭。户小不能飲，濁酒常滿壺。青山澹相對，繞屋多槐榆。倚樹讀書罷，時時耦樵漁。

我生牛兒年，汝生歲在卯。肩隨相嬉戲，亦或競梨棗。趨庭無愛憎，入塾齊拙巧。韶景不自珍，侵尋及衰老。蹇途歷百屯，力學艱一飽。文章養性命，藉此蘄壽考。道腴氣不餒，黄髮庶可保。

我祖三十六，我父增兩齡。先人秉强固，中道悲委形。叔弟更朝露，顧影凋原鴒。汝也生三子，先後還浩冥。感念門祚薄，懔兹蒲柳零。彭殤豈有常，恃弗嬰吾寧。世促舊德永，飢寒抱遺經。積善理非爽，祝汝長添丁。

白傅年卅九，作詩傷歲暮。厥後躋大耋，林泉養冲素。人生無堅脆，貴能安所遇。我病與年長，汝弱亦逾故。精力强自飭，質敝神可駐。流水與户樞，豈見有腐蠹。鄙哉導引言，奚識達生趣。

庚申汝三十，我困居春明。作詩欲壽汝，憂憤終不成。今幸共鄉國，帶水偏盈盈。連床夜來夢，惜此風雨聲。弟生日爲七月二十四日，今年此夜風雨甚猛。聚散豈自主，惟期心志貞。我行營薄宦，汝宜勤治生。先業得稍理，南湖各歸耕。茅堂一尊酒，償此離闊情。

初八日辛未　晨陰，上午漸霽，下午晴。梅卿、梅仙來，同坐舟出都濶門，由繞門山至小皋步，訪秦秋伊，并晤眉叔及陶紫畛孝廉方琦、仲淵秀才在銘諸君。午飲於娛園，地僅數畝，而水石頗勝，花竹亦饒。下午觀秋伊諸體詩，夕陽時坐其屋東小橋，眺賞久之。夜月甚清，談至四更，始就寢。

初九日壬申　晴熱如夏。上午偕梅卿兄弟及眉叔、秋伊、陶紫畛、仲淵、孫峴卿、陶心雲副貢祖望、秦詩舟秀才共十人。駕兩舟出樊江至吼山，飲於岸石宕空明庵。下午登山觀棋枰石、汲雲石泉。晡後携舟游曹山水石宕，登陶文簡讀書樓。晚仍回娛園，約賦詩紀游，以陶淵明己酉九日詩『千載非所期，聊以永今朝』十字爲韵。予年最長，分得『千』字。復談至四鼓寢。

初十日癸酉　晴熱。早起履行娛園。上午偕梅卿、梅仙歸，秋伊贈菊花兩盆，下午抵家。得沈曉湖浦江書。王蓮伯來，不值。作書致譚仲修，贈以《大吉買地碑》拓本一通。作書致陳藍洲，問優貢名第。夜作片致梅卿。

十一日甲戌　晴熱。得梅卿書，言優貢正取六人，爲黄以周、潘鴻、黄炳垕、施補華、陳豪、許誦禾，備取爲孔昭俊、吴承志等十二人。黄炳垕，餘姚人，梨洲先生之後，精於算學。許誦禾，海寧人，故淮徐道槤之子，年少有才氣。孔昭俊，西安聖裔。吴承志，亦杭人，甫逾冠而能通經爲漢學。此舉可謂極一時之選，不愧明經科目，百年來所僅見者也。以元同冠首，鳳洲次之，尤足爲讀書者勸。剃頭。王芝仙來。郡人迎温忠靖王神輿，導從甚盛，里中醵錢張筵，設樂祭之。神之事迹，據宋景濂撰傳，以爲温州平陽人，姓温名瓊，生於唐武后長安中，年二十餘卒。其言皆怪誕，於史絶無可考。而《平陽縣志》以爲姓林。宋傳又稱，或云是漢順帝時人。蓋傳聞荒忽，其有無終不可知耳。上午偕季弟、竹樓步詣倉橋街，由桔梔巷游清風里温神祠，詣大街紬鋪，賒得湖縐一匹、杭紡二丈，以製襦、褌、綺等服。午後詣鄭氏妹家，妹夫留飲，晡後歸。賒紬二十四番金，先付十番金。又賒得高脛洋燈一盞，直一番金。

十二日乙亥　晨陰，上午復晴，熱如故。得王蓮伯書。閲孔顨軒《經學卮言》。作書致梅仙。作片復蓮伯。夜雨。騰雨饋菱一籃。

十三日丙子　晨至上午密雨屢作，午後稍止，西風甚涼。閲孔顨軒《禮學卮言》。項里守墓人來，言墓之外址一角圮。毛一山來，留夜飯去。夜雨。得王眉叔書并九日登吼山詩。

十四日丁丑　終日密雨有風。戌正三刻十二分寒露，九月節。徐國安饋菱一籃，蒸食之，甚佳。招竹樓來，同穎堂、季弟擲采選圖。爲梅仙及陳鈞堂、陶子珍方琦書扇。夜雨徹旦有聲。

十五日戊寅　晨密雨，上午稍止，午後漸霽。是日鄉試揭曉，傍午報至，予中第二十四名。山陰五人，會稽四人，梅卿中九十名。五弟來，十一叔、十五叔、渭亭兄、品芳、竹樓及諸弟姪等皆來，族孫壽昌來，葆亭兄來，鄭妹夫來，余輝亭來，陳葉封來，梅卿來，允升叔來，爲料理報賞事。下午閲全録，元同、鳳洲、松谿、均甫、桐孫及黄巖王詠霓、餘姚黄炳垕等皆中。浙東西古學之士，此榜盡矣。義烏朱一新、朱懷新兄弟，慎齋言其年少有美才，能爲漢學，今亦與選。書局司事朱昌壽，仁和老諸生，潦倒抑塞，竟亦得雋，亦可謂窮經之報。黄君炳垕子維瀚中十八名，尤爲僅事，會稽陶仲彝亦得雋。

十六日己卯　上午晴有風，下午雨。王渠原來，王杏泉來。壽懷庚丈來，予祖姑之子也。朱岳卿來。得傅節子八月七日都中書。出門詣梅卿、梅仙。午飯後詣鄭氏妹家，從妹夫借番金三十六圓。復詣王杏泉、王蓮伯而歸。汪謝城教諭來，張䎘丈來，孫生子宜來，俱不值。王甥鼐臣來。夜雨。孫仿雲來，三弟來。得王眉叔書，即復。

十七日庚辰　薄晴多陰，下午澂雨即止。沈校亭來。慎齋來。仲弟來。竹樓來。夜雨。

十八日辛巳　晨陰，上午微晴，下午晴涼。毛一山來。孫子宜來。慎齋來，梅卿來。得眉叔書，即復。杏泉饋金華戧脯兩肩。即復謝。

閱八月十四日至二十八日京報：

上諭：李鴻章現已調補直隸總督，著即馳赴天津，會同曾國藩、丁日昌、成林查辦事件。工部尚書毛昶熙著即回京供職。十六日。

上諭：前據伊勒屯查明，巴里坤鎮總兵何琯被參各節及署游擊孫淵椿被控等情，當經降旨，將何琯交部議處，孫淵椿革職交部治罪。兹據何琯奏稱，文麟把持糧道，不顧大局，確有實據。該大臣挾嫌奏參，巴里坤鎮標兵驕劣，伊勒屯並未將驕縱情由及何琯不能統馭之處詳細聲敘，含混具奏，實屬虚妄，至孫淵椿被敦煌民人陳國清控告各節，伊勒屯並未將原告見證人等調赴巴城質訊，亦未傳唤孫淵椿訊問，僅據原控原詳一面之詞，咨送刑部，含混奏結，請飭確實查辦等語。此案文麟所參是否屬實，伊勒屯查辦有無草率，均應徹底根究，著福濟逐款詳查，據實具奏，不得稍有含混，以成信讞。十七日。

署兩江總督江寧將軍魁玉兼署辦理通商事務大臣。十八日。

上諭：英桂奏請飭新任巡撫迅速赴任一摺。福建巡撫王凱泰著即馳赴新任，毋庸來京請訓。十九日。

上諭：兵部右侍郎黄倬著授載澂、載濂讀。廿一日。

翰林院編修張丙炎授廣東廉州府知府。廿四日。

吏部左侍郎胡肇智奏假期屆滿，病難速痊，懇請開缺。詔：胡肇智再賞假三月調理，毋庸開缺。廿六日。

上諭：雲南鹽法道彭瑞毓著開缺送部引見。廿八日。

十九日壬午　晴暖，晡後陰。李樹堂觀察來。陳鳳樓表兄來。丁幼香來，孫溥泉來，五弟來，孫子青來。阮曉林刑部福昌來。傍晚偕梅卿、曉林及穎堂坐船赴杭，夜至柯橋飯，三更至南錢清江，與胡、阮兩君分舟宿。是日借蘭如舟行，補送仲弟生日禮兩番金，付王福工食五番金。

二十日癸未　晴。晨抵西興。上午渡江，仍寓三元坊。午詣豐樂橋酒家飲，微醉而歸。趙桐孫來，不值。子虞、子長、仲修及嘉興錢君貽元來。錢字新甫，是科優貢。閱闈墨，共刻首場文四十一篇，經文十六篇，策弟三道三篇。予僅刻首場第三藝，其文頗多拙劣。解元蔣崇禮，餘姚拔貢，文尤庸惡。知好中，鳳洲刻一經、一策，朱西泉刻一經，桐孫刻一策，元同、均甫皆無刻者。刻字人任有容來告，予卷在第五房，房師石門令陳訏堂先生謨，江西安仁人，丙午舉人，庚戌進士。

二十一日甲申　晴。詣恒農、鳳洲、仲修、松谿、西泉、均甫，俱不值。仲修、子長、子虞來，藍洲來，午飯後同至豐樂橋松風閣吃茶。桐孫及陶子方庶常亦來，晡後還寓。是日收書局薪水三十番金。高同年人驥來，不值。

二十二日乙酉　晴。上午詣秦澹翁，不值。謁房師陳先生，送摯銀四兩，門禮四番金，總犒兩番金。陳先生極致推挹，言予之二、三場博綜約取，絶無炫奇逞能之意，非世之才人、學人所能幾及。又言主司得予首場三藝傳示各房，第二房李君士塏即決爲予作。至寫榜日，學使徐侍郎先閲紅號，至予卷，侍郎已暗識之，喜躍曰：『李某中矣！』通場無不以得予爲幸。自問文章亦無以過人，而二十年來潦倒場屋，幾已絶意於此，今垂老得一乙科，尚復重煩諸君過相引重，深可自笑。午歸。恒農來，請二十六日陪點其尊人神主。陳先生來謝步，辭之去。居停蔡姓送酒食一席來，偕梅卿柬，約松谿、仲修、子長、鳳洲、子虞、藍洲夜飲。仲修來，子虞來，松谿來，鳳洲來，新同年蔣子湘其章來，吴泮香思藻來，均甫來，陳鈞堂來。夜偕梅卿、仲修、鈞堂、松谿、均甫、子湘、鳳洲、子虞、曉林飲，有吴姬蘭攸佐觥，同梅卿各付纏頭兩番金。

二十三日丙戌　晴。秦澹翁來。作書致季弟，并闈墨十部，題名録十册。作書致慎齋并闈墨一部。午詣總督衙門，謁兩座師，各送摯銀四兩，門禮三番金。先見副考官李芍農先生，極道故誼，且言闈中物色予卷，文筆殊不相似，以爲佹失，既慚負知己，又無以對都中故人。指所改闈卷第十名徐建棠詩末聯云：『兹鄉蓴菜好，敲月訪參寥。』曰：『此語爲兄設也。』談逾兩時而出。復見正考官劉鎸山先生，劉字緘三，南皮人，道光丁未翰林，年六十五六矣，藹藹忠厚人也。陶子方庶常來，不值。陶仲彝、陶子珍、孫彦清來，俱不值。黄同年福楙來，鍾同年鸞藻來，俱不晤。仲修來，藍洲來。中書舍人嘉興張仲甫先生應昌重赴鹿鳴，與予等稱先後同年，今日開筵受賀，遣人持年晚生刺拜之。

二十四日丁亥　晴熱。謁楊中丞，不值。謁學使徐壽蘅侍郎，晤談甚久。杭士之中式者，例於監臨稱師生，嘉湖人亦漸效之。自乙丑後，蔣布政以多金餌貧士，於是提調内外監試，無不稱老師矣。此奔競之惡習，海内所創聞也。楊中丞頗驕倨，又自以不由科目，以不稱門生爲輕己。予久在書局，略有素分，今日不得已，具三刺謁之，一單書姓名，一書中式舉人某，一仍户部郎中某，欲自介於兩可之間。瞯其履行海塘，投謁而出。徐侍郎素未識面，此次録遺，予通卷皆作《説文》字，以爲違例，而侍郎甚賞之；及以監臨入闈，又從受卷官索予文，發謄録官令先鈔。不能無知己之感，故通刺如中丞。剃頭。夜與梅卿、曉林、穎堂擲采選圖。二更時得芍師書，言予第二策須進呈，屬録稿以進，又託改定諸君策及試録後序，即作書復之。

二十五日戊子　晴。詣鳳洲、仲修，俱不值。詣沈恒農家吊。詣蔣子相，不值。謁署臬使何青士先生晤談，臬使言江南榜中名士寥寥，遠遜浙江，惟江寧老生楊長年中七十二名，足爲一榜之光。潘丈承翰來，鳳洲之父也，不值。均父來。鳳洲來。胡肖梅來。汪洛雅來，不值。夜氣暖温，試香息蘭，至鷄鳴而寢。作書致王眉叔，爲謀館事。買肩輿一輛，付直十三番金。

二十六日己丑　晴暖如春暮。張仲甫年丈來，不晤。嘉興同年沈達夫璋寶、子瑞瑜寶兄弟來。詣沈恒農家襄點主。晤王清如觀察、陶子方庶常、許益齋同知、高觀察應元、濮觀察詒孫。高前任川北道，富陽人。濮前任川東道，仁和人，本籍山陰。其弟慶孫，庚戌翰林，官至禮部郎中。禮部之子子潼，新中順天鄉試。觀察今日遂以丈人自居，可惡也。傍晚詣王清翁，小坐而歸。德清同年許德裕來，不值。許爲周生先生之曾孫，其六世祖知府鎮與予六世祖天山府君同中康熙壬辰進士，其五世祖教諭家駒與予高叔祖悔庵府君同中乾隆丁卯舉人，其高祖布政祖京與予曾叔祖禮如公同中乾隆戊子舉人，今爲四世同年矣。其間世次略有差異，則以天山府君登第時年已五十有七，而予又晚獲乙科故也。王同年汝霖來，鄭同年雩來，俱不值。許益齋來，不值。

二十七日庚寅　晴熱如初夏。早得芍師書。湖州同年朱鏡清、朱鏡仁兄弟來。蔣子相來，託其詣布政司吏録闈中十四藝，付寫費五番金，以予無别稿也。晡後詣芍師，談至夜而歸。并晤劉緘師及嘉興嚴庶常辰。徐同年鑾來，不值。

二十八日辛卯　晴。鳳洲來。江西人陳景福大使來，交到邁夫六月廿四日泰州書，言已被李協揆保歸知縣候補班用，以秋間赴都引見，擬分發浙江。高辛材觀察來。陸春江來。録闈中首藝付手民。仲修來。夜偕梅卿、曉林、穎堂、張六八飲豐樂橋酒樓，回至華光祠聽笙歌而歸。朱西泉同年來，不值。

二十九日壬辰小盡　晴。作片至藍洲、松谿、仲修、鳳洲，屬轉借《朝野雜記》及《粵雅堂叢書》。台州同年王禹堂來，不晤。録闈中第二策稿。黄元同來。穎堂還紹，作書致季弟。王清如觀察來，不晤。作書并策稿致芍師。前日買蟒袍一領，付直十四番金。今日又買鼲鼠褂子一件，付直十六番金，羊皮馬褂料一領，付直九番金有奇。得芍師復書。夜子初二刻五分霜降，九月中。

閱八月二十九日至九月二十三日京報：

上諭：御史文明奏捕務廢弛請飭整頓一摺。據稱七月十八日鑲紅旗滿洲步軍校興全被步甲福成扎傷身死，遲至數日始行奏交刑部審訊。八月十八日户部主事福珣在車内被人刺死，凶犯逃逸未獲等語。輦轂之下，膽敢行凶，戕害職官，實屬不法已極。除步甲福成業經交部審辦外，其福珣被刺一案，該管地面各官，何以未將凶手即行拏獲？該衙門遲至旬日，何以尚未具奏？怠玩因循，殊屬不成事體。所有此案凶犯，著步軍統領衙門、順天府、五城一體，迅速嚴拏務獲，送交刑部審辦，以儆凶頑。至京城地面捕務廢弛，著各該衙門認真整頓，毋稍懈怠。廿九日。沈壽榕補授雲南鹽法道。廿九日。

荆州左翼副都統蘇章阿告病開缺回旗，以正紅旗漢軍副都統希元調補荆州左翼副都統，以刑部右侍郎達慶補正紅旗漢軍副都統。九月初一日。

廣西學政編修楊霽以捐廉銀一千兩助軍需，賞加侍講銜。從巡撫蘇鳳文請也。夏同善補授詹事府詹事。初三日。

刑部右侍郎達慶充左翼監督。副都統慶至充右翼監督。初五日。

謝質卿補授陝西潼商道。十一日。質卿，江西南康舉人，故廣西巡撫啓昆之孫。

上諭：前因天津府知府張光藻、天津縣知縣劉傑，於民教起釁一案降旨革職，交刑部治罪。嗣經曾國藩等取具親供，並將該革員等押解到部。玆據刑部奏，請按照刁民滋事，地方文職不能彈壓撫卹革職例上，從重擬發往軍臺效力，並以案情重大，應如何從重改發請旨等語。該府縣責任地方乃於津民聚衆滋事不能設法防範，致匪徒乘機焚殺，戕害多命，又未將凶犯趕緊拏獲，情節較重。且該革員等於奉旨交刑部治罪後，張光藻竟敢私往順德，劉傑亦私往密雲，任意逗留，尤屬藐玩。張光藻、劉傑均著從重改發黑龍江效力贖罪，以示懲儆。至津民因懷疑激忿，不遵地方官彈壓，輒敢逞凶殺害至二十餘名之多，且將其仁慈堂内貞女慘殺，尤爲凶殘。現經曾國藩等拏獲滋事人犯，審明情節輕重，將馮瘸子等十五犯擬以正法，小錐、王五等二十一犯擬以軍徒。既屬情真罪當，即著照所擬，將馮瘸子等即行處決，小錐、王五等分别發配安置。經此次嚴辦之後，各直省地方官務當曉諭居民安分守法，毋任再滋事端。遇有中外交涉事件，並須按照條約，持平妥辦。總期中外商民，彼此相安，以靖地方。十二日。以國子監司業李祉爲通政司參議，户部郎中方熊祥補授江南道監察御史。十二日。

上諭：内務府奏本月十一日銀庫大小封鎖全行開落，庫門亦開，庫存各箱拆動多隻，其北庫門上小鎖押封，亦經拆動等語。銀庫重地，理宜嚴密巡察，八月間迭次失去鐵鎖，撕去鎖封，此次竟至開啓庫門，拆動箱隻，尤屬不成事體。所有值班之委護軍參領等均著交部議處，並著護軍統領將是日值班之護軍等詳細查訊，將可疑之人解交慎刑司嚴行訊辦。此案賊犯，著步軍統領衙門、順天府、五城一體嚴拏務獲。並派惇親王官文會同總管内務府大臣，將庫存銀兩物件詳細盤查，據實具奏。十三日。

軍營記名道丁壽昌補授直隸天津道，郎中裕長補授天津府遺缺知府。十六日。

上諭：御史劉瑞祺奏請籌辦河工一摺，著該部議奏。二十日。

大理寺卿王榕吉奏伊孫保基、保奎中式山東舉人謝恩。廿二日。上諭：富明阿奏舊病增劇，懇准開缺回旗一摺。吉林將軍富明阿自道光年間由馬甲從征喀什噶爾，隨後轉戰江南、河南等處，戰功卓著，歷任寧古塔副都統、江寧將軍，皆資得力。因剿賊受傷兩次，奏請開缺，均經恩准，並賞食全奉，俾資調理。旋於同治五年間，補授吉林將軍，督剿馬賊，自抵任以來，於整頓地方，搜捕賊匪各事宜，辦理悉臻妥協。兹因傷病復發，懇請開缺回旗，情詞出於至誠，自應俯如所請。富明阿著准其開缺回旗調理，仍准在旗支食將軍全俸，所有任内革職留任處分均著加恩寬免，應扣未繳奉銀一併免其扣交，以示體恤。廿二日。以詹事府少詹事錢寶廉爲内閣學士兼禮部侍郎銜。廿二日。

以錦州副都統奕榕署理吉林將軍，以協領古尼音布署理錦州副都統。以德英爲黑龍江將軍，以護軍參領毓福爲吉林副都統。上諭：文祥奏病體未痊，力難兼顧，懇請開除緊要差使一摺。文祥管理事務較多，現在病體未痊，自應量予體恤，著毋庸管理理藩院、國子監及嚮導處事務，並開去對引大臣、閱兵大臣各差使，以節勞勩。廿三日。

冬十月癸巳朔　晴，暖甚如夏初。剃頭。楊豫庭觀察來，不晤。曉霖爲於便面作《桃花聖解盦》及《沅江秋思》二圖。嚴緇生庶常來。得王眉叔書。出門詣鳳洲、仲修、松谿、藍洲、子長、元同、西泉，傍晚歸。得季弟書。義烏同年朱榮生一新、亦甫懷新兄弟來，不值。夜大雷雨，有風，逾時而止。紹興有雹，壞禾稼甚衆。

初二日甲午　晨雨止，終日霒靆蒸溽。曉林還越。偕梅卿詣學政署，填親供兩紙，付費十番金，取還錢四百文。詣陶仲彝，不值。謄録馬生來，酬以八番金。馬生名步青，本諸生，以受粵賊僞官斥革。沈子蕖來，不晤。仲彝來，仲修、松谿來，鈞堂來，孫彦清來，鄭蓮卿兄弟來。夜偕梅卿置酒飲諸君，招吴姬采菱，歌以侑尊。并爲蘭攸醵移居資，每人三番金。夜分而罷。付采菱四番金，蘭攸三番金，酒食三番金。次日付賞胡氏僕王元兩番金，梁貴兩番金，門幹一番金，庖人一番金，譚氏僕董升一番金，書局差僕吴升一番金。

初三日乙未　晴熱如初秋。出門答客十餘家。訪李爽階，晤。訪徐介亭，不值。爽階新調錢唐令，介亭新委署乍浦同知。松谿、鳳洲來，不值。許培之孝廉來，不晤。王眉叔來，藍洲來，仲修來，子虞來。署蘭谿令姚慎庵徽典來，不晤。

初四日丙申　晴，熱甚如夏。詣陳訏堂師，值其病不見。詣書局晤西泉、元同。詣仙林寺訪朱同年一新。詣鍾仲和同年鸞藻不值。仲和，雨宸修撰之弟也。午歸。楊豫庭來，言其子松年新中福建鄉試，年僅二十一。予與豫庭、子恂訂兄弟之好，豫庭少予一歲，子恂少予二歲，今乃與其子姪爲齊年，真堪失笑。作書至鳳洲、洛雅、肖梅。許子重優貢誦禾來。莫同年文泉來，孫同年衍模來，許同年延祺來，俱不晤。陳大使書來借銀，此甚可怪，予與此人素不相識，特以郵致其族兄邁夫書，一與往還，遽來稱貸，何傒父之突如耶？作片婉謝之。夜寫履歷付手民。得陶仲彝片，王眉叔片，即復。熱甚，中懣不食。擬走送芍師行，不果。二更時，門前觀親迎者導從燈火至里許。

初五日丁酉　晴熱如前，下午風起，夜大風雨作。朱同年光棨來，不晤。詣扶雅堂，購黄氏《士禮居叢書》不成。上午偕梅卿結束行李渡江，午抵西興，從驛官覓三舟，晡入蕭山城，飯於市樓，黄昏抵湯湖，阻風泊港中，三更復開船行。是日付酬居停蔡姓八番金，賞其傭媪一番金，賞轎夫一番金。

初六日戊戌　寒雨。晨過柯橋，上午還城居，梅卿别去。祖妣余太君忌日，設祭。得沈曉湖浦江書。得沈蘅夫書。族人自謝墅送寒衣歸，言初一日大風，吹倒天山府君墓前枯松一樹，横卧石几上，震動先靈，曷勝悚惕。今年清明祭掃時，予曾議伐去之，爲族叔瀅阻止。誤聽無識之言，致斯顛仆，持議不堅，罪何能贖。付僕人陳升三番金，遣之去。

初七日己亥　晨雨，終日重陰。曾祖妣生日設祭。作書致梅卿。族弟嘯巖來，不晤。梅卿、梅仙來，夜飯後去。夜小雨。付爲室人贖金首飾十九番金。

初八日庚子　陰，下午風寒色晦，傍晚雨作，夜漸密。得族弟小帆南昌書，言景蓀觀察留之署中習錢穀，以予故也。此君尚有故人情，可感。沈校亭來。章厚甫孝廉來。孟慶琛來，拒之去。晡後偕五弟過十一叔家閑話，王氏來告三妹昨夜産一女。王甥國器來，不晤。以領宴所得紫大絹袍贈五弟之子僧瑞。更餘雨聲益緊，瀟楚達旦。

初九日辛丑　寒陰如晦。剃頭。作書致仲弟，致嘯巖。上午忽昏睡嘔吐，延醫叟張春帆診脉，言血虚肝風内動所致。以鮝脯一肩，母鷄一雙，鯗魚、鹽卵、胡桃、粉麵饋三妹，并番錢兩圓、領宴所得紅絹二尺，毪花一對爲洗兒之需。服藥。

初十日壬寅　晴。題新得書籤。仲弟來。書楹帖一聯，賀陳葉封舍人之子蓉伯秀才娶婦。又一聯賀蔣春泉秀才之子娶婦。竹樓來，梅卿來。服藥。

十一日癸卯　雨。何竟山來。詣比鄰陳舍人家賀喜看新人。晤葉封、玉泉、梅卿、梅仙、田杏村諸君，午飲而歸。爲人書楹帖三幅。又以三聯贈朱水南、費樸齋、俞延祺三人，皆梅卿家之主邸店者，以省中託其料理小事，故借此酬之。夜雨。

十二日甲辰　密雨竟日，下午有風。作書致梅仙。書張太太節孝扁額，并系以跋，付漆工蔣文髹勒之，將縣諸庶母祠堂。曉湖偕其弟子琛、校亭來，午飯後去。改録闈中第二藝，付手民刻之。夜風雨寒甚，三更後瀧瀧徹旦，五更大風。

十三日乙巳　終日風雨如晦，檐霤不絶聲。今年秋成甚豐，而值此霪雨，四鄉惟西門外禾稼登場者過半，餘皆露積在田，老農愁歎而已。曉湖之從兄監生賓書以壽勝寺田事被楊令訪拏，付縣丞羈質。曉湖昨來約予及梅卿等往請保釋，且究誣逮之由。今日遣信來速，予以雨甚不能出赴，作書復之，請以明日。一生畏入公署，此亦遷延假息之長技也。寫闈中律詩及批式等。作書寄杭州刻字人任有容。又致黄質文書，屬以本月薪水畫付刊資十番金。曉湖來，即去。傍晚風雨聲益苦，夜人定時風更横，二更後雨少止，三更後復有聲。

十四日丙午　晨霒陰，上午風雨復作，晡後陰晦，夜密雨有聲。梅卿之弟壽咸以生子彌月，柬請赴湯餅會。上午冒雨坐輿出門，答拜李樹堂太守，并送其行，不晤。詣梅卿家，曉湖偕鮑敦夫、宋薇香、金梅垞三孝廉來，遂同梅卿及鮑、金諸君詣縣署，晤縣令楊生吾，午後回梅卿家，飲至傍晚歸。族叔石湖、族弟品芳來。

十五日丁未　風陰甚寒，下午薄晴。得沈蘅夫書。得張梅巖書。沈瘦生來，族弟少梅來。偕瘦生、詩舫、彦僑擲采選圖。夜子初初刻十一分立冬，十月節。是日付室人首飾資三十番金，補完去冬糧課十四番金，賞王福二十番金。

十六日戊申　霒陰，風不止，寒甚。連日痔發。作片致竹樓，致沈雲帆秀才。作書致孫生子宜。料檢一月以來帳目，付外内所需幾及四百番金。寒士得乙科耗費至是，宜世之以讀書爲戒。送三弟藥資兩番金，九弟薪資兩番金。子宜來。夜爲何竟山書便面。

十七日己酉　陰寒。曾祖忌日設祭。梅卿、梅仙來。作書致阮孝林，索畫《梅山修月圖》，族叔梅坡來。剃頭。夜微雨。

十八日庚戌　晴寒，微陰。爲慎齋書便面，筆禿硯滑矣，令人詣市購中管羊豪一枝，小管羊紫豪四枝，又覓工磨硯。上午微不快，午小飲不食，下午爲梅卿行卷撰《中庸》藝一首。傍晚飢甚，欲吃肉，適郡官斷屠遂止。夜得梅卿書，即復。閱李心傳《朝野雜記》。始吃牛乳。

十九日辛亥　上午晴，下午陰。曉湖來，饋浦江竹葉𩵖脯兩肩。出門詣輝庭，不值。詣鄭妹夫小坐。詣何竟山，晤。詣觀音橋孫氏從姊家，見二伯母、二姊，留午飯。晡後詣汪謝城，不晤。詣王氏視三妹。晚至梅卿、梅仙許，共曉湖夜飯，雨作，二更歸。得王眉叔書。夜偕諸弟擲采選圖。

二十日壬子　晴。陶仲彝同年來，尚卧不晤。得張子虞書。作書致譚仲修。作片致仲彝。壽玉谿來。得仲彝復。夜作書致梅卿兄弟，爲玉谿之妹姻事。復偕諸弟擲采選圖，至三更罷。得梅卿復書。

二十一日癸丑　陰。作書致玉谿，勸其仍結姻阮郎，從梅卿、曉林諸君子意也，專舟信送去。沈雲帆來，買得康刻《玉海》附詩考等十一種，阮氏原刻《十三經注疏校勘記》，王氏《金石萃編》，侯官趙在（緯）〔翰〕所輯《七緯》，計直二十番金。爲梅卿新河新居撰楹帖六聯，作書詒之，得復。

二十二日甲寅　晴陰相間。作書致沈蘅夫，爲黼庭大嫂家擬明年延之課族孫壽昌也。梅卿來。

得王松谿書。得謝青芸總戎定海鎮署書。終日料檢新購諸書，識以朱印。

二十三日乙卯　陰。毛一山來，言族弟又香鋪舍質券錢事。比日事冗，極不欲見人，而自春間爲一山欲賃此舍作紬段鋪，甥予兄弟居間，擾擾半年，費盡唇舌，事竟不諧，尚復牽連不已，深可厭恨。

閲趙氏所輯《七緯》，計《易》八種，《書》五種，《詩》三種，《禮》三種，《樂》三種，《春秋》十三種，《孝經》二種，皆采集各書，標以所出，而終之以敘録，共爲三十八卷。其中多附考辨，專主鄭學，别擇頗精，較之孫瑴《古微書》，自爲遠勝。前有阮儀徵及歸安葉鴻臚紹本、張侍郎師誠三序，文皆極佳。儀徵言，緯與讖殊，自隋始禁圖讖，而賈公彦誤有漢時禁緯之言，後世承其謬説，并爲一談。因據《隋·經籍志》立四證辨之，亦一時之雄論也。趙氏名在翰，號鹿園，侯官諸生。其兄在田，嘉慶己未翰林，爲儀徵所取士。

夜作書致松谿。

二十四日丙辰　晴和。得譚仲修書。剃頭。閲《玉海曆法漏刻》三卷，稍用朱筆校之。作書致梅卿，得復。夜擲采選圖。

二十五日丁巳　西風大作，小雨寒甚。沈雲帆來，付書直廿二番金，并還舊債也。王國器來。作書致梅仙，屬其收回錢鋪番金百圓。得梅卿復。得孫生書。夜風益横，又雨。二更雨晴，星見。

二十六日戊午　晴寒始裘。得沈蘅夫書，即復。上午坐肩輿詣沈雲帆借《四庫存目》，旋詣梅卿小坐，詣鄭妹夫還前月所借番金三十六圓即歸。族姊夫蕭山沈某來。以蟹二十四敖，并堅餳、蝦卷饋大妹，以番金一圓并糖霜、蝦卷、香糕、蟹十二敖饋二妹。晡後偕彦僑再過梅卿兄弟，夜同飲三層樓酒家，何竟山亦來，二更歸。

二十七日己未　晴寒，𥜥霜如雪。族叔石湖遷居，往賀以錢四百。料檢上墓祭物及舟行所須。

二十八日庚申　晴寒。許子社來，尚卧不晤。上午邀鄭妹夫、三弟、季弟及族弟又香，具大舟一，行廚舟一，鼓吹舟一，出西郭門，至郭婆漊祭九世祖承山府君妣邵太君墓，焚楮鏹八百。又祭十二世祖橫川府君妣祁太君、陶太君墓，焚楮鏹六百。下午由昌安門外抵馬山，夜泊市前張神廟。

二十九日辛酉　晴寒。晨至山棚橋，祭外曾大父倪寶山公、外大父倪仁甫公、外大母孫太君墓，焚楮鏹一千二百。上午仍由昌安門泝大灘，過西郭門，出青田湖壺觴堰。下午抵直步山，坐肩輿上師子塢，祭十世祖伯和府君妣張太君墓，焚楮鏹四百。下山已晡後矣。傍晚由花涇出奰俗作贔。石湖，抵漓渚泊。

三十日壬戌　晴。晨上金釵隴祭曾祖考妣墓，樹旗竿石，賞守墓諸姓三人錢一千。上午由峽山出蘭渚橋，抵木客山，祭高祖考妣墓，焚楮鏹一千，樹旗竿石，賞守墓馮姓、金姓二人錢一千二百。晡時抵亭山之陰徐家漊，祭先祖考妣殯宮，賞守殯人徐姓錢二百。傍晚由亭山之陽出麻林山橋，夜泊鳳皇山下石泉庵。戌正初刻十分小雪，十月中氣。是夕天氣忽和。

庚午書事二首

孤憤千秋在，狂呼一擊中。夷酋方喪魄，廷議急和戎。殲敵誠非易，要盟豈有終。宋金殷鑒近，幸莫恃成功。

華夏瞻山斗，安危仗老成。出師良有待，執法太無名。竟墮孅兒術，難全義士生。虛傳持重議，晚節付公評。

閏十月癸亥朔　晴和，有霧，午後温暖如春。晨至鴐湖狀元橋，祭本生曾祖考妣墓，焚楮鏹六百。上午抵謝墅，祭十一世祖天山府君妣樊太君墓，又祭本生祖考妣殯宫，共焚楮鏹一千，賞守墓人錢四百。下午由南門偏門外出緑荷莊至塘埭，祭節孝張孺人殯宫。晡後由青田湖仍出湖雙堰，夜抵項里，泊山下。

初二日甲子　上午晴暖，地潤，下午薄陰，有溦雨即止。晨上山祭先考先妣墓，賞守墓人徐詳錢六百。又遥祭叔弟勉齋於彤山。上午仍由湖雙村過杏賣橋、三山畫橋，出中匽至李家漊，祭大伯父、二伯父殯宫。午泊小雲栖寺，入坐西偏禪室久之，訪寄雲上人塔，在後圃焚楮鏹四百。晡時還城居。許子頌優貢來，不晤。子頌名誦禾，其父楗，字叔夏，號珊林，與其弟辛木會元楣同成道光癸巳科進士，嘗修國子監《金石志》，官至蘇松糧道，著有《説文解字統箋》《識字略》《古韵閣寶刻録》《校訂金石存》《六朝文絜》《笠澤叢書》《重訂折獄金鑑》等書。觀察爲嘉慶己卯優貢，今子頌偕其兄少珊運使誦恒、子曼孝廉誦年相繼充是選，而靖甫同知誦宣又爲己酉拔貢，科名之盛，亦浙西之望姓也。王眉叔來，不值。王頍廷孝廉來。得揚廷蘇州書。夜作書致梅仙，爲陶子珍之父海琴太守明日受吊，託附致燭楮。洗足。夜半後有雨。

初三日乙丑　晨小雨，午後晴暖蒸溽。五弟饋雙鳬及蟹六十敖。受蟹返鳬，詒以兩番金，爲兩姪買果粥，作書致之。剃頭。連日上墓，計所需酒食、舟楫、夫役、鼓籥及賞犒之費，共四十餘番金。又前日資福庵住持尼静德六十生日，念其昔有勞於太夫人，詒以四番金。廿五日所收百番，又耗盡矣。

初四日丙寅　濕陰小雨，下午漸密，夜雨有聲，天氣復寒。三妹之女彌月，詒以兩番金。付徐國安草錢五千六百有奇。王蓮伯來，乞撰李樹堂太守夫人輓聯。王眉叔來。晡後答詣王頍廷、許子頌，皆不值。詣三妹家夜飯，二更時歸。

初五日丁卯　寒陰，微雨。撰李夫人輓聯云：『佩玉儷專城，喜邦媛屢迓魚軒，戴月共傳親紡織；倚閭懷遠道，想賢子新承鸞誥，望雲猶自祝餐眠。』以太守三次攝郡，夫人秖一子赴覲未歸也。即用片致蓮伯。作書致朱西泉，致許子頌。族兄葆亭來。得蓮伯書，屬點定其座師錫鶴亭侍郎錫齡《碧琅玕館試律》。石湖叔來。竹樓來。刻字工任有容寄來鄉試行卷二百本。族弟小帆之婦陳來告貸，付以一番金。

初六日戊辰　雨。作書致梅仙，約明日同詣曉湖家。作書致慎齋義烏。作書致黄質文，屬再以前月薪水十番金付刻行卷人任有容。又作書致任，令其往取。

初七日己巳　雨。王甥國器迎婦，詒以儥儀兩番金，賀儀一番金。皋步屠姑夫之次孫娶婦，詒以賀儀一番金。族姪爕娶婦，詒以錢二百。楊笙吾柬請午飲，言道州何紹基編修來越，故邀予作文士飲，辭却之。坐肩輿詣梅仙，同舟赴壽勝山，賀沈曉湖爲其子娶婦，致賀儀兩番金。晤子琛、校亭、楊雲程及陸一鶴秀才壽銘。夜偕曉湖、梅仙清談聽雨，三更而寢。

初八日庚午　天氣稍和，濕陰微溽。晨起看新人。傍晚偕梅仙歸，昏時入西郭門，還所居。得梅卿寧波書。夜有月。

初九日辛未　陰寒有風，下午微晴。舊僕周貴饋酒兩瓮，固却之不得。學胥胡升之來，賞以辦考勞費四番金。得王眉叔書。得陳藍洲書。得梅仙書，催赴寧波。予本與梅卿約，至甬江小作營幹，且爲天童之游。今思江湖干乞，徒取耻笑，而禄位又積輕於人，往必無濟，持此面目求翦張酒趙之餘丐，縱有所得，平生氣節掃地盡矣，因決計不行。夜作書致梅仙。

初十日壬申　晴。鄞人曹心孚來，梅卿之中表也，來約予同赴鄮者。梅仙來。翁巳蘭來。王蓮伯來，不晤。夜詣族子燮家，偕群弟飲，看新人，二更歸。

十一日癸酉　晴。剃頭。改鄉試第一問策稿。梅仙來。田心培來，送江南《闈墨》一册。五弟來。夜至四更策稿完，始就枕，疾連動。

十二日甲戌　上午陰，下午晴。作書致梅卿。以策稿寄杭州手民。下午憊甚，卧閲雜書。

十三日乙亥　晴和。晨起恭書高祖以下四代及本生曾祖考妣、本生祖考妣、大伯父、二伯父祔廟神室。上午偕三弟、季弟詣龍山下張神廟觀演劇，有富人徐福卿張筵請客，遂留飲。晤壽玉谿。夜歸。

十四日丙子　晴和。王蓮伯來，尚卧不晤。得慎齊書。得孫生子宜書，即復。五弟來，邀後明日飲其家。

十五日丁丑　申初初刻六分大雪，十一月節。陰寒多風，上午溦雨。作書致五弟辭飲，遣王福往，并致瑞姪湯餅錢四百。瘦生來，饋蟹六十敫。得王蓮伯書。寫各房神室名字，致葆亭。予家族譜修於嘉慶元年，時先君輩祗廿人，予兄弟輩皆未生。道光十年，族伯父福堂秀才續寫一本，則先君輩八十七人，予兄弟輩五十五人，至予而止。今又四十年矣，尚未及更編。其中早死及無後者率十之七八，宗支衰替，閲之黯然。

閲九月二十四日至十月十八日京報：

廿四日。倭仁管理國子監事務，存誠管理理藩院事務，棍楚克林沁管理嚮導處事務，官文補授閲兵大臣。

上諭：武備院奏礮庫被竊一摺。據稱該庫司員等於本月二十二日赴庫時，見庫門封皮撕去，門鎖俱開。查點庫内，失去大銅礮二個，小銅礮四個，礮車六兩等語。庫儲重地，應如何嚴密看守？乃任令匪犯肆行偷竊，實屬不成事體。著步軍統領衙門趕緊將此案賊犯悉數嚴拏懲辦，並著兩翼前鋒營護軍營大臣，將值班官兵訊明辦理。管庫員外郎恒山交内務府照例議處。廿五日。

以吏部司郎中楊鴻吉爲内閣侍讀學士，許庚身補授鴻臚寺少卿，勞文翮俟補缺後以道員用，勞文翻仍以道員歸四川儘先補用。廿六日。文翮、文翻，皆故雲貴總督崇光子。

上諭：左宗棠奏武職大員積勞病故懇請優恤予謚等語。記名提督黄萬友由湖南勇丁從征，轉戰十餘省剿辦髮捻各逆，上年秋間率師赴甘，隨同劉松山剿賊轉運糧餉軍火，深資得力，隨同克復靈州，連破賊堡數十處，迭著戰功。兹因積勞病故，深堪憫惻。黄萬友著賞給正一品封典，照提督軍營立功後病故例，從優議恤，並加恩予謚，准其祔祀劉松山原籍及死事地方專祠，以慰忠魂。廿九日。

上諭：前任直隸提督劉銘傳著督辦陝西軍務。十月初五日。

詔：曾國藩即馳赴兩江總督新任。初七日。

上諭：前因貴州署都匀府知府黄德裕城陷陣亡，當經降旨從優議恤。兹據曾璧光奏稱，黄德裕防守都匀，任事實心，士民愛戴。同治八年六月間，苗匪麇集，阻絶糧援，該故員灑淚誓師，激以忠義，兵民感泣，縋城死鬥，卒以力竭城陷，血戰陣亡，懇請予謚、立傳、建祠等語。道銜候選知府黄德裕著再加恩予謚，其死事情形宣付史館立傳，並於死事地方及原籍建立專祠，以彰忠節。同時陣亡之總兵王松林、馬永勝，副將黎占魁、何遇春、吴升高，副將銜參將田慶謙，參將田興貴、羅華綸、唐其錦、方忠興，游擊黎桂林、游擊銜都司苟忠國，通判余光祖，舉人王寶俅，均著一併祔祀。初八日。

蘇廷魁補授河東河道總督。初九日。

上諭：前據詹事府詹事夏同善、通政司副使朱智、鴻臚寺少卿許庚身呈進，前任内閣中書張應昌所著《春秋屬辭辨例編》八十卷，當交南書房翰林閲看。據稱所著原本宋儒，兼及衆説，間附案語，亦頗詳審。該員耆年好學，甚屬可嘉，所進之書即著留覽。初十日。

上諭：前任奉天府府尹德椿，著來京以三品京堂候補。十三日。

命龐鍾璐充順天武場正考官，潘祖蔭充副考官。十四日。

上諭：御史鄧慶麟奏新選奉天府治中齊鶴松向在吉林長春廳開設萬慶錢店，置有房産，往來奉天省垣及海口等處貿易，該治中於注册投供領憑時，並不照章聲明，呈請迴避，實屬有心隱匿。長春廳雖非奉天所屬，惟該廳文武童生，均歸治中府考，以向在該處貿易之人，校試該處，賄屬情通，尤所不免等語。齊鶴松於長春廳置産貿易是否實有其事？並是否例應迴避有心隱匿？著吏部查明具奏。至所稱奉天府治中一缺，請飭變通選法，嗣後或專用科甲出身人員，或由現任正途人員升調，並著吏部議奏。十六日。

十六日戊寅　晨晴，上午陰，下午晴。上午偕瘦生、穎堂、季弟坐舟出西郭門下寨當作柴。村茹監生家送行卷，午至單港飲五弟家，晡後詣梅山澄港陳表兄家及丁監生家送行卷，夜復至五弟家飯，更初乘月步至社廟觀劇，三更後還城居。

十七日己卯　晴。出門拜客，至李樹堂、王蓮伯、余輝庭、王穎庭、史實卿、同年陳先生薌鄰、唐先生雪航、張妹夫、王妹夫、鄭妹夫各家，分致行卷。王氏妹家看新婦，鄭氏妹家夜飲，二更歸。竹樓、品芳來。

十八日庚辰　晴。族姪炅娶婦，賀以錢二百，往看新人，與祭其祖禰。

十九日辛巳　晴。改鄉試第二問策稿，鍾同年鸞藻來，不晤。

二十日壬午　晴。以第二策稿致杭州刻字人任有容。剃頭。魯綬昌之母卒來赴，致燭楮吊之。梅卿來。夜詣族子炅家，偕諸弟飲。

二十一日癸未　晴。張梅巖來。田心培送來四品補服一對，藍頂一枚。以扁材五件付漆工，其二懸之先祠，其三懸之居宅。胡升之送會試文憑來，此布政司所給文曰公據。晡後答拜鍾仲和同年，不值。復詣張梅巖談，晚歸。夜作書致陳藍洲，致施均父。

二十二日甲申　微晴氣和。閲《金石萃編》。小極不怡。葆亭來。作書致王蓮伯，還錫侍郎試律稿。作書致梅卿。夜以京師宣南銅爐造飯器煮㷊脯和新粳米食之。偕九弟、季弟擲采選圖。

二十三日乙酉　晴和如春。爲杭人徐姓題吴昶《古盆紅荷》、陶炳吉《美人修竹》絶句各一首，不存稿。梅卿送來寧波厚生錢鋪、時生氈鋪賻儀各十番金。

二十四日丙戌　晴暖，宜薄綿。王蓮伯來，并饋燭二斤，礮仗一千。鄭妹夫送其次子桂官來上學，穎堂亦令其子愛官來上學。兩兒皆四歲。予名鄭甥曰文澐，愛姪曰孝璋。午邀梅卿及子霞、穎堂小飲。刻字人任有容寄來浙江鄉試進呈録一本。竹樓來夜話。

二十五日丁亥　晴和微陰，傍晚風起，入夜益横。書先祠扁額楹聯，僧聿高饋瓦炭、醬菱，報以番銀一圓。孫生子宜來。閲《金石萃編》，稍加校正。

二十六日戊子　晨陰寒，上午復晴，終日有風。得曉湖書，并饋酒兩壜，㷊脯兩肩。受脯一肩，餘返之。作書復曉湖，勸其同上公車。又作書致校亭。午詣竹樓及石湖叔言祠堂事。得平景蓀九月廿七日書，并寄贈白金廿四兩。即作片復莫蕙樓，賞來使一番金。夜閲《金石萃編》，以朱筆略校之。連夕疾動。

二十七日己丑　晴復和煦，午不堪裘。再作書致校庭，還所饋酒。族弟雲生作湯餅，詒以錢四陌。剃頭。族長某等來。傍晚詣乙林叔。夜閲《金石萃編》。

日來冗甚，看書凌雜，略無序次，姑以今日所附識各書稍有訂正者三條，録存於此。《公羊》桓八年傳：『夏曰礿。』注云：『麥始熟可礿，故曰礿。』案《釋文》礿亦作禴。《漢書·效祀志》引《易》『不如西鄰之禴祭』，作『瀹祭』。顔注『瀹祭』謂『瀹煮新菜以祭』。《爾雅·釋天》：『夏祭曰礿。』郭注：『新菜可汋。』《詩正義》引孫炎注同。汋、瀹字通，何注『麥始熟可礿』之『礿』亦當作『汋』。《漢書·禮樂志》載唐山夫人《房中歌》，其『馮馮翼翼』之上有『桂華』二字。劉氏《刊誤》以爲上章『都荔遂芳，窅窊桂華』十句之篇題是也。然『華』字與下『光行芒章』字俱不叶，蓋『華』爲『英』字之誤。臣瓚注引《茂陵中書歌》『都孋桂英，美芳鼓行』，『都孋』即『都荔』；『美芳』亦下章篇題之名。此可證『桂華』當作『桂英』，其韵方協。韓勑《禮器碑》云爵、鹿、柤、梪、籩、柉、禁、壴，此是祭器八者之名。洪文惠釋壴爲即壺字。近儒桂氏馥釋鹿爲即斝角之角，通借字。其説皆確。陳氏奕禧《金石遺文録》釋柉爲即盌字。引《廣雅》：『盌，盂也。』《集韵》盌或作𥁨、𠥹爲證。亦爲有據。《方言》：『盌，杯也。』是杯棬之屬，亦祭器之一。而桂氏以爲字當作棖。棖即棜字。《禮記》所謂『士用棜禁』。《儀禮》所謂『壺棜禁饌于東方』也。不特碑字隸體，顯然作柉。趙、洪以來，皆無異説，且棜禁是一物。此云籩棜禁壺，則句法乖互，與上鍾磬瑟鼓雷洗觴觚等三語，皆爲不類。棖之通棜，亦所未聞。

二十八日庚寅　陰，微見日。李樹堂太守之夫人來訃，送燭楮四事去。閲《金石萃編》僅十餘葉，復以它事。讀《後漢書》班彪、班固傳，再加朱一過。日力苦短。夜三更後雨兩作。

二十九日辛卯　陰晻，偶見日景。得王蓮伯書。寫祠堂扁額。同年副榜姚鎮奎伯聯送行卷來。姚爲太子少保福建總督啓聖之五世孫，霸昌道陶之玄孫也。季弟自項里花徑木客諸山歸，言偕司馬生尋葬地，得花徑李家灣一處可造墓云。夜作書致蓮伯并錫侍郎詩集題籤。

閏十月十九日至二十八日京報：

上諭：都察院左都御史龐鍾璐、禮部右侍郎温葆深，均加恩在紫禁城騎馬。十九日。

上諭：景壽等奏永安寺白塔山後不戒於火，請將該管苑丞議處一摺。本月十八日酉刻，永安寺白塔山後看畫廊點景房不戒於火，當經本路值班人員等登時撲滅。白塔山附近地面關系緊要，應如何加意慎重，乃該管苑丞富昌質善未能先事防範，實屬疏忽，著交内務府議處。其管理奉宸苑事務景壽，奉宸苑卿廣科、毓清，及該管郎中，均屬失於覺察，著交各該衙門分別議處。二十日。

以翰林院侍讀學士蘇勒布爲詹事府少詹事。廿一日。

上諭：曾璧光奏請將詐傳詔旨之武弁正法等語。參將賀宗恒，改名那元，輒敢在貴州遵義府地方，僞稱欽差，詐傳皇太后密旨，巡查雲貴川楚四省事務，希圖摇惑人心，撞騙銀錢，實屬不法已極。賀宗恒著即行正法，以昭炯戒。廿四日。原奏稱賀宗恒向在山東巡撫丁寶楨部下剿賊，洊保今職，嗣東省軍務肅清，遣徹來黔投效，未經收録。賀宗恒更易姓名爲那元，僞稱欽差，擅用朱筆，列銜護理九門提督，世襲輕車都尉，詐傳皇太后密旨云云。

上諭：翰林院編修黄彭年奏時事艱難，請勤修省一摺。本年時序失調，水旱迭見，江湖盛漲，下游受灾，天時示警，良用惕然。而各省慢上逞凶之案，層見迭出，人事尤屬可憂。姚夜祇懼，若涉大川，罔知攸濟。兹覽黄彭年所陳，懋聖學，戒臣工，節財用，廣言路，各條剴切詳明，於修省之道大有裨益。

惟當孜孜求治，重道親師；慎侍御僕從之選，屏耳目玩好之娱；期與天下共臻上理。爾内外大小臣工亦當恪共厥職，共濟時艱，力戒因循推諉、奔競寅緣積習。至黜奢崇儉，迭經誥誡諄諄，猶恐奢侈相沿，動逾禮制。朕躬行節儉爲天下先，嗣後該内務府大臣於一切用款，務當查照舊章，力求撙節，不得任意加增。凡百臣工，尤當懔遵法制，毋尚浮華。言路通塞，實爲治理所關，在廷諸臣於政事得失，人才賢否，當直言無隱，以副朝廷廣開言路之意。民爲邦本，本固不摇；王道以固，民心爲要。而宏濟艱難，尤惟賢才是賴。願與中外諸臣朝夕圖維，共求長治久安之策，有厚望焉。原摺著留覽。廿五日。

上諭：崇實、吴棠奏川軍越境剿回獲勝並會合滇軍攻克永北廳城一摺。雲南回匪盤踞永北廳城十有餘年，該處爲大理門户，逆匪鋭意死守，時擾及四川建昌邊界。本年八九月間，經總兵劉寶國、道員鄂惠、知府許培身等督率官軍，分路進剿，乘勝追至永北廳城下，會合滇軍迅籌攻取。九月初七日，參將王遇春等挑選精鋭，携帶雲梯，由東門奮勇先登，縱火燃燒。劉寶國等亦率勁旅從南門越上。滇蜀兩軍一齊攻入西北各門，伏兵並起，四面圍殺，將城内外悍回殲除殆盡，陣斬逆酋劉應貴，生擒僞大將軍李亭賓等正法，當將永北廳城克復，剿辦尚爲得手。劉寶國遇有提督缺出，開列在先，請旨簡放。許培身以道員用。餘升賞有差。廿六日。

上諭：李鴻章奏劉銘傳督軍赴陝，請調員隨營等語。前任甘肅布政使林之望、翰林院編修吕耀斗均著前赴劉銘傳軍營。廿七日。

以翰林院侍讀黄鈺爲右春坊右庶子。廿八日。

上諭：前據總理各國事務衙門奏，遵議尚書毛昶熙請徹三口通商大臣條陳。當諭令李鴻章妥籌應辦各事宜。兹據該督酌議章程具奏，天津地方緊要，自宜因時變通，三口通商大臣一缺，著即行裁徹。所有應辦各事宜，均著歸直隸總督督飭該管道員經理，即由禮部頒給欽差大臣關防，用昭信守。並著該督於每年海口春融開凍後移劄天津，冬令封河再回省城。倘有緊要事件，亦准其暫行回省。其山東登萊青道所管東海關，奉天奉錦道所管牛莊關，均歸該督統轄。另設津海關道一缺，專管中外交涉事件及新鈔兩關税務，由直隸總督揀員請補。廿九日。以陳欽署理津海關道。

十一月壬辰朔　辰正二刻八分冬至，十一月中。終日陰，傍晚溦雨。祀曾祖考妣三代，又祭外祖父母、外舅、外姑。偕季弟詣族人家與祭六世、五世祖考妣。潁堂之婦胡孺人以所繡金補服見遺。王眉叔來。夜題《玉海》及《金石萃編》籤識，僅得大半，張燭細書，目爲之昏。

初二日癸巳　風雪甚寒。題籤都畢。張梅巖丈送賀儀一番金來，作片復謝。傍晚雪愈密，夜積寸許。

初三日甲午　晴寒始冰，有風，出門遍詣城居戚友家，分致行卷約五十餘本。午飯於孫氏從姊家，傍晚歸。

初四日乙未　晴，冰不解。梅卿來，午飯後去。

初五日丙申　晴，微和有風。閱《金石萃編》。陶仲彝同年啓約初十日會飲秦秋伊娱園，其辭新秀，近時之佳手也。得傅蓮舟十月廿五日京邸書，言已捐同知分發東河，又言陳邁夫以安徽知縣入都引見。爲人書楹帖十餘聯，直幅四紙。夜爲子霞寫《急就章》，以敗筆作隸篆意，頗有魏晉人風，惜爲俗子將去，無人賞會耳。五更疾連動。

初六日丁酉　晴和。作書復陶仲彝屬改飲期，并作書屬梅卿轉致。同年周吉臣枚來。此君年三十六七矣，去年始補弟子員，兄弟爲諸生者三人，居城南木蓮巷。作書致秦澹翁，爲王眉叔託薦縣試閱文。作書致趙桐孫同年，爲蓮伯屬鈔宗滌師請祀鄉賢奏稿。作書致藍洲。作書致刻字人任有容，催續印行卷。族姊夫沈漁莊送來賀儀一番金，贈以行卷兩本，又以兩本屬轉致其族子蘅夫。詩舫弟饋酒兩罎。夜飯後乙林叔來，王甥鼐臣來。

初七日戊戌　晴和，下午陰。作書致仲弟。寫祠堂扁額，旁注銜名。汪謝城教諭、沈丹卿訓導合送賀儀一番金。作書致妹夫王。此人愚，而繆戾自用，作事昏誖。其前室女許字杜氏，今年婿來請婚期，而以無錢辨莊，拒不内幣。杜氏來劈娶之，遂發狂出走，寓於杭州小吏家。昨其子往迎，乞予一言爲信。作計不審，嫁妹癡人，致此紛紜，自咎而已。書兩柬帖，一邀戚友，一速族人，以十一日會飲。瘦生來，約二十日爲柯巖之游。剃頭。十一叔來夜話。

初八日己亥　晴和如春，下午陰，夜風。閲臧氏《拜經日記》，其言《詩》之『不吴不敖』及『不吴不揚』，鄭箋本皆作『不娱』；《禮》之『寡人固不固』，鄭注本作『寡人固固焉』，以焉字屬上句讀。《詩》有《釋文》可據，《禮》有《正義》可據，今本皆爲王肅説所亂。其論甚確。而盧氏《經典釋文校證》，阮氏《十三經注疏校勘記》皆不從之，以兩公之素重拜經，又皆身與其事，尚各執所見如是，此蘭臺定本，固非詔旨不能耳。得小帆江西書。夜作書致平景蓀。

初九日庚子　晴，寒甚。得陶仲彝書。梅卿來，以織金銀閒俗从鳥作鷳。補服一對見贈。夜作書致小帆。

閲十月二十九日至閏十月初八日京報：

詔：科布多參贊大臣奎昌回京當差，以員外郎銜前陝西巡撫瑛棨賞給頭等侍衛，爲科布多參贊大臣。廿九日。

湖南學政温忠翰奏保舉教職鄒湘倜、梁則尹、俞錫桓、陳善均等四人，又保舉永定縣優廩生吕敩孚孝行克敦，沅陵縣優廩生張珣清介篤實。詔：梁則尹以知縣即選，鄒湘倜等三人均賞加五品銜。吕敩孚等二人以教職選用。三十日。

烏魯木齊提督成禄奏五月間甘肅高臺縣西鄉瓦垻有貢生馬吉貞、生員李載寬、趙席珍等倡亂抗糧，斂錢聚衆，私立元帥軍師僞號，又募南山獵户槍手，屯踞西南鄉權家莊，聲言俟人衆全集，即圍縣城。七月二十二日委署安肅道竇型帶親兵百餘，同署縣秦德鈞、前署縣管笙馳往勸諭。該匪施放槍礮，立斃親兵二人，滚木擂石，亂下如雨。竇型禀請添隊進剿，復派營務處明春、西朗阿總兵，趙德魁、胡可鈞等四面環攻。該匪等抵死抗拒凡兩晝夜，至二十四日酉刻，各匪力竭不支。兵勇等梯墻而入，生擒李載寬等。馬吉貞猶率死黨二百餘人拒敵，旋皆格殺。其餘附從數百人，均棄械逃逸。搜出槍礮及火藥數百斤。請將陣亡把總仲瑞林等三人及勇丁十五名、受傷者一百三十餘人分别恤賞。從之。詹事府左贊善趙佑宸出補江南江寧府遺缺知府。閏十月初六日。

初十日辛丑　晴。詣木蓮巷周吉臣同年，祝其母六十壽，并賀其續娶。作書致梅卿，借閨人首飾數事。親族來賀者十餘家。陳葉封、余暉亭、徐仲嘉、張梅坪各饋酒兩甕。諸妹畢歸。夜雲陰有風，四更時雪。

十一日壬寅　晴和如春。晨起祀門行户竈之神。西郭外直河祠堂以今日樹旗竿兩對，一爲予，一爲族弟國琇，乙丑進士。予費出之族祖望樓公所捐義田公車資，族弟費出之祠堂公田。上午往會宗人，祭門神且上扁額。居宅懸榜四，一爲天山府君進士，三爲曾祖構亭府君、族祖望樓公及予鄉舉額。親友來賀者七十餘家。汪謝城來，沈丹卿來，葉封來，蓮伯來，周吉臣來，梅仙、梅卿來，孫生子宜來，孫子九之第四郎季遄來，張梅巖來。仲弟來，饋酒二瓮。五弟來，九弟來。五弟送禮兩番金，九弟送一番金。鄭妹夫送六番金。族弟楚亭送清音歌吹一部，幼香送燈燭二百枝。新署山陰縣令鄭東甫來。午祭先人。設席宴客。夜間族弟蘭如、品芳等送清音一部。族兄允升、族兄渭亭等送技巧十二劇。留梅巖、梅卿、梅仙、子宜飲，達曙始散。

十二日癸卯　晴和。謝星橋秀才來，不晤。同年史保卿慈濟來。仲弟去，二妹去。下午偕季弟坐小舟詣宗祠，觀縣俗作懸。榜。夜更置酒邀族叔兄弟飲。

十三日甲辰　上午晴，下午陰。閲山陰何教諭綸錦《四書直旨》共四卷。其書多駁朱注，頗從古義，而泛言大旨，不能究心於名物訓詁，往往師心武斷，涉於措大習氣。然知折衷鄭説，亦時攻西河毛氏之短，故間有可取，亦鄉先生之知學者也。何字子襄，嘉慶初舉人，官金華學官。午買小舟詣皋步，訪秦秋伊娛園，赴陶仲彝之招。晤陶心雲、王眉叔、何竟山、孫彦清、梅卿、梅仙及王子欽。夜月甚佳，飲娛園中，看梅景，偕諸君清話，至四更始就寢。

十四日乙巳　陰寒有風。下午自娛園歸，夜入昌安門。刻字工任有容寄來續刻試策行卷四百本。梅坡叔來，夜話。

十五日丙午　雨。大妹去。行賞諸傭男婦計用番金十二圓，錢七千有奇。毛一山饋酒脯四色，受其二。

十六日丁未　丑初二刻八分小寒，十二月節。上午微雨，午後陰，地氣微潤。沈蘅夫來，送禮一番金。族孫壽昌來。梅卿來，王子欽郡丞來。陳葉封玉泉招同梅卿、子欽、阮孝林夜飲春燕樓，二更歸。

十七日戊申　晴和地潤。祖妣倪太恭人生日，上午供具。葆亭來。寫祠堂二門科甲總榜。梅卿書來，饋雙雉及年糕，即作書復謝。剃頭。夜作書致書局，屬以閏月薪水十五番金付刻字工任有容。

十八日己酉　晴寒。得慎齋書，饋金華㷊脯兩肩，即復書謝。下午詣族中各房分行卷，又至城中及城南、城東戚友謝賀，并補分行卷，晚歸。得王眉叔書，以邵氏《爾雅正義》一部及紈扇一柄爲贈。夜四更時雨作。

十九日庚戌　密雨時作。得趙桐孫書。作書致王眉叔。作片致王蓮伯。楊笙吾邑令來。午後出門，答客十餘家，并補送行卷，傍晚歸。得蓮伯復書，眉叔復書。

二十日辛亥　上午陰，午復晴。得秦澹如觀察書。午偕季弟、九弟坐舟赴柯山沈瘦生之招，出西郭青田湖至清水閘，訪族弟嘯巖，旋詣裏柯山小季山房，答拜謝星橋秀才，抵瘦生已上燈矣。夜飲普照寺之禪畫樓，瘦生所新葺，予爲名之者也。樓三楹在石佛殿之左，下蔭清潭，可通小舟，潭上嵚巖隱翳，如畫屏風，喬松古藤，倒景皆緑，爲柯山秀絶處。樓之北窗皆隔以波黎，坐卧其間，足以忘老，自顧風塵行色，不覺雲鳥惓懷，泉石引領矣。仲弟亦來，同宿樓中。四更時小雨。

二十一日壬子　上午陰，下午雨，入夜漸密有聲。晨起，飯後偕瘦生及諸弟游七星巖，登巖磴高閣。村樹掩映，葉半未落，野竹間之，蒼翠相接。固由今冬氣候頗温，而吾鄉景物豐秀，亦寰中獨絶者也。上午别瘦生回舟，見道中尚有紅樹。午後還城居。梅卿片薦賣筆生龐春泉來，爲留數管，付以一番金。付十一日宴客廚饌費五十番金。予以垂老齒鄉書，又懷鮮民之慽，尚復開筵受賀，可謂全無人心，故決意謝客，而以祭先之餕，速諸親友，猶所費如是，吾鄉市物之貴，可以概見。

二十二日癸丑　終日密雨，入夜尤甚。作書致芍農師并行卷十本。竹樓來。夜作書致陳邁夫及其尊人伯海先生。

二十三日甲寅　終日陰雨。王渠原送禮三番金，即作片復謝。作書致傅節子福州，致孫子九汀州，俱託朱岳卿轉寄。復作書致岳卿。作書致舊業師平湖教諭嚴菊泉先生，作書致蓮伯，託其轉寄。得曉湖、校亭兄弟書。作書致子宜。夜雨聲凄密。

閲《徐霞客游記》。霞客名弘祖，字振之，江陰人，明季布衣。記凡十册：第一册，游天台、雁蕩、白岳、黄山、武彝、廬山、九鯉湖、嵩山、太華、太和、五臺、恒山諸記。第二册浙游日記、江右日記、楚游日記。第三册、第四册粤西日記。第四册下黔游日記。第五册至第十册皆滇游日記。前有楊文定公名時序，後附天台陳忠節函煇所撰墓志。霞客振奇之士，好游而負異稟，所至必窮其顛，同時若文文肅、黄忠烈諸公，盛相推許。其記皆按日實書，道里南北，同於甲乙帳簿，無所文飾。當日錢蒙叟已甚重其書，曾屬徐仲昭、毛子晉等爲之校刻。此本乃其後人集鈔而成，稍有闕佚。然山水之文，必資雕刻，登臨之興，所貴適情。霞客梯險絙虚，身試不測，徒標詭異之目，非寄賞會之深，古人癖嗜烟霞，當不如是。而又筆舌冗漫，敘次疏拙，致令異境失奇，麗區掩采。記路程者無從知徑，討名勝者爲之不怡。且其注意頗在脉絡向背，同於青烏之術，尤爲無謂。至古今地理，絶未稽求，名蹟留遺，多從忽略，固由明季士不讀書，不知考據爲何事也。

二十四日乙卯　陰寒欲雪，下午微露日景。得梅卿書，薦柯橋章秀才埰授族孫壽昌讀。作書復梅卿。學書胡升之來，再賞以四番金。族叔石湖來，竹樓、少梅來。得子宜書。刻字工任有容續寄行卷一百本來。比夕鼠擾殊甚，今日從資福庵乞得一貓畜之。

二十五日丙辰　晴，寒甚。朱岳卿來，屬其刻印章兩方，并贈仲弟硯背銘字。楊笙吾邑令送賀禮十番金來。陳玉泉介其師章塛秀才來。秀才字浚庵，年六十矣。柯山人沈蕙亭來，年七十三。竹樓來。餘姚同年黄秉㞐蔚亭來，南雷先生之六世孫也。其五世祖名百藥，字棄疾。高祖名千頃，字文度。觀其名字，覺黨人子弟，猶有東漢風流。蔚亭精天文算學，頗雜西法，著有《測地志要》四卷、《方平儀象》一卷、《交食捷算》四卷、《五緯捷算》六卷。其子維瀚，字研芳，亦是科得雋。爲季弟題秦秋伊畫菊二絶句。鍾慎齋來夜談。

二十六日丁巳　晴，晨寒洌甚，午後稍和。睡起甚遲。剃頭。偕季弟及族人奉先世神室入新廟。孫生子宜來，不值。王眉叔片來，約明日偕秋伊、仲彝諸君過談，夜作書復眉叔。

二十七日戊午　薄晴，多陰，氣暄微潤。上午肩輿出門答拜黄蔚亭、楊笙吾，俱晤談。詣梅卿家賀其子締姻阮孝林之女，并晤孝林、余暉庭、陳葉封、玉泉諸君，午飲會親酒，傍晚歸。

二十八日己未　晴和如春。以酒四瓮、脯四肩賀梅卿。作片致張純甫約明日先祠觀劇，并迓二妹歸。上午詣先祠料檢祭物，撰定祭儀，晡後歸。得眉叔書問校書程式。梅卿送禮八事，受酒兩瓮，靴一雙，燭十斤，炮仗兩封。季弟置酒夜餞。夜撰安袝宗祏祭文。作書至眉叔。是日刻字人任有容寄十六房同門卷一部，本房同門卷十部，同年齒録兩部來。予見先世齒録以年之長幼爲序，起敬起讓，最有古風。今則以榜之名次爲序，其中履歷之荒繆可笑，不勝僂指。固由晚世不講譜學，僞造閥閲，而士人目不知史，以市井之封拜加於漢唐，以輿皁之傳聞寵其宗祖。昔人所謂舉孝廉濁如泥者，深可歎也。

二十九日庚申　晴和清麗。晨詣祠堂，偕族人恭奉始祖汝陽王以下神室，以次安袝。上午設祭畢，復祭庶母，祠堂置酒會諸宗，召長青班演劇。郡守海雲璺海霈來。署邑令鄭東甫錫滜來。邑令楊笙吾來。王子清郡丞廷訓來，送禮十二番金。陳耕莘訓導嘉猷來，送禮一番金。梅卿來，薛春淵來，孫溥泉來。夜偕群季觀劇至二更後歸，游人甚盛，郭門內外燈火徹旦。

三十日辛酉　和煦如中春，地氣津潤，上午晴，午後微陰，晚晴。酉正三刻八分大寒，十二月中。汪謝城送禮四事，并酒兩瓮，番金兩圓來，返酒及金。沈柱臣寶書、校亭寶沅兄弟來。上午詣梅卿家，賀其尊人歸。即出城詣宗祠。是日仍演樂部，午繹祭。會稽訓導向蕖村學榮來。夜氣和，不寒。觀劇徹旦。兩日來付公費錢三十六番金，公使酒十二瓮。

閱閏十月初九日至十一月初九日京報：

上諭：內務府奏查勘熱河園庭各工，請分別擇要修理開單呈覽一摺。熱河園庭內外各工著熱河總管永存等設法保護，暫緩興修。初九日。

湖廣總督李瀚章等奏湖北鹽法武昌道劉子城丁憂，請以按察使銜補用道陳濬補授。詔：吏部議奏。陳濬，閩縣人，丁未進士，由編修補御史，在臺中頗有聲。出知江西南安府，調知安徽安慶府，升安廬滁和道。五年四月奉旨開缺，送部引見。上諭：御史鄧慶麟奏敬陳管見一摺。州縣爲親民之官，必須久於其任，方能興利除弊，若紛紛更調，輾轉趨避，吏治安有起色。著各直省督撫府尹於實缺人員，務當飭歸本任，隨時察看，分別舉劾。其一切差委事宜，候補人員儘可派用，不得率調實缺人員，致曠職守，聽斷必期明速。兩江總督曾國藩所定考課州縣功過章程，甚有利於吏治，著各直省仿照辦理保甲之法，果能實力奉行，奸宄自無從匿迹。近來湖南湘潭等縣，會匪滋事，皆由地方官平時不能嚴密稽查所致。著各督撫將軍府尹，遵照定章編查保甲。其遣散勇丁回籍後，如有不安本分滋生事端者，務須嚴拏懲辦，毋稍寬縱。

奸胥蠹役，往往羈縶無辜，瘐斃囹圄，全在地方官愛惜民命，不時查察。江蘇巡撫丁日昌曾令州縣懸挂粉牌，開載收押人犯，以杜濫押之弊，頗屬簡便可行。著各直省一律照辦。現在各省地方百姓未盡復業，加以水旱爲灾，當思休養生息之計。舊有常平倉、義倉，有無虧缺，亟宜查明，買補足額。各處荒地，務須廣爲開墾。其陂塘圩埽之處，尤宜及時修築。以上各節，各該督撫當實心經理，不得奉行故事，致負朝廷勤求民隱之意。至帝王之學與儒生異，必以敬天愛民爲本等語，所陳亦尚切要，原摺著留覽。初十日。

上諭：劉崐奏請將防剿不力之各地方官分別懲處等語。湘潭會匪滋事，現已全股撲滅。除攸縣、衡山、湘鄉各縣，堵剿尚能得力，免其查辦外，醴陵縣知縣龔樹吉防剿不力，著即行徹任。湘潭縣知縣李熾福任令匪衆戕官焚掠，實屬疏于防範，著摘去頂帶。道州另股匪徒滋事，該州文武未能登時查拏，又未能布置城守，致匪衆入城焚劫，雖旋經剿滅，究屬咎有應得。署道州知州候補知縣劉友鄂、署永州鎮右營游擊補用參將范爾愛，均著革職，仍留軍營效力，以贖前愆。十一日。

上諭：劉嶽昭、岑毓英奏攻克永北、鶴慶、鎮南三城，出力陣亡各員請分別獎敘一摺。雲南永北等廳州久被賊踞，經劉嶽昭等督飭各軍，分路進攻。本年八月間，總兵楊玉科帶兵馳至鶴慶城下，督率各營填濠而進，晝夜環攻。該總兵奮勇先登，奪踞城樓，當將鶴慶州城克復，復帶傷督戰，派兵馳援白土營，踢平賊壘百餘坐。騰越鎮總兵李維述督率各軍進攻鎮南，兵勇架梯登城，遂將州城克復，並將逆首蔡萬舉殲斃。游擊黄世昌等辦理永北軍務，節節掃蕩，而前附城賊營，次第踏平，擒斬逆首，又會友劉應貴二名，會同川軍將永北廳城攻克。剿辦甚爲得手。李維述、楊玉科均著賞給白玉翎管各一枝，白玉般指各一，大荷包各一對，小荷包各二，以示優異。陣亡之守備銜楊本春等分別從優議恤。十五日。 江蘇巡撫丁日昌丁母憂，以漕運總督張之萬爲江蘇巡撫，以江蘇布政使張兆棟爲漕運總督，以奉天府尹恩錫爲江苏布政使，以前任奉天府尹德椿仍爲府尹。十五日。

上諭：蘇鳳文奏官軍由越南凱徹入關一摺。廣西逆匪吴亞終等由太平竄擾越南，經廣西提督馮子材親統大軍馳往剿辦，當將首要各逆殄除净盡，並于河陽地方搜剔逸匪，越南境内一律肅清。該提督業于本年七月間振旅入關，其所帶勇丁亦經分别徹留，妥爲安置。馮子材調度有方，深堪嘉尚，前已賞給騎都尉世職，著加恩再賞雲騎尉世職，以示優奬。十八日。 上諭：蘇鳳文奏請將擅殺武弁之知州革職審辦等語。廣西鎮安協右營千總龐金源被控勾匪殃民等情，歸順州知州劉深並不禀候革究，輒將該弁擅殺，實屬荒謬。劉深著即行革職，提審從嚴懲辦。十八日。

以侍講學士何廷謙爲詹事府少詹事。十九日。

河南巡撫李鶴年奏河南糧鹽道秦堯曦告病開缺，請以遇缺簡用道尹耕雲補授。詔：吏部議奏。部議再奏再駁，更請以布政使銜前先補用道段廣瀛補授。段，江蘇進士，由庶吉士在籍辦團，保至今官。 上諭：醇郡王奏患病未痊，懇請續假，並所管旗營事務請派員署理一摺。醇郡王著再賞假一個月，安心調理。正黄旗領侍衛内大臣著德長署理，正黄旗滿洲都統著載容署理，所有神機營火器營印鑰，毋庸派署。二十日。

崇實奏貴州候補道健勇巴圖魯鄧錡自咸豐十一年以湘南諸生隨前督臣駱秉章入蜀，轉戰定遠、綿州、甘肅、階州、貴州、桐梓等處。同治七年，川軍援黔，克復玉華山甕安縣城、黄平新舊州城，先後數百戰，積功洊升道員，特簡雲南府遺缺知府，旋丁母憂回籍，百日服滿，飭令赴營。本年夏，圍攻叫烏賊巢十八晝夜，觸冒暑雨，感受瘴疫，猶復力疾督攻螃蟹大峒，八月初六日歿于甕安行營，囊橐蕭然，將士無不流涕，請照陣亡例從優議恤。從之。

上諭：楊昌濬奏東陽土匪滋事立時撲滅等語。浙江東陽縣東鄉匪徒盧維海與峴坊莊民人吴嘉裕挾有仇隙，膽敢糾合匪黨，圍住該莊，燒殺搶虜。旋麇聚湖滄，經該地方文武帶兵往捕，斃匪多名，生擒首犯盧維海，就地正法。匪巢平燬，脅從亦均解散，辦理尚屬妥速。著楊昌濬督飭該地方官搜捕餘匪，務絶根株。署東陽縣知縣黄文登、署金華都司劉應桂均交部從優議敘。廿一日。顧文彬補授浙江寧紹台道。廿一日。原任道文廉病故。

上諭：英桂奏甄别庸劣各員一摺。福建候補同知王修業、候補知縣韓慶麟均著革職，永不敘用。王修業即勒令回籍，不准在閩逗留。嘉義縣知縣章覲文著即革職。廿二日。

上諭：四川學政鍾駿聲奏保舉教職舉貢請予優獎等語。四川雅州府教授王懋昭、江北廳學訓導陳文炳、江津縣學教諭周允新實心教士，射洪縣舉人在籍主事胡文魁著述宏富，中江縣貢生黄世喆篤志力行，羅江縣布衣計恬、中江縣布衣劉開蒙，大行兼美。王懋昭、胡文魁均著賞加五品銜，陳文炳、周允新、黄世喆均賞加國子監學正銜，計恬、劉開蒙均賞給國子監典籍銜。廿三日。

上諭：丁日昌奏本年夏秋間江蘇各屬應試諸生多有勾串牙行船户，包帶私貨，連檣闖關，逞凶抗税，請旨嚴禁等語。三載賓興，掄才大典，該士子身列膠庠，即備它日賢良之選，宜如何束身自愛，整飾廉隅？若如所奏，非特税課有虧，實爲士林之玷。著該督撫剴切曉諭，嚴行禁止。嗣後鄉會試文武舉、貢生監人等赴京、赴省應試，概不准包攬客貨私鹽等項，倘仍敢違禁抗税，即著嚴密查拏，先將士子扣考，船户嚴懲，照例分别究辦。該督撫即將此諭勒石河干，永爲定例。廿四日。

上諭：前任荆州副都統薩薩布著馳驛前往綏遠城交定安差委。廿五日。

上諭：李瀚章奏請陛見一摺。李瀚章著來京陛見，湖廣總督著郭柏蔭兼署。廿六日。

山西巡撫何璟奏請以蒲州府知府馮春瀛調補太原府知府，以江人鏡補授蒲州府知府。詔：吏部議奏。翰林院侍講學士鐵祺轉補侍讀學士，以侍讀宗室奎潤爲侍講學士。廿九日。

上諭：魁玉、張之萬奏審明謀殺刺使匪犯情節較重，請比照大逆問擬，並將在案人犯分别定擬罪名一摺。據稱，凶犯張文詳曾從髮逆，復通海盜。因馬新貽前在浙撫任内，剿辦南田海盜，戮伊夥盜甚多。又因伊妻羅氏爲吴炳燮誘逃，曾于馬新貽閲邊至寧波時，攔輿呈控，未准審理。該犯心懷忿恨，適在逃海盜龍啓澐等，復指使爲同夥報仇。該犯旋至新市鎮，私開小押，適馬新貽出示禁止，遂本利俱虧。追念前仇，殺機愈決。同治七、八等年，屢至杭州、江寧，欲乘隙行刺，未能下手。本年七月二十六日，隨衆混進督署，突出行凶。再三質訊，矢口不移，無另有主使，各情尚屬可信等語。馬新貽以總督重臣突遭此變，案情重大。張文詳所供挾恨各節，暨龍啓澐等指使情事，恐尚有不實不盡，若遽照魁玉等所擬，即正典刑，不足以成信讞。前已有旨，令曾國藩于抵任後會同嚴訊，務得實情。著再派鄭敦謹馳驛前往江寧，會同曾國藩將全案人證詳細研鞫，究出實在情形，從嚴懲辦，以伸國法。隨帶司員著一併馳驛。十一月初三日。

右贊善林天齡轉補左贊善，編修王之翰升補右贊善。初六日。

上諭：御史劉國光奏請飭嚴禁各關税衙門留難需索等語。前據丁日昌奏，本年江蘇應試諸生闖關抗税，當經降旨，嗣後鄉會試文武舉貢生監人等赴京赴省應試，概不准包攬客貨私鹽等項，原因不肖士子藉考漁利，不得不嚴行查禁。但恐該吏役等假公濟私，於該士子所過關津釐卡皆以查税爲名，藉端訛詐，指無爲有，需索不遂，任意留難，致令各士子沿途節節阻滯，貽誤場期，殊失朝廷優待士林之意。著各直省督撫，嚴諭各關卡官員，凡鄉會試文武舉貢生監人等，除有勾串牙商，包攬客貨，恃衆抗稅，情事仍應查辦外，其有照例隨帶衣箱、食物等件者，該吏役等不得任意留難。如有需索情弊，准該士子赴該管衙門呈訴，將該吏役等從重懲辦。如該管官有意袒護，並著該督撫一併查參。其尋常往來之人，如無夾帶貨物，亦應迅速放行，不得藉端留難，以安行旅。初九日。上諭：御史劉國光奏舉人會試盤費，請復向例早爲發給一摺。著該部議奏。初九日。

桃花聖解盦日記丙集 起商横敦牂十二月

同治九年十二月初一日至同治十年六月二十九日(1871年1月21日—1871年8月15日)

同治九年庚午冬十二月壬戌朔　陰。晨自先廟歸卧至午始起。馬春暘編修來,送禮一番金。藩司吏鄭甲來報,部覆磨勘已過,賞以七百錢。晡後出門,答拜海太守、鄭、楊兩邑令、向訓導,晤海、向兩君。晚歸。夜雨,人定後雨益甚。偕諸兄弟飲梅坡叔家,看新婦。

初二日癸亥　微晴,大風,嚴寒。梅卿來,邀出城送楊令行,尚卧不往。延僧十三人于先廟禮懺,以今日始。石湖叔等來,會計宴樂所費。三妹回去。舊僕陳禄來見,賞以一番金。

初三日甲子　晴,風尚勁,嚴寒冰壯。丁幼薌來,送禮十二番金。何竟山來,送李瑶合刻《金石四例》一部,羊豪筆五枝。單港巷口漁人送來今年魚租十四番金。莫蕙樓送禮兩番金。午詣祠堂,與伊蒲齋薦。付王福贍家八番金。

初四日乙丑　薄晴。

初五日丙寅　陰,晡後微雪,入晚漸密。上午坐舟出西郭,至澄港答拜丁幼薌。午小泊梅山寺前,竹樹蕭蕭,山容入寂,漸有雪意。旋詣單港楚材弟家,拜大伯父、大伯母七十冥壽,送懺資四番金,傍晚歸。夜,雪霰兼作。

初六日丁卯　雪至下午稍止。終日録邸報。族叔乙林來。

初七日戊辰　上午陰，午後薄晴。破塘徐媪來，屬其善視江西陳氏殯，賞以二百錢。舊佃人徐國安饋乳餅、乾菜，受其菜，答以臘鴨一雙。舊傭人李騰雨饋乾菜。剃頭。竹樓來。作書致沈瘦生。爲竹樓作書致王蓮伯，問府學諏工敘勞事。鳳妹饋茶、笋、龍眼、棗子爲程儀，報以橘、蔗、糕飴、豚蹄。孫氏從姊饋鯗脯兩肩、龍眼兩簍爲程儀。鄭子霞來。蘭如、品芳、竹樓弟來夜談。爲三弟、仲弟書便面各一。

初八日己巳　晴。作片致竹樓、品芳，改明日夜飲之期。渭亭、幼薌請補寫其曾祖以下室，送酒饌一席來。秦秋伊來，以越中《金石記》一部，江陰孔廣居《説文疑疑》一部，墨一匣，揚州漆硯一方，朝珠一串爲贈，還其朝珠。陶心雲副貢贈箋紙楹聯，此可以受者也。張梅巖來，張存齋來，孫子宜來，梅卿、梅仙來。王福之婦攜子來見，予以番金一圓、錢一千，穎堂弟置酒夜餞。舊僕陳禄饋鯗脯一肩，答以一番金。

初九日庚午　晴。鄭階平送程儀一番金。爲季弟製研銘。爲穎堂、品芳兩弟及陶心雲、平瑞齋書扇面。葆亭來。張梅巖饋采鰕、冬笋，即作片復謝。海雲壑太守柬邀明日夜飲。三弟來。

初十日辛未　晴。族叔允升、族弟楚亭合饋肴饌一席，邀穎堂、竹樓、詩舫、季弟同飲。族叔石湖來。葆亭來。謝青芸總戎來。晡後出門，答拜何竟山、王子清、謝青芸，俱晤。傍晚詣梅卿、梅仙兄弟，同赴郡齋之飲，設饌頗豐，二更後歸。張純甫送程儀一番金，還之。

十一日壬申　晴和。寓室掃塵。謝青芸饋肴饌一席，犒以錢一千。前日族人以郡縣官來謁先廟，故合饋以兩筵，今謝君所饋，即鄭令轉詒者也。中表馬三嫂來，饋采鰕、乾菜。鄭妹夫饋鯗脯一肩，大青杭魚一尾，龍眼兩簍，采鰕兩簍，程儀六番金。賞來使錢一千。族叔允升饋鯗脯、乾菜，受菜反脯。蒙師陳薌鄰歲貢，予十五六歲時，先大夫曾令以舉業就正，今廿餘年矣。其人工心計，頗無鄉曲之譽，予亦寖疏之，近年里居，不過歲時以一刺相通問。昨夜歸，聞其見過，且有三次踵門不内之言。今日饋以肴饌一筵，并作書道意。梅卿來，午飯後去。得張存齋書，約十四日夜飲，并贈行詩七律四章，即作書復謝并辭飲。作片致朱水南，取回番銀五十一圓。湖南同年左彦冲渾來，年甫逾冠，恂恂文弱，甚致親慕之意。此君爲季高督帥之兄子，粵撫郭君嵩燾之婿。其尊人中書公，名宗植，壬辰解元，與督帥同榜得舉者也。晡後出門，詣張梅巖、胡年丈，俱不值。晚偕季弟過大妹家，赴妹夫餞飲，供具甘潔，午夜始歸。何清漣送程儀一番金，還之。

十二日癸酉　曙後微雨，終日陰，晡後微有日景。昧爽起，祀門行户竈之神。祭先畢，復睡至午始起。答拜左彦冲，昨已赴杭矣，即歸。單港漁人饋鰿俗作鯽。魚四尾。再賞報事人四番金。上虞陳媪，將隨姬人入都，今日付以顧直錢九千。仲弟來，瘦生來。族孫孝先來，其父現充户部陝西司書吏，求予附致一書。竹樓來，乙林叔來，石湖叔來。是日和潤如春，夜與兄弟小飲。得朱岳卿書，爲予刻研銘及印章二。

十三日甲戌　晴和。重作高祖考蕪園府君、高祖妣周太君、曾祖生妣傅太君神宔，謹書諱字、世系、宗行、生卒、子姪於後。張存齋來，送程儀銀五兩。孫生子静、子宜兄弟來，送程儀四番金。贈子宜邵氏《爾雅正義》一部。孫沛亭送程儀一番金，還之。田杏村孝廉送程儀兩番金。孫仿雲饋龍眼二斤，采蝦四十枚。渭亭兄饋雉一隻，采蝦廿四枚。五弟饋鯗脯四肩，臘鴨四隻，龍眼四簍，采蝦四簍。還其脯、蝦。朱岳卿來，陳鳳樓來。漆工蔣彣製扁八匚，祠堂五：一曰大宗别廟，一曰高曾祖孫、父子、叔姪、兄弟科甲，一曾祖構亭府君乾隆丁酉科舉人扁，一張節母旌表扁，一予鄉舉扁。祠宔十坐，付工直二十四番金。慎齋來，言北路車直甚昂，又孟河水涸，抵丹徒後須以小車般運。遂改議由海道行，擬以明年正月赴滬，附夷人輪船。爲瘦生書禪畫樓額，系以小跋。又爲人寫楹帖十餘聯。夜風起，頓寒，月晴如晝。梅卿來，族叔梅坡來，竹樓來。共慎齋、瘦生夜話。沈雲帆秀才來，贈《南宋雜事詩》一部。

十四日乙亥　上午晴，下午微陰。慎齋、瘦生回去。爲人書楹帖二十餘聯，屏幅四紙。謝青芸總戎送程儀四番金并臘鴨一雙，采蝦一簍，即作書復謝。鄭蘭舫饋兗脯兩肩，采蝦兩簍，風腸兩串。蘭如、竹樓、品芳、少梅諸弟設餞梅山本覺寺，傍晚同舟出西郭門，月夜抵寺，飲於丈室，有越姬丹風侍觥。是日氣候甚温，月景在地，梅花半開，山氣夕融，林露如濯。酒半携燈出竹院，栖禽噪喧，聽之甚樂，觥籌間作，達旦不寒。

十五日丙子　未初初刻十一分立春，明年正月節。晨陰溦雨，上午復晴，午後微陰。晨飯於寺畢，即開船行。山意眷人，流連縱眺，烟霞竹樹，事事關情。此別十年，白雲可券。巳刻歸家。午送梅卿、梅仙兄弟之行，順涂答張存齋，訪史寶卿而歸。晡時卧，至晚始起。是日送三弟藥錢兩番金。付縫人工料直廿三番金，僕人陳升傭直一番金，丹姬花粉一番金。黄昏時梅卿、梅仙來辭行。夜有風，四更復雨。

十六日丁丑　微陰，有風。子霞來，與之算結年來出入錢物，及近日代購石研、銅炊爐、年糕、年貨、鏡奩、虎子等，共付番金十一圓又錢五百有奇。葆亭來，向其借番金百圓，書券付之，其錢約以明年正月北行時交來。乙林叔、石湖叔來。資福庵尼瀞德饋福橘、青果，付以佛經一番金。得王蓮伯書。買水仙花兩本，以瓷盆清水養之。

十七日戊寅　晴，下午微陰。得秦秋伊書，并贈錢松壼墨梅一幅，作書復謝。剃頭。族長廷相來，此人於予爲高祖行，自前明時山陰二世祖質先府君下分支，今十六世矣。其高祖國賢爲淮安運判國良之兄，運判父子創議建祠，其後已絶，廷相亦年老而瞽，勤勤老農也，今日饋以醇酒一罌。陳耕莘來。梅坡、石湖叔、渭亭、穎堂、楚材夜來議祠田事。

十八日己卯　陰。得嚴菊泉師平湖書，并贈程儀一番金。書中有曰：『廿年舊雨，忽得朵雲。』又曰：『以買臣富貴之年，始從徐淑孝廉之舉。』蓋予之從先生歲在辛亥，是科落解，先生歎惜甚深，今二十年矣，追理曩襟，不勝衰暮之感。石湖叔以次子就予啓蒙，爲具衣冠行舍菜先師禮。二妹回去，送以番金兩圓，羨脯一段，臘鴨一隻，及燖雉、燖肉、年糕、角黍、飴餳、棗橘、菸草之屬，又製夾襦一領以衣甥。丁幼薌來。海雲壑太守送程儀八番金。是日偕諸叔兄弟與葆亭定議，以建祠費錢五千二百緡，除昔年祠田百畝質錢三千緡外，葆亭捐助一千緡，今再以祠田三十七畝，質錢一千二百緡，剩存祠田五十畝，不足供祭，乃以予曾祖兄弟九房所置存裕户田二十八畝有奇，撥作祠田，十年以佐祀事，公立質契兩紙，議據三紙。夜分後始自竹樓家歸。

十九日庚辰　晴。比日以人事紛雜，不復得閑，今日晏起，晴旭滿窗，客尚未來，讀《禮記・内則篇》一過。管縣册王典史來。章厚甫來。作片致朱水南，取回番金錢八十圓，即以付穎堂爲質屋之費。作片致沈雲帆，還所借附存書目。夜石湖叔招飲，同諸兄弟赴之，三鼓始歸。

二十日辛巳　晨陰，上午溦雨，晡後漸密。得梅仙杭州書，以南米折色六番金，交邑中米胥。吾族以今年定議，南米每升折錢四十六文，永以爲則。作書致慎齋及沈蘅夫。三妹贈洋毪被一領，姬人玄縐綿襖一領，於潛果一簍。嘯巖弟來。乙林叔來。夜雨。

閲十一月初十日至二十日京報：

命廣東巡撫李福泰署理廣西巡撫，兩廣總督瑞麟兼署廣東巡撫。初十日。詔：四品銜儘先選用郎中吴熾昌，著江蘇巡撫即飭迅赴廣西，交蘇鳳文差遣委用。從蘇鳳文奏請也。初十日。命禮部右侍郎温葆深查勘明陵工程。初十日。

上諭：都察院奏順天稟生周行鋳以胞叔殉難等調赴該衙門呈訴。據稱原任雲南、廣西州知州周力墉於咸豐十一年在騰越廳同知署任，值回匪竄擾，率領兵勇堵禦，力戰陣亡，妾張氏、蕭氏同時服毒殉節，懇請旌恤等語。著雲貴總督、雲南巡撫查明，分別奏請旌恤。十一日。常興補授廣西思恩府知府。十一日。本任知府許其光捐升道員。

上諭：劉崐奏授黔官軍克復台拱廳城一摺。貴州苗匪盤踞台拱，勢極獷悍，經記名布政使席寶田會合提督龔繼昌、唐本有等連破羊條各寨，進拔三丙、革夷等巢，各軍乘勝會攻，立將廳城克復，其西南北三面堅寨以次剗除，剿辦尚爲得手。龔繼昌、唐本有均著賞穿黄馬褂，以示優異。總兵蘇元春、羅孝連均交軍機處記名，遇有提督缺出請旨簡放。道員吴自發賞加按察使銜，提督唐本朋賞換額圖琿巴圖魯名號。餘升賞有差。陣亡參將宋兆雲等十三人，均從優議恤。十二日。

上諭：席寶田著賞給頭品頂戴。十三日。

翰林院侍講廣安轉補侍讀，翰林院編修福臣補授侍講。十六日。上諭：前因工部奏，司員劉文鍾身家不清，當經諭令順天府府尹飭屬查明具奏。兹據奏稱，劉文鍾係劉浦胞姪，嘉慶年間入籍大興。劉浦並非劉兩之孫，道光年間曾有諾爾吉等誣告劉浦係其家奴，迭經刑部訊明，坐誣擬結。劉文鍾之叔劉灤，曾任江南藩庫大使。劉浦之子劉其俊，曾任山西嵐縣知縣。伊家並無在河南服官被參之人。請飭將原參所稱司員羞與爲伍，究係何人？是否知其根柢？並劉文鍾之叔係何官名？曾任河南何縣知縣？何年被參？逐一詳查等語，著工部堂官查明具奏。十六日。

命大學士朱鳳標、侍郎潘祖蔭勘估壽康公主府第工程。十八日。上諭：福濟、榮全奏回匪撲陷烏垣焚掠遠颺自請治罪一摺。據稱，烏里雅蘇臺於本年十月十九日突有賊匪千餘由東南、西南山溝奔撲該城東西南三門東溝，後有續來賊隊數千，蜂擁撲城，四面放火，蟻附而登。城内城外官兵儘三百餘名，力不能守，賊匪遂肆焚掠，於二十三日向西南竄去等語。此次烏城被匪竄入，福濟等既不能先事豫防，臨時復不能力圖堵剿，本當治以應得之罪。姑念該城兵力甚單，勢難堵禦，尚屬可原。福濟、榮全、錦丕勒、多爾濟均著革職留任，以觀後效，仍著督飭蒙古官兵及派出察哈爾、吉林、黑龍江等處馬隊，迅將竄賊悉數殲除，毋留餘孽。十八日。上諭：兩江總督曾國藩著充辦理通商事務大臣。十八日。上諭：鄭敦謹現在出差，刑部尚書著單懋謙兼署。十八日。

上諭：御史李德源奏嚴禁非刑虐斃奴婢、請酌更舊制一摺。著刑部議奏。十九日。上諭：醇郡王奏患病未痊，請開差使一摺。醇郡王著再賞假三個月，安心調理，毋庸開去各項差使。十九日。

上諭：左宗棠奏特參委員侵欺勒派冒銷賑糧各款，請旨嚴懲一摺。甘肅總兵周東興經左宗棠委赴中衛縣采購軍糧，並辦賑務，竟敢浮冒制錢一萬串有奇。其報銷賑糧，多用米麥，而每日所發，實係黍豆稀粥。且於丁口數目、起止月日諸多含混。經左宗棠查辦，僅據供認入己贓數一千串有零，希圖狡展。似此貪劣不法之員，亟應從嚴懲辦。周東興著即在軍前正法，以昭炯戒。二十日。上諭：左宗棠奏請將不遵調度之道員革職等語。二品頂戴按察使銜陝西補用道李耀南防剿會寧、安定時，輒以糧運維艱，就馬營監駐營，置兩縣于不顧，以致居民屢遭劫殺。左宗棠飭令護運軍餉，又復任意遷延。兼性喜揮霍，廣結交游，實屬任性妄爲，不知檢束。李耀南著即革職，永不敘用，並不准投效軍營，以昭儆戒。二十日。

二十一日壬午　終日密雨。祖妣余太君生日，上午薦於東箱。作書以小舟迓三弟，屬鮚典屋券，不至。作書致沈蘅夫，爲王氏甥代致束脩五番金。夜雨，至人定後稍止。偕蘭如、穎堂過族叔梅坡家，邀石湖叔同議，暫典穎堂堂室及房共兩間，聽箱一間，小室一間，廊兩帶，小庭兩所，券價錢二百四十千。

二十二日癸未　霒陰，温潤，午有曦景。作書致黄質文，屬以閏月薪水畫付任有容刻字人十番金。饋鄭氏妹歲物年糕百六十枚，角黍百二十八枚，㒸脯一段，蒸蹄一合，臘鴨一隻，及糕餅、果餡之屬。爲季弟婦兄余懋齋被追事，作書致邑令鄭東甫。越中賈兒，畏吏如虎，人得挾而獨之。其豪猾者如翦張酒趙之流，遂連結官司，更相魚肉。余氏吝而懦，以此求直於予，乃不得已而應之。鄉居此等瑣屑，非屏迹深山不能逃也。夜初更後密雨有聲。

二十三日甲申　上午日出，旋陰，晡後小雨霡霂，氣温地潤。葆亭來。得何竟山書。傍晚祭竈。新突甫黔，行莊已戒；天涯方始，歲事將除。暫爲伏臘之歡，行設轢牲之祭。挈史雲之釜，難卜歸期；問子方之神，誰爲主客。勞薪脚折，小草心枯。對燭增欷，舉錫罷咽。是日下午蒸溽益甚，夜雨聲瀧瀧，霤水達旦。

二十四日乙酉　小雨蒸溽，入夜又密。饋王氏妹歲物年糕二百枚，角黍百六十枚，㒸脯一段，㷕雉一合，及餅餌果餡之屬。終日寫書籤，目爲之昏。竹樓來。胡升之來，再賞以一番金。得慎齋書。夜雨，焚香辟濕氣。

二十五日丙戌　晨雨，上午稍止，有風。得余輝庭片，言楊豫庭郎君致賀事。作片致朱水南，取回番金八十圓。撰高祖蕪園府君祭簿，先序文，次諱字、世系、官贈考，次外家考，次生卒月日考，次各房子姓考，次墓地考，次各房居址考，次姻黨考，次祭田户産考，次祭品儀式，次祭器名物，次各房值祭歲，次圖，次議罰條格。作片復輝庭。夜大風，頓寒。

二十六日丁亥　上午晴陰相間，午後陰，終日有風，寒甚。續撰祭簿。瘦生來。三弟來。石湖叔來。夜風益勁。偕諸弟小擲采選圖。

二十七日戊子　終日大雪。是日予生日。得王眉叔書。黄質文書寄到書局。閏月分薪水十番金，即付刻字人任有容。石湖叔來，六弟婦章來。穎堂交來先祠樹竿工料帳一紙，計費錢一百八千有奇，除義田公款應得百千外，再付錢八緡。爲朱岳卿印譜撰序文一首。夜密雪，達旦積寸許。

二十八日己丑　大雪，過晡後稍止。閲何子襄教諭《論語直旨》，間以朱筆評識之。剃頭。

二十九日庚寅小盡　終日陰。懸曾祖以下三代像，設先考妣宝。還各鋪年帳，共費番金五十八圓，銅泉八千有奇。賞王福六番金，又壓歲一番金。送仲弟、九弟壓歲各一番金。分家人壓歲錢，共費番金兩圓，銅泉二千六百文。三弟來。懸高祖像。午再祀竈。夜祭先人。夜大風徹旦。得藍洲書。得眉叔書，爲秋伊約人日飲娱園。

閲十一月二十一日至十二月二十日京報：

上諭：醇郡王奏瀝陳下情請振積習以濟大局一摺。方今時事孔亟，軍務未平，籌餉徵兵，重煩民力，宵旰焦勞，恒以自强不息爲念，内外文武臣工，均應力戒因循，勉圖振作。迺近來各直省督撫及統兵大臣，實心任事者固不乏人，而苟且偷安者亦復不少，以致軍務未有了期，吏治豪無起色，在廷諸臣亦復泄沓成風，未能力圖補救，共挽時艱。醇郡王賢親並著，休戚相關，讜論忠言，與朝廷兢惕之心，適相吻合。嗣後内外文武臣工其各振刷精神，破除積習。戎行何以整飭，官方何以澄敘，民生何以乂安，務當精白乃心，實事求是，俾庶政修明，日臻上理，用副誥誡諄諄之至意。廿一日。

李鶴年奏銘軍游擊蒯鴻貴、千總楊萬金因誤差被逐出營，在河南滎陽地方劫奪餉銀，逃至商丘周家口被獲，請即就地正法。從之。廿二日。

翰林院侍講李文田轉補侍讀左春坊左贊善，林天齡升補侍講。廿三日。

命翰林院侍講學士孫毓汶爲福建學政。原任學政黃體芳丁母憂。廿五日。

步軍統領衙門奏二十九日戌刻舊太倉火延燒官廳六間，廒房三間。詔：倉場侍郎及該倉監督交部分別議處。三十日。

上諭：給事中夏獻馨奏已故安徽巡撫程楙采墓在江西新建縣古木岡，本年閏十月十七日被匪徒乘夜發掘，並將骸骨焚棄，請飭究辦等語。發掘墳墓，法所必懲，該匪徒膽敢將已故大員發冢燬屍，實屬凶殘已極。著劉坤一即飭地方官迅速拏獲，從嚴懲辦，不准一名漏網。十二月初五日。

以左春坊左庶子周壽昌爲翰林院侍講學士。初十日。

上諭：浙江學政徐樹銘奏采訪儒修，請將已革翰林院編修俞樾賞還原銜，交翰林院帶領引見，聽候録用。署秀水縣學教諭譚廷獻飭部即選。特予召試秀水縣舉人趙銘等，江西拔貢生楊希閔等，均比照博學宏詞及拔貢、優貢朝考之例，特予廷試各等語，實堪詫異。俞樾前于咸豐年間在河南學政任内因出題割裂，荒謬已極。奉旨革職之員何得擅請録用！至召試博學宏詞，必須特旨舉行，即拔貢、優貢朝考之例，亦係國家定制，非憑空所能比擬。徐樹銘輒爲俞樾乞恩，意存嘗試，並臚舉多人，遽請特予廷試，實屬私心自用，謬妄糊塗。所請均不准行。徐樹銘交部嚴加議處。十一日。上諭：御史吴鼎元奏請酌增捐例銀數一摺，著户部議奏。十一日。崧駿授山東濟南府遺缺知府。十一日。詹事府右贊善王之翰轉補左贊善，編修黄毓恩升補右贊善。十一日。蔣超伯發往廣東，以道員儘先即補。十一日。浙江仁和縣知縣陳謨准其卓異加一級注册，回任候升。十一日。

翰林院修撰徐郙仍在南書房行走。十三日。上諭：桂清奏請嚴密繙譯鄉會試及考試拔貢關防一摺。繙譯、鄉會試及考試八旗拔貢均國家掄才大典，如該侍郎所奏，近日考試繙譯歸併，文場關防不能嚴密，士子專占一號，既不免有代倩等弊，且士子十六日出場，十八日始奏派閲卷，十七一日竟無關防，亦難保無請託情事。至考試八旗拔貢，卷面雖揭浮籤，仍將佐領之名，注于旗分之下，殊不足以昭慎密。著自明年會試起，繙繹、鄉會試均改復舊制。其考試八旗拔貢，並著自同治癸酉科爲始，由部頒發，卷面字式永遠遵行，以重關防而杜弊竇。十三日。繙繹自嘉慶後議定于鄉會文場後考試，同治元年御史裘德俊奏請歸併文場，以節經費，下部議行。

李瀚章、郭柏蔭奏甄别庸劣各員，湖北施南府同知熊兆鼎、蒲圻縣知縣楊思謙、試用知縣譚惠海均原品休致。候補知州姚時熙、試用通判莊文波、東湖縣知縣竇達生、通山縣知縣張炳元、候補知縣李良璧、補用知縣賓凌漢均革職。南漳縣知縣趙文蔚降州判。從之。十五日。

上諭：前據李鴻章奏保前任詹事府右中允馮桂芬，請賞加三品卿銜，當經降旨允准。嗣吏部以覈與定章不符奏駁，兹據李鴻章奏稱，馮桂芬品端學邃，本末兼晐，懇恩獎勵等語。馮桂芬著改爲賞加三品銜，以示激勸。十六日。上諭：御史許延桂奏請整頓吏治一摺。向來捐納人員試用期滿，勞績人員到省一年，均由該督撫察看甄别，必須嚴定去留，方足以示勸懲。近來該督撫于各項人員甄别時，大率填注籠統考語，概予留用，雖有煩簡之分，從無降斥之請，致定例皆屬具文，殊非覈實之道。嗣後著各直省督撫認真察看，出具切實考語。如才具未能勝任，即秉公參劾，或酌量改補降補，毋稍姑容。其實缺及正途人員，亦隨時考覈，以肅官方。十六日。上諭：御史許延桂奏請飭各部堂官常川進署等語，在京各衙門堂官職守攸關，自應常川進署，與司員等遇事講求。若如該御史所奏，各部堂官常川進署辦事者甚少，司員每於該堂官聽宣直日之便，携稿至朝房呈畫，甚至赴私宅畫行。此等情形實難保其必無。嗣後各部院堂官務須逐日到署，認真辦理，力戒因循泄沓之風，毋得仍蹈故籍，致負諄諄誥誡至意。十六日。上諭：御史張景清奏各省捐輸加廣學額宜示限制一摺。著該部議奏。十六日。

翰林院侍講學士孫毓汶轉補侍讀學士。侍讀吴元炳升補侍講學士。司經局洗馬楊慶麟調補翰林院侍講。二十日。詔：明春江浙海運漕船到津，著户部先期奏派倉場侍郎一員赴津，會同直隸總督辦理。其通州驗收轉運事宜，即由留通倉場侍郎經理，毋庸另請派員以專責成。從李鴻章等議奏也。二十日。浙江學政徐樹銘奏請以先儒張履祥從祀文廟。詔：禮部議奏。部議請准行。從之。

同治十年（一八七一）

同治十年歲在重光協洽春正月月在塞陬。元日辛卯　巳初一刻雨水節气。微晴，隆寒，晡後有雪。予年四十有三歲。早起祀門行户竈諸神，叩謁列祖像，復遍詣宗人家拜像賀年。群從叔父、兄弟、姪孫畢來。謝青芸總戎來。午詣宗祠叩謁神宔，會宗人。何竟山來，不晤。晡偕諸弟擲采選圖。夜書勝帖。

初二日壬辰　上午微晴，旋陰，晡後大雪，入夜積三寸許。出門賀年二十家。晤余輝庭、胡世丈、謝青芸、張魯翁、存齋、子宜。詣禹蹟寺前族子文俊家，寓余志節公狀元第内。叩謁天山府君、横川府君像。

詣日暉橋余氏謁外曾祖像。又至孫氏從姊、張氏妹、王氏妹、鄭氏妹家，夜歸。偕諸弟擲采選圖。閲《金石萃編》。終夜大雪。

初三日癸巳　連日大雪積二尺許。是日賀客稀至，門巷寂然，雪窗内明，几席皆潔。改年得此，正宜讀書。念將遠行，貪與兄弟作片刻之聚，因爲采選之戲，不覺至暮，雖非飽食爲賢，而虚負景光，終可惜也。夜與姬人摶雪作燈。讀《爾雅》。

初四日甲午　上午微雪雜小雨，傍午後陰。讀《爾雅》。鄭海槎來拜像。鄭妹夫來拜像。少梅弟來，約初八日夜飲。

初五日乙未　陰。張存齋來拜像。史賓卿來，余暉亭來，俱不晤。得慎齋書。五弟來拜像。作書復慎齋。作書致校亭，夜祀先。蘭如來。是夕有微月。

初六日丙申　晴，寒氣稍減，積雪半消。梅卿之子毓麒來。朱岳卿來，以所刻青田小印兩方見詒。王子清來，不晤。王眉叔來。作書致三弟。得葆亭書。竹樓來，傍晚偕過蘭如家即歸。

夜撰《重建宗祠碑記》：『自三代訖有明，家得立廟，皆視官位以限世數。國朝定制，品官廟祭四世，大族亦聽別立祠堂，而不限以世。誠以追遠收族，於敦孝教弟之中，寓去奢去泰之意，使人得盡其情，而無越禮逼上之嫌，可久可遠，誼至深也。我李氏自五代時興宗公自關中來居上虞，宗潢高望，甲於浙右。至宋參知政事莊簡公，而其族始大，科第蔚起，爲東南盛門。歷元及明，世德弗替。顧自莊簡公以後十二世，而員二府君遷山陰之郭婆漊，又七世，而東山府君遷西郭之横河，又四世而至天山府君。始於康熙之末，與族祖故淮安運判次留公、故長沙同知清望公父子協謀，創建宗祏，營室作宔，爲斯廟於直河之陰。則入國朝來已將八十年，上溯遷越之世已八百餘年矣。乃置祠田，庀祭器，立條教，嚴職守，子姓奉令，撙節生息，積田幾及二頃。春秋享祀，祇肅相誠。衣冠禮樂，鄉里稱盛。屬國運中艱，潢池盜兵。越人不戒，郡爲寇踞。今上元二之年，廟冢被焚，鍾鼓弗考，桑栗爲燼。烏虖！蓋去祠宇之成，不過百四十年，何其成之難而毁之速且易歟！豈世無長治而過亂所鍾，雖積善者不能免歟？抑子孫之不克保守，而先靈失歆，借寇禍以示警歟？是皆不可知也。幸聖武赫然，旋殲群醜。族之長幼男女，[既行三日哭之禮]奔走故墟，齎咨涕洟，薦盥無所，時節失序。爰聚謀於衆，[歷久始定]習卜皆吉，[詢議僉同]則以田百三十七畝，質錢四千二百緡於族兄煥。句工飭材，皆煥身任。於同治戊辰年十月率作興事，至九年十一月落成。煥復出私錢千緡以益不足，共用錢五千二百緡有奇。重門廣檐，有寢有庭。堂廡奕然，視昔增麗。西室三楹，以祀妾母；其餘庖湢，悉具舊制。所願後之人知祖宗積累之艱，舊德之永，其得此以妥烝嘗者猶遲且久如是，而無平不頗，無往不復，其震動離析之悲，亦有不得盡委之運數者。故略述先世，申明國典，庶報本及始，沐浴聖澤。上者光大宗族，詒令名於無窮；次亦居安思危，不隕其世。則此新廟之式增式廓者，豈可量哉。其田畝名數，并刻之碑陰，俾後有考焉。』

初七日丁酉　上午薄晴，下午陰。史寶卿同年來。王芝仙來。表姪屠壽鴻來。孫生子宜來。作書致秦秋伊辭今日之飲，并題其《勉鉏山館詩集》三絶句。作書致王眉叔。篆家廟碑額。族叔石湖、族兄渭亭來夜話。四更雨作。

初八日戊戌　雨，下午益密。出門答客十餘家，晡後歸。少梅弟具酒食過别，偕諸弟夜飲。季弟送程儀十二番金。

初九日己亥　微晴。書家廟碑，即交葆亭。張拱辰莞庫饋酒脯、龍眼、采蝦，還其酒脯。剃頭。

王妹夫來，送程儀三十番金。王杏泉來，沈子琛、校亭兄弟來，俱不晤。姚寶卿招同杏泉、芝仙喬梓夜飲，其所内吴姬手製羹饌，且擘新橙左酒，頗香潔可人。二更歸。

初十日庚子　晴和。富人張嘉言兄弟以青漆扇面求書金泥小字，平生未嘗爲此，而累陳不已，今日爲之作百餘字，亦不過了此犧材耳。周吉臣同年來。余懋齋饋鮝脯、采鰕。姚寶卿饋鮝脯、臘鴨。瘦生來話别，即留宿。作書致三弟。書曹娥廟燈市楹聯三副，并撰一聯云：『孝並叔先，銀筆雙輝垂范史；靈符天后，翠旗終古壓胥濤。』爲梅卿之弟梅泩書楹聯，爲瘦生書横幅。得孫生子宜書，以安邑宋氏鑒《尚書考辨》一部爲贈，作書復謝。黼庭族嫂饋龍眼、采鰕，受其龍眼。夜與瘦生、季弟擲采選圖。

十一日辛丑　薄晴。先妣生日設祭，大妹、二妹、三妹、孫氏從姊、鳳妹、仲弟婦、五弟、炳姪、僧慧及諸甥皆來。仲弟前日返柯山，予適出門未及相聞，念别離方始，中年兄弟，倍難爲懷，欲乘此未行，從容話别，昨走信邀之不至，令人悵然。葆亭來，交去冬券金。史葆卿來、王渠原來，俱不晤。得硯香從伯去年閏十月二十日豐城書。得王眉叔書，并《人日秦氏娱園見待不至》五古一首，詩甚簡秀可誦，即作復書。陶心雲明經來，以團扇寫兩詩送别，其第二首云：『久重文章伯，初供翰省官。月應今夜共，花及上林看。雪盡江河壯，時清道路寬。故鄉還憶否？有客望長安。』頗清老有風力。孫生子静、子宜書來，饋胡桃、采鰕各一簍。其族叔濤饋鮝脯、風鷄，返其鮝脯。徐國安饋肴饌一席，固辭之不得。夜邀乙林、石湖兩叔，竹樓、少梅兩弟及季弟共飲。

十二日壬寅　晴。三弟來，饋高麗參三枝，固辭之。王子清饋鮝脯、臘鴨。蘭如來話别。渭亭兄來。嘯巖弟來，贈程議一番金。何竟山來。王子清來。田心培來。張存齋來。孫子静、子宜兄弟偕其從叔濤、從叔兄清彦來。清彦字子康，言自湖南作令歸，素不相識，今日忽贈程儀三番金，殊不可解。五弟、九弟來。穎堂弟饋茶葉一瓶，紫豪三管。報以氂脯一肩，采鰕一簍。石湖叔饋風魚、采鰕。夜二更後，王寅生來。

十三日癸卯　晴。結束書篋。鄭妹夫來。三弟饋燕窩一匣。金錫禧饋雉一雙，笋兩簍，程儀六番金，却其金。族妹夫任以信饋采鰕、香糕。得子宜書。夜爲蘭如題其尊人寶甫三伯《柳陰觀釣圖》得三絶句。竹樓、少梅、品芳、敬夫諸弟來。葆堂姪饋氂脯、龍眼。

十四日甲辰　晴和。得梅卿元日吳門書。族弟楚亭饋食物。鄭妹夫來。詣族中各房辭行。詣陳葉封、玉泉兄弟，晤玉泉。梅坡叔饋氂脯、龍眼。結束衣篋。作片致朱水南，取所换銀兩。夜偕鄭妹夫、三弟、季弟擲采選圖。梅坡叔、意芳弟來送行。謝星橋秀才送程儀一番金。陳葉封、玉泉來送行。竹樓弟贈漳州印泥一合。

十五日乙巳　陰，東風甚盛。撰定祠堂祭簿序引。午祖祭先人，處分家事。以同治三年、四年錢糧未完，季弟代出錢八十千，故將公存單港魚蕩半頃，名四匯頭者，歲出漁租八千，暫抵與之，立券作質。付内子家用三十番金，付完去年錢糧八番金，僕媪雜債六番金有奇。夜時加亥别弟妹，叩辭景堂而行，三弟、季弟、石湖叔、穎堂弟、敬夫弟、鄭妹夫皆送登舟，三弟、季弟同出城至四王廟。予上岸拈香，復叩廟左隱修庵，以三番金施庵中。兩弟别去。予與姬人一舟，王福押行李在後，傭僕隨過江者四人。行至高橋，小泊看月，旋復解維。三更雨作。

十六日丙午　辰初二刻十四分驚蟄，二月節。小雨。上午抵西興驛，向丞陳姓索肩輿四乘，擔夫十七名，以此行携書十舁也。付脚直錢四千八百有奇，賞丞僕番金一圓。午渡錢江，下午抵杭城，寓門富三橋旅店。晤慎齋及王杏泉、芝仙喬梓、史葆卿、周吉臣。

十七日丁未　陰，晡後微晴，夜月甚佳。向仲修家借肩輿，謁客八九家，晤李子長、沈恒農。謁房師陳訏堂先生家，送行卷十本。詣書局晤黄質文及蔣子湘同年，傍晚歸。陳先生家送程儀四番金來。賞來使一番金。夜作書致季弟。

十八日戊申　上午陰，下午小雨。謁客七八家，晤何青士觀察，即歸。得秦澹如都轉書招夜飲，并贈程儀四番金。刻字人任有容來，再付以番金十一圓，合前共七十六圓。以此多金費于行卷，栽梨禍棗，真可笑也。作書至澹翁辭飲。省中輿夫李九來見，賞以四百錢。王杏泉夜招小飲。遣傭僕騰雨、元金、尉丙三人返越，各賞以一番金。夜雨。子長、恒農來，俱不晤。旅中晤舊業師王蓉舫先生。

十九日己酉　陰，午微晴，晡仍陰。楊中丞送程儀八番金。昨先有信至書局云十六金，今忽減半，當是幹隸輩所爲。遣王福至北關外定船。黄質文、王玉堂來，并交來去年十一月至今年正月薪水六十二番金。慎齋、芝仙諸君先赴滬，作書致震澤人施善昌，昔歲丁卯赴楚時識之於夷舶者，因託其料檢輪船。剃頭。李子長、徐鍔卿合贈程儀一番金，質文贈程儀一番金，玉堂贈銀二星。夜，密雨數作，旅懷甚擾。鄰樓有越中惡少王姓數人，復喧呋達旦，爲之不能成寐，此客中之厄也。連日閲宋半塘《尚書考辨》。

二十日庚戌　陰濕温煦。季弟自越來，同行至滬。秦澹翁來。鄉人何□□奉檄攝嘉善校官，携妾至杭，同寓此邸。今日其妾忽與其僕相詬詈，大聲徹四鄰，漸追逐出邸外，一邸人盡驚。予方對客，爲之竄避。何素無行，此亦足爲士夫之戒。錢唐令李爽階送程儀銀四兩來，作片復之。許益齋來。爽階來。高仲瀛送程儀兩番金來，作片復謝。以一番金買巾箱本《困學紀聞集證》。仲瀛來。沈子菉州牧來，并贈程儀兩番金。夜雨。

二十一日辛亥　濕陰不開。定吴江大船至滬，計直番金十七圓，今日先付十圓。寓樓無事，閲去年浙江十六房行卷。惟張行孚之一經兩策，王詠霓之三經藝，差可與語，餘則茅葦彌望，兼多朽腐，文體之衰，蓋爲已極。雖以順德之極意搜羅，而近日士無實學不能應副，即時文小道，亦已無復真際。故是科浙墨，自第二名裘瀛振，第四名包紹吉外，鮮有可觀者矣。夜雨復作。

二十二日壬子　上午有晴色，傍晚微雨。上午發行李下河，坐駁船出武林門，至德勝壩换吴江船，晚泊湖墅。夜雨。

二十三日癸丑　雨。早開船行六十里，泊塘棲鎮。自臨平至此，夾岸梅林作花正穠，惜爲雨所浥，香不能遠。然微風入窗，清氣拂然，亦水程之佳致矣。

閲江氏《尚書集注音疏》。自注自疏，古所罕見，江氏蓋用其師惠定宇氏《周易述》家法。惠氏以荀、鄭、虞等《易》注既亡，掇拾奇零，非有一家之學可據，故不得不爲變例。江氏亦以馬、鄭之注，由於輯葺，故用其師法。鉅儒著述，皆有本原，不得以井管拘墟，輕相訾議也。

夜雨益甚。偕季弟、姬人擲采選圖。

二十四日甲寅　微晴。五更開船，行六十里，午過石門縣，二十里過石門灣，村市甚盛，遠過昔年。二十里夜抵雙橋泊。三更又雨。

二十五日乙卯　終日霠陰。四更後開船，行六十里抵嘉興府城，所過皆敗礫枯蘆，荒凉相屬。三塔灣、語兒橋等處全非昔經，惟一塔僅存，稍有烟景，茶禪寺址，略構數間而已。小泊北門外，偕季弟登岸入城行一二里，街肆駢溢，漸復曩觀。晡後解維行七里至塘匯泊，復上岸小行市中，至一村橋港潋，周匝屋樹相映，極似吾鄉東偏風景。夜二更又雨，三更後漸密有聲。

二十六日丙辰　密雨終日。五更開船行三十三里至嘉善城外，以雨甚遂泊。舟中無事，點閲宋元人詞。夜二更後雨益甚，達旦淋浪，聽之爲不成夢。

二十七日丁巳　風雨甚厲，午後稍止。晨開船行二十里過楓涇，入江蘇婁縣界，以風雨待潮，野泊久之。晡後復行三十六里，至金山縣之朱涇鎮泊。夜又雨甚，枕畔蕭槭，兼聞居人爆竹更柝之聲，達旦騷然。

二十八日戊午　社日。微晴。五更西南風作，開船行數十里，野泊待潮。晡過閔行鎮，入上海界。夕陽滿江，人家如畫，地有水師，設營戍守，旌旆臨流，晴采相映，轉爲佳觀。夜泊周浦。是日始得順風，張帆行百二十里，夜始見星，泊處有礮船巡羅。

二十九日己未　晴。昧爽開船，行三十里，上午抵上海，先泊二擺渡。慎齋及同縣古城人王永言來，姚寶卿亦來。午移船泊洋涇濱，發莊上岸，寓夷場永安街客邸樓中。是日付船直七番金，米飯、煤炭等直四千二百錢。慎齋及王竹泉、芝仙叔姪，同寓邸樓。下午步入城，同游城隍廟。本明代秦氏予園也，游人甚緐，百肆星列，中爲内景園，壘石爲洞壑巖宇，曲徑四達，綴以亭館，頗可坐憩。傍晚自東門坐小車還寓樓。剃頭。夜偕季弟及諸君詣金桂軒觀劇。

三十日庚申　薄陰有風。上午坐肩輿入城至敬業書院訪鍾子勤山長久談，午出城至大馬路訪賈客三四家而回。姚寶卿來邀飲，晚坐肩輿詣曲里，赴寶卿之招，同坐四五人，徵伎聽歌。夜初更後，復至金桂軒觀劇，二鼓後歸。

閲去年十二月二十一日至今年正月二十日京報：

侍郎徐樹銘照部議降四級調用，不准抵銷。廿一日。

王熙震授湖北武昌府遺缺知府。廿三日。熙震由户部郎中出守，旋補宜昌府知府。以宜昌府知府方大湜調補武昌府。

方熊祥授福建福州府遺缺知府。廿七日。熊祥由御史出守，旋補興化府知府。以興化府知府林慶貽調補福州府。

以前任四川按察使楊重雅爲甘肅按察使。廿八日。

詔：不入八分輔國公載濂在御前上行走。十年正月元日。載濂，惇王子。

伊勒通阿授山東兖州府知府。初二日。

丁寶楨奏甄别庸劣各員。山東候補知縣佘溥、茅光嶽均革職，武勷以經歷縣丞降補鄆城縣知縣，王之幹開缺察看。從之。初四日。

劉崐奏甄别庸劣各員。湖南瀘溪縣知縣李楨革職，永定縣知縣李煒勒休，醴陵縣知縣龔樹吉降縣丞，候補知縣程殿英降州判。從之。初八日。

劉嶽昭、岑毓英奏遵查不能勝任之道府。雲南迤西道趙樹吉業經告病開缺，楚雄府知府吴春然以通判降補。從之。初十日。

何福咸授雲南迤西道。十一日。何福咸庚戌翰林，由科掌印給事中出補。趙樹吉亦庚戌翰林，禮科掌印給事中。

太子太保文華殿大學士管理刑部事務一等果威伯官文卒，遞遺摺。上諭：大學士官文持躬端謹，器量恢宏，歷蒙先朝知遇，由侍衛洊升將軍。文宗顯皇帝擢授湖廣總督，簡任綸扉，特命爲欽差大臣督辦軍務，與原任湖北巡撫胡林翼協力同心，和衷共濟，肅清全楚，籌辦東征，接濟餉需，不分畛域，厥功尤多。金陵之捷，賞給一等果威伯，並將其本支抬入正白旗。嗣令來京供職，綜理部旗事務，旋署直隸總督，揚歷中外，久著勤勞。方冀克享遐齡，長資倚畀，迺以偶染微疴，遽爾溘逝。遺章披覽，軫惜殊深。著賞給陀羅經被，派惠郡王奕詳帶領侍衛十員，即日前往奠醊。加恩晉贈太保，照大學士例賜恤，入祀賢良祠，賜謚文恭。賞給廣儲司銀二千五百兩治喪。任内一切處分悉予開復。應得恤典，該衙門察例具奏。其一等伯爵，著俟伊子榮綵百日孝滿後，由該旗帶領引見承襲，毋庸俟年終辦理，用示篤念藎臣至意。十二日。載治補授正白旗。蒙古都統伯彦諾謨祜補授閲兵大臣。鄭親王承志補授内大臣。靈桂充崇文門正監督。十二日。朱澄瀾授江西南昌府遺缺知府。十二日。澄瀾由御史出守，旋補撫州府知府。以撫州府知府許應鑅調補南昌府。

李鴻章奏請以二品銜直隸補用道陳鼐補授清河道。詔：吏部議奏。旋准。固倫額駙符珍賞給散秩大臣。二十日。李鴻章奏請以元集賢學士劉因從祀文廟。詔：禮部議奏。旋駁。

英翰奏請更議上江鄉試官卷中額。略言：江南上下兩江合闈考試，民卷中額有上四、下六之分，官生中額共六名，江蘇四名，安徽二名。又科場條例載，官額大省，每二十名取中一名，中省每十五名取一名，小省每十名取中一名。大省至三十八名，中省至二十三名，小省至十六名者，准再取中一名。是官生中額之多寡，視省分之大小爲定。自乾隆元年，尚書楊名時奏，增江南民卷中額，部議下江照中省之二等，取中七十六名，上江照小省之二等，取中五十名。乾隆九年，又經大學士、九卿議定，下江酌減七名，上江酌減五名，永以爲例。而官卷則僅稱江南爲大省，當時並未議及上江官卷作何省分數，以致歷科皆照大省二十名之例取中，每以不及足額，散歸民卷。近年惟道光乙酉科及本年庚午科，官卷成額。伏思上江既照小省二等定額，則官生亦應照小省十名取一，或照中省十五名取一，方爲允洽，請敕部詳議。詔：禮部議奏。

張之萬奏河運漸復舊規，請添設南河堰盱同知一缺。並酌量改撥廳汛，以揚州清軍總捕同知改歸河工。略言：南河原設管理湖運之中河、裏河、運河、高堰、山盱、揚河、江運共七廳。咸豐十年間，經户部等衙門議裁，河缺將運河、中河二廳，改設徐州同知一員兼管；高堰、山盱二廳，改設淮安同知一員兼管；裏河廳改歸淮安督捕通判兼管；揚河、江運二廳，改歸揚州清軍總捕同知兼管。同治四年，督臣曾國藩等覆陳添設淮揚道缺，摺内聲明，裏河汛内之三閘五壩，承受中河、洪湖兩路來源，渲洩機宜，均在清江以上，淮安府督捕通判駐扎淮城，恐難周顧，請移歸改設之淮安同知專管，駐扎清江。其同知所轄之堰、盱二廳，汛地多在山陽境内，即改歸淮安通判兼管。奉旨允准在案。今清水潭堤工揚屬界首、馬棚灣、小六堡堤工已次第竣事，又以清淮協餉分修堰盱長堤。本年已將徐埧汛内頭二三堡石工修砌堅整，蓄水通漕，仍循成法第，修守未可偏廢，湖運須有專員，擬請添設堰盱同知一缺，駐守長堤，即將堰、澗、清、徐四汛撥歸該廳管轄，以專責成。其淮安軍捕通判離堰盱較近，應令專管運河，擬將徐州同知所管邳、運、宿、桃、清五汛内撥出桃、清二汛，歸併淮安同知管轄。即將淮安同知所管平橋一汛，揚州軍捕同知所管寶應、汛水二汛撥歸淮安軍捕通判管轄。揚州軍捕同知係以地方兼管河務，而該廳所屬爲湖運下游，每遇汛期，防護搶廂，信爲吃重，且該廳常川在工，實係河工事多地方事簡，擬請改歸河工並仿照銅沛同知成案，責令兼管地方，以昭慎重。似此一轉移，問于河務中地方兩有裨益云云。詔：該部議奏。

二月辛酉朔　辰正三刻四分春分，二月中氣。浙江巳初初刻四分，江蘇辰正三刻十三分。晴和。終日閲《尚書集注音疏》。洪振麟鳳洲來并招明日夜飲。姚竇卿來，下午痔氣大發，夜不快，早卧。

初二日壬戌　上午晴，下午陰。作片致洪鳳洲辭飲。又作片至竇卿。鍾子勤來。閲《尚書集注》，是日小極多卧。夜偕季弟再往觀劇，二更即歸。舊疾大動。王永言饋酒饌一席。

初三日癸亥　陰，微雨。姚竇卿來，同詣榮錦里訪翁巳蘭晤談，午坐肩輿歸。閲郝氏《爾雅正義》。夜偕慎齋諸君及季弟詣丹桂園觀劇，二更後歸。

初四日甲子　陰。下午有闓明色。季弟以明日還越，附蘆墟船去，今日先下行李。書扇贈王永言。姚竇卿片來言，輪船名山東者已到，擬往附之，已付直矣，以單輪且人甚夥遂止，與諸君議俟南潯船。夜作書致季弟舟中，并以絲巾、茶葉遺内子。燕檣吴艇，南北分涂，不勝雁景天涯之感。付王福工食兩番金，傭人七十，工食四番金。

初五日乙丑　晴暖。閲翟氏《爾雅補郭》。湖州人諸桂珊來，鄮人洪鳳洲來，皆勸予待山西船，且招夜飲，俱辭之。重束行篋，取出《玉篇》。夜三更後雨作。

初六日丙寅　晴陰溽悶，下午有急雨旋止，晚晴。諸桂珊來，言山西輪船已到，偕往觀之，遇雨亟歸。楊理庵檢討送酒饌一席來，辭之。閲《爾雅補郭》及《義疏》。夜有風。

初七日丁卯　晴。洪鳳洲饋洋紬、洋紗數小幅及蕘脯一肩。諸桂山來，并贈程儀兩番金。發行李下輪船，偕諸子往視，付船直百二十番金，又錢四千。計主僕五人，每人銀十八兩五錢。下午偕諸子詣澧水臺飲茗，聽王幼娟歌。剃頭。夜偕諸子坐小車至小東門蜆裳館飲茶聽歌，又詣景芳園，聽花鼓曲，三更歸。

初八日戊辰　晴，風。閲《困學紀聞集證》。王永言贈銀發藍末利叉一股。

初九日己巳　晴。午上輪船，偕諸子坐第三曾艙，姬人偕翁巳蘭之姬居第二曾房艙，付寓樓房飯錢十一番金。

初十日庚午　晴。四更開船出吴松口，夜抵黑水洋看月。移卧第二曾艙，與巳蘭鄰床。

十一日辛未　晴，上午有風。終日行黑水洋，傍晚偕慎齋、竹泉倚舷看落日。

十二日壬申　晴。晨過緑水洋，見山東沿海諸山。上午抵膠萊境，海色如碧玉，港島曾出，風帆漸多。午後至燕臺，屬登州府福山縣，登萊青道駐此，有礮臺夷房。遠見之罘、成勞諸山。停輪小泊，晡後復行。夕陽映山，紫色如繪。夜，海色漸黄。

十三日癸酉　晴，上午有風。海中波浪大作。舟行攲側，午抵大沽口，堞壘甚設，戍旗相望，昔年李合肥所爲者。入沽行三十餘里，别有輪船名恰便相銜並進，爲其船首所觸，遂半陷於田梶不可動。

夜半潮至，夷人極力鼓輪，終不能行。因歎七十二沽，曲折東海，神京設險，地利萬全，夷舶如山，驅之入此，直送死耳。國運中衰，纖兒撞壞，致令天塹反爲戎守，怡鄭之肉，其足食乎！是日與同舟人閑話，有江西安仁縣舉人湯籛年，字彭仙者，極言予六世祖天山府君宰縣時政績，謂迄今口碑在人，婦孺無不知姓名者。泝府君官彼，在雍正元二之年，今已百五十期，而遺愛在人如是，感念先德彌切，弗克負何之憂。在滬上時，楊柳始稊，今入津沽，見夾岸青青，垂絲縈道矣。

十四日甲戌　大風，黄沙蔽日，下午稍覺清曣。午後夷人以鉅緪系樹，復鼓火振輪，久之始動。遂乘浪行六十餘里，傍晚抵紫竹林泊，夜仍宿舟中。

十五日乙亥　晴。上午由紫竹林顧船下行李，以肩輿坐姬人，予偕諸子騎驢，同至天津河北寓旅店中，付船輿搬運之直三番金。李子長、趙桐孫偕秀水朱味笙同年來。夜月甚佳，念明日清明矣，天涯塵黯，致深故鄉之思。

十六日丙子　未初一刻二分清明，三月節。浙江未初二刻二分。上午晴，午後大風横甚，揚沙蔽天。南人新至，倍難爲懷。剃頭。桐孫來。夜風漸止，月晴，偕諸子擲采選，復小作牌九之戲。是日顧定揚州如意船一隻赴通州，船户汪姓，船錢十五千。

十七日丁丑　晴。至鄰寓視桐孫、子長。付寓屋錢一千六百，遂發行李下船，付搬運夫役錢一千五百。下午至舟中，頗華潔安隱，付船錢十二千。慎齋、竹泉、芝仙别坐一舟，夜泊潞河口，亦名白河。《班志》《説文》所謂路水也。自此達武清，接通州鳳河，謂之北運河。

十八日戊寅　晨晴，上午大風又起，終日怒號，揚沙晦景，入夜更餘始少止。晨開船行五六里，遇風泊錠子湖。終日守風枯坐，塵滿几席。念故鄉今日南鎮春游之樂，山水笙歌，如在天上。安得假我雙翼、飛度鏡湖耶？ 令僕輩發書篋，取《水經注》諸書閱之。

十九日己卯　晴有風。晨開船時遇逆風，停纜小息。下午始有順風，張帆行八十里，暮抵武清楊村驛宿。縣有東西楊村，此爲西楊村，管河縣丞駐之，東則主簿駐之。晚登岸少步。閱《水經注》。

二十日庚辰　薄晴，有風。五更開船，行八十里，傍晚至河西務，仍屬武清，有一主簿、一巡檢駐此。停船小泊，復行十餘里，夜宿野次。

閱魏默深《聖武記》，其言道光中禦夷守海之先策，築炮臺於吴松口之外，以死炮擊活船百不中一，而夷以活炮擊死堞所發無虚，不知誘之入口，使船不能縱效日本守岸之法，可謂切要之論。咸豐末之守大沽，其敗亦正坐此。

二十一日辛巳　薄晴有風。晨開船行八十里，夜泊通州之榆林莊。

閱洪氏《乾隆府廳州縣圖志》。此書力矯前人地志鋪張華藻之失，自沿革、里貢、四距、八到、山川、城鎮、驛保以外，概從闊略，可稱簡要。然輿地之書，人物可略，形勝不可略。至風俗之純駁，山水之奇正，皆當最其都凡，潤以雅語，斯稱學人之著述，異乎檔册之鈔胥，何得壹意掃除，悉從刊落？且所志沿革，亦多彼此失顧，時見柢梧。歷代州縣之名，脱載尤多。山川城鎮，古今雜出，其所取舍體例，皆未畫一。每省之首，各冠以圖，僅見大意，既多疏略，又不計里畫方，故無所折衷。蓋其書成於未第客游之時，不無草草，通籍以後，又未暇審訂校刊耳。惟云各省當稱各布政司，自爲致確。吾鄉章實齋争之以爲當稱某部院，則既昧官制，又病不辭，所謂無理取鬧者也。《卷葹閣集》中有《與章進士書》，所辨甚明，而章氏作《文史通義》尚自持其説甚堅，且言洪實未嘗致書，蓋護前失以欺人爾。

志載古帝王陵，亦是一善，而系殷湯陵于山西榮河縣下，蓋承《元和郡縣志》《太平寰宇記》之説，自宋以來，久列祀典。同時孫淵如氏獨據《史記集解》所引《皇覽》之文，以爲湯葬濟陰，當在今山東曹縣，欲奏改榮河之祀。時謝蘊山氏官山西布政，力與之争，各撰《湯陵考》一篇，文檄往反，終于不決。今謝考已不可得見，其咨覆附刻孫氏《岱南閣集》中。孫氏所著則具在。雖濟陰即薄地，近湯都，似爲近理，然裴駰所引《皇覽》，既與《水經注》所引互異，單文孤證，于正史一無可考。孫氏又引《晏子春秋》齋景公伐宋，過泰山，夢見湯與伊尹之言，以爲湯陵在濟陰之證，尤近傅會，實不如謝説之簡覈。謝氏初咨力駁孫説，援據詳明，後咨主劉子政成湯無葬處一言，以爲兩地皆可，存而不論，曹縣既無顯據，不若仍祀榮河，皆較孫爲長。洪氏與孫氏交契甚摯，而志不取其説，惟引劉向殷湯無葬處之言，謂後來紀載有亳城、偃師、蒙縣與寶鼎而四，疑皆後人所爲，則通人之論也。

二十二日壬午　晴。晨開船行，午過一村，見種柳甚盛，夾以果木，列峙里許，中有小山，杏李放花，緋白間映，河流環曲，足慰羈望。至張灣河身益淺，舟行屢阻，晚抵通州城外泊。是日行六十里，三日遇順風始得到也。慎齋、竹泉、芝仙昨先至相待，同登岸小步。

二十三日癸未　晴。顧衣車二、大車二安行李，付車直錢八千二百。大車每輛三千，衣車每輛千一百。補船錢三千五百，又發莊酒賞之費約一千。上午登車繞通州城而行，沿路楊柳成陰，杏花盡放。居人上冢紙錢亂飛，感節思鄉，南望悵結。午後至村店小愒，吃茶餅。傍晚抵都城入東便門，付崇文税局錢一千。晚至西河沿，偕諸子停車覓寓，無可栖止。復遍問迤東各街，旅客皆滿。迺至梁家園，訪吴松堂、傅子蓴，暫税莊子蓴邸中。慎齋、竹泉、芝仙，暫投蕭山會館。晤同邑王杉圃孝廉，新自江西來，寓子蓴邸。

二十四日甲申　上午晴，下午陰，有風。杉圃交來景蓀書并族弟小帆書。景蓀以江右新刻蕭常

《續後漢書》，黄氏《明夷待訪録》爲贈。聞梅卿、梅仙兄弟已至京寓内城燈草胡衕，遣王福往訊。吴松堂來。剃頭。出門謁客，晤謝夢漁給諫、潘伯寅侍郎，謝惺齋刑部，吴碩卿工部。得潘星齋侍郎書。鮑益甫謙、敦甫臨兄弟來，不晤。晚詣孫琴士談，復至福興居酒家邀慎齋、竹泉、芝仙小飲。夜，溦雨即止。

二十五日乙酉　薄晴，大風。入城詣梅卿、梅仙，并晤孫峴卿、陶仲彝，所寓爲故尚書阿愨慎宅，庭中紫丁香、榆葉梅、櫻桃花已盡開，香艷臨風，足娱塵目。午飯後偕梅仙同車至東城根看屋，遂出城至峴卿寓小坐，還寓。潘星翁來，謝星齋來，均不值。得潘紱丈書。作書復星翁、紱翁。晡後再詣打磨廠，同梅仙、仲彝、峴卿至吉順旅店議定租屋四間，每月京錢九十千。傍晚峴卿邀同慎齋、竹泉、芝仙、梅仙、仲彝，飲東興居酒樓，晤陳鈞堂、鄭蓮卿，二更時偕梅仙至子蓴邸宿。

二十六日丙戌　晴。上午移寓吉順店。潘伯寅侍郎來，不值。慎齋、竹泉、芝仙、峴卿來。晡坐車詣張香濤編修、孫杉麓户部，俱不值。晤田杏村、鮑益甫、敦甫、朱厚齋、周允臣。晚還寓。碩卿來，不值。

二十七日丁亥　晴。梅仙來，梅卿來。以浙撫所給咨户部起復文，交同司李李村郎中，作書屬周允臣轉致，以咨吏部及吏科文各一道，屬吴松堂轉投。以鯗脯、茶葉、龍眼、魚鱐、松蝦、臘鴨、乾菜等，分饋潘星丈、紱丈、伯寅侍郎。碩卿、允臣、子蓴，各作書致之。得謝星齋片，言印結已投禮部，俟三月一日補行覆試。得星丈、紱丈、伯寅、碩卿復書。周孝廉福清介孚來，宋薇川學沂孝廉來，俱不晤。張香濤來。孫琴士來。傅子蓴來。閲獨孤及、梁肅、李德裕諸家文。作書致慎齋，得復。

二十八日戊子　晨小雨，上午陰，午後復晴。過鄰寓孫峴卿談，閲所刻《寄庵詞》。周吉臣同年來，不晤。吴松堂來。遣王福至陝西司告知書吏，以三十日到署銷假。峴卿來，偕至西河沿訪仲彝，不值，即歸。金葆恒竹巖孝廉來，不值。閲劉氏《史通》。

二十九日己丑　上午晴，下午陰。碩卿來。得慎齋書，即復。峴卿、仲彝來。族子某來見。此人自甲子冬詣户部陝西司習爲吏，屢乞予爲道地，未得閑。而予歸，時以其貧苦爲念。今日來見，詞气倨傲，竟敢與予鈞禮。問其所業，猶是冗胥，而極言公事之煩，酬應之廣，意色得甚，可發大歎。此人祖父皆爲儒，有德行，而子孫不肖如是，吾宗衰替，即此可見。夜雪，比曉積寸許。近日和煦不減南中，今夜亦不覺寒，而忽然雨雪，亦是一奇。

三十日庚寅　晴，稍寒。上午詣户部陝西司銷假，晤同司廷子雋郎中廷彦、李李村郎中衢亨、傅鑑川員外馴及主事譚繼洵、吴協中等。是日堂官不至，復出城詣伯寅侍郎，送銷假及會試呈詞。晡後再入城，詣梅卿、梅仙寓。晤安仁軒禮部安興。傍晚看庭下花，賞詠久之。夜梅卿治饌相款。

閲正月二十一日至二月三十日邸鈔：

命户部左侍郎潘祖蔭、刑部左侍郎志和知貢舉。正月廿四日。英翰奏甄别庸劣各員，安徽蕪湖縣知縣劉兆彭、鳳陽縣知縣吴保燮等六人均革職。從之。廿四日。

國子監祭酒車順軌奏請開缺，回籍修墓。許之。廿七日。前任雲貴總督吴振棫卒。詔旨褒惜，照總督例賜恤。二月初三日。振棫，錢唐人，嘉慶甲戌進士，由編修歷今官。

上諭：左宗棠奏平燬金積堡賊巢，首要各逆伏誅，寧靈肅清一摺。甘肅回逆馬化隆等于同治八年秋間擁衆復叛，盤踞靈州金積堡老巢，勾結陝甘各回四出竄擾。經左宗棠節節掃盪，並令道員劉錦棠等進擣逆巢，四面鎖圍。該逆勢窮乞撫，勒令平毀堡寨，呈繳軍械，猶敢遷延觀望，並于堡内埋藏洋槍一千餘件，是其心懷反側，實屬罪無可逭。現經劉錦棠等將道逆馬化隆父子兄弟及逆黨譚生成等概行正法，洵足以伸天討而快人心。現在堡寨一律平毀，餘衆分別安插。其起獲銀十九萬兩零，除分賞各軍外，著左宗棠將所餘銀兩爲遷居靈州之回衆購辦糧賑，俾安生業。仍督飭各軍將各股回匪，次第進剿，以期全省廓清。陝甘總督一等伯左宗棠運籌決勝，調度有方，著開復降三級留任處分，加賞一騎都尉世職。寧夏將軍穆圖善、陝西巡撫蔣志章協籌防剿，均合機宜。穆圖善交部從優議敘，蔣志章交部議敘。道員劉錦棠接統湘軍，克平巨憝，著賞給雲騎尉世職，並賞穿黃馬褂。道員黃鼎賞穿黃馬褂。提督雷正綰開復革職留任處分，並照一等軍功例從優議敘。金運昌賞穿黃馬褂。廣東高州鎮總兵徐文秀開缺，以提督遇缺提奏提督。王衍慶賞換業普官巴圖魯名號。彭煥章賞換達桑阿巴圖魯名號。曾萬友賞換畢倫巴圖魯名號。王福田賞換喀勒崇依巴圖魯名號。金德恒賞換綽勒歡巴圖魯名號。總兵張春發賞換哲爾精額巴圖魯名號。提督舒雲翼賞換珠爾杭阿巴圖魯名號。謝明月賞換霍勤巴圖魯名號。謝壽森賞換瑚松額巴圖魯名號。副將譚慎典賞換都隆額巴圖魯名號。提督李其森等二員均交部照一等軍功例從優議敘。蕭元亨等四員均賞給三代正一品封典。副都統雙壽賞穿黃馬褂。協領吳俊賞換希吉爾琿巴圖魯名號。提督徐占彪賞穿黃馬褂。黃有忠等六員均記名以提督遇缺提奏，黃有忠並賞換阿克敦巴圖魯名號。劉治均並賞換吉利杭阿巴圖魯名號。趙興隆並賞換阿克丹巴圖魯名號。陳攀仙並賞換博奇巴圖魯名號。黃虎臣並賞換西林巴圖魯名號。何玉起並賞換霍斐彥巴圖魯名號。提督王鳳鳴、方庭芝均賞穿黃馬褂。已革布政使銜山西按察使陳湜開復原官原銜。餘升賞有差。初四日。

張得禄補授廣東高州鎮總兵。上諭：左宗棠奏訊明已革知縣通賊確情盡法懲治等語。甘肅已革前寧夏縣知縣署靈州知州彭慶章數年以前已有通回情事，嗣復久留賊中，爲賊主謀。經左宗棠親提研訊，據供各情，通逆無疑，喪心昧良，罪無可逭，業經正法，實足以昭炯戒。初五日。詔：初七日親詣大高殿祈雨，其諸宮廟分遣諸王。初五日。

湖廣總督李瀚章奏據江夏縣在籍紳士曹澍鍾等呈稱，昔年粵逆之亂，湖北本省、外省主客各軍及地方官並出仕他省，殉難文武各官其最著者，爲湖廣總督吴文鎔，湖北巡撫陶恩培，湖北按察使瑞元，署黄州府事安陸知府金雲門，浙江寧紹台道羅澤南，鄖陽鎮總兵王錦繡，貴州安義鎮總兵王國才，河南河北鎮總兵常禄，安徽布政使劉如鈐，江蘇候補道温紹原，二品頂戴湖北按察使前護巡撫布政使唐樹義，漢陽府知府董振鐸、俞舜欽，道員用署武昌府事襄陽府知府兼護按察使多山，署江夏縣知縣繡麟，署漢陽營游擊李信共十六員，請于省城新興五鋪地損貲，合建一祠，歲時致祭，懇恩敕部列入祀典。再吴文鎔等十員，前已蒙恩賜謚，繡麟、李信二員職分較卑，未敢陳請。其唐樹義、賜謚威恪。多山、謚忠壯。董振鐸、謚壯節。俞舜欽未荷易名之典，揆其平日居官之廉潔，當時死節之慘烈，與金雲門等情事相同，可否籲乞加恩，一體賜謚。詔：禮部議奏。旋部議，惟唐樹義應予謚，餘俱不准。上諭：鄭敦謹、曾國藩奏覆審凶犯行刺緣由，並無另有主使之人，請將該犯仍照原擬罪名，比照謀反叛逆，凌遲處死，並摘心致祭等語。著即將張文詳凌遲處死，並于馬新貽柩前摘心致祭，以彰國法，而慰忠魂。該故督公忠體國，倉猝殞命，實堪悼惜，著再加恩照陳亡例賜恤，並于江寧省城建立專祠。初七日。

楊昌濬奏甄別庸劣各員。浙江義烏縣知縣于應誥心地糊塗，辦事粗率；候補通判張玉樹居心險詐，不堪造就；紹興府經歷蕭江遇事生風，聲名甚劣，均一併革職。桐鄉縣知縣富拉琿貌似有才，心實浮滑；候補知縣汪承緒舉動任性，不洽輿情，均以縣丞降補。太平縣知縣劉福田辦事遲鈍，難期振作，以教職回籍候選。候補知縣黄宗貴年力就衰，難膺民社；候補知縣濮燊才本平庸，年已衰邁，均勤令休致。從之。初八日。

何璟奏特參庸劣衰老各員。山西太原縣知縣沈廷樉、洪洞縣知縣張維藩、試用知縣丁慶榮、陽曲縣縣丞李銘燕均即行革職。試用知縣倪夔榮以府經歷縣丞降補，陽高縣知縣臧叔顯勒令休致。從之。初九日。

左宗棠奏陝西就撫回衆共一萬有奇，除前安插平凉回民認領親眷五百餘名外，共男女九千五百餘名口，俱陸續解赴平凉府，發化平川，安插地在華亭縣西北一百七十餘里東南，距平凉百里，南連崆峒，西北均阻高阜，巖壑環峙，兩水縈繞，一爲化平川，一爲聖女川，合流入白面河，入清水縣界。川中横寬五六里，長七十餘里，似亦前代安置降人之地。臣前委記名道馮邦棅前往相度，改聖女川曰聖諭川，爲宣講之所。白面河曰北面河，示拱極之義。調記名總兵俞勝榮帶所部平江營扼扎化平鎮，以司稽查。馮邦棅按口散給賑糧，丈量地畝，分撥房屋窑洞，購給土宜種籽，酌發耕牛騾驢，督其開墾播種。請增設平凉化平廳通判一員，平凉化平營都司一員，以資鎮撫。詔：辦理均屬妥協，著該督飭令總兵喻勝榮妥爲彈壓，一面檄飭該地方官加意撫綏，毋使失所。所請添設化平川廳通判，化平營都司各缺，著該部議奏。

上諭：丁寶楨奏擒獲倡教謀逆重犯一摺。教匪郜四即高四世，習離卦教，因其父叛逆，緣坐充軍潛逃，倡教授徒。咸豐九年間，與其徒張玉懷、宋景詩等豎旗謀反，焚掠攻城。旋經官軍剿敗，該逆脱逃。兹于直隸吴橋縣境内將該逆擒獲，審明後，即行正法，實足以彰國法而快人心。所有出力之知府馬映奎，著俟補知府後以道員補用。道員龔易圖交部從優議敘。餘升賞有差。十三日。

右春坊右庶子黄鈺轉補左春坊左庶子。翰林院侍讀祁世長升補右庶子。詹事府左中允鍾寶華升補翰林院侍講。翰林院檢討許應騤升補司經局洗馬。十四日。

前任廣州將軍穆克德訥病卒，詔旨褒惜，照將軍例賜恤。十五日。旋賜謚勤毅。

倭仁奏請開缺調理。詔：賞假兩月，毋庸開缺。十七日。

曾璧光奏甄別文武各員。貴州獨山州知州郭拉豐阿、候補知縣張維權均即行革職。署古州鎮總兵補用副將温志學降都司游擊。雷耀先等均革職。從之。廿二日。

曾璧光、周達武奏上年十二月二十一日克復永寧州城。詔升賞有差。廿三日。

上諭：英翰奏拏獲漏網逆首一摺。逆首宋景詩于同治二年間在山東復叛，經僧格林沁擊敗，後潛投入苗沛霖、陳大喜等股内，輾轉逃匿，詭託許連升姓名，到處勾結，圖謀不軌。現于亳州之界溝集擒獲，著即行正法，傳首犯事地方，以伸國法而快人心。拏獲尤爲出力之總兵牛師韓以提督遇缺題奏。餘升賞有差。廿四日。

以協辦大學士刑部尚書瑞常爲大學士。以吏部尚書文祥協辦大學士。廿八日。

三月辛卯朔　晴。戌正三刻十三分穀雨，三月中。浙江亥初初刻十三分。昧爽起坐車至東華門，日出赴中左門領卷，詣保和殿覆試。文題爲『言寡尤，行寡悔，禄在其中矣』。詩題爲『泛水織紋生得風字』。試者百人，人賜餅五枚。是日梅卿送至中左門，晤蕭山鍾在山侍講。午繳卷出東華門，詣梅卿寓小坐，即出城還寓。李李村同司來，史寶卿同年來，馬同年寶瑛來，俱不值。慎齋來。

邸鈔：禮部尚書全慶調補刑部尚書。工部尚書存誠調補禮部尚書。以理藩院尚書崇綸爲工部尚書。以都察院左都御史靈桂爲理藩院尚書。以吏部左侍郎皂保爲左都御史，户部左侍郎魁齡調補吏部左侍郎。户部右侍郎延煦轉左侍郎。禮部右侍郎桂清調補户部右侍郎。工部左侍郎恩承調補禮部右侍郎。工部右侍郎明善轉左侍郎。以頭品頂帶左翼總兵榮禄爲工部右侍郎。

初二日壬辰　晴和。作書至慎齋。作片至峴卿。剃頭。梅仙來，偕至市中，小行即返。洗足。譚仲修來，不晤。夜坐車至蕭山會館訪慎齋，不值，便詣王蓉舫師談，逾頃而還。

閲《元次山文》。次山首變六朝之習，昔人推爲韓、柳若蚡。然其命題結體，時墮小説，後來晚唐五季以古文名者，往往俚率短陋，專務小趣，沿至宋、明，遂爲山林惡派，追原濫觴，實由次山。蓋駢麗之弊，誠多蕪濫，而音節有定，終始必倫，雕飾鋪陳，不能率爾。既破耦爲單，化整以散，古法盡亡，惡札日出。次山惟容州謝上諸表，《送譚山人歸雲陽序》及記銘小品，間有可觀，然狀景述情，較之子厚之記永州，何止大小巫之殊哉。《虎蛇頌》《化虎論》等，不諱虎字，以肅、代時太祖已祧；至它文屢用淵、民，則宋以後傳寫者所臆測妄改也。

初三日癸巳　上午晴，暖甚，下午陰。作片致慎齋，詢其移寓，期得復言，今日即入城。得周允臣書，約下午飲東星樓。得峴卿書，約午後小游。上午詣謝星齋、戴南琴、譚仲修、張子虞、王竹泉、芝仙、史寶卿、周吉臣，并晤王松谿、田杏村、陳葉封、賈琴巖、陶仲彝。午還寓。得孫琴士片，約明日飲萬福居，仲彝來，晡後同至流離廠閲市，以京錢二十千買日本山井鼎《七經孟子考文》一部。傍晚歸。閲《史通》。

邸鈔：以左春坊左庶子黄鈺爲國子監祭酒。

初四日甲午　晴，午前暖甚，不能衣綿。遣王福詣禮部取三場試卷，親書履歷各一通。峴卿來，同坐車詣仲彝，偕至慶和園聽四喜班，所演甚惡劣。頃許自大栅欄步還寓。譚硯孫庶常來，不值。晚詣萬福居，赴琴士之招。子蓴亦來邀飲，二鼓後詣子蓴家小坐而歸。兩日來所見同鄉計偕諸君，不啻入五世之廟矣。

邸鈔：瑞常管理刑部事務。前任國子監祭酒章鋆仍在上書房行走。詔：十六日换戴凉帽。

初五日乙未　晴。孫子授司業來。慎齋、芝仙來。上午出門謁副都劉緘三師，送土儀、銀二兩、行卷十本，不值。詣門樓衚同本家，晤族兄雅齋刑部，言其母夫人已卧病積年，其兄迪齋通判夫婦偕殁，其弟小圃報捐郎中，籤分户部貴州司行走，今在河北求食。家積喪病，貧悴不堪。觀其門庭蕭寂，屋宇攲漏，使命不供，人有菜色。京官之窮，毛骨灑竦，爲之憮然而出。詣李侍郎鴻藻宅，投刺答拜。孫子授、譚硯孫俱晤。至同鄉桑侍郎春榮宅，投刺而還。梅卿來。晡後入城，謁太常徐蔭軒師，送土儀、銀二兩、行卷四本。太常須髩髩矣，言去秋見浙江試録，狂喜累日。又爲予籌度居處，似甚相關，然寥寥數言以外，一茶而出。至松樹衚同訪賈琴巖，不值。晤其同寓徐户部鼎琛，吾邑之湯浦人，前科進士也。偕梅卿小談而歸。戴南琴來，謝星齋來，均不值。連日閲《史通》，其中《疑古》《惑經》諸篇，同於王仲任之《論衡》。然自是快書，分别觀之可也，必謂其懼罪詭辭，亦爲曲護。夜疾大動。

初六日丙申　陰晴相間。慎齋來。峴卿來言，昨託人至禮部求得予覆試卷觀之，其卷爲侍郎魁齡所閲定。惟於文中一致字傍帖黄籤，蓋其意以致右从文不从夂也，人不識字至此。伏獵金銀，累累省閣，於侍郎何誅焉？前日試殿上者九十二人，連鋪接席，皆傖楚耳。予自以脚間夾筆，足以掃之。又以故事必派一二品官十二人閲卷，進擬其差第，皆以律詩。故於八十字中頗推敲之，以求其易解，乃猶在下等。此輩肺肝，真不可測。終日疲困殊甚，仍閲《史通》。

邸鈔：大學士朱鳳標充會試正考官，工部尚書毛昶熙、左都御史皂保、内閣學士常恩爲副考官，宗人府副理事官宗室霍穆歡、内閣侍讀學士楊書香、侍講福臣、右贊善黄毓恩等十八人爲同考官。是日命下，士林气沮，霍、楊、福三人，尤其著也。

初七日丁酉　晴陰相間。作書致季弟，託輪船信局名福興潤者寄去。下午料檢入闈筐篋等物，僦車進城至觀星臺右，與慎齋、竹泉、芝仙及田杏村、鮑敦甫、鮑益甫、宋薇川同寓。周允臣來，不值。詣仲修、子虞所寓小坐，途遇敖金甫員外。梅卿來。張牧莊來。

邸鈔：詔：再於初九日親詣大高殿祈雨，仍派睿親王德長詣覺生寺致禱，時應宫等仍分遣諸王。

初八日戊戌　上午微晴，午陰，暖甚，晡後大雨即止。琴巖、星齋、子蓴、徐式齋來送入闈。梅卿、梅仙偕至。午入場，坐彼字舍。

初九日己亥　晴暖。

初十日庚子　晴，下午風陰雨沙。晡出闈。子蓴來。

邸鈔：曾國藩奏知府劉毓敏等呈稱，已故兩江總督馬新貽於咸豐十一年間丁憂，在籍辦理團練，保全菏澤縣城，嗣經僧格林沁檄令督辦善後事宜，亦能有功桑梓，懇請轉奏於山東菏澤縣本籍建立專祠，春秋官爲致祭。許之。何璟奏新調山西太原府知府馮春瀛病故。詔：太原府員缺緊要，著該撫於通省知府内揀員調補，所遺員缺著翰林院侍讀羅嘉福補授。旋以汾州府升太調補太原府，嘉福補汾州府。

十一日辛丑　晴，暖甚。午入闈，坐道字舍，與子虞同舍。夜大雷雹，驟雨。自昨中暍不食，四更疾動。

十二日壬寅　陰涼有風，午後微晴，晡後大風揚沙。感涼不快。

十三日癸卯　晨凉甚，晴，上午復熱。晨出闈，上午僦車出城還寓。剃頭。是日换戴凉帽。邸鈔：湖廣總督李翰章到京。詔：在紫禁城内騎馬。

十四日甲辰　晴暖。上午入城，午入闈，坐衣字舍。身熱不能食。與鮑敦夫、張牧莊同舍。

十五日乙巳　晴熱如夏，中晚大風，月晦。外間傳司天有熒惑犯文昌之奏，闈中囂呼滅燭，内外恐怖。

十六日丙午　陰悶鬱熱，午後日景復見。晨出闈，即出城還寓。慎齋移具來，同寓。鍾莊山侍講來，賈琴巖來。潘星翁柬邀廿二日夜飲。比日力疾入闈，寒熱交戰，病不能興。邸鈔：詔：十七日仍親詣大高殿虔申叩禱，諸宫廟等分遣諸王。

十七日丁未　辰初二刻十二分立夏，四月節。浙江三刻十二分。晨微雨，終日陰凉，傍晚復晴。身熱憊甚，濕淡甚多，蓋虚勞所致。始食豌豆。碩卿柬約明日夜飲。徐户部承煜來，蔭軒師之子也，以卧病不晤。梅卿來，峴卿來，仲彝來，碩卿來，竹泉來，芝仙來。午，天氣稍清，力疾行散，偕慎齋、竹泉、芝仙詣廣和樓，聽嵩祝班演劇，傍晚歸。同年王詠霓子裳來，孫琴士來，魏署正福瀛來，俱不值。孝達來，贈以蕭山湖海樓本《列子》《尸子》《尹文子》。以京錢九千，買東洋菱三兩，屑而飲之。夜辟歷大震，驟雨數作。

十八日戊申　晴陰埃𣊫，鬱熱溽煩，殊似南中黴時。憊甚，卧閲孫淵如《問字堂》《平津館》諸集，時時昏睡，骨節皆弛。周允臣來約飲期，作書辭之。子蓴片來，邀今日夜飲，辭復之。孫子授司業來。謝愃齋來。晚過鄰寓峴卿所，共梅仙、慎齋談，稍覺神清，旋復疲劇而歸。作片致碩卿、子蓴辭飲。洗足。

邸鈔：刑部郎中徐用儀開缺，以五品京堂候補。禮部郎中梁僧寶補授江西道監察御史。

十九日己酉　上午微晴，有風。下午晴。病甚謝客。卧閲王厚齋氏《漢藝文志考證》及《姓氏急就章注》。作書致芝仙。同司趙心泉來，族弟兵部主事國琇來，俱不晤。子蓴來。以京錢廿二千買緯纓羅冠，又以八千買布盉以藏。梅卿來。峴卿來夜談。吴松堂柬訂廿二日夜飲。

邸鈔：倭仁爲文華殿大學士，瑞常爲文淵閣大學士。上諭：吏部奏遵議湖北漢黄德道一缺，前已奏定，改爲由外調補，不得作爲題補之缺。李瀚章等請以候補道李明墀補授，與奏改原案不符。至該督等奏請變通漢黄德道補缺章程，既與前次奏案相背，且甫經改定，未便又議更張等語。湖北漢黄德道一缺，李明墀例不應補，自應照章議駁。惟據該督等聲稱，是缺政務殷繁，且有中外交涉事件，李明墀情形熟悉，實屬人地相宜。著照所請，即以補授漢黄德道員缺，嗣後不得援以爲例。　順天府奏京師得雨二寸。詔：擇于二十日親詣大高殿行禮報謝，其餘宫廟祠寺分遣王公。大高殿覺生寺即行徹壇。

二十日庚戌　上午晴，下午陰。徐蔭軒師柬訂廿四日午飲。山會邑館柬訂廿八日春祠鄉賢。王杉圃孝廉來。峴卿來，仲彝來，湖北樊雲門名增祥孝廉來。單少帆孝廉來。梅卿送朱提五十兩來，作書復。仲彝邀同峴卿、雲門飲東興居，晚歸。夜爲峴卿書扇。

二十一日辛亥　晴，晡時有風。剃頭。午出門詣潘星齋侍郎赴飲，同席有吴縣庶常皇甫治等五六人。侍郎年逾六旬，而清癯矍鑠，無異昔時。肴饌多吴式，有烟水之味，晡時席散。訪秦誼亭户部，李芍洲名憲曾，杭人。兵部，俱不值。詣全浙新館晤王松谿、王子裳。詣張孝達談。晤孫駕航觀察。孝達約至豐臺看芍藥，又欲共爲西山之游，然非十金不辦輿榼資耳。詣邑館，晤鮑氏兄弟、田杏村、宋薇川、王氏叔姪、阮孝林、陳葉封諸君。答拜孫子授，不值。詣碩卿小談。詣吴松堂不值。晚歸。廣東司書吏來，賞以文書錢十千。桑柏齋侍郎來，朱肯夫編修來，張子虞來，俱不值。作書致趙心泉，饋以羗脯兩肩。慎齋惠金華羗肩一對。夜二更時小雨。日付吏部投文費四千，吏科投文費八千。

二十二日壬子　晴。上午出門詣鍾在山侍講，不值。晤魏仙槎署正，詣王蓉舫師、陶仲彝、陳同叔刑部、周幼翹解元、朱肯夫編修、傅子蓴，俱不值。晤敖金甫、謝星齋、孫琴士，晡前歸。陳葉封來，阮雨農來。孫子授片訂廿四日午飲。夜赴東麟堂吴松堂之招，惡客滿坐，二更時歸。

邸鈔：翰林院侍講楊慶麟轉補侍讀。以國子監司業孫詒經爲翰林院侍講。右春坊右中允徐致祥轉補左春坊。左中允編修許振祎補右中允。

二十三日癸丑　上午陰有微雨，下午晴。上萬壽節。蓉舫師來，不晤。楊理庵檢討來，浙紹鄉祠柬訂四月一日公車會飲。作書約王蓉師夜飯。作書致峴卿。又作片致樊雲門，爲索還闈藝，比日病甚，不能盡飯一器，今日覺稍痊，能劇談。

二十四日甲寅　晨晴，上午陰晦有雷，午小雨見日，晡後大風揚沙。上午出門，賀孫子授擢侍講并辭飲，不值。進城詣賈琴巖、徐式齋，俱晤。午後詣蔭軒師家赴飲，同席有揚州殷孝廉等三四人。晡後歸。孝達柬訂廿八日飲天寧寺。得峴卿書。阮孝霖來，不值。王竹泉、芝仙來，留共夜飯暢談。梅卿來，不值。

二十五日乙卯　晴。梅卿來，邀同陳鈞堂、鄭蓮卿及梅仙飲萬福居。得樊雲門書，并以闈藝寄閲。陳同叔來，戴南琴來，秦宜亭來，俱不晤。族兄雅齋來，并柬訂廿八日飲謝公祠。周允臣招同幼翹，夜飲吉星樓，二更歸。是日付店中寓直京錢百緡，付王福工食十緡，緝石十緡。車錢十一千。

二十六日丙辰　晴。偕慎齋同車詣流黎廠看寓室，遂至寶經堂閲市，見有靈石楊氏所刻《連雲簃叢書》，共四帙十二種。首爲宋吴棫《韵補》，次爲《元朝祕史》、《唐兩京（坊市）〔城坊〕考》、丘長春《西游記》、《漢石例》、俞正燮《癸巳存稿》等書。其中最佳者魏文貞《群書治要》五十卷耳，索價十四金不能得。以京錢百五千購得姚椿《國朝文録》及海寧周松靄《遺書》八種，浦江周心如《紛欣閣叢書》十四種而歸。眉批：《連筠簃叢書》：吴棫《韵補》五卷，附顧炎武《韵補正》一卷；《元朝祕史》十五卷；徐松《唐兩京城坊考》五卷；李志常《長春真人西游記》二卷；《漢石例》六卷，寶應劉寶楠著；《勾股截積算術》二卷，甘泉羅士琳著；《橢圓術》一卷，錢唐項名達著；《鏡鏡詅癡》五卷，歙鄭復光著；《癸巳存稿》十五卷，黟俞正燮著；《群書治要》五十卷；《湖北金石詩》一卷，江寧嚴觀著；《落帆樓文稿》六卷，烏程沈垚子敦著。右共十二種，百十三卷，平定張穆誦風校，靈石楊尚文墨林刊。　趙心泉來。

閲《周松靄遺書》。首爲《十三經音略》十二卷，以《大學》《中庸》別合《論》《孟》，標爲四書。《爾雅》之後，又有《大戴禮》一卷，實爲十四經。前有秦小峴侍郎、阮儀徵太傅兩序。其書以陸氏《釋文》爲主，而專執字母，以繩古經，隔標交互，辨晰豪髮；詩則極言吴才老叶音之確。故儀徵之序，頗致微詞，然尚知參考《説文》，亦不敢過違鄭注。又自言向有《爾雅補注》三十卷，采輯頗廣，今并入此書，故較它經爲繁。其中審音定義，亦頗有所發明。蓋拘守等均，不失爲一家之學者。末附上座主錢文敏，答錢竹汀，與盧抱經，與邵二雲等五書，皆力詆並時漢學諸家，而於亭林、百詩，尤加深斥，則置之不論可耳。次爲《小學餘論》二卷，皆墨守字母之旨，前亦有阮文達序，辭意與前序同。次爲《中文孝經》一卷，附《外傳》一卷。《孝經》遂易章次，大半從朱子改定之説，妄爲删并。《外傳》略采大小《戴記》中曾子語，遽自命爲中文，變亂古經，最爲謬誕。前有齊次風侍郎序。次爲《代北姓譜》二卷，條例元魏部族之姓，正史之外，僅采鄭樵《通志略》，鮮所考正。次爲《遼金元姓譜》一卷，則簡落尤甚。次爲《杜詩雙聲疊韵譜》八卷，前有王西莊、盧抱經、錢竹汀、秦小峴及武進劉尚書權之序。次爲《選材録》一卷，標舉《文選》中撰人一百三十人，僅系以字里，間有附論，亦寥寥不倫。次爲《遼詩話》一卷，刺取正史數十條，稍附益以它書，而不著其所出，亦體例之未善者。前有沈歸愚序。松靄名春，字芚兮，吾浙之海寧人，乾隆十九年進士。秦侍郎稱其所著尚有《讀經題跋》二卷、《類説》十五卷、《悉曇奥論》三卷、《佛爾雅》八卷。

鮑益夫、敦夫兄弟，王竹泉、芝仙叔姪來，邀至天樂園觀劇，小坐即還。

二十七日丁巳　晴。比夕疾動，困憊不堪，卧抗讀書而已。張牧莊招飲龍原樓，不赴。得周允臣書。

《紛欣閣叢書》共十四種，浦江周心如幼安所校刊。首爲朱子《周易參同契考異》三卷，有盧陵黄瑞節附案語。次宋吴化龍《左氏蒙求》一卷，仁和許乃濟、華亭王慶麟同注。次朱子《陰符經考異》一卷，有盧陵黄瑞節附案語。次桓寬《鹽鐵論》十卷，附陽城張敦仁《考證》一卷，次張華《博物志》十卷，《補編》二卷，周氏所自輯。次《東坡尺牘》八卷，次《山谷刀筆》二十卷，次《山谷題跋》四卷，次楊慎《異魚圖贊》四卷，次明黄衷《海語》一卷，次《江鄰幾雜誌》一卷，次馮班《馮氏小集》三卷。次《鈍吟集》三卷，附餘集一卷，别集一卷。次《游仙詩》二卷。亦馮所著。幼安又字幼海，不詳其仕履。據此書《博物志》序，言道光二年任河南裕州知州，其書刻于道光七、八年間，校勘頗疏，字亦率劣，惟《鹽鐵論》依張古餘太守影宋本翻刻，故誤字尚少。《博物志》後附校訂，又采集諸書爲補《逸文》二卷，各標出處，自可知爲績學好古者。予嘗購得其所刻《世説新語》，雖亦槧刻不精，而劉注尚全，亦可貴也。

同年蔣約夫解元東訂四月初一日會宴天和館。敖金甫來，不晤。下午身熱齒腫，益覺疲頓。以

《紛欣閣叢書》還坊間，先付錢三十緡。尚欠四十四緡。

邸鈔：奉旨是科會試共取中三百二十六名，浙江得二十五名。

二十八日戊午　晴，有風，晡後益甚。孝達來催飲，午前雇車出彰義門，赴天寧寺。藤花半落，牡丹尚有存者。席設於土山上之塔射山房，張温和所題者。同坐爲湖南王孝廉闓運、黄孝廉錫燾、福建楊中書浚、江西許編修振禕及黄巖王子莊、歸安錢振常兩孝廉。傍晚觀隋仁壽時所造磚塔而歸。李李村來。劉仙洲來，緘三師之子也。俱不值。是日寅刻東長安門内詹事府朝房火，延燒屋十六間。

二十九日己未小盡　上午晴，午後陰翳無風。剃頭。答詣楊理庵、李李村，不值。謁劉緘三師，晤談。詣邑館，晤竹泉、芝仙、益夫、敦夫、曉林、葉封。午詣謝公祠，赴雅齋、慧叔兄弟之招，同坐爲河南袁中書保龄、代州馮孝廉、鄧州高孝廉，皆不詳其名。夜歸。是日天色黄晦，氣候鬱蒸，予以積痗强對黠客，五中煩惑，幽憂曷瘳。王松谿來，鄭蓮卿來，俱不值。夜，東草廠及煤市街皆火。

邸鈔：上諭：户部、步軍統領衙門、前鋒統領、護軍統領稽查内倉御史奏内倉失火情形各一摺。本月二十八日寅刻，東長安門内詹事府朝房，毗連内倉稿庫不戒於火，延燒房屋十餘間。據户部及查倉御史奏稱，該倉於二十七日收受東省粟米後，查無閑雜人等，及遺留火種即時封鎖。何以次日無端失火，著步軍統領衙門、前鋒統領、護軍統領，督飭值班官兵嚴查，是日有無匪徒溷入。務獲究辦，不得含糊了事。内倉監督户部郎中鈺坤、鍾濂，雖無看守之責，究屬疏於防範，均著交部議處。上諭：庶吉士散館，于四月十八日在保和殿考試。

夏四月庚申朔　晴。是日憊甚，卧閲姚春木《國朝文録》殆遍。桑柏齋侍郎東訂初六日飲文昌館。付邑館公車捐銀二兩。
初二日辛酉　晴。作書致周允臣，借以近年日記兩册。單少帆來。仲修來。傍晚詣蕭山館，訪何子堅孝廉增榮，請其診脉撰方。夜西河沿又火。得謝惺齋片，取覆試卷費十六千，即作片付之。
初三日壬戌　晴。服藥小愈。仲彝來，陶少雲來，樊雲門來。傅子蓴來。同鄉楊燮和、李之芬兩孝廉來。趙桐孫來。袁爽秋來。梅卿來。劉緘三師柬約初六日會飲長春寺。是日亥初初刻九分小滿，四月中氣。浙江亥初一刻九分。
初四日癸亥　晴。峴卿來，邀今午飲龍樹寺。義烏朱鼎甫同年一新來。鼎甫一字蓉生，年少好學，經史皆通，辭賦亦有才氣，浙東之佳士也。午詣桐孫、子長，晤桐孫。詣倪葉帆大理家，通問并送行卷。午後抵龍樹寺設席。寺東之凌虛閣，緑蘆積頃，間以高樹，平疇之坳，流水瑩然，有游女湔裙於此。東望十里爲先農壇，林木鬱葱，含烟蓄景，亦都邑之佳觀矣。是日峴卿、梅仙及邑人王孝廉福琦饗其座師張孝達。孝達約仲彝、雲門聚飲，至夜二更後始散，輿燈醉歸。子長來，不值。楊理庵柬訂初十日飲松筠庵。讀《大戴禮》。
邸鈔：都察院奏奉天職員趙鴻儀等呈請爲殉難道員奏請予謚。上諭：原任江安督糧道陳克讓前於咸豐三年二月間在江寧省城殉難，業經議恤建祠。兹據趙鴻儀等呈稱，該故員服官清正，死事慘烈，援案請謚。陳克讓著加恩予謚，以彰忠節。旋賜謚忠節。
初五日甲子　陰。午微晴，傍晚大風。孝達偕貴州李編修端棻，約直隸、楚、蜀、粤、黔等省公車三十人會飲福興居，懸酒直以待中雋者，都人所謂夢局也，邀予必往。酒三行，藏鉤飛花，連盡五爵，逃席而歸。蕭山施工部本來，不值。此君年七十餘矣，猶健甚，來應禮部試。同司諸僚柬約初九日福興居作夢局。峴卿來。夜二更時有疾風發屋，從以急雨，旋爲風止。得結局片，分得前月印結銀十八兩二錢。

初六日乙丑　晴。詣長春寺赴劉緘師之招。寺中林宇邃密，有明李太后九蓮菩薩畫像。同坐者桐孫、吴泮香、均甫諸君。下午席散，再訪何子堅診脉而歸。樊雲門來，李芍洲兵部來，俱不晤。閲《洛陽伽藍記》。都中自明季以來，梵刹日盛，中官戚姓争事崇侈。國朝旗俗，奉佛尤嚴。王公施舍，動以萬計。近海内多警，宗禄减少，世卿貴姻，奉入尤薄。净土之緣既絶，三寶之慕不聞。造象飯緇，舉爲創見；結林舍宅，永斷風流。以故法徒稀寂，院塔傾壞。如崇效、花之、極樂、憫忠夙號名藍，漸皆衰落。盛極運移，亦不能無概於中也。夜，里東深溝口火。

初七日丙寅　晴，連三日大風不止。剃頭。作片致陶仲彝、少雲兄弟，以緘三師約明日謁其座師蕭山相國，擬不親往，託仲彝代致名柬行卷及門費三千。以銀三兩買高麗參四兩，爲藥物。晡後風止，天氣清佳，欲游無儔，小飲微醉。峴卿來夜談。

邸鈔：盛京户部侍郎兼管奉天府事額勒和布、奉天府尹德椿奏爲擬改府州員缺以勵人才事。竊惟奉天一省統屬州縣，或例定滿缺，或專用漢員，員缺本屬無多，升途已爲較隘。若治中、同知兩項，則竟無可遷轉。間或保列京察一等，大計卓異，名登薦剡，實無升階。雖有循吏真才，得以敬遵歷奉諭旨，據實保奏，仰懇恩施，第既得一二賢能之員，遽聽升遷他省，楚材晉用，未免可惜。若令一官沉滯，登進無階，亦殊非朝庭拔擢人才之意。伏查奉天錦州府知府係煩難中缺，例用滿員，遇缺出時向由吏部奏明，請旨補授。該府東接遼陽，西抵渝關，南臨海濱，北連邊境，雖止管領二州一縣，而幅員所轄，周回千有餘里，當山海之要衝，爲邊關之鎖鑰，近年地方多事，政務殷煩，非精明練達熟悉民情之員，不足以資統馭。合無仰懇天恩，准將錦州府知府，改爲衝煩疲難兼四要缺，遇缺出時，留于本省，由治中、同知兩項内，無論滿漢，揀員請旨升補。似于人才、吏治兩有裨益。再遼陽州知州係煩疲難升調要缺，定例專用漢員，本省漢缺州縣不多，致缺出時，或人地不宜，或於例未合，一時頗難其選。並請嗣後改爲滿漢兼用，於通省現任州縣内遴員升調。如此量爲變通，庶循吏既升轉有階，而員缺可擇人而理矣。詔：吏部議奏。

初八日丁卯　晴，下午微陰有風。晨，城内外火發三處，蓋久旱連風歊暴所致。樊雲門來，峴卿來，鎮海陳同年繼聰來，施均父來。偕愼齋詣天樂園觀劇，小坐即歸。峴卿、雲門來。作片致仲彝。周幼翹解元來。仲彝來。洗足。夜閲姚氏《國朝文録》，其所主者望谿、惜抱、海峰、梅崖數家耳，冗拙如張鱸江亦夥録之。

邸鈔：翰林院修撰徐郙升補國子監司業。

初九日戊辰　晴熱，不可單衣，風仍不止。爲仲修、竹泉、芝仙、鄭梅卿書紈扇，爲金華樓孝廉杏春書摺扇。作片致同司諸君。於福興居作數字，招竹泉、芝仙、鮑益夫兄弟喫燒鴨，擲采選。孫子授侍講來。夜，客去後食飲過多，遂致噫歒。三四更時有雨驟至，旋以風散。

邸鈔：上諭：本日劉崐奏遵保攻克松柏洞苗巢及克復鎮遠等城出力人員，開單請奬，並聲明摺片正拜發間。據營官戈鑑禀稱，總兵陳大才等五員，或徹遣出營，或現已身故，應將保案删除。惟業已列入清單，一經删除，全單即應另繕，未便因此數人致稽全案，請將陳大才等保舉徹銷等語。臣工陳奏事件宜如何小心敬愼，乃劉崐于保舉清單竟因業經繕就，憚于更换，奏請于降旨時代爲徹銷，實屬不成事體。劉崐著交部議處。

初十日己巳　晴，風不止，傍晚有大風急雨，夜澂雨數作。

閱平江李次青按察元度所撰《國朝先正事略》，共六十卷。卷一至卷二十六爲名臣，始于范文肅公文程、昭勳公圖賴，訖于何文貞桂珍、趙忠節景賢。卷二十七至卷三十一爲名儒，始于孫夏峰、黃梨洲，訖于鄧元昌、姚學塽。卷三十二至卷三十六爲經學，始于閻潛丘，終于新化之鄒漢勛。卷三十七至卷四十四爲文苑，始于侯方域，終于新化之鄧顯鶴，而以畫家陳章侯、崔青蚓、王石谷、黃尊古、羅兩峰及善書之鄧完白附焉。卷四十五至卷四十八爲遺逸，始于徐昭法，訖于八大山人、一壺先生。卷四十九至五十四爲循良，始于駱鍾麟，訖于張翰風琦，而以副將白雲上附焉。卷五十五至卷六十爲孝義。

次青自爲凡例，言昔人謂非史官不應爲人作傳，惲子居亦謂大傳非文集體，故每篇皆標題曰事略，以避作傳之名。然此編本非文集，如竟稱曰列傳，直有私史之嫌，次青蓋故迂其辭耳。又言所書不挾恩怨，不剿燕郢，事必覆實，言必有據。然所采亦有近小説或失實者，蓋撮舉群書，失于考訂。又言地名、官名，均書時制，不從古稱，然其每篇標題，有稱相國者，有稱中丞者，有稱方伯、廉訪者，有稱副使、觀察者，有稱太守、刺史者，有稱郡丞、通守、明府者，是何説也？至稱總督爲制軍，知縣爲大令，副都御史爲副憲，（此處塗抹）提督爲軍門，則并爲稟牘之俗稱矣。其文中則冢宰、大司農、宗伯、大司馬之稱，尤不勝枚舉。自言是書經始于甲子正月，脱稿于丙寅正月，蓋成書太速，不及檢勘也。又如名臣中列及潘文恭世恩、湯文端金釗、杜文正受田、翁文端心存，而蒲城王文恪何以獨遺？眉批：康熙朝獨不録王太倉，亦不可解。軍興以來，忠義諸公所載甚略，然既載江忠烈、塔忠武、羅忠節、李忠武、鄧忠武、何文貞、畢剛毅、趙忠節等八人，且先列吴文節、吕文節矣，而如向忠武、張忠武、王壯武之尤卓著者，何以不登？

又言江子屏作《漢學師承記》，稍近宋學者皆擯之。阮文達刻《皇清經解》千四百餘卷，安谿、望谿之著述，一概不收，幾于分茅設蕝。是編漢學、宋學，皆詳録其論著，屏除門户之見，然必分名儒、經學爲二門，已病拘墟。而經學所列四十四人，附見者七十六人，事迹亦多寥略。如段懋堂、程易疇、郝蘭皋、桂未谷，皆經學大師，而附見它傳，蘭皋至不知其所著有《爾雅義疏》。王文簡引之詁訓專家，而附見其祖文肅名臣傳末，猶以官躋九列，從國史大臣傳例也。石渠經儒眉目，文簡之學，皆出庭誥，而官止四品，自宜別見，何以亦附文肅傳中？眉批：是書如張文端、張文和、鄂文端、鄂剛烈、傅文忠、福文襄、阿文成、那文毅父子祖孫，皆分傳各卷。朱文正見名臣傳，而其兄竹君見經學傳。經學中如惠半農，松崖父子亦分傳各卷，此法甚合。舒城吕文節，父名飛鵬，爲凌次仲弟子，著有《周禮補注》等書，早已刊行，而是編名臣《吕文節傳》，首但云贈公某，邃于經學，至不能舉其名。它如（此處塗抹）武進莊侍郎存與及其從子述祖、（此處塗抹）仁和瞿氏灝、（此處塗抹）氏、寶應劉氏台拱、閩陳氏壽祺、涇胡氏承珙、臨海洪氏頤煊、績谿胡氏培翬、海寧陳氏鱣、江都凌氏曙、及近時吴陳氏奂、安丘王氏筠、遵義鄭氏珍，皆漢學魁桀，著述風行，立品粹然，行事可考，而概未之及。名儒中至列及吾鄉之潘諮，文苑中至列及熊伯龍、劉子壯、尤侗、章藻功、王步青、俞長城、藍鼎元、陳道、鄭燮、王曇、樂鈞、陳用光、湯貽汾、湯鵬，而吾鄉之章氏學誠、仁和之龔氏自珍，乃反漏逸。眉批：文苑一門，至爲繁猥，然如長洲彭秋士、汪大紳、瑞金羅臺山、桐鄉馮孟亭父子、嘉興錢衎石兄弟、涇縣包慎伯，皆是自名其家者，而不見甄録，何耶？又江子屏於《漢學師承記》外，自有《宋學淵原録》一書，兩不相羼越，何嘗盡擯宋學？仁和趙鹿泉湛深經學，著書十餘種，而附之文苑《竇公光鼐傳》末，但云以制舉業名天下，著有《清獻堂集》，可知於此事未嘗深究矣。要之次青以諸生從戎，數十年屢遘險屯，而能潛心撰述，有裨文獻，大體可觀，敘次亦有筆力，楚南推次青與前陝西巡撫劉霞仙爲奇才，良不虚也。

上午詣教場胡同松筠庵，赴楊理庵之招。庵即楊忠愍故宅。其前爲忠愍祠，有桂未谷分書，趙味辛所撰楹聯云：『燕市宅依然，兩疏共傳公有膽；鈐山堂在否，十年不出彼何心。』語意未能晐括。又有山陽阮侍郎葵生篆書長聯，尤不工。庵中疊石滿庭，花草頗盛。同坐有張子虞及温州潘自彊主事、湖南賀孝廉等六七人。

下午偕子虞同至流黎廠寶森堂閲書，有昭文張金吾月霄所著《愛日精廬藏書志》兩帙，共三十六卷，前有顧千里序及月霄自序兩首，專取世間不經見之本，載其序跋，間附考識。月霄著有《廣釋名》，已刻入《知不足齋叢書》，又撰《隋書經籍志考證》，固爲博洽之士。而此書於宋元人序跋説經繆妄之語，多所登載，豈務博綜者不能别擇歟。又閲上海徐渭仁所刻漢魏至隋金石模本四册，雙鉤工整，自言較黄氏小蓬萊閣本爲精，而過求完密，轉失神氣，不如黄氏之得其真。其《漢太尉楊震碑》據拓本以駁王氏萃編之誤，自爲可貴。是日廠市探刺闈中填榜名氏，標門賣看，名曰紅録，車馬闐咽。遂取張氏藏書志及顧千里等補刻曹楝亭所刊《集韵》以歸。

邸鈔：詔：本月十二日再親詣大高殿祈雨，時應宫等分遣諸王。

十一日庚午　上午晴，風，下午風，霾雨黄沙，晚雷電風雨，有雹。是日榜發，山會兩邑只一人，曰周福清。（此處塗抹）峴卿來。得孝達片，招夜飲福興居，辭之。

十二日辛未　晴，大風。晨偕沓齋過峴卿小談。孫琴士來，言前日已引見，得旨發陝西以知州用。吴蓉圃侍御來，言因監試，昨日始出闈。王杉圃來，言即日南還。義烏陳同年翔病歿京邸，賻以錢二十千。夜月甚佳。峴卿、沓齋邀出游，不果。廣安門内火。

邸鈔：右春坊右庶子祁世長轉補左春坊左庶子，翰林院侍讀楊慶麟升補右庶子。

十三日壬申　晴，熱甚。禮部取闈卷出，爲霍穆歡所抑，文章有價，信哉！以京錢五十三千，買金薄十五帖，爲王氏妹裹手釧。仲彝、少雲來，樊雲門來。李子長來，言以知縣發廣西。傅子蓴來。同邑舉人張爽齋來。梅卿來。作片約仲彝、峴卿、少雲、雲門及舊塾師王蓉舫、蕭山何子堅孝廉，夜飲福興居，王、何兩君以事辭。夜偕慎齋及孫、陶、樊四君、傅子蓴飲。始嘗蚕豆及冰果，二更後歸。

十四日癸酉　熱甚。剃頭，出門送鄭同年雩之行，不值。訪朱鼎甫、潘鳳洲、張孝達、樊雲門、施均甫、張子虞、譚仲修、吴碩卿，俱不值。晤王子裳、袁爽秋、王杉圃、傅子蓴。某生少年狂騃，予憐其貧，且有小慧，可造就，故往答之。而出言率爾，竟至以戒游惜費相規，孺子盲于心，欲令乃公受教耶？此可駭矣！詣邑館，偕竹泉、芝仙、曉林、葉封、敦夫、益夫、杏村，牧莊劇談，日昳而歸，付車錢九千。

邸鈔：翰林院侍講學士吴元炳奏請賞假四月，開缺回籍迎養。許之。

十五日甲戌　晴，熱甚。

閲蕭常《續後漢書》。蕭氏學識未精，不能知陳氏作書之意，其所采亦不出原書及注，而于吴、魏人事，務從刊落，曹氏尤爲簡略。其以陳登、袁涣、邴原、陸績四人爲未嘗忘漢，拔冠列傳，在諸葛忠武之前，然陳、袁猶爲有説，邴、陸既未與昭烈交，而邴仕曹氏，累居右職，陸仕孫吴，官至將軍，强爲漢臣，殊非史體。其末附音義四卷，頗兼訂陳氏之誤，亦有可采。而音詁多疏，間附議論，且自明其書法，尤近迂腐。惟其大恉自正，文筆亦潔，其法班氏，以論爲贊，亦頗能自抒所見。如《昭烈吴后贊》，譏昭烈事勢與晉文公在秦時異，不得援懷嬴爲口實，以法正爲逢君之惡，而以趙雲不肯娶趙範之嫂相形。諸葛贊全載廣漢張栻之論，以不能諫立吴后，且爲之持節册詔，又不能輔後主行三年之喪，且未逾年而改元，爲誠有餘而學不足。崔林贊譏其議駁魯相秩祀孔子之請，以爲蔑師侮聖，與唐歸崇敬之請東面祀孔子，其妄正同。而舉宋藝祖不拜相國寺浮屠像，獨至國學北面再拜，爲足垂法百王。王肅贊譏其請號漢獻爲皇而不帝，以爲妄貶舊君，曲學阿世，爲無忌憚之小人。皆義正詞嚴，有裨名教。它若以趙雲通達治體，於關、張諸將中爲最優。以魏延之請由褒中出子午谷攻關中爲奇策，必可得志，而武鄉不用，爲失事會。以華歆之牽后壞壁，郗慮之奏收孔融，爲死黨于操，皆名德自居，而梟獍其行。以鍾繇、陳群之議復肉刑，爲助操殺人。以辛毗之爲袁譚使曹操，而陳説二袁之必亡，爲賣主以圖己進身之基。以東京爲亡于賈詡。以司馬温公稱荀彧爲仁，其謬同于范史。皆識斷獨優，多前人所未及。《四庫提要》舉其《昭烈紀》所云封陸城侯，與陳志云封陸城亭侯異，不知其所本，則蕭氏于《音義》首一條，已據《漢書·王子侯表》言之甚明。案：班表中山靖王子貞封陸城侯，固無亭字，而《地理志》中山國下有陸成縣，則貞之爲亭侯、縣侯，固未可定，蕭氏去之是也。眉批：顧亭林、錢竹汀皆據西京無亭侯之説。封陸城侯者爲昭烈之先世，《提要》不分晰言之，幾似爲昭烈之封矣。

夜二更許，有雷電，三更時雨。

邸鈔：提督衙門奏廣安門内火，延燒官房十二間。

十六日乙亥　陰涼，溦雨。峴卿來，李子長來，馮子若名錫綬，桐鄉人，星實先生曾孫。孝廉來。得鍾子勤文書。中表倪越湖郡丞來，請二十四日爲其弟迎親。是日得風有爽氣，而疲茶更增，終日多卧，傍晚夕景艷開，坐檐下看書，稍覺體適。

邸鈔：廣東巡撫署廣西巡撫李福泰病故。上諭：李福泰由即用知縣洊擢封圻，辦事實心，克勤厥職。兹聞溘逝，悼惜殊深。著照巡撫例賜恤，任内一切處分，悉予開復。以二品頂戴、前任直隸總督劉長佑爲廣東巡撫，馳赴新任，毋庸來京請訓。以廣西布政使康國器暫行護理廣西巡撫。

十七日丙子　晴。以《續後漢書》贈愼齋。晨間疾發憊甚，卧閲《愛日精廬藏書志》。

十八日丁丑　上午晴，風，下午大風，陰晦有雨。陳藍洲來自杭州，入都待優貢朝考。李子長來，史寶卿來，樊雲門來，梅仙來。作書致平景蓀及族弟小帆于江西。作片致王杉圃，以江西書託寄。作片致傅子蓴，取《潛研堂集》《衎石齋集》。作片致何子堅，屬改藥方。謝夢漁給諫來，萬蓮初禮部來，俱不晤。

邸鈔：上諭：前因甘肅金積堡賊巢蕩平，提督章合才等統帶湘軍，異常出力，當經諭令左宗棠先請奬敘仍存記，俟甘肅全省廓清，再請恩施。兹據奏稱遵旨請奬等語，提督章合才、蕭章開、何作霖、陶定昇、李雲貴各賞給白玉翎管一枝，白玉般指一個，玉柄小刀一把，大荷包一對，小荷包兩個。喻執一、曾松明、王承贊、尹興茂、周雲祥、席大成，均交部照一等軍功例從優議敘。熊有常、易治中、譚拔萃、李占椿、潘雲璋、譚上連，均賞穿黄馬褂。余虎恩賞給三代正一品封典。上諭：倭仁奏病久未愈，請仍准開缺一摺。倭仁著再賞假兩個月，毋庸開缺，並賞給人參六兩，以資調理。

十九日戊寅　午正二刻十二分芒種，浙江三刻十二分。五月節。晴，下午大風，有雨數點即止。出門詣孫琴士，晤。詣王杉圃，晤。詣譚硯孫，不值。詣吴蓉圃，晤。詣潘星翁，晤。詣張香濤，晤。詣邑館，晤王竹泉、芝仙、鮑益夫、敦夫、阮孝林、雨農、田杏村、宋薇川、史寶卿、周吉臣，并送王、鮑諸君南旋。詣吴興館，訪施均甫。晚歸。付車錢十五千。子蓴來，不值。芝仙饋茗朮。犒使五千。

邸鈔：詔：本月二十二日再詣大高殿祈雨，分遣諸王公禱各宫廟潭祠。

二十日己卯　晴。義烏樓孝廉杏春來。潘伯寅柬請廿二日夜飲。黄元同來。王芝仙、鮑益夫來辭行。作書致伯寅，贈以廖道南《殿閣詞林記》及越釀一小瓮。偕元同步詣藍洲，不值。詣桐孫、子長，小坐而歸。得伯寅復。峴卿邀同仲彝、雲門、少篔小飲其寓。三鼓始散。付製手釧工錢七千五百有奇。

邸鈔：浙江巡撫楊昌濬奏二、三月間浙江省城猝遭暴風雨雹，倒坍民房，壓斃人口，餘杭縣尤甚。衙署、倉廒、民房均有坍塌，春花間有受傷。嚴州、金華、紹興、湖州各府亦各被風雹。山陰、會稽二縣並坍倒廟宇民房、傷斃人口。上諭：此次風雹猛烈，地方民人猝受災傷，殊深軫念。著楊昌濬飭令各該地方官，查明被災輕重情形，妥爲辦理。廟宇、官房分別勘修，倒坍民房無力修復及壓斃人口量予撫恤，其春花受傷較重之處，並著查明，暫緩征收，以紓民力。

二十一日庚辰　晴，酷熱。得潘紱丈書贈高麗紙十番，鹿果糕一匣，作書復謝，受紙返膠。剃頭。周吉臣來。元同來。爲慎齋書紈扇，爲雲門書摺扇，爲仲彝書直幀。夜風，二更有雨。

二十二日辛巳　晴，稍涼。桐孫來。子長來。爲陶少篔書直幀。作片致仲彝并所書件。作致季弟書，以銀十兩寄家用，并季弟所需靴夾子、眼鏡、韜雁玉佩，三弟所需靴夾子、頭風藥，三妹金冒條脱及鬢花兩匣，俱託慎齋附去。陳同叔來。伯寅來速飲。梅卿又招飲廊房胡衕新酒樓。晚過梅卿小坐，即詣伯寅，酒已半闌，同席爲董研秋文煥觀察、張松坪德容太守諸君，夜歸。

邸鈔：文華殿大學士管理國子監事務倭仁卒，遞遺摺。上諭：大學士倭仁學術純正，志慮忠誠，受先朝知遇之隆，由翰林洊躋卿貳，特恩命直上書房，旋授盛京侍郎，均能恪恭盡職。朕御極之初，蒙兩宮皇太后簡用耆碩，洊任正卿，旋晉綸扉，並命在弘德殿授讀，朝夕納誨，于兹十年，深資啓沃。前因患病，迭經賞假，遽聞溘逝，悼惜良深。披覽遺章，于修齊治平之道，敷陳剴切，語不及私，閲之尤深悽愴。著賞給陀羅經被，派貝勒奕劻帶領侍衛十員，即日前往奠醊。加恩晉贈太保，照大學士賜恤，入祀賢良祠。賜謚文端。任內一切處分，悉予開復。應得恤典，該衙門察例具奏。伊子廣東候補同知福綸，俟服闋以同知留省即補。理藩院員外郎福裕俟服闋以該衙門郎中補用。伊孫户部候補員外郎衡峻，以本部員外郎即補。衡瑞賞給舉人，一體會試；衡齡賞給主事；衡珊、衡琪均賞給内閣中書，用示篤念耆臣至意。旋予謚文端。

命單懋謙管理國子監事務。上諭：内閣學士宋晉奏重赴鹿鳴、恩榮等宴，辦理未能畫一，請飭部酌議章程一摺，著禮部議奏。原奏稱，嘉慶二十一年，奉旨三品以上大員專奏與宴，四品以下督撫咨報禮部准令與宴。同治元年三月，禮部議覆。福建巡撫瑞濱奏五品銜編修林春溥請准赴瓊林筵宴，並請應否賞給升銜。奉上諭：賞加四品卿銜。是三品以下已有時專奏特荷恩施。今年聞有山東進士、浙江衢州同知陳述經年九十餘，重遇恩榮，此等榮榜重逢，實爲一代盛事，可否下禮以酌議。

二十三日壬午　晴，熱甚。晨送愼齋南還。樊雲門來話別。元同來談兩次。下午進城詣梅卿、梅仙，談至晚歸。仲彝、心箕邀同雲門、峴卿夜飲萬福居，燃燈敘別，二更而罷。是日借梅卿銀二十兩，付王福二金，緝石二金，王元十六千。子虞來，不值。

二十四日癸未　晴。上午詣故廷尉倪葉帆舅氏家，賀中表弟三郎娶婦，送禮錢四千。晤唐耕石宗丞，朱肯夫編修。復詣吴松堂，屬其問吏部選期。詣碩卿吊其喪子之戚，即歸。梅仙來。晡後詣藍洲，不值。詣曲里晤梅仙及安仁軒，同步至福興居，并招藍洲、子虞夜飲，呼芷秋左觴。酒畢復從梅仙、子虞及阮孝林、王子裳飲曲中，三更歸。付曲錢十二千。

二十五日甲申　晴。上午出門，詣陳同叔晤。詣周幼翹、周子千工部，俱不值。詣謝夢漁，不值。詣張孝達，談至午後歸。付車直十二千。是日傳臚，狀元梁耀樞，廣東順德人；榜眼高岳嵩，陝西長安人；探花郁崑，蕭山人。

二十六日乙酉　上午陰，下午雨，入夜有聲，凉可袷衣。同司廷愷員外嫁妹，送粉資四千。碩卿殯其子于增壽寺，送楮資四千。終日閲《潛研堂集》。

二十七日丙戌　上午小雨，下午微晴，有日景，夜雨有聲。作書致梅卿，得復。王子莊來。南海桂皓亭來，言比年校刻《廣東圖經》已成。作書致鍾子勤上海，屬皓亭附去。梅卿來。

邸鈔：上諭：前因烏里雅蘇臺參贊大臣錦丕勒多爾濟奏參福濟謬妄貽誤各款，當經諭令科布多參贊大臣奎昌馳赴烏里雅蘇臺，會同定邊參贊大臣榮全查明具奏。兹據奎昌、榮全奏稱，上年賊陷烏城，福濟遇救得生，是否與賊同居，此時無從質訊。至以倉庫酬賊，係得自傳聞，亦無確據。其奏報賊名，係據難民稱述。所殺蒙民，均係搶奪匪徒，並非置之不理。至被擾地方，事前既令蒙古各盟固守藩籬，事後又調内地大兵會合防剿，尚非漠視不恤。惟額魯特人衆搶擄牲一節，實有其事。因烏垣旋陷，未及究辦，至改調察哈爾馬隊，因賊已遠颺，咨令暫在賽爾烏蘇一帶聽候調遣，並未止令歸伍各等語。福濟被參各節，雖查無實據，惟身膺邊寄，不能振作有爲，力圖報稱，實屬有負委任。該將軍前經革職留任，著即行革任，以示懲儆。錦丕勒多爾濟與福濟同辦一事，不能和衷共濟，逮債事後，輒思諉過于人，已屬非是，本日復與福濟、奎昌、榮全聯銜奏請，以該參贊能得衆心爲詞，擬即馳歸游牧，尤屬謬妄。錦丕勒多爾濟著即開參贊大臣缺，交理藩院嚴加議處。以寧夏副都統金順爲烏里雅蘇臺將軍，就近馳驛前往。以謙禧爲寧夏副都統。鄭敦謹奏病難速痊，懇請開缺。詔：再賞假兩月，安心調理。翰林院侍講鍾寶華轉補侍讀。以司經局洗馬許應騤爲翰林院侍講。

二十八日丁亥　上午雨聲不絶，下午漸晴。作書致邑館諸君問行期及留京謀舍館事。得峴卿書，并昨夕所填讀鄙製樂府《舟覲》《秋夢》長調各一闋。是日新進士朝考，題爲『大禹勤求賢士論』，『刑賞忠厚之至疏』，詩題『細雨荷鋤立得鋤字』。夜中復雨，薄涼感人，擬賦小詞寄故園親友，并示都門諸同志，不就。

邸鈔：奕榕補授吉林將軍。豐紳補授錦州副都統，仍護理寧夏將軍事務。古尼音布仍署理錦州副都統。吏科掌印給事中景雲授廣西南寧府知府。

二十九日戊子　晴熱。剃頭。檢比書籍，擇其不急及習見者置兩大篋，擬託梅仙先携歸南中。元同來。梅仙來辭行。夜詣同寓王進士玉森談。進士號梅舫，大城人，朝考列一等，當入翰林。其人樸實，北士之未刓者也。賞梅仙僮梁桂錢四千。

邸鈔：散館庶吉士劉廷枚等五十人改編修。王邦璽等六人改檢討。皇甫治等十一人改部屬。張清元等十人改知縣。譚研孫及餘姚邵曰濂、會稽鮑存曉俱留館，蕭山蔡以瑺改部屬，浙人許竹篔留館，陶子方改知縣。

三十日己丑　晴，下午陰，微涼。作書致季弟。作書致秦澹如觀察，託子長附去。作書致伯寅侍郎，取還前出都時寄存書篋。署吏禀知，重五日派地壇陪祀。伯寅、香濤柬訂明日會飲龍樹寺。陶少篔來辭行。作片致桐孫、子長、致王子莊，俱詢行期。得伯寅侍郎復書，得子莊復。付店寓直京錢五十緡。付寶經堂書直十五緡。王梅舫進士來。

邸鈔：上諭：宗人府等衙門奏主事福珣被札身死一案。據要犯已革三等護衛玉壽供，有伊主鄭親王主使。經該親王兩次投遞親供反覆辨論，而玉壽堅執前供矢口不移。案關親王主使糾毆致斃人命，虛實均應徹底根究。著宗人府傳令鄭親王承志到案質訊，並派軍機大臣會同宗人府刑部詳細研鞫具奏。

五月庚寅朔　晴曣微陰。上午出門送陶少篔、趙桐孫、李子長、陳葉封、田杏村諸君之行，俱晤。南半截胡同看屋，途遇傅子蓴，偕就廣盉居吃餅粥。遂詣龍樹寺，赴伯寅、孝達之招，到者二十餘人。名士畢集，而吾鄉之妄人天水生亦與焉。諸君多不欲均茵伏，伯寅賦紙，屬分紀以言，且請秦宜亭户部繪圖，傍晚歸。譚研孫來，趙心泉來，梅卿來，俱不值。結局片來，分得四月銀十二兩六錢。伯寅書來，還所寄書籍。得周吉臣書。夜檢覆諸書，并寄回家中者屏當兩篋，訖共三十種，計五百五十册，寫書目四紙寄舍弟，鷄鳴始寢。

初二日辛卯　晴。曉睡中疾動。作書致梅卿，贈以高注《戰國策》。梅仙以今日行。以書篋遞至通州，屬其由路今作潞。河附輪船去，付小車錢四千。得伯寅書，即復犒其紀綱錢六千。終日雜閱舊存書。死生契闊，與子偕老，故人重敘之情，蓋不是過。

邸鈔：命兵部尚書載齡、户部右侍郎李鴻藻教習庶吉士。

初三日壬辰　晴。閱凌次仲《校禮堂集》。作書致梅卿得復。作片致謝惺齋，爲山會東館賃屋事。朱厚齋刑部來，不晤。陝西司吏送來飯食銀六兩二錢，賞吏役等錢六千。梅卿來。洗足。

邸鈔：工部右侍郎童華仍在上書房行走。

初四日癸巳　晴，熱甚，有風。得孫琴士書，言初六日赴關中。上午出門詣琴士小談。即詣劉副憲師賀節。遂進城詣徐太常師賀節。并謁竇尚書、董尚書、延侍郎。又訪同官廷員外廷彦，鍾郎中鍾濂、廷員外廷愷、趙主事鴻儀。晤子俊、心泉兩君。心泉尊人蘭友觀察爲嘉慶辛未進士，其齋壁懸周芸皐觀察凱所繪《龍樹寺同年雅集圖》，林文忠撰記，題詩甚夥。晡後詣梅卿寓暢談，夜三更後，坐車出德勝門，詣北郊陪祀，代祭者爲醇王。自諸王、貝子、都統及太常寺官屬外，各曹陪祀官無到者，御史亦早散歸。典秩不肅，可謂甚矣。

邸鈔：新科進士惲彦彬等九十人俱改爲翰林院庶吉士。陳炳星等七十六人俱交部學習。楊銘等六人俱以内閣中書用。劉承寬等百三十一人俱交吏部分發各省以知縣即用，餘歸班銓選。浙江金保泰、陸廷黻、吴觀禮、孫汝贊、林國柱、周福清等十一人得庶吉士。孫禄增、錢振常等得主事。邵世恩、周紹适、王啓渠等得知縣。陳康祺仍以刑部員外郎用。是科進士即以姓名言之，有足供捧腹者，庶吉士則有李鐵林、吴西川、崔國因、毛五和、瞿鴻禨、楊成友、黄崇惺。部屬則有區雲漢、劉章天、高彤萱、王廣寒、趙環慶、孫萬春、盧英倜、任明哲、畢奉先、李平先。知縣則有鄭聲鏘、宋紹波、陳駟門、杜天樞、許虎夔、陳鳳靈、劉竇燭、黄興樹、尹起鸞、趙擇雅、李敦煌、蘇超才、徐步月、邢彤雲、王方田、劉酇田、黄金山、張琅函、姚再熏、精一。郎中歸班者有許奇寯，員外歸班者有方功勑。中惟步月、彤雲，取資先達，餘皆古今所創見，略舉于此，亦後世續《啓顔録》者所必采也。

初五日甲午　卯初二刻十四分夏至，五月中氣。浙江卯初三刻十四分。晴，熱甚。壇祀禮畢，日已加辰。偕梅仙各飲馬而歸，巳刻抵寓。午具鷄凫、黍韭、果蓏祭先人。王子裳來，倪越湖來，張牧莊來，俱不晤。得伯寅侍郎書。子裳贈明人臨海金賁亨《台學原流》一册，爲卷七。爲傳三十有八，始于宋之徐真定先生中行，訖于明之陳恭愍公選，僅四十餘葉，台州新刻本。又黄巖女士戚桂裳太平進士鶴泉先生女孫。《趙韵花詩詞》一册。得孫琴士片，言改初九日行。作書致梅卿，借銀十兩，付店中寓直錢六十三千，又賞邸人六千。付王福工食錢十千，節賞四千。緝石傭工錢八千，節賞一千。陳嫗傭工錢十千。付福興居酒食錢五十千。東興居小饌錢三十千。付車直錢十七千，節賞一千。付邸鈔錢十千。賞胡僕七千。

初六日乙未　陰。作書致香濤，致謝惺齋，致梅卿。謝夢漁給諫來。張牧莊來。元同來。梅卿來。得孝達復，惺齋復。集録舊文。峴卿來，夜雨聲徹曉。閱寶應劉又徐玉麐《甓齋遺稿》、《學海堂經解》節取本也。雖僅盈一卷，而古義確鑿，典制犂然。其辨大夫、士及婦人、宗廟皆有主一條，極爲明晰。所附薛氏傳均、劉氏文淇、劉氏寶楠案語，亦俱詳備。是日剃頭。

邸鈔：翰林院侍講學士孫家鼐奏請開缺回籍養親。許之。

初七日丙申　雨至上午止，下午晴，蒸溽如南中。譚研孫來。鄉人某躁而耆利，官户部主事，與胥吏比，招摇賄賂，家以小康。部長官頗聞之，故久不得遷員外，益恣睢狼籍。近主山會邑館，剥削寒士，多設名目，爲浸潤計。人以其老而悍，置不與校。頃以予欲移寓館之東屋，恐不便于彼，遂力撓沮，嗾謝惺齋等互設難端，懸索高價。今日惺齋持片來，告此輩伎倆不直一哂，然予若强移具往，則墮其術中矣。作復書數行，略發其覆，風令汗頰而已。夜雨。

邸鈔：詔工部右侍郎童華授奕詳、奕詢、奕謨讀。

初八日丁酉　濕陰溦雨，下午晴。作書致吕定子編修關中。定子近奉命贊畫劉提督軍務也。作片致琴士屬附去。得趙心泉片，約後明日午飲龍源樓。吴蓉圃侍御柬請十一日飲餘慶堂。琴士來辭行。再作書致謝惺齋，窮詰詭狀，當令此輩齒相擊也。

初九日戊戌　上午密雨，至晡後晴。連日黴溽垢膩，昔年都下所未有也。峴卿來，爲書紈扇一柄。是日得詩一首，詞二闋。

高陽臺 送計偕諸子還里

絳蠟凝榴，香綿卷絮，滿天梅雨初飄。潞水盈盈，故人争趁歸橈。客中已自傷摇落，况河梁、把袂魂銷。只相思、月墮空檣，酒醒荒郊。　山陰此日真如畫，有林霏匝岸，水渌平橋。扇影衣香，蘋風十里吹簫。啼鵑歇後聞啼鴂，怎歸心，不溯江潮。漫登臨，夕照金臺，冷落前朝。

湘春夜月孫彦清孝濂見題舊製樂府《秋夢》《舟覲》事各一詞，雨夜棖觸舊愁，賦此自懺，并柬彦清。

又天涯，暮窗疏雨瀟瀟。忍把舊恨新愁，都付與檀槽。誰分淚痕羅帊，自玉容人去，濕到今朝。祇夢中指點，荒墳吊鴂，暗户懸蛸。何堪更憶，枇杷舊巷，凉月單宵。鬢影凄凉，應只對，空床塵積，破屋燈摇。沈郎老矣，懺人天，綺語都消。算贏得、向長安倦旅，重翻恨譜，添訴無聊。

潘伯寅侍郎張孝達編修招集龍樹寺分紀以詩

客賞良不易，官程况多促。輟洗解華簪，相携玩嘉旭。宛彼城南隅，地曠衆景蓄。招提出烟際，老槐互蜷曲。修池帶叢蘆，敧廊蔭疏竹。欣此微陰娱，遠風扇新緑。開軒緬西山，嵐翠若初沐。玉醴既以陳，清言取相觸。感樂窮萬變，芳華富一矚。情有異同畛，道爲智愚局。翳予寡素尚，塵鞅苦羈束。幸陪君子歡，幽襟未易足。漸覺暮靄生，鐘魚自賡續。吟遲新月上，倦此不遑宿。歸去滌塵夢，松泉響幽谷。

初十日己亥　陰。作書致伯寅、香濤，各寫昨詩詒之。作書致潘星翁，并補作前招飲鷗波館詩一首録呈。心泉來催飲，作片辭之。

星齋先生招飲小鷗波館後日賦謝

七載還故山，長飢狎麇麖。偶然貢遐夢，杖履若延佇。維公海鶴姿，風雅實宗主。重隨計吏謁，略分愜塵撫。戒賓啓東閣，遥筵列尊俎。既幸厭吴鮭，復喜挹談塵。喬柯接檐風，疏花宿庭雨。微雲媚湘簾，斜陽眷朱户。人生重嘉會，兼金比芳序。慚無元悟才，蓬飛感離聚。安得五湖船，從公釣烟渚。

十一日庚子　陰溽鬱熱。得星翁復，香濤復。得伯寅復，以所刻金誠齋《求古録》、《禮説補遺》、龔定盦《太誓答問》、陳碩甫《公羊何注逸禮考證》、唐沙門湛然《輔行記》同官胡君澍從北藏本摘録。共兩册見贈，并屬以一分贈元同。上午出謁徐壽蘅先生，不晤。詣族兄雅齋，賀其新補刑部福建司主事。詣餘慶堂，赴蓉圃侍御之招，晡後席散。詣鐵門看屋，賃得唐氏宅一區，約十五六間，議定月出錢三十六千，先付錢十千爲質。傍晚歸，付車錢六千。賈琴巖來。

夜閲《太誓答問》，極辨晚出《太誓》之不可信，謂伏書廿九篇，以《康王之誥》本不合于《顧命》也，晚出《太誓》，乃周、秦間人之書，力駁惠、江、王、孫諸家之説。然謂孔安國不傳古文，謂《顧命》及《康王之誥》自古分爲兩篇，孔子所見如此，則定盦何從而知之耶？又閲《公羊注逸禮考證》，其弟子元和陳君倬所綴緝，間附識己意。陳君己未進士，今官户部主事。

十二日辛丑　晴熱。作書致元同、致梅卿。作書致伯寅，得復。閲《求古録禮説補遺》共七篇《郊乘大路解》《祊繹辨》《八音次序説》《柷敔考》《敦考》《射耦考》《日祭月祀辨》。友人王子莊所録者。誠齋持論，好與鄭君爲難，而頗有心得，日祭月祀之辨尤佳。

邸鈔：江西巡撫劉坤一奏請以明茶陵州知州、前南京太常少卿贈太常卿夏良勝從祀文廟。詔：禮部議奏。原疏言良勝所著有《中庸衍義》十七卷，《東洲初稿》十四卷及《周易變卦説》《易經缶説》《選司存稿》《東洲賸稿》《東戍録》諸書。

十三日壬寅　晴，酷熱。剃頭。陸漁笙庶常廷黻來。梅卿來。夜坐看月久之，就枕後突病齒痛。

邸鈔：河南南陽鎮總兵王萬釗病卒，以記名提督湖南乾州協副將。趙鴻舉爲南陽鎮總兵。上諭：劉崐奏湖南會匪劉道美等糾黨滋事，于四月十三、十六等日分陷益陽、龍陽縣城。游擊羅德煌、姚華武等先後率勇奮擊，將兩縣城池收復。賊退竄桃花江等處，道員李光燎等截擊，斃賊甚多，餘賊向舒塘敗竄。著劉崐迅飭各軍，將在逃首逆按名弋獲，並將匪黨悉數殲除。益陽縣知縣黃應誥、龍陽縣知縣陳奉祥、常德協副將陶藻均革職隨營效力。

十四日癸卯　晴，酷熱。元同來，藍洲來。元同言明日南還。周生文令來。齒痛。雜閱彭兆蓀、張惠言、金式玉、董士錫諸家賦。

十五日甲辰　晴，傍晚大風。得伯寅書，并借朱提三十兩，即復。齒痛多卧。峴卿來。晡後呼車欲出門，以風發止。

閱《繹史》卷九十六越滅吴上下兩卷。句踐入宦于吴事，萌芽于《國語》，然僅言爲吴王前馬，蓋因入朝而爲先馬，猶楚共王陽橋之役，蔡景公爲左，許靈公爲右也。而曰入宦三年，則或吴因入朝而留之，久始得歸國。《左傳》《史記》俱不言有宦吴事。《韓非子》亦但云爲吴王洗馬。孟子以句踐事吴，與太王事獯鬻並言，是不過以小事大之常。趙長君東漢陋儒，其撰《吴越春秋》，皆以鄉曲猥俗之言，景撰故事，增成穢説，蓋誤會宦士于吴之言，而以爲身自入宦；誤會男女晐姓之言，而以爲夫婦入事；誤會范蠡爲質之言，而以爲蠡與句踐夫婦同囚石室。獨不思當日越提封千里，謀臣良將，任備内外，雖敗栖會稽，而觀諸稽郢行成之辭，大夫種五千人觸戰之説，其氣猶壯。故伍胥謂越非懾畏吾甲兵之强，夫差亦欲藉以春秋曜軍，則其負固不服，尚可想見。且王號未改，依然敵國，惟卑禮厚幣，以侈吴心而司其間耳。長君乃又造爲吴更封越百里之説，且言越入胥門，子胥頭如車輪，目若二電，髮射十里，其鄙淺怪妄，齊東所不道，而古今信之，何哉！

是夕月望，夜爲蚤蚤所擾，兼病齒，徹曉不寐。

邸鈔：上諭：定安金順奏寧夏西岸三縣回匪剿辦完竣一摺。金順、張曜等軍，自攻克王家疃莊及通昌、通貴賊巢後，納家閘之賊，堅守不下，各處逃匪麇集其中。金順、張曜親督將士，開挖長濠，四面鎖圍，暗約良回内應，于四月十六日統率各軍斬關而入。該逆倉猝抗拒，巷戰兩時之久，賊屍枕籍。賊首納萬受等猶率悍黨併入納萬郭内寨死拒，官軍立時攻入，生擒首逆納萬郭等及悍黨九百餘人，悉數駢誅。連日復搜獲逆黨四百餘人，一併訊明正法，餘衆分别安插，寧夏、寧朔、平羅一律肅清。新授烏里雅蘇臺將軍金順、廣東陸路提督張曜，連年督軍剿賊，親冒矢石，迭除巨股。綏遠城將軍定安派軍策應，兼籌糧運，俱堪嘉尚。定安、金順、張曜均交部從優議敘。在事尤爲出力之提督程之偉、副都統托雲布均賞穿黄馬褂。提督王連三賞給頭品頂帶，並賞給三代一品封典。提督孫金彪、總兵李考祥均賞穿黄馬褂。副將俞厚安、王明泰以總兵交軍機處記名，遇缺儘先題奏，並賞加提督銜。升用提督李葆珠、總兵劉宏發均賞穿黄馬褂。副將吴金魁以總兵交軍機處記名簡放，並賞换額騰依巴圖魯名號。王玉山賞换額圖洪額馬圖魯名號。提督劉廷著賞空黄馬褂。餘升賞有差。上諭：張曜、宋慶兩軍由豫赴甘，越境助剿，李鶴年籌濟餉需，不遺餘力，得以次第進兵，肅清北路，實能力顧大局。李鶴年著交部從優議敘。

十六日乙巳　晴，酷熱。閲《史記》。遣王福詣鐵門交寓直、顧表糊工費。撰卜居《七券》文，言吴越林泉之勝也。自甲子歲在都，擬爲之卒未果，今日始得兩章，以心气耗而止。夜蝨蚤之虐益甚。

邸鈔：禮部左侍郎殷兆鏞奏葬親需時，懇請開缺。許之。禮部右侍郎温葆深轉補左侍郎。以内閣學士邵亨豫爲禮部右侍郎。

十七日丙午　晨陰有雷，微雨，上午復晴。再撰《七券》文兩章。付寓直京錢百千，以二十八千爲灑掃之費，于十二日起租。梅卿來，借我京錢百千。夜風來，甚快，初更後有小雨。

十八日丁未　上午晴，午後陰。撰《七券》文成，共得二千二百言，字爲一言。别存稿。自枚氏叔《七發》後，後人踵而倣之，語者口臭。近儒凌氏廷堪襲其體而變其趣，以言學問之事，名曰《七戒》；洪氏亮吉又變而道身世之事，名曰《七招》，皆爲善儗古人。然凌氏文質而太直，洪氏文峭而太剽，俱情味有餘，色澤不足。予此文言卜居之事，意存鍊汰，詞必鮮新，恐鮑昭以下未肯多讓，後世必有論定之者。周允臣來屬撰文勤公神道碑。文勤于予有素分，常慨然于懷，作一文字未爲不可，而允臣此事不求之達官，尤難能也。

十九日戊申　陰。讀《漢書》。午後步至大栅闌慶和園，聽四喜部演劇。晡後歸。吴碩卿來，不值。夜涼。

邸鈔：劉崐奏席寶田等援黔各軍于三月初十日攻克丹江廳城，四月初三日進克凱里城，共平定二百餘寨，悍苗巢窟悉皆掃盡。詔：記名布政使席寶田總統援軍，調度有方，實堪嘉尚。道員謝蘭階、鄧善燮、戈鑑奮勇勦賊，卓著戰功。均交部從優議敘。其在事尤爲出力之提督蘇元春賞穿黄馬褂。餘升賞有差。陣亡之擬保總兵陳顯祥等十六人，力戰捐軀，均堪憫惻，分别從優議恤。

二十日己酉　上午晴，下午急雨數作。剃頭。作片致藍洲，致峴卿約同觀劇。峴卿來。午後顧車至廣德樓聽四喜部，藍洲已先到，傍晚歸，腹忽瀉，不食。廷員外廷愷來，不值。藍洲饋餛脯一。夜涼甚。子初一刻六分小暑，六月節。浙江二刻六分。

二十一日庚戌　晨晴，上午陰，午後大雷雨，晡時霽。病利不食。作片致藍洲，屬書移居門聯，語曰：『官五品不挂朝籍，年四十始齒公車。』作片致允臣借水缸。力疾，結束筐篋書籍之屬。校正《漢書》兩事。一《儒林傳》『滿昌君都』下重『君都』二字，當是昌字因文相次而誤。君都乃滿昌之字，與上文『伏理斿君』文法正同。故下文即連敍昌、理二人官位也。一《游俠傳》『東道它羽公子』，『它』字上脱一『趙』字，當從《史記》，趙他、羽公子是兩人。羽姓出鄭公子羽，《漢書·曹參傳》有羽嬰，公子乃其人名。《漢書·何武傳》有杜公子。《儒林傳》有大中大夫劉公子，蓋皆以字爲名，如薛漢字公子比也。藍洲來。夜吃粥。閱俞理初《癸巳類稿》。

邸鈔：上諭：曾國藩奏前任江南提督李世忠因事逗留揚州，與前任浙江處州鎮總兵陳國瑞相遇，李世忠挾陳國瑞從前奪取鹽船銀物各仇，陽與交好，於四月十四日潛赴陳國瑞寓中，喝黨將陳國瑞捆縛赴船，行抵四里鋪。陳國瑞之姪陳澤培趕至呼救，一時客船水手人等，嘩聚來援。李世忠將陳國瑞藏匿，自覓小舟逃走，落水遇救得生，輜重被搶一空，家屬亦遭毆辱，致有落水淹斃者。此案李世忠以提督大員，輒因尋仇鬥很，實屬不安本分，著即行革職，勒令回籍，交地方官嚴加管束。陳國瑞與李世忠往來，日夜演戲，致生事端，亦屬性非安静，著以都司降補，勒令速回湖北原籍，交地方官嚴加管束。户部福建司郎中穆特布授熱河兵備道。

二十二日辛亥　晴，熱甚。移寓鐵門。夜雨。

二十三日壬子　晨晴，上午大雷雨，至夜密雨不絶。齒痛。孫彦清來，言即日赴汝州。夜雨聲徹曉。

邸鈔：四川成都府知府黄雲鵠升建昌兵備道。吏部考功司郎中宜成授成都府遺缺知府。旋以敍州府知府朱潮調補成都府，宜成補授敍州府。上諭：湖南辰沅永靖道楊翰、直隸河間府知府耆崑、貴州興義府知府紀煐選均開缺送部引見，楊翰直隸進士，耆崑滿州舉人，紀煐選直隸獻縣廪貢翰，頗能詩，有才名。吏部左侍朗胡肇智奏病難速痊，懇請開缺。許之。

二十四日癸丑　上午晴，下午又雨，黴溽特甚。齒痛稍止。下午以檢比書籍勞甚，病利更劇。

邸鈔：以兵部左侍郎胡家玉爲吏部左侍郎。兵部右侍郎黄倬轉左侍郎。以工部左侍郎鮑源深爲兵部右侍郎。工部右侍郎童華轉左侍郎。以内閣學士錢寶廉爲工部右侍郎，兼管錢法堂事務。邵亨豫兼署吏右夏同善署兵右。以左春坊左庶子祁世長爲翰林院侍講學士。翰林院侍講林天齡轉補侍讀。左春坊左中允徐致祥升補翰林院侍講。刑部江西司郎中顔士璋授直隸河間府知府。察哈爾都統文盛奏舊疾增劇，懇請開缺。許之。

二十五日甲寅　晴陰相間。病利。作書致孫峴卿，送其汝州之行。

邸鈔：以盛京户部侍郎兼管奉天府府尹事額勒和布爲察哈爾都統。上諭：奕山著補授内大臣。該大臣年逾八旬，宣力有年，日值内廷，殊形勞勛。前有旨免其進班，著再加恩開去御前大臣並管理一切差使，仍留正紅旗蒙古都統，並免其帶領引見，以示體恤。

二十六日乙卯　晴熱。作書致謝夢魚給諫，饋以茶葉一瓶。作書致伯寅侍郎。作書致孝達。病利。梅卿來。作片致周吉臣。得夢漁復，伯寅復，吉臣復。夜又雨。

邸鈔：盛京刑部侍郎瑞聯調補户部侍郎，兼管奉天府尹事務。以内閣學士銘安爲盛京刑部侍郎。惇親王調補正黄旗領侍衛内大臣。科爾沁親王伯彦諾謨祜調補正白旗領侍衛内大臣。睿親王德長補授鑲黄旗領侍衛内大臣。貝勒奕劻補授閲兵大臣。和碩額駙景壽補授總理鑾儀衛事務。伯彦諾謨祜管理健鋭營事務。春佑管理行營事務。伯彦諾謨祜補授總諳達。

二十七日丙辰　晨晴，上午雨數作，下午大雨。剃頭。夢漁給諫來。潘紱翁來。夜，大風雨徹五更。連日閲《癸巳類稿》，浩博不可窮也。

二十八日丁巳　上午晴，午風雷，大雨繼作，至夜數雨。貧幾絶炊，鈔書、洗研，自遣而已。夜大雨徹旦。閲姚石甫《識小録》，大率謬悠不根之談。

二十九日戊午　晨雨淋浪，至巳稍止，上午又雨，午後稍霽。閲《識小録》。

三十日己未　晨小雨，上午復雨，傍午微晴，下午大雨，晡後晴雨錯見，夜又雨。貧甚，括姬人首飾質京錢十千。閲何邠海《何氏學》，瑕瑜雜出。

邸鈔：楊昌濬奏浙江鹽運使錫祉告病。許之。以直隸承德府知府靈杰爲浙江鹽運使。先以候補道秦湘業署理。上諭：前因宗人府等衙門奏主事福珣被扎身死一案，訊有鄭親王承志主使情事，當派軍機大臣會同宗人府、刑部詳細研鞫。兹據奏稱，連日質訊要犯玉壽等，已將該親王指使糾毆情形供指確鑿，而該親王堅稱並無其事，且呈遞親供，前後自相矛盾，其爲任意狡展，更屬顯然，請旨先行革審等語。承志著先行革去王爵，其應訊各情及一干人證，著管理宗人府王等軍機大臣會同刑部嚴行審訊，按律定擬具奏。軍機大臣恭親王等奏言，據鄭親王府已革三等護衛玉壽供稱，伊主人鄭親王承志因被姊丈福珣屢次欺侮，羞辱難堪，令伊糾人毆打洩忿，應用錢文，令向頭等護衛德禄討取，當託宗室奕烺代爲找人，事後許謝給藍甲兩分。奕烺糾邀松壽等尋毆福珣未遇，又轉邀得回民馬三將福珣毆扎身死，令馬三等躲避。至所用錢文，德禄付過二百五十吊，伊主給過二百吊等情。質之德禄及宗室奕烺，供俱無異。傳到鄭親王承志，逐加訊問，據供伊與福珣骨肉至親二十餘年，並無仇隙，况胞姊尚存，何致主令玉壽毆打？詰以既無嫌怨，何以在宗人府具呈控告，懇請代奏刑部傳訊？德禄何以日久不肯交出？承志仍以事無憑據，堅不吐實。非以爲玉壽等隨口混供，即以爲承審官等逼令承認。臣等查該親王前在宗人府所遞呈詞，係列款控告福珣姻親恃强凌辱，積久莫伸，懇請代奏交辦，以警凶頑等語，至玉壽初到案時，並未將該親王供出，真至熬審數月，無可支飾之時，始行據實供吐，其非飾辭推卸，亦無疑義。查職官犯罪，有實在狡不承認者，向係先行解任革職，以便嚴行審訊。令承志係屬親王，現據玉壽等供指確鑿，該王仍行狡辯，可否先行革去王爵，再行嚴訊之處，臣等未敢擅便云云。

六月庚申朔　初伏，陰雨不定，傍晚大雨。比苦足疢，蓋濕氣所感。久雨悶甚，鈔近人雜文字儲中子《原勢》一篇，絶代大文也，當與計甫草《籌南論》三首並傳，惜其中所舉山川、關鎮等名，雜比書之，令人目眩，未將其所屬郡縣分晰標次，轉有貪多務博之嫌，須知此等文固不饜過詳耳。夜大雨數作，入曉浪浪。

初二日辛酉　密雨，至巳稍止，午又大風雨，下午稍止，傍晚又雨。梳頭。閲孫氏《尚書今古文注疏》，孫氏此書甚謹嚴，而中列《太誓》一篇，采《大傳》及《史記》爲之，以合二十九篇之數，此龔定盦《太誓答問》之所繇作也。得香濤書，借我十二金，即復。夜，大雨屢作。

邸鈔：理藩院典屬司員外郎徵奎授直隸承德府知府。

初三日壬戌　昧爽密雨，至晨稍止，巳日出，午又雨，下午晴。撰《西陵賦》成，西陵本名固陵，今之西興驛也。作書致周允臣。遣人至寶經書坊取祁刻《説文繫傳》來，索賈四金。愁霖浹旬，泥滿庭切，徽溽垢膩，不減南中，此于五行大義非佳占也。

邸鈔：鴻臚寺卿任兆堅奏請開缺養病。許之。

初四日癸亥　晨溦雨，旋晴，熱甚。剃頭。閲杭大宗《道古堂集》，文博而采振，真鴻詞人語也。其胎息于范蔚宗爲多，惟拙于敘事，有清藻而乏筆力。始買西瓜食之。梅卿來。

初五日甲子　晴，下午陰，傍晚晴。閲《道古堂集》。以瓜桃加冰祭先。印結局取來五月分銀十兩五錢。周吉臣來。取回所質金小物，寫字三百餘，以熱甚而輟。夜疾動。

邸鈔：命貝勒奕劻加恩在御前大臣上學習行走。

初六日乙丑　晴，上午有風，頗爽。申正三刻一分大暑，六月中氣。浙江酉初初刻一分。得允臣書，以方桌一方，杌二見借，即作書復謝，犒使三千。作書至藍洲。得梅卿書，并饋醬菜一筥。即以狀謝，犒使二千。付前日移家車錢十八千，付鞋錢九千，食物錢三千，署吏遞坐班職片費三千。夜有風，頗涼。

邸鈔：李鴻章奏直隸大名鎮總兵姜國仲馭下過寬，所屬各營操練緝捕俱未能認真整頓，惟年力尚强，從前帶兵剿匪，曾著勞績，請以參將降補。從之。以記名總兵彭楚漢爲大名鎮總兵。

初七日丙寅　晴，晨有風，終日有爽氣。賈琴巖來。閲《説文繫傳通釋》。二徐之學，雖未能宏奥精深，然家法謹嚴，通而不肆，有功許氏，不爲虚也。洗足。買叢棘兩擔，置之墻頭，付錢五千。又煤錢七千，王甲守寓賞錢四千。同年婁刑部奎垣以母喪來訃，送楮禮二千。藍洲來，夜飯後去。作《海棠賦》未成。

初八日丁卯　晨微晴，終日陰。閲《説文繫傳通釋》。敖金甫來。《海棠賦》成。久不出門謁客矣。今日輕陰颸爽，夏中極難得，亟擬僦車一行，而貪成此賦，遷回不出，癡頓如此，良可自哂。梅卿來。

初九日戊辰　晨密雨，上午漸止，下午晴。

閲《説文繫傳》所附《部敘》《通論》《袪妄》《類聚》《疑義》諸篇。李申耆跋此書，謂《通釋》視大徐時出新意，不及大徐之醇確，其引書似都不檢本文，略以意屬，亦不若大徐之通敏。徒以《通論》諸篇，原本《説文》，旁推交通，致爲妍美，故宋人重《繫傳》云。予觀《通論》三卷，雖其辭博辨，時能有所發明，然穿鑿者多，瑕瑜互見，其得失亦正與《通釋》相似。《部敘》以意附會，强通所不通，不如近儒段氏之謹約，蔣氏和之條貫。惟《祛妄》一篇，皆駁李陽冰之謬説，最爲可取。《類聚》《疑義》，亦皆有功許氏者也。

寶經堂書賈携書數種求售，内有揚州本《太平御覽》，索銀三十兩。又有鈔本宋柴望《丙丁龜鑑》三册，卷首有顧千里、翁覃谿圖記，又王鳳洲所輯《書苑》一册，皆未購得。張牧莊來，并以日記見還，不晤。作書致季弟，致詩舫、楚材，致渭亭、蘭如、竹樓、穎堂、品芳、少梅，致鄭妹夫，皆交福興潤輪船信局寄去。夜凉。

初十日己巳　晴，熱甚。出門謁客，詣潘星丈、紱丈、譜琴庶常、陸（笙漁）〔漁笙〕庶常、吴碩卿、熊定卿刑部、吴松堂、殷蕚卿刑部、濮紫泉刑部子潼，俱晤。詣敖金甫、謝夢漁、譚硯孫、胡户部澍、萬禮部培因、何吏部樞、婁刑部奎垣、胡刑部國棟、吴蓉圃、傅子蓴、李李村，俱不值。晡後歸，付車錢六千，箋紙錢三千，信錢一千。碩卿來，不值。晚坐庭下，高槐矗陰，明月初上，清光流影，恍如身在柯山雲門間矣。

十一日庚午　中伏。晨晴，上午後陰。潘星丈來。偶檢書，得《遺山詩集》，以朱筆點閲其七古、七律兩卷。剃頭。撰《城西老屋賦》，得半篇而止。濮子潼來，不晤。喬鶴儕侍郎來答拜。

十二日辛未　晨陰，上午晴，有風甚凉。撰《城西老屋賦》成。徐侍郎來答拜。周生文令來。

邸鈔：上諭：李鴻章奏永定河南岸漫口，分别參辦，並自請議處一摺。直隸永定河南岸二工六號堤埝，因五月中旬以來，連日大雨，水勢盛漲，于六月初六日浸溢成口，掣動大溜，刷至三四十丈之寬。該廳汛各員未能先事搶護，實屬咎無可辭。南岸同知朱津著革職留任，永定河道李朝儀統轄全河，疏於防範，著革職留任。李鴻章著交部議處。

十三日壬申　晴熱，晚仍凉。晨出門，詣秦誼亭，不值。詣倪越湖，唁其母金淑人之喪。詣藍洲，不值。進城詣梅卿及徐蔭師而歸。得香濤書，即復。作書致曉湖，致慎齋，致瘦生，致季弟，致葆亭，致王寅生，致姚寶卿。雅齋來。婁炳衡來謝吊。夜庭中坐月久之。是日付車錢四千。

十四日癸酉　晴。何相山吏部來。史寶卿來。萬蓮初禮部來。香濤來。胡刑部國棟來，不晤。作書致張存齋，致孫生子宜，致族弟嘯巖，并昨所作書俱交文茂信局寄去。是日付王福工食錢十千，緝石工食錢五千，買晚香玉、秋海棠錢二千，洊棘工錢一千。夜月甚佳，小庭花氣盎然，坐凉飲茗，足稱窮涂受用矣。

十五日甲戌　晴，酷暑。藍洲、許子頌、錢貽元三優貢來。午前坐車，偕藍洲詣三慶園聽四喜部，傍晚至酒家小飲而歸。牧莊來，不值。是夕望，坐月甚久。

邸鈔：劉崐奏湖北提督郭松林以母羅氏命與其弟芳鏡婦劉氏、芳鈔婦唐氏，共籍現田三千六百六十六畝五分，每年應收租穀六千三百七十四石八斗七升，捐作義莊。自其十一世祖翔伯以下子孫，按口匀給，每年提出六百石，設義學四堂。以二堂教族中子弟，以二堂兼教外姓。又提六百石爲歲修祠墓之費。又將長沙、善化、湘潭三縣屬所置房屋五所，園地一區，每年收租錢一千七百串，亦盡捐作族中撫孤育嬰一切周急之用。如有交涉詞訟，雖屬至親至苦極爲不平之事，不許輒向該莊求助升合分文，其田房各契據查交族長擇公正殷實者經管，并呈長沙府蓋印以昭質驗。懇即據情奏明。查向來大員捐辦義田，歷蒙恩賞義莊扁額。今該提督遵奉母訓，罄産捐辦，其好義萃於一門，其捐數計逾十萬。可否仰懇天恩，賞賜該提督之母羅氏扁額，以彰淑德。詔下部議。

十六日乙亥　晨陰，上午後晴陰相間。徐承煊助教來，不晤。梅卿來，吴蓉圃來，譚研孫來。牧莊來談經史諸義，至晚去。晚坐庭下閲《公羊通義》。是日付前居邸直錢三十千。

邸鈔：章洪勝補授甘肅肅州鎮總兵。二月間所授羅營卿已于去冬殉難。

十七日丙子　晨晴，上午後埃曀多陰，傍晚有溦雨，是日鬱悶溽暑。吴松堂來。朱肯夫編修來，言近撰《梨洲年譜》已成。作書致藍洲并爲撰《銅墨匣銘》。

閲《公羊通義》。孔氏注義簡覈，既多正何解，亦不曲護傳文，治《公羊》家最爲謹確。然如齊仲孫來之爲公子慶父，季姬及鄫子遇于防之爲淫奔，滅項之爲齊桓，皆《公羊》之曲説，最不可通。注家例不駁傳，從而申之可也，乃必横詆左氏，反以爲誣。今即以齊仲孫一事明之，無論子女所謂齊無仲孫，果何所見；齊既無仲孫，左氏何以能强造一仲孫湫之名？以魯公子外之而强屬之齊，名何以正？言何以順？此皆三尺童子能辨之矣。此經上文季子來歸，《公羊傳》曰：『其稱季子何？賢也。』此據其它皆稱公子友也。然前書公子慶父如齊矣，此又何賢乎篡弑烝淫之賊而稱仲孫也。豈爲季子賢者諱而并諱慶父之名乎？外之以齊而美之以字，此何説也？以矛刺盾，恐百喙不能解也。

邸鈔：上諭：瑞麟補授大學士，仍留兩廣總督之任。翰林院侍講學士周壽昌轉補侍讀學士。以右春坊右庶子楊慶麟爲翰林院侍講學士。左春坊左贊善王之翰升補司經局洗馬。

十八日丁丑　晨微晴，上午陰有小雨，午後晴，晡後有雷，晦雨旋止，晚辟歷大作，密雨入夜。剃頭。作書致莫星五秦中，作片屬梅卿附去。閲莊氏存與《春秋正辭》。

十九日戊寅　晴暑，傍晚大風有雷，晚雨旋止。撰《吊包村文》并序，約千五百言。此類文字皆關系鄉邦家世之事。《海棠賦》又别有寄託，其題目俱十年前所撰，定以人事迫擾，久蓄而未爲。比日旅邸多閑，略構數首，非曰窮愁著述，亦猶博弈爲賢而已。夜密雨，徹曉有聲。五更疾動。始聞蟋蟀。

邸鈔：前吏部左侍郎胡肇智卒，遞遺摺。上諭：胡肇智由部曹簡放知府，歷任監司，内擢卿貳，勤慎精密，辦事實心。兹聞溘逝，軫惜殊深。著加恩照侍郎例賜恤，任内一切處分悉予開復，應得恤典，該衙門察例具奏。肇智字季臨，績谿人，户部主事培翬從子也。由拔貢生吏部七品小京官至今官。

二十日己卯　晨密雨，上午稍止，午又雨，旋止，下午微見日景，晚密雨，入夜益甚。閲《春秋正辭》。爲周幼翹書摺扇。熊定卿來。二更前大雨淋浪數作，三更後大風横甚，室户震撼，不得瞑。

二十一日庚辰　晨大雨，上午漸止，午後微晴，傍晚又小雨間作。

閲戴氏《東原集》，此金壇段氏所刻，共十二卷，後附《戴氏年譜》及校刊札記。戴氏音韵考據之學，固爲卓絶，而不肯以此自居，謂窮極性命之理，其最切要在《孟子字義疏證》一書。又謂文最忌整，故所作務爲拙古，以自比于周、漢之儒，然義理固由考證而出，戴氏之學，訓詁、名物、地理三者爲最，其言陰陽性命，則去董江都等尚隔數層。所作《原善》三篇，綴集經子之言，而又欲自明所得，支離漫衍，按之皆糟粕耳，其中略無真際，而徒貌爲高古，以自附于垂世立教。其《法象篇》《書孟子言性後》等作，皆是類也。嘗謂陸稼書之《學辨》三篇，戴氏之《原善》三篇，一以闢陸、王，一以正程、朱，皆自謂功不在禹下，而實所以自發其覆。稼書于學，本無所見，其逞臆罵人，自張其門户可矣，此辨出而枵然盡露，不特學術之誠僞無所發明，并陽明之是非亦茫然莫辨，而但坐以亡國之罪。然則礦稅之使，閹孽之黨，以及崇禎時誤國之温體仁、陳演、熊文燦、丁啓睿，皆陽明之徒耶？將魯之亡，由洙泗之斷斷，是何異癡人之説夢也？戴氏于學，實有所得，而必高自位置，以自欺而欺人，亦所謂好爲其拙也。至文章之學，非有夙分，而專精其業，亦不能工。戴氏譏司馬子長、班孟堅皆藝而非道，而其所自爲，僅僅通文句耳。藝固不工，道亦未至。若謂文必去整，尤是瞽言。經生之文，自有注疏家法，不計工絀可也，迺必自居于本末兼晐，而既欲明自漢以來未聞之道，又欲掃盡自漢以來一切之文，則志大而近于妄矣。其代冀寧道山陰徐飛山浩所撰《夏履橋義莊記》，可以采入《山陰縣志》。

段氏年輩與戴相若，而先戴舉于鄉，入都後始相見，時戴尚爲諸生，段之學亦已卓然成就，而委摯師事，終身北面。戴歿後，賫其遺書，事必盡力，服習師説，没齒不衰，猶有漢儒之風，可謂真師弟也。並時若姚姬傳、程魚門，亦嘗稱弟子于戴，而身後輒有違言，魚門至肆詈其無子，以爲攻宋儒之報。蓋二人實瞢于學，當日亦未深知戴之得失，徒以名盛而推附之，故致其師稱而卒亦不果，戴氏有辭姬傳稱師書，見文集。以視段氏人之分量，相去固甚遠矣。

戴氏以二十二歲成《策算》，二十三歲成《六書論》，二十四歲成《考工記圖注》，二十五歲成《轉語》二十章，言人口始喉下底脣末，按位以譜之，謂與《爾雅》《方言》《釋名》相輔而行，俾疑于義者以聲求之，疑于聲者以聲求之，段氏謂此于聲音求訓詁之書也。其書未見。二十六七歲成《爾雅文字考》，此書段氏言在蘇州吴慈鶴家，未刊。而二十九歲始補休寧縣學生，四十歲舉于鄉，五十一歲始以紀文達、裘文達兩公言，于文襄薦之，特召入四庫館充纂修。五十三歲，會試不第，特命一體殿試，列三甲，授庶吉士。五十五歲卒，時乾隆四十二年丁酉五月也。在館四年，校定書十五種，《大戴禮》《水經注》《儀禮集釋》《儀禮釋宫》《方言》《周髀算經》《張丘建》《夏侯陽》《海島》《五曹算經》《五經算術》《孫子算經》《儀禮識誤》《蒙齋中庸講議》《項氏家説》。皆鉤纂精密，至于目昏足痿，積勞致疾而歿。高宗聖學天縱，深契其學，特畀館選。而同時若錢籜石、翁覃谿輩尚力詆之，覃谿至欲逐之出館，蓋以其進士翰林，非由八股，而世之以庸爛惡札取巍科高甲者，眯目入館，涂改金銀，不二十年坐致台輔，賢愚安之，以爲固然。明之文衡山年老召入供奉，得一待詔，而同時姚、楊兩狀元，謂翰苑中豈容畫史，迫逐之去。國朝康熙間鴻博之舉，髦碩輩登，而當時有野翰林之目，致所謂三布衣者，皆不安其官，竹垞且得讁而去。習俗移人，難曉如此。直至今日，桐城謬種尚以邵二雲、周書倉及戴氏三君之入館爲壞風氣，變學術，人無人心，亦可畏哉！戴、段兩君，鄉舉房官，皆爲金匱縣知縣韓錫胙，字介屏，吾浙之青田人，亦科名佳話也。江氏、戴氏謂元與魂、痕當依《三百篇》析爲二，殷韵當從唐人與真同用，上聲拯韵，去聲證韵，當分出獨用。無錫秦文恭韙其説，奏請刊正韵書，薦錢氏大昕及戴氏任其事。純皇帝以相沿已久，未允其請，時爲乾隆廿十八年癸未。見段氏所撰《戴氏年譜》。

以祁刻《説文繫傳》還寶經書坊，作書致周允臣，得復。夜密雨時作，有風甚凉，五更大雨。

邸鈔：以廣西巡撫蘇鳳文爲漕運總督。以廣東巡撫劉長佑調補廣西巡撫。以漕運總督張兆棟爲廣東巡撫。上諭：福珣被扎身死一案，凶犯馬三以回民因案擬軍由配潛逃，膽敢于輦轂重地，戕害職官，實屬不法已極。馬三著即行處絞，以昭炯戒。已革鄭親王承志因被福珣屢次欺侮，主令毆打，因而致斃。承志業經革去王爵，其應得杖一百，流三千里罪名，著照例折罰養贍錢糧十年，並折圈禁二年。玉壽挾嫌慫臾，代爲主謀，致釀重案，實屬罪無可逭，著從重發往吉林等處，交該將軍安插。德祿與玉壽商謀，且屢次抗傳，亦屬狡詐，著杖一百，徒三年。奕烺聽從玉壽，兩次代爲轉輾糾人，復幫同馬三攔截福珣車輛，亦屬不安本分，所犯杖六十罪名，著實行責打，其應得徒一年罪名，照例折圈禁半年。所遺和碩鄭親王爵，著宗人府照例揀選。編修許振禕爲陝甘學政。汪鳴鑾丁憂。張文德補授貴州威寧鎮總兵。

二十二日辛巳　巳初初刻五分立秋，七月節。浙江巳初一刻五分。終日陰雨，凉意蕭騷。閲《東原集》。夜雨聲不斷，凉甚。

邸鈔：上諭：英翰奏拏獲逆首正法一摺。逆首關汶桂以髮逆餘孽傳習邪教，聚徒樹黨，本年二月間滋擾建平一帶，經官兵擊散後潛身逃逸。該撫派令官兵蹤緝于當塗縣境，將該逆擒獲，訊明正法，其逆夥梅先開並該逆之子關雙全，均經拏獲正法，洵足以彰國典而快人心。皖南鎮總兵潘鼎立著以提督交軍機處記名，遇缺提奏。以成都將軍崇實爲蒙古鑲白旗都統。以江寧將軍魁玉調補成都將軍。以鑲白旗蒙古都統穆騰阿爲江寧將軍。

二十三日壬午　雨至午稍止，下午有日景，晚又雨。終日録所作賦，擬以漸暬理雜文，且以習楷也。閲錢衎石《記事稿》。衎石精于史學，而文亦醇至。如記湯烈婦，記强忠烈事，記嘉定李公守漳事，書某氏婦諸篇，皆必傳之作也。其《國朝碑傳集》《三國會要》兩書惜未見。夜風雨蕭槭，凉甚，須擁衾，三更後風益震撼。

邸鈔：刑部右侍郎達慶卒，以内閣學士常恩爲刑部右侍郎。祥亨補授正紅旗漢軍副都統。托雲充左翼監督。

二十四日癸未　終日密雨有風。暬録舊文，比日作字稍多，目爲之眊。今日又感凉，身熱小病。送倪大理夫人楮資四千。越湖本約今日倍吊，不能往矣。夜雨聲凄密。

二十五日甲申　薄晴。病不能食，强起梳我頭。作書至藍洲，問其昨赴廷試何如。得孝達書招飲，且言共楚南王壬秋論學，作書復以病。自擬方服湯藥。夜身大熱。

二十六日乙酉　晴熱。病如昨，再加湯藥服之。殷比部鴻疇來，不晤。陳藍洲偕濮紫泉來，勞出見之。

二十七日丙戌　晴熱。病益甚，卧閲畢氏《續資治通鑑》七卷。是日喉中覺火氣上發，煎梨膏服之，不敢自處方。夜苦咳逆。四更後有盗自東鄰逾墻上，甫登屋瓦穿，驚逸去。

二十八日丁亥　陰，下午雨。病甚，卧閲《續通鑑》十卷。煮新蓮子食之。孫子授侍講來，不晤。夜大雨。

邸鈔：户部尚書寶鋆充國史館正總裁。前湖北荆州府知府張德容授湖南岳州府知府。

二十九日戊子小盡　晨晴。終日陰，上午時有雨。身熱稍退，而口鼻氣閡不知臭味，小食即中懑，此病蓋風温兼積濕，不易治也。得伯寅書，借施宿《會稽志》，復以無有。

卧閲《續通鑑》十二卷，已至真宗之大中祥符三年矣。畢氏此書兼集衆力，自謂盡善。然體例書法多有未當，前後違牾，亦間有之。所附考異，去取之間，尤多可議。蓋諸儒固博于學而才識未逮，益歎古人之不可及也。馮氏集梧序，言資治之名出神宗御賜，故李燾僅稱《續資治通鑑長編》，以此書竟稱《續資治通鑑》爲非，其説甚是。温公之書體大思精，治亂得失，粲若龜鑑，此書挈之，輕重相懸，奚翅十百。其校刊亦頗有誤字。病中不能乙記，悵然于懷。

吃藕汁。

庚午九日曹山宴集夜飲秦氏娱園詩序

商飈戒凉，玄霜未集。東皋秦子，乃挈嘯侶，具畫船，擊汰清泠，言就林麓。曲溆匝綺，危橋控翠。呀洞崟㢈，入窅出曠，有曹山焉，下爲曹谿。鑿堅緪幽，遠自邃古。苓専翹削，巧設若天。或臺而傾，或屏而疊，或磴而絶，或闞而連。矗嶼鶴搴，斷坻黿伏。殊品詭狀，莫殫于辭。寒潭瀞深，盛夏猶凓；石景見底，纖鱗游空。有文簡之山樓，傍般若之講寺。舍舟而步，迤岸而東，則有犬亭，傳于《越絶》。萬竹㢐徑，衆瀑奪門。石峭益奇，山戴而聳。其中曰空明庵者，文簡之宗，蘭風先生之別業也。蓋有明之中季，陶山陶氏，接踐清華，兼媲禪悦。高抗簪市，營結澗阿。故闢茲區，選境尤最。黛壁四合，丹池中渟。林密陰翳，外不見轍。一室之内，惟聞水聲。泉流樹顛，雲起檐際。經樓俯鏡，迴廊導梯。啓月蘿于磬音，交風藻于幢字。爰陳肴醴，共暢玄譚。倚檻呼魚，就窗斸笋。蘋花分席，荇帶量衫，亂茶沸于松濤，泛酒卮于山色。蓋已極淋漓之致，萃閑適之歡矣。尊俎既闌，各縱幽討。穿隟躡峻，遂躋其巔。酌雲石之泉，匊衣當料；潔棋枰之石，度鳥以繩。重巖麗廔，下見日景；絶巘肖屴，上聞人聲。海色盪空，遠攬百里；塍界刻繡，縝縮寸圖。夕陽西銜，高屐始散。主人促櫂，歸其故園。初月在門，林采滿地；殘荷蓄沼，秋花夾墀。堂虛受明，廡深閟馥。碧蕉倚石，争颭晚風；紅薇出墻，猶泫清露。更洗罍琖，畢羅芳鮮。疏簾隔烟，時逗篁韵；高燭返晝，遥生水光。狂歌拍闌，驚起睡鶫；醉墨横紙，怪逾春蛇。冲襟未盈，清漏轉促。咸以九日之義，取輔于窮陽；百年之身，倏逝于過隙。登高却賦，常感重光之言；舊雨不來，彌軫公叔之論。及今不紀，來者何觀。因取陶淵明九日詩『千載非所期，聊以永今朝』之語，序年分韵，授簡賦詩。猥以頹齡，忝爲祭酒。青山賣盡，靦面目于烟霞；黄紙除來，畏簡書于魚鳥。管豪久秃，飲墨汁而仍枯；琴弦輟調，奏流水而不響。爾者浮湛冗食，追感昔游。薊樹早秋，悲寄吟于落葉；茂陵病渴，思濯肺于清泉。旅雁失群，盟鷗騰誚。郎署之粟，望濮陽而如仙；金門之居，賜鏡湖以何日。補成此序，并綴五言。天際菊花，誰送故人之酒；山中桂樹，長依高士之亭。丹壑不扃，秋軫無歇。素衣欲化，繪泉石于行縢；白雲知歸，作尊鑪之先券。是日會者，王眉叔訓導，胡嵋青比部，耆仲駕部，陶仲彝秀才，子珍孝廉，心雲明經，孫彦清教諭，秦秋伊郡丞，詩舲秀才，及余共十人。

佳游貴選日，茲晨尤所專。盍戠促秋駕，延佇娛清淵。曹山富奇景，栖寄多高玄。及爾共霞契，泉石相迤緣。仄磴劣笻拄，竅壑窮舟穿。碎石附花落，逋峰學雲仙。灌辟幾今古，餘力争雕鐫。舒席據經閣，水流松樹顛。塵襟頓以滌，聞觀心爲宣。乘高縱遐討，層谷何芊芊。西巘墮餘映，川光戀微烟。晝短繼華燭，商歌發明筵。人生多哀樂，雲物隨變遷。朝菌壽旦暮，大椿歲八千。達識非有覬，榮名能自堅。作詩諗同志，無爲捐盛年。

冬暮偕族兄弟夜飲梅仙寺序

晚烟銜郭，寒月出林。群季畢來，孤櫂始發。沿上柴下柴之曲，絶東灘西灘之流。人語隔杝，水色浮槮。港潊折而漸暝，墟落寂而入幽。有山翼然，卓立烟際。松栝四翳，中見寺門。佛燈射船，山僧候岸。壺榼在擔，茶笙沸鐺。庭廡竫深，鐘魚俱歇。時則予弟蘭如光禄、竹樓訓導，以予將北行，治具言别。借行廚于香積，啓明筵于夕軒。談屑墜冰，鬢影妨燭。酒缸千斛，映星不寒；山光四圍，入簾都翠。觴勺既倦，行吟圃庭。凍竹萬竿，鏤月滿地。霜葉積尺，青鞋有聲。緗梅作花，羅襟亂馥。栖禽驚噪，或移别枝；池泉暗流，時滴清響。觸屏之僕，鼾聞于下方；知更之鷄，鳴促于宵漏。高興未已，曙色忽萌。鐘杵既催，肴俎始設。夫星辰旋轉，行速乎舟輪；親戚宴游，每間乎離别。是以青蓮達識，流連秉燭之言；元子可兒，悽愴種柳之歲。中年絲竹，易併悲歡。亂後園林，幸聯花萼。今夕何夕，知後會之誰賡；東祖西祖，幸先芬之可誦。韋家花樹，感慨承平；謝氏烏衣，淋漓篇什。用成四韵，紀勝一時。烏乎！朝暾不温，微霞先集。次晨微雪。天涯雁影，長懷伐木之吟；劫火鴻泥，誰徵熏艾之穴。烟雲可贐，蝯鶴難期。白頭卧庵，笑行客之萬里；紅萼無主，遲尋春以十年。敘情話于蒲團，諗巢痕于桑下；乙丑之秋，寓寺樓十餘日。緑波春動，將勞江上之送行。青山歲寒，留待它年之誓墓。

暮色連遥山，乘月弄寒檝。招提富烟景，蘭觴展瑶席。明燭凝釵光，寒花墮巖滴。料應池塘夢，長眷晦堂夕。

桃花聖解盦日記丁集 起重光協洽秋七月

同治十年七月初一日至十二月三十日(1871 年 8 月 16 日—1872 年 2 月 8 日)

同治十年辛未秋七月己丑朔　是日合朔。晴。疾不愈,孱食。作書致伯寅侍郎,乞轉邀胡甘伯來診。作書致梅卿。得伯寅復,言不如延石城徐比部賨謙診。得季弟六月九日書,知表兄陳鳳樓慶墀、族弟子欣、甥王彌臣俱補弟子員。又三月廿三日之災,白日晝晦,大雨如注,風壞屋以千計,厭溺死者五六百人,大樹、石柱盡拔,南池直步祖塋冢木亦有吹折者,亭山殯屋瓦半壞,今已修整矣。得結局片,分得六月銀十四兩。得梅卿復,并以《天香樓法帖》一部爲贈。

閱《續通鑑》五卷,真宗朝賢者,孫宣公一人而已,經儒之效,千載生色。李沆、王曾、楊億,亦其次也,寇準霸才,蒙正諒士,無多足取。

邸鈔:詔:截留江浙籌備餘米八萬石及奉天解通粟米二萬石,振濟天津、河間、順天、保定各屬瀕海瀕河被水地方。從李鴻章請也。

初二日庚寅　末伏。晴暑。病甚。卧閱《續通鑑》五卷。終日不食。

邸鈔:奉恩鎮國公奕詢卒,惠端親王第二子也。詔旨褒惜,賞給陀羅經被,派孚郡王即日帶領侍衛十員代往奠醊,由廣儲司賞銀三千兩經理喪事,所有飾終典禮,各衙門察例具奏。初五日詔奕詢夫人賞食鎮國公半俸。

初三日辛卯　晴，暑甚。小愈孱起。剃頭。傅子尊來。得傅節子四月中福州書，并無錫丁紹儀杏舲寄閲所撰《聽秋聲館詞話》四册二十卷。丁君于詞學用力頗深，此書所校正萬紅友《詞律》之誤，朱氏《詞綜》、王氏《明詞綜》、《國朝詞綜》、陶鳧薌《詞綜補遺》諸書之闕漏，及所載宋元别體，皆有裨倚聲。其雜舉古今，因人論世，亦（此處塗抹）近出之佳書也。丁君自言久官福建，所輯尚有《國朝詞綜補》六十卷，共一千二百餘家。又其人存者，亦仿王氏例，彙爲二集十二卷。是日付前月賃屋錢三十六千，又買小杵臼、木長杌、缸蓋、水桶之屬共十餘千。

初四日壬辰　晴熱。周允臣來約閑話，作片辭以疾。王子裳同年來。藍洲來。梅卿來。是日稍愈。以校書且應客過勞，晚又不能進食。晨起時，旭日始出，微雲鱗鱗，似縷金羅。晚坐庭下，霞彩綺映，近間緑陰，輕颸弄凉，高蟬流響，殊有秋意之賞。通夕咳嗽甚苦。

邸鈔：上諭：授瑞常爲文華殿大學士。瑞麟爲文淵閣大學士。詔：以太常寺卿徐桐、太僕寺卿翁同龢俱爲内閣學士兼禮部侍郎。

初五日癸巳　晴熱。有鄉人陶琴來，乞以所藏宋人王振鵬《豳風圖》上進。眉批：振鵬，樂清人，後入元，嘗繪《大明宫圖》以獻，官祕書監典簿，此圖每幅有奎章閣博士柯九思分楷《豳風》詩注。辭之不見。伯寅書來問疾，作書復之。楊理庵、朱肯夫柬邀明日午飲，作書辭以疾。夜風。作《詰司命》文。

初六日甲午　晴，有風甚凉。潘譜琴來。閲《韓非子》。許子頌喪婦來赴。伯寅來，不晤。作書致藍洲，藍洲朝考二等第一，昨引見，以知縣用矣。撰子頌夫人輓聯云：『寶鏡鸞空，最難堪，獻賦將歸，槐市夢闌聞噩耗；香篝麝冷，應長憶，臨岐扶病，絮窗淚滴在征衣。』是日以作字稍勞，身又微熱且咯血。夜撰《詰司命》文成。以銀三兩一錢買得祁刻仿宋本《説文繫傳》，附江陰承培元所撰《校勘記》

三卷，今日先付錢二十千。

初七日乙未　晴，微陰。先君子生日設祭。秦宜亭户部來，吴明經承志來，俱不晤。吴亦以優貢用知縣者。是日付前所居邸直錢二十千。夜有風，人定後雨作，凉甚。

邸鈔：詔工部右侍郎童華往勘孝陵、裕陵、隆恩殿暨純惠皇貴妃園寢饗殿應修各工。詔：醇郡王之第二子命名載湉。

初八日丙申　薄晴，有風甚凉。閲《續通鑑》五卷，至仁宗之慶曆二年。作片致許子頌，吊以燭楮四事。夜子初二刻四分處暑，七月中氣。浙江子初三刻四分。

邸鈔：李鴻章奏六月二十四日永定河南岸石堤五號尾因暴雨兼旬，山水斗漲，冲决口門四五十丈。詔：永定河道李朝儀、南岸同知朱津，前已革職留任，著再行交部議處。李鴻章並再交部議處。原奏稱，近日之水爲嘉慶六年後所未有。

初九日丁酉　晴。終日作字數千。得殷萼卿片，約明日夜飲。從廠肆借得《太平寰宇記》，乾隆末南昌萬庭蘭芝堂所校刻，而桂林陳蘭森輯補其原缺河南道四及江南西道十一至十七共八卷。萬、陳皆不知學，妄改妄補，轉亂本書。又刊校粗疏，不明體例，訛脱顛倒，連行接牘。廷蘭至不知漢帝世次，以高帝至殤帝十三世爲誤，又以樂氏所上表云『職居館殿』，謂館殿當是指其遷職方郎時，非直史館時，其謬妄可笑如此。蘭森爲文恭公弘謀之孫，學似稍勝于萬。此刻前有洪稚存序，其補闕八卷，有王惕甫序。補闕全出陳手，序跋甚明，而王序述廷蘭子承紀之言，又以爲廷蘭所補綴，不可解也。

邸鈔：楊昌濬奏請爲已故兩江總督馬新貽于浙江沿塘處所建立專祠，列入祀典，春秋致祭。從之。

初十日戊戌　晴熱。出門詣萬蓮初，不值。詣周吉臣、史葆卿，俱晤。詣朱肯夫、張香濤、潘伯寅、謝夢漁，俱久談。晚至宴賓齋，赴殷蕚卿之招，晤潘户部自彊，更餘歸。錢辛伯編修來，不值。有江西丁酉舉人熊鏡心來，并投所著《新録集義》一册，中皆似八比文字，而題目曰『中庸全部』，曰『孟子外書』，曰『八卦參同』，皆不知其作何語。此人聞素好學，有才名。蓋窮老失志，遂成心疾。近聞在都察院遞條奏六事，皆是譫語，人以風狂目之。

十一日己亥　晴有風。得吴碩卿書，言將南還，并以帽架子一對爲贈。閲《續通鑑》十卷。作書致香濤屬轉從王蓮生户部乞新刻郝氏《爾雅義疏》一部。王君山左人，蘭皋先生之戚，今涿州知州郝聯薇者爲蘭皋先生從孫。其書新刻，爲足本。得香濤復。

邸鈔：以詹事府詹事紹祺爲内閣學士兼禮部侍郎。

十二日庚子　晨雨，上午漸霽。出門詣碩卿、子蕁、吴松堂，俱不值。詣蘭洲，偕至廣德樓觀劇。傍晚詣允臣，亦不值。晚歸。萬蓮初來，不晤。

邸鈔：劉崐奏湖南按察使李廷樟因病懇請開缺調理。許之。

十三日辛丑　晴。得碩卿片，即復。作片致孫子授侍講，致萬蓮初。作書致周允臣、致吴松堂、致傅子蕁。許子頌來，不晤。秦宜亭來。朱鼎甫來。

閲《古經服緯》，通州雷氏鐏所撰。其子學淇注釋。書分上中下篇，共爲二十四則，取冠服内外上下吉凶之制，采掇經傳，條分件系，辨其名色，明其等威，頗切于日用。注亦詳盡博贍。惟好異先儒，輕改舊説，時涉臆決而不可信。同時凌次仲撰《禮經釋例》，任幼植撰《弁服釋例》，皆確守古訓。雷氏父子，素不與東南諸儒接，蓋皆未見其書。然貫串淹洽，政亦考古者所不能廢也。

得蓮初復，以同治二年所定《文廟祀位》兩册爲贈。得子蓴復。夜四更時雨。

十四日壬寅　晴。以明日爲佛家中元節，以素饌祀先。藍洲來，梅卿來。殷蕚卿來。

邸鈔：以江蘇蘇松太兵備道涂宗瀛爲湖南按察使。常鎮兵備道沈秉成調補蘇松太道。左宗棠奏總統南路諸軍前署福建布政使延建邵道周開錫病故。詔交部照軍營立功後病故例議恤。

十五日癸卯　上午微晴，多風，下午晴。先君子忌日設祭。吴碩卿來。胡郎中澍來。

姚春木《國朝文録》共八十二卷，計文千三百八十首，分十七類，首論辨，終祭文哀誄，大略依姚姬傳《古文辭類纂》例而小變之。其甄録之指，亦以桐城爲圭臬，故于陸稼書、汪苕文、朱可亭、方望谿、劉海峰、朱止泉澤澐、姚姬傳、張鱸江、朱梅崖、王述庵、管異之諸家文，録之最多，餘亦大半心性蕪言、俗體釀辭，漫無義法，沉溺桐城末派，全無别裁。然卷帙既繁，良楛雜出，亦時有不經見之作。如所載孟遠上龔合肥、張侍讀、魏蔚州、宋司寇、于北溟等書六首，皆痛陳時敝，洋洋數千言。其自稱曰：『遠，會稽一賤士也，厠名成均。』又曰：『遠，會稽賤士也，九試棘闈不見納，一赴殿陛不見用。』則固爲越人，而鄉里不知其名，亦不知其著有何集。蓋潛曜之士，姓氏湮没者，不知凡幾，深愧見聞之陋，而益歎選輯文字，有功幽微，自非淺鮮。張温和爲此書序，言至道光三十年，録稿始成，足見用力畢生，搜羅非易。其選全謝山、王崑繩之史論，張皋文、彭甘亭之賦，似尚能持擇。其于别派之胡稚威，選至數十首，而于毛西河、錢竹汀、凌次仲、孔顨軒，不録一字，王山史、王于一、顧黄公、孫淵如皆僅録一首，黄梨洲僅録二賦，汪容甫僅録《釋三九》三篇，侯朝宗僅録三首，洪稚存僅録文二首《征邪教疏》《樂毅頌》。及《天山》等四贊，朱竹君、石君兄弟，錢新梧、阮芸臺等皆不挂姓名，姜西溟、李穆堂等所録亦甚鮮，惲子居碑志高作，張皋文諸體文，概從屏置。計甫草之《籌南三策》，魏叔子之《新樂侯傳》，邵子湘之《盧忠烈公傳》，皆古今有數名篇，而俱不入録。李寒枝、龔定盦爲偏師巨伯，則或因未見而致遺。其姓名稍僻，即予之淺學所及見者，尚不下百家。此其綜録之疏，亦可概見。至歿于道光三十年以後者無論矣。程魚門之《正學論》，閻懷庭之《文士詆先儒論》，皆病狂夢語；侯朝宗之《郭老僕墓志》，袁才子之《書魯亮儕》，端木太鶴之《論易葬》，皆小説讕言，亦污簡牘，是又何耶？

《文録》載張貞所作《楊石民先生傳》，稱楊名青藜，字禄客，萊州之濰人，國初副榜，順治丁酉上書於安丘劉少傳正宗，歷數其怙寵擅權，有曰龔芝麓之鎸十三級，則以蜀洛分涂也。趙清止之坎壈終身，則以避馬未遠也。周櫟園之擬以立斬，則報復睚眦也。陳百史之無辜伏法，則争權競進也。又指其家人居鄉之不法，有曰時禁私鹺，則大車方軌而進，皆謂劉衙湯鹽。時禁通洋，則大木連艫而下，盡稱相府房料。又曰直指陳君，按部安丘，乃與盛伻並轡入城，未至府半里許，即下車行泥淖中。又過半里許，然後升車云云。可見國初相權尚盛。而楊以鄉里布衣，素未相識，盡言力詆，勸其速歸，劉亦不以爲忤，蓋猶有古人之風。其全書文甚鄙拙。張貞字貞一，安丘人。敘事亦無法。

十六日甲辰　晴，有風。閲錢十蘭《説文斠詮》，其書誤字甚多，今日略校一二卷。張牧莊來，山、會同人中可談經籍者，牧莊、景蓀輩一二人而已。江西熊孝廉又來，辭不内，乃録五古一首投閲而去。梅卿邀飲萬福居，不往。夜大雷雨。

十七日乙巳　晴。得碩卿書，并交來梅卿等屏聯，即復。坐車詣吴松堂，屬其爲季弟料理部照等事，即詣藍洲暢談。傍午答拜秦宜亭，不值。午歸。得王子常書，言新購得張三悦《水經釋地》。爲碩卿題宜亭所繪《潞河話别圖》，得詞一闋，即作片致之。作書致梅卿并屏聯等件。丹徒戴少梅户部來，不晤。周允臣來，以文勤公履歷及日記見示。夜閲文勤日記。

南浦為吳碩卿水部題《潞河話别圖》，即送其挈眷還吳門。

秋色滿江關，倦金門、又報五湖船具。楊柳鳳河濱，柔絲裊、偏是征帆難住。凉飔忍俊，短篷斜趁新鴻度。回首觚棱天際夢，都付暮雲芳樹。　共看水部歸裝，衹琴囊畫卷，烟霞伴侣。山影到閑庭，湘簾底、消受鬟香眉嫵。蘋花一槳，載詩還訪桃根去。碩卿將卜箎吳中。料得西窗同翦燭，却話薊門風雨。

邸鈔：户部福建司員外郎李常華補授江蘇常鎮通兵備道。詹事府右贊善黄毓恩轉補左贊善，編修楊紹和升補右贊善。

十八日丙午　晴，有風。得碩卿書，即復。得王子常書，以五古一首見贈，即復。潘郎中祖喜喪婦來赴，今日詣文昌館吊之。晤譜琴、味琴。補撰去年重九日曹山宴集序，并分賦得『千』字五古一首。以秦秋伊遠寄横幅索書，將以明日託藍洲携歸也。藍洲來。夜序及詩俱成，别存稿。作書致季弟。

邸鈔：以翰林院侍讀李文田爲左春坊左庶子，鍾寶華爲右春坊右庶子，右春坊右中允許振祎轉補左春坊左中允，國子監司業徐郙調補右中允。

十九日丁未　晴。爲秋伊寫横幅，并作書致王眉叔，屬其轉交。作書致孫生子宜，贈以《尚書後案》一部，元刻。《國語補音》一册。微波榭刻。作書致王永言，贈以楹聯一副。作片致萬蓮初，託其代取禮部會試回批。作書致藍洲，贈以阮刻日本山井鼎《七經孟子考文》及《物觀補遺》共四帙三十二册，且託寄秋伊、眉叔、子宜等件。得伯寅片，并送來新刻陳珊士《詩詞遺集》，即復。作書致仲弟、致竹樓，傍晚詣煤市街送藍洲行，以致季弟等家書託寄。夜歸。

二十日戊申　晴，熱甚。金庶常葆泰來。殷䔒卿來。廉州陳逸山喬森來，新分户部山西司主事。梅卿來。

閱武進楊農先學士椿《孟鄰堂文鈔》。學士爲明崇禎癸未狀元冰如修撰廷鑑之孫，芝田諭德大鶴之子，四世清華，一家先後入翰林者七人。集爲其曾孫魯生所刻，前有朱石君太傅、趙味辛郡丞兩序，凡十六卷。學士頗以古文、史學名，其文平正而乏剪裁，論明史事，殊有深識。卷五至卷十序説，考辨書論，皆言經義，如《説卦考》《伏書孔書篇數考》《盤庚考》《武成考》《伏書非口授辨》《漢儒不見古文尚書辨》《鄭聲淫説》等作，皆有卓見。其時漢學諸儒未出，即百詩閻氏之書，亦似未見，而所説多與閻、惠、江、王諸家暗合。其論九族，雖異先儒，亦爲近理。論服制、喪主諸書，皆有可取。惟以《孝經》爲漢、晉諸儒所綴輯，條駁其謬。以《周禮》爲文種、吴起、李悝、申不害之徒所增竄，有與齊次風書十二首，皆各舉一事，推論其非，以《儀禮》爲魯臣臧文仲、季文子等所爲，以《詩》爲無風雅正變之分，以《關雎》《鵲巢》《采蘋》爲皆求賢人之詩，則皆不根之言矣。

邸鈔：英翰奏特參庸劣不職各員。安徽鳳潁同知劉大馥、建德縣知縣王必蕃、候補知縣郭承紳均革職。候補知縣江景桂降補府經歷縣丞，東流縣知縣朱文蔚開缺另補。從之。楊昌濬奏浙江按察使興奎病難速痊，請開缺調理。許之。

二十一日己酉　晴，秋暑甚熾。得胡甘伯片，爲代購胡竹村先生《儀禮正義》一部，賈銀四兩。此本沔陽陸立夫督部所刻。近年其孫光祖携其板至京，坊賈印售，直不過二兩餘。去年竹村先生從子季臨侍郎從陸購得其板，遂刷印以遍詒貴要，而寒士踵求者則高賈居奇，索銀四兩。甘伯爲其族人，數月前予屬其往購，而侍郎曰：余已罷官，非四金不能買紙也。甘伯如其言諾之，未致予而侍郎死矣。

今其子扶柩歸績谿，并此板携去。甘伯爲索得寄予，特記之，以見近日公卿風尚如此。查刑部耀亭丙章來。吴郎中寶清來，和甫少宰之子也，以新刻少宰《榴實山莊遺稿》爲贈，且索序。共文一卷，古今體詩六卷，詞一卷，試律二卷。駢體雅鍊，詩亦秀潔。傅子蓴來。剃頭。史寶卿、周吉臣來。

閲《孟鄰堂文鈔》，其與明史館提調吴子瑞書，辨王民望、唐荆川事。謂民望之死，非由于荆川。民望逮下獄時，荆川在南討倭，已逾七月，至次年冬，民望死西市，而荆川已先半載卒于泰州舟中，可證野史言弇州兄弟遺客刺荆川死之妄，其説甚確。然引萬季野説云：民望與鄢懋卿同年相契，力慫其劾己以求罷。懋卿謂上于邊事嚴，喜怒不可測，止勿劾。民望乃自屬草，付其門人方輅上疏劾之，帝果大怒，遂下獄論死。是民望之死，實自爲之，與嚴氏亦無涉。然果爾，則弇州兄弟，何以切齒分宜？世蕃之刑，至買其一胛，持歸祭墓，熟而噉之。據沈德符《野獲編》言，介谿以弇州兄弟皆得第貴，怒世蕃謂其不肖，世蕃遂謀中傷之。而民望聞楊忠愍之死，爲之悲歎，屬其子振恤其家，禍以此起。它書亦言分宜因弇州與忠愍游，又經紀其喪，適以求古畫于民望不得，怒遂不解。蓋論者謂以張擇端《清明上河圖》，荆川指其中一人閉口喝六，證爲贋物，固屬附會東坡指李公麟畫故事。而王氏父子結釁嚴氏，則固有之事也。如楊氏言，則以荆川閲兵劾疏，實陰爲民望解，鄢懋卿又力沮民望之求劾，似其死全出世宗意矣。

夜得子蓴書，言有新昌人田姓來京控其縣令，即復書止之。

邸鈔：以河南南汝光兵備道蒯賀孫爲浙江按察使。先以候補道吴艾生署理。岑毓英奏雲南臨安府知府李宗賓准留甘肅辦理糧臺，遽難赴任，請開缺另簡。詔：以刑部郎中熊昭鏡爲臨安府知府。熊以監生貲郎截取知府，忽有此授，不可解也。 李鶴年奏六月間大雨，汜河水漲，灌汜水縣城，壞衙署田廬，損傷人口。

詔：妥爲撫恤。　掌河南道御史吴鼎元補授江蘇常州府知府。

二十二日庚戌　晴，秋暑鬱悶。　閲凌曉樓《四書典故覈徵》，引古義極爲奥洽。　吴松堂來。　夜再得子蓴書，即復。

二十三日辛亥　晨及上午晴，暑甚熾，午後薄陰有風。　閲毛西河《經問》。　兩日來又小疾，讀書凌忽無緒，間考古誼亦無所獲。　許子頌來。

二十四日壬子　晨微雨。　午初二刻五分白露，八月節。浙江三刻五分。　晴熱。　雜閲《爾雅》《小爾雅》《廣雅》諸書。　從吴松堂借銀二十兩。　朱同年廷籲來。　殷蕚庭來，晚邀至宴賓齋，偕朱肯夫、潘荻漁、傅子蓴等飲，二更歸。　子蓴來夜話。　是夕微陰，有小雨。　酒間多失言，書此自戒。

邸鈔：兵部職方司郎中特克紳布授江西吉安府知府。

二十五日癸丑　晴熱。　撰梅卿《乞假歸祝堂上雙壽序》，别存稿。　作片致胡甘伯，還《儀禮正義》賈四金。　付寶森堂書直京錢三十千，寶經堂二十五千，米錢二十三錢，煤錢八千，王福雜用帳錢四十千，工食錢五千，緝石、陳媪各五千，車錢十二千，水錢三千。

邸鈔：庶吉士陶模選甘肅階州文縣知縣。　户部尚書寶鋆充崇文門正監督，散秩大臣額駙符珍充副監督。

二十六日甲寅　晴陰甚。　得潘紱丈書，借日記。

閲錢思元《吴門補乘》。　思元字宗上，一字止庵，乾隆時吴縣諸生，學詩于沈歸愚。　其邑人韓豐爲之作傳，言所著尚有《易》《詩》《書》《禮》《春秋》《論語》《孝經》《緯緝》及《吴門軼記》《吴門軼事》《止庵隨録》《止庵聞見録》《止庵日記》《怡庵隨録》《嶺表録異補葺》《夷堅志補遺》等書。　此書共十卷，輯録吴縣、長洲、元和三縣故實爲府縣志所遺者，而首冠以《巡典補》，别爲一卷。所載蕪雜，多采市稗，不知著書之體。又聞見陋狹，拙于考訂。其中《馬冢》一條，注云出漢趙煜《吴越備史》，則其大略可知。然其刊誤一卷，頗能詳覈。《吴下方言》一條，尤有可采，最録于此云：

呼婦人曰女客；《高唐賦》：『妾巫山之女也，爲高唐之客。』打亦謂之敲；《左傳》：『執其戈以敲之。』刺亦謂之擉；《莊子》：『冬則擉鼈于江。』相連曰連牽，亦曰牽連；《晉書·五行志》：苻堅初童謡曰：『阿堅連牽三十年。』《淮南子》：『以摸蘇牽連物之微妙。』折花曰拗花；元微之詩：『今朝誰是拗花人』。言人逞獨見而多忤者曰奊𡗝；音如列的。《漢書》：『奊𡗝而無志節。』言人無所可否而多笑貌者曰墨杘；音如迷癡，出《列子·力命篇》。言人胸次耿耿曰佁儗；音如熾膩，司馬相如賦：『仡以佁儗。』言人無用曰不中用；《史記·秦始皇本紀》：『始皇怒曰：吾前收天下書，不中用者盡去之。』言人聆言不省曰耳邊風；杜荀鶴詩：『百歲有涯頭上雪，萬般無染耳邊風。』人有病曰不耐煩；《宋書·庾炳之傳》：『爲人强急而不耐煩。』謂人之愚者曰不知蕭董；《爾雅》：『蘱，蕭董。』注：『似蒲而細。』不知蕭董者，即不辨菽麥意。習氣曰毛病；黄山谷《刀筆》：『此荆南人毛病。』物不潔曰鏖糟；《漢書·霍去病傳》注：『盡殺人爲鏖糟。』蓋血肉狼藉意。言戲擾不已曰嬲；音如嫋，去聲。嵇叔夜書：『嬲之不置。』小食曰點心；《能改齋漫録》：唐鄭傪夫人云：『我未及餐，爾且可點心。』憎人而不與接曰不倸；《北齊書》：『后不倸輕霄。』以網兜物曰揌兜；揌，呼孩切，音海，平聲，見《類聚音韵》。誘人爲惡曰攛平聲。掇；見《韵會小補》。疾速曰飛風；唐制，凡雜馬送上乘局者，以風字印印右膊，以飛字印印左膊。問何人曰陸顧；吴中陸、顧兩姓最著，故以爲問。言人舉止倉皇曰麋麞馬鹿；蓋四物善駭，見人則驚竄，故以爲喻。移謂之捅；《集韵》：『捅，它總切，進前也，引也。』言某人及某人、某物及某物皆曰打；丁晉公詩：『赤洪崖打白洪崖。』俗作入聲，讀如笪。事在兩難曰尷尬。

以上所記及注，雖未知原本《蒼雅》《説文》，推究其義，且引書亦多出稗販，與原書不符。如《漢書・賈誼傳》云：『奊詬亡節。』師古注：『奊詬，謂無志分也。』此假奊爲謑。《説文》：『謑，詬恥也。』謑或作⿰言奊，《楚辭・九思》作謑訽。奊、㚐自在《説文》夨部。奊，頭衺骫奊態也，音胡結切，《漢書》顏注音同。㚐，頭傾也，讀若孑。其義既異，亦無列的之音。吾越方言，凡物之摇兀不安者曰□渠立切，讀若極。□，胡骨切，讀近窟。當即此㚐奊二字，越俗呼小摇船曰㚐奊頭船，尤其明證。止庵所引奊㚐而無志節，《漢書》並無其文。《列子・力命篇》『墨杘』，張湛音眉夷，注曰『默詐』，殷敬順音『眉癡』。《廣雅》作『墨欺』，《方言》作『嘿杘』，云『嬒也，江湘之間謂之無賴』。又云：『凡小兒多詐而獪謂之央亡，或謂之嘿杘。』郭璞注：『嘿音目；杘，丑夷反，狡也。』吴俗讀眉如迷。吾越亦然。止庵迷癡之音，與殷氏《釋文》合，然詳諸書之義，皆主狡詐，非無所可否而多笑貌之詞。尷尬當作尲尬，《説文》：『尲尬，行不正也。』殷氏注曰：『今蘇州俗語，謂事乖刺者曰尲尬。』吾越語亦然。止堂此等皆似茫昧，而徵引雜博，良可取資。

牧莊來，以王菉友《説文句讀》見借，予亦借以《論語後案》。作書復紱丈，以丁紹儀詞話送閲，得復。夜閲《吴門補乘續編》，止庵子諸生士錡所續輯，共一卷，計一百八葉。即全書之第十卷。科目一類，補至嘉慶庚辰，則書成于道光初年也。其雜記中載順治辛丑蘇州諸生倪用賓等哭廟一案，顧考功予咸作遭難自述文，敘次甚詳，可補《辛丑紀聞》之缺。又載嘉慶四年吾邑平寬夫侍郎治生員吴三新一案。王述庵有與侍郎書，直言規切，此《春融堂集》所未收者，惟嚴瑞唐榮所編《述庵先生年譜》略著之。

二十七日乙卯　上午晴熱，下午陰，傍晚小雨。作書致梅卿并壽序交去。許竹篔編修來。吴碩卿來。番禺姚樫甫户部來。名禮泰，王孟調弟子，庚午順天舉人。有吴君文塄作片來索觀著作，自稱曰鄉世弟，言其祖爲嘉慶癸酉舉人，詢其官曰工部郎，不知所自，姑作片復之。得梅卿復。梅卿來。

閲徐星伯松《唐兩京城坊考》共五卷。西京冠以外郭城、三苑、宮城、皇城、大明宮、興慶宮六圖；

東都冠以外郭城、苑、宮城皇城、上陽宮四圖。自序謂以己巳之歲，奉詔纂輯唐文，于《永樂大典》中得宋次道《河南圖》，乃據宋氏《長安志》爲本，采集金石傳記，合以程大昌、李好問之《長安圖》，以爲吟詠唐賢篇什之助。其書成于嘉慶庚午，分門別里，條舉宮殿苑亭、公私廨宅，援據史事，自爲之注，考證精密，古色盎然。平定張誦風穆更爲校補，亦稱詳審。惜誤字甚多。

邸鈔：劉坤一奏已故江西委用道帥遠燡前在東鄉縣剿賊陣亡，已蒙優恤。該故員派軍禦寇死事甚烈，懇請予謚建祠。遠燡，咸豐二年翰林，因賊發其祖父故江蘇浙江巡撫承瀛墓，遂從軍自效。詔：遠燡著加恩予謚，賜謚文毅。並准于東鄉縣及原籍黄梅縣建立專祠。李翰章、郭伯蔭奏原任大學士官文任湖廣總督十二年，與歷任巡撫和衷共濟，恢復全楚，並次第舉行善政，該省紳民至今稱頌。請將湖北前建胡林翼專祠，改爲官文、胡林翼合祠，列入祀典，春秋致祭。從之。以奉天府府尹德椿爲内閣學士兼禮部侍郎銜。刑部尚書鄭敦謹奏病難速痊，請開缺回籍調理。許之。以都察院左都御史龐鍾璐爲刑部尚書，以户部右侍郎李鴻藻爲都察院左都御史。兵部右侍郎鮑源深調户部右侍郎兼管錢法堂事務。鮑源深現出學差，以刑部左侍郎賀壽慈兼署。以詹事府詹事夏同善爲兵部右侍郎。

二十八日丙辰　終日陰雨，凉風蕭槭。下午遂須綿衣。

閲《元朝祕史》及李志常《長春真人西游記》，皆張石舟所校。二書自錢竹汀氏始稱之，謂足以訂正《元史》。《秘史》譯于元初，皆用俚俗語，欲人易知其事，質實可信。《西游記》更足證西北疆索道里風土。長春真人即丘處機，字通密，登州栖霞人。元太祖稱之曰神仙，志常爲其弟子，自稱曰真常子，其書末記侍行人名，又稱通玄大師，《元史》作李真常。以元太祖辛巳宋嘉定十四年，金興定五年。從處機由萊州至燕京，出野狐嶺，今張家口。取道金山、今科布多之阿里泰山。陰山今甘肅迪化州之博克達山。至阿里馬城，即伊犁。過答剌速没輦、今伊犁河。霍闌没輦，今那林河。至邪米思干城，今西域之賽瑪爾罕。出鐵門抵大雪山，今和羅三托山。見太祖于行在。甲申歸至燕京，住大天長觀，四年而處機歿。真常皆記所目睹，文筆簡雅，絶無浮飾。前有西谿居士孫錫序，爲志常所索撰者，題年曰戊子，則宋理宗紹定元年元拖雷監國之年也。是本爲錢竹汀從蘇州玄妙觀《道藏》借鈔，後歸段懋堂氏。有錢氏二跋，段氏題識。又歸桐鄉程氏同文，龔定庵、徐星伯皆從程氏借鈔。徐氏、程氏皆有長跋，徐考覈新疆，程考覈金山以東、那林河以西，皆疏證精詳。又有陽湖董祐誠考記中日食一跋，烏程沈子敦釋金山以東一篇。子敦名垚，道光甲午優貢。

夜風雨凄沓，秋思黯然。

二十九日丁巳　晴凉。從寶經書肆借寶應劉寶楠楚楨《漢石例》，烏程沈堯《落帆樓文稿》，江寧嚴觀子進《湖北金石詩》三書。傍晚夕映在檐，凉飈拂地，槐葉時墜，馴鵲弄聲，移几庭中啜茗，看阮儀徵《四庫未收書提要》，及張月霄《愛日精廬藏書志》。几傍有瓦盆種秋海棠數本，作花正妍，竊謂此時之樂，較六街車馬徵歌選舞者，奚啻仙凡耶。雖索米質衣，而折除福分，薇衵槐鼎不足償矣。昨夕之秋懷，今日之閑適，當分寫兩小詞，寄曉湖和之。夜二更時又雨，潺潺達旦。

三十日戊午　雨聲凄密，連日夜不止。終日讀書，憙無一客。印泥揭櫫，不復知勞。得結局片，送來是月分結銀十五兩。夜雨益甚。

邸鈔：以湖北荆宜施道恭鏜爲奉天府府尹。

八月己未朔　密雨竟日，入夜淋浪。

阮文達《揅經室集》一集文十四卷爲經，二集文八卷爲史，碑志傳狀等皆入之。三集文五卷爲子，四集文二卷，《琅嬛館詩略》十一卷爲集。續集亦分經、史、子、集，首一卷爲經，次一卷爲史，次一卷爲子，次一卷又《文選樓詩存》五卷爲集。外集五卷，爲《四庫未收書提要》，共五十四卷，皆官雲貴總督時其子福所編。此例古今所罕見，故史、子兩類，頗多出入，未能犂然悉當，校勘亦疏，多有誤字。文達經術名通，文章爾雅，固不必言。詩亦清華婉麗，取則中唐，與李文饒爲近。《琅嬛館詩》起于乾隆己酉通籍以後，《文選樓詩》，福爲之注，皆督兩廣、滇黔時作。續集有《南昌府同知徐璧堂墓志》極詳，可采入吾郡邑志。

補成前日兩詞，又賦一詞寄潘星丈，并書於舊畫放翁團扇之上。爲許子頌書紈扇。作書致傅節子閩中。夜雨聲益緊，室宇多漏，恐墻壞厭床不敢睡，作五言古詩酬王子常。

答王子常同年詠霓見贈之作

聖清勵實學，經訓勤疏治。閻顧朱胡陳見桃，肇路先驅馳。碩儒啓小惠，松崖時稱小紅豆先生。摭宿窮娥義。一傳得艮庭，寫經參籀斯。盧抱經褚鶴侶實駿靳，王西莊錢竹汀共維持。孔顨軒邵二雲孫淵如洪稚存凌次仲，繼起分畬菑。元明積壅蔽，悉辭而闢之。萬彙索奥賾，千秋絶攀躋。是皆宗高密，經神無它師。洙泗恃一綫，微言接緇帷。別出有江戴，金檠齋段相追隨。稍遜惠學宓，未與鄭志違。幸際高宗朝，千載開昌期。大典搜秘逸，石經正訛遺。翹材列四庫，章逢賡委蛇。典禮及名物，爬梳咸受比。訓詁及章句，斠董罔弗釐。粲然六經籍，鉅細長昭垂。中天竟再睹，轢漢淩蒼姬。家法貴墨守，大道詎有岐。世儒好衒鬻，立異不知歸。通藝務博物，味經標正辭。制度勇臆改，程易疇《通藝録》中所言喪服及戈劍戟等考，多不足信，其辨棟宇尤謬，別有文論之。科旨紛訛滋。此雖名古學，實已招瑕疵。桐城遂猖狂，捐本升其枝。撏撦八家語，小文炫群兒。斯藩一以壞，雷鳴聒蛙羅。聾瞽厭擿索，虬蠹肆謷呰。鶉樓傲鼓冕，豕盆蔑尊彝。空言講性命，聖道日陵夷。不學爲知本，師心恃可欺。六書屏不講，三禮紛致疑。馴至釀大亂，癰潰連心脾。五斗各立教，天主奉泰西。痛兹謬種害，遷流忘其非。有識或疾呼，楚咻舌爲疲。碩果已盡落，弦誦聲何稀。京師盛冠蓋，杖杜貫雌霓。講章秘枕寶，兔園不敢窺。其間號才俊，佻達矜羽儀。亂抹尤侗集，高誦袁枚詩。孤鳳偶一出，環噪驚群鴟。予生夙嬰疢，許鄭心所跂。健忘屢迷復，望洋憚鉤稽。昔秋舉進士，同歲多魁奇。潘鴻朱一新[最秀出]兩年少，漢詁確不迻。黄生以周，此用秦漢人稱生稱先例。治易禮，屹屹忘朝飢。其餘十數輩，俱好深湛思。吾子產台嶠，餐霞采金芝。精研康成學，編摩手生胝。餘事及桑酈，支川理棼絲。譚獻王棻亦同志，左右相提携。蠹簡互披抉，門户無鈲離。漢學或復振，大廈群支榰。痿茶庶自策，跛驢追駿騏。秋風儻載酒，説經解我頤。光采勉韜蓄，斯文將在兹。

御街行 早秋邸夜風雨中作

長安秋色來無際。雁未到、蛩吟砌。凄清庭院葉聲中，偏攪初凉天氣。孤燈摇幌，亂書堆案，一桁簾垂地。　飄零作客三千里。顧鬢影、人憔悴。空階點滴雨聲寒，領略貧家滋味。滿湖菱角，繞門荷葉，何日尋歸計。

臨江仙 秋日晚凉坐庭下讀書有懷曉湖浦江官舍

滿院槐陰風蔌蔌，捲簾紅日西斜。竹鑪矮几自煎茶。一杯甜井水，雙盎海棠花。　書卷丹黄從校畢，南天閑數歸鴉。碧雲長自繞山衙。豆香慈母饌，瓜熟冷官家。

前調以團扇書放翁小像詒少宰潘星齋先生

團扇家家圖畫在，蕭然海鶴風姿。夢隨鐵騎醉吟詩。三山臨水宅，萬里拂雲祠。　老輩風流今似昔，烟霞遥訂心知。江南秋及杖藜時。緑蓑菰米艇，烏帽菊花籬。

邸鈔：禮部主客司郎中孫家穀授湖北荆宜施兵備道。

初二日庚申　大雨竟日。夜，寓中東箱墻圮。是日西風凉甚，入夜尤横。爲王子常書扇。

閲劉楚楨《漢石例》，共六卷。一以梁氏玉繩《誌銘廣例》、郭氏麐《金石例補》、馮氏登府《金石綜例》，皆錯舉疏略，是編壹以東漢爲主，列墓碑例百五十，廟碑例二十九，德政碑例十三，墓闕例十一，雜例三十二，總例四十八，皆分别異同，加以考證，詳確典覈，條例秩然。前爲《敘目》一篇，言漢碑之不可從者。如祖考稱考、《郡掾史張元祠堂碑》。祖母稱母《金廣延紀母碑》。等二十五事，皆原其據依，詳爲之注，而以今古異宜，不可循用，其言尤爲名通。楚楨爲端臨訓道從子，道光庚子舉人。是書成于道光十年，至二十九年楊氏始刻入叢書。時楚楨官直隸元氏知縣。張石舟爲之序，言楚楨少與儀徵劉孟瞻文淇齊名，號揚州二劉。孟瞻著《揚州水道記》，而楚楨著《寶應圖經》，精博相埒。官元氏時，訪獲縣境古碑甚多，其《延熹封龍山碑》，自來金石家皆未見也。

邸鈔：編修錢桂森升補國子監司業，前浙江寧紹台道張景渠開復原官，交軍機處記名，遇有浙江道員缺出，請旨簡放。李鴻章奏雲南人現任張家灣漕運通判丁崇欽之妻丁錢氏係原任直隸布政使錢炘和之女，于同治元年六月割臂療姑丁鮑氏疾，丁錢氏旋于次年病歿。請援同治五年浙江黄巖縣教諭吴善城之妻吴潘氏因姑病割臂，又前任直隸静海縣知縣陳元禄之女陳婉割臂醫親，均先後奏奉旌表例，籲懇恩准一體旌表入祠。詔禮部議奏。張之萬奏前任太常寺卿湯修四月間于蘇州僑寓病故，代遞遺摺。

初三日辛酉　風雨日夜不絶，寓室盡漏，時聞遠近壞墻崩屋之聲，此異灾也，都中百年來所絶無。而廟堂泄泄，未聞修省之詔，不陳止雨之方。泛濫既深，饑饉洊至。杞憂黍歎，何時已乎。補作去年十二月十四日夜偕族兄弟飲梅山寺詩序，將乞人畫圖寄回南中也。

閲沈垚子敦《落颿樓文稿》共四卷。其學深于地理，尤熟悉西北形勢，所著如《後魏六鎮釋》《新疆私議》《葱嶺南北河考》《宋神宗用兵西夏論》《宥州答問》《與徐星伯論西夏地理書》星伯撰《西夏地理考》，子敦言其同里張秋水嘗撰《西夏紀事本末》，從舊本《范文正集》影鈔一圖。《漳北滱南諸水考》釜水、濅水、渪水、滮水、渚水、泜水、濟水、槐水、洨水、綿曼水、木馬水、忻水、虖沱水、滋水、鹿水、泒水，共十六篇。《西游記金山以東釋》，皆洋洋大篇，雖或引證冗蕪，文繁寡要，而鉤貫精密，令人不能測其涯涘。《爲人後者爲所生服議》，謂古惟大宗立後，持重于大宗，故降其本生，示不貳斬之義。後世既無宗法，今之立後，皆與古異，無所謂持重，則不得降其本生之服。其言精確，爲向來議禮家所未及。《殤不當立後議》、《晉書賀循傳書後》、辨兄弟不爲世數之説。《喪服足徵記書後》、與張淵甫三書，皆論禮服之學，斷制精嚴，有裨世教。張碩洲爲之序，言子敦爲諸生時，以試《庸蜀羌髳微盧彭濮考》，爲學使何文安公所首拔，又以試《尚書古文考》《毛詩古音考》，爲學使陳碩士侍郎所賞。又言其作字模範鍾、王，而偏旁點畫必蘄合于六書。日照許印林（名瀚）在何、陳兩公幕中，言鎖院得子敦卷，如辨古金款識，淺學者或不能盡識。遂以優行貢成均。初館徐星伯先生家，後爲姚伯昂總憲校《國史地理志》，寓内城。道光庚子十月以瘵卒于會邸，年僅四十有四，星伯爲經紀其喪。子惇之師爲施北研，名國祁，烏程老儒，熟于金、元掌故，著有《遺山詩箋》。石舟言嘗戲謂子敦生魚米之鄉，而慕㦬嗜麥，南人足不越關塞，而好指畫絶域山川，篤精漢學，而喜説宋、遼、金、元史事，可謂三反。

邸鈔：以内閣侍讀學士楊書香爲鴻臚寺卿。

初四日壬戌　終日陰晦，傍晚湬雨又作。作書致福建王補帆中丞。作片致碩卿詢行期。作片致傅子蓴，以前日所作寄節子閩中書及王中丞書屬轉寄。作書致潘星丈，以前日所作詞及團扇詒之。作書致伯寅侍郎。閱吴才老《韵補》。得碩卿復。梅卿來。得子蓴復，又片言舍弟報捐事，即復。得星翁復，伯寅復。夜作書致江蘇恩竹樵布政、應敏齋按察，以都中居大不易，故告諸君以邸寓蹤跡，二字當作從迹。冀以文字有所潤益也。且託應君代購吴中新補完胡刻《通鑑》及新刻陳氏《明紀》。眉批：陳氏名鶴，字鶴齡，號稽亭，元和人。錢竹汀弟子，嘉慶丙辰進士，官工部主事。秦小峴侍郎爲作墓志，言寫仿李氏《續資治通鑑長編》例，搜輯明代事，書無成而殁。潘伯寅言其孫子剛孝廉克家續成之。聞昨日蘆溝橋南岸永定河又决漂没人。是日付王福工食京錢十緡。

邸鈔：上諭：京師入秋以來，雨水連綿，近復達旦連宵，久未晴霽，當此秋成將届，勢必禾稼受傷，殊深焦灼。允宜虔申祈禱，冀迓時暘。謹擇于本月初六日親詣大高殿拈香，時應宫著派惇親王奕誴，昭顯廟著派恭親王奕訢，宣仁廟著派醇郡王奕譞，凝和廟著派孚郡王奕譓，同于是日分詣拈香，以迓天和。上諭：夏同善奏久雨爲灾，請虔誠祈晴，並敦節儉，廣賑濟，開言路，清庶獄一摺。入秋以來，雨澤過多，業經降旨祈禱。因思順天、保定、天津、河間等屬地勢低洼，其被灾處所，業准李鴻章所請，截留漕米賑濟。此外如續有被灾之處，並著直隸總督、順天府府尹查勘撫恤，毋令一夫失所，陰陽沴戾，灾祲洊臻，朕宵旰廑思，倍滋悚惕，惟當躬行節儉，以裕物力而恤民艱。刑罰失當，不足感召祥和，中外問刑各衙門尤當恤刑慎獄，清理積案。並著在廷臣工于民生疾苦、政事闕失，直陳無隱，以副朕遇灾修省至意。

初五日癸亥　上午雨，下午稍霽，傍晚有日景。作片致碩卿，以寄恩、應兩君書託附去。作片致子蓴，以季弟履歷交之。作書致王子常，還其扇。作書致香濤，索還駢文。得星翁書，即復。得子常復、子蓴復。剃頭。

以《群書治要》校《後漢書》。《楊震傳》：『殷、周哲王，小人怨詈，則還自敬德。』《治要》作『則洗目改聽』。案《無逸》『皇自敬德』，《今文尚書》作『况自敬德』。《隸釋》載漢熹平石經《尚書》殘碑，况作兄，兄即古况字。王肅《尚書》注訓爲滋益。《石經》用今文。楊震受歐陽《尚書》，故此疏用今文作『况自敬德』，因誤作『洗目改聽』，皆因形近致訛。章懷注僅引《古文尚書》『皇自敬德』，後人不解况字，遂改作還字，幸《治要》四字皆誤，轉可以推求而得。邢劭謂思誤書亦是一適，此類是也。

夜又雨。

初六日甲子　晨雨，上午微見日景，旋復陰晦。終日校《後漢書》。子蓴招夜飲如松館，辭之。

初七日乙丑　晨晴，上午西風，甚寒，旋陰。五更時舊疾復動，憊甚。卧閲錢竹廬《後漢書補表》。作書致周允臣，索其家世事蹟。得梅卿書，屬轉託人書壽屏。校《鄭志》，取汗筠齋本、問經堂本互勘。傅子蓴來。得允臣復。夜始聞雁聲。

初八日丙寅　晴陰靉靆。作書致碩卿。午後出門詣譚研孫、許竹篔、殷鶴庭，俱暢談。答拜戴少梅，詣王子常，俱不值。晚歸。得潘星翁書并所繪《湖塘村居》小幅。子常來，不值。以梅卿尊人壽屏託研孫書。

初九日丁卯　晴。作書復星翁。作書致梅卿。江西人吴子重兵部來。名金輅。午後出門答拜吴禮園郎中、陳逸山主事，晤。禮園言徐夢祥《説文段注匡繆》已交揚州書局，託方運使濬頤刻之，又盧抱經手校《一切經音義》交譚仲修携往杭州矣。詣碩卿、子蓴、秦宜翁暢談，傍晚歸。牧莊來，不值。得梅卿復。戊正二刻九分秋分八月中。浙江三刻九分。殷萼庭來夜談。夜疾兩發。

初十日戊辰　晨雨，上午稍止，日出。陸漁笙庶常來。得子蓴書，即復。作書致碩卿，得復。梅卿來，袖交十五金。付前月賃屋錢三十六千七百文。

十一日己巳　晴。得平景蓀七夕南昌書及小帆書。作片致碩卿。作書致子蓴。校《續漢志》。允臣來。買洋菊、鷄冠花數本植之庭隅。

十二日庚午　晴，入城答拜姚樫甫、查耀庭，俱不值。詣琴巖、梅卿，俱久談。梅卿以南海馮焌光校補江陰六德只《皇朝輿地略》爲贈。夕陽時出城，拜陸漁笙、徐侍郎，俱不值而歸。許子頌來，不值。

《輿地略》者，李申耆弟子江陰六承如所創，始僅載各省府廳州縣四境四至，而首爲總圖。其從子德只補載各省分圖，馮焌光又屬番禺趙子韶補繪東三省、青海、西藏、伊犂、科布多、内外蒙古諸圖，又于《説略》後增載督撫、將軍、都統、鎮道駐地，頗簡明，便觀覽。馮君，廣東舉人，乙丑歲在都，予晤之于芍師所，曾索其書而未得，今梅卿爲福建臬使葆芝岑所轉贈者。

邸鈔：上諭：本日據翰林院代奏編修謝維藩條陳時局艱危，籲懇憂勤節儉並請減除工費撥賑災民；編修吴大澂請飭停省典禮工費各摺片。所陳均屬切當。大婚典禮傳辦各事宜，前經降旨令各衙門分別裁減停止，現在並無續行傳辦之事。其一切工程即著各該衙門力求撙節，毋稍糜費，事竣核實報銷，不准稍涉浮冒。直隸被灾各屬妥爲賑濟，務當實患及民，以副朝廷軫念灾民至意。此初十日旨。御史劉國光奏已故節婦請照已故貞女例，不拘年限給予旌表。詔：禮部議奏。

十三日辛未　晴。作書致朱肯夫，致張香濤，俱索還文稿、日記各書。閲《聖武記》。得允臣書饋蒸鴨、月餅，作小啓復謝。得肯夫復。夜月甚佳，坐久之。得子蕁書。是日剃頭。

十四日壬申　晴。作小帖子，約同年王子常、朱鼎甫、史寶卿、周吉臣明日夜飯。又别作片致鼎甫。殷鶴庭來。香濤來，談甚久。連日疾動痔發。

十五日癸酉　晴。祀先。研孫來。牧莊來。周吉臣、史寶卿片來辭飲。讀《易·繫辭》。夜，子常、鼎甫來，暢談小飲，二更而散。署吏送來養廉銀四兩六錢。是日付饋食特牲等費三十千，付前節酒債十七千，付王福工食及節賞十四千，付緝石十千，陳媪十千，送甜水人四千，釘書錢二千，署吏二千，全浙館長班二千，孫富叩節一千。夜，四更時雨。

十六日甲戌　密雨如晦。終日讀《易》，以朱印雜識諸經解。夜雨除星見，更餘月甚佳。

十七日乙亥　先妣忌日。晴。供饋。得香濤書，借陳碩甫詩、《毛氏傳疏》，即復。爲牧莊、梅卿書扇。聞李世忠反于光州。

邸鈔：詔：刑部候補郎中文天駿發往山東，交丁寶楨差委。從丁寶楨請也。十四日。以阿克蘇辦事大臣福珠哩爲廣州滿州副都統。十四日。以慶至承襲鄭親王。十五日。以光禄寺卿程祖誥爲太常寺卿，以通政司副使朱智爲太僕寺卿。以詹事府少詹事蘇勒布爲詹事。十六日。正白旗蒙古副都統吉和調補正黄旗滿州副都統。以庫倫辦事大臣張廷岳爲正白旗蒙古副都統。十六日。上諭：馮子材、康國器奏官軍進剿越南匪股獲勝，請將出力員弁獎勵一摺。越南匪首鄧建新、周仲文等竄踞越南安世縣、香淯社等處，經總兵劉玉成等帶兵剿辦，屢挫凶鋒。六月二十二日分路進攻，乘勢斬關而入，遂克香淯老巢，並將廊猛硝廠一律攻克，剿辦尚爲得手。總兵劉玉成賞加提督銜，道員華廷傑賞加布政使銜。餘升擢有差。十七日。

十八日丙子　晨晴旋陰，終日微晴。校閲《聖武記》。

十九日丁丑　晨微晦，已有日景，旋陰有風。校閲《聖武記》。夜雨，三更後震雷，大雨以風，達旦不止。

二十日戊寅　晨雷雨稍止，旋復陰晦，密雨，午後漸霽，晡晴有風，凉甚。

點閲凌次仲《校禮堂詩》，其格調清俊，時有佳句。乾隆中經儒之稱詩者，沃田最勝，蘭泉次之。先生詩可以上肩西莊，下掩芸臺，其中往往自出名論，又時證發經義，則諸家所未及。如《齊河懷古》云：『鏡龍八載帝中原，曾築孤城濟水邊。鱗角未全成底事，殘碑猶紀阜昌年。』《余忠宣公祠》云：『碧血當年葬緑蕪，至今祠廟枕江孤。忠臣一樣封疆死，誰吊南臺福大夫？』《過公家城子》云：『公家城子枕溪流，野老迎人語不休。猶指柳邊遺址在，侍郎當日讀書樓。』《過湯霍林司成故宅》云：『幾曲頽垣半畝苔，蒼凉石獸没蒿萊。更無甲第連雲起，剩有辛夷作雪開。濁世未容淆正論，清流豈必拒奇才。請看桃李茄花側，都是司成手自栽。』《讀張太岳集》云：『嘉祐萬言王介甫，會昌一品李文饒。』七古如《采石望虞雍公戰處》《周忠毅公宗健玉印歌》《姚江篇》，皆議論獨絶，不愧名作。《高堂生墓》五古一首，《河間城北三十五里毛精壘相傳爲漢毛公家》七古一首，《題吴上舍讀易圖》五古一首，《前學古詩》五古二十首，《後學古詩》五古十首，《次吴石臣進士見贈》五古二首，《小游仙詩》七絶二十首，《題陳仲魚説文解字正義》一首，皆名理湛然，深裨經學，而詩律簡雅，不失之腐。《熱河八觀詩》一秀峰書院，二武列水，三磬錘峰，四布達拉廟，五扎什倫布廟，六夜光木，七金蓮花，八杏春園酒樓，仿東坡《鳳翔八觀》作也。及《望齊雲巖真武殿歌》七古一首，《己未四月閲會試題名録》七古一首，亦足備掌故。其《題謝益之崇之昆季常棣圖》云：『披圖真羨二難并，常棣花開照眼明。敬以事兄榮覆弟，説詩應憶鄭康成。』《題瞿萇生杶庭讀禮圖》云：『道學儒林轍本乖，淹中一卷久塵埋。禮堂别有千秋業，授受還應異勉齋。』萇生爲辛楣先生婿。《答姚姬傳先生》云：『皋比廿載擁名都，言行真爲士楷模。談藝不譏明七子，説經兼取宋諸儒。是非原有遺編在，同異何嫌立論殊。傳得桐城耆舊學，直偕熙甫繼歐蘇。』《孔撝約檢討過訪》云：『周髀遺經傳趙爽，公羊絶學繼何休。』其宗恉概可知矣。《論曲絶句》三十二首，亦言此事者所當究也。

晡後撰《景州刑部郎中戈榮慶墓志》，代張子青中丞作也。戈爲故廣西思恩府知府琦之子，世以貲得官。其配滄州葉氏，故浙江按察使内閣侍讀學士汝芝之女。汝芝字仲田，亦以貲積官。文不加點，委曲從俗，而頗簡練有法。因代人作，例不存稿。夜初更成。

邸鈔：上諭：稽察内務府事務給事中景隆、御史秀文奏内務府用款時虞不敷，請增添關税盈餘，免由户部籌借一摺。著内務府會同户部妥議具奏。楊芳桂補授浙江處州鎮總兵。原任總兵方友材病故。

二十一日己卯　晴寒如冬。作書并戈志致香濤。研孫來。得孝達復。作書致允臣。校《聖武記》并《落颿樓文稿》。

邸鈔：上諭：御史吴鎮奏訪聞四川各州縣未禁私種罌粟，並將洋藥税一項按畝攤征，請飭嚴禁一摺。著各該督撫嚴飭所屬于征收洋藥税務，祇宜稽察商販，不准按糧攤征，以免擾累。並隨時曉諭農民，不得違禁私種罌粟。

二十二日庚辰　晴，西風甚勁。得允臣書。剃頭。戈知府英芳來，不晤。作書致周幼翹。夜讀《後漢書》。寒，思爐火。

邸鈔：上諭：蘇廷魁來京另候簡用。以倉場侍郎喬松年爲河東河道總督。

二十三日辛巳　晴，晡後陰，傍晚有微雨，或言城外見飛雪。戈曉帆來謝撰其尊人墓志，送潤筆銀四十兩。孫子授來，不晤。午後出門詣周吉臣、史寶卿，俱晤。訪子常不晤。詣香濤久談。並晤王蓮生。晚歸，付車直三千。夜閱《陳左海文集》。

邸鈔：以禮部右侍郎邵亨豫爲總督倉場户部侍郎。以都察院左副都御史胡瑞瀾爲禮部右侍郎。以工部左侍郎童華兼署吏部右侍郎。

二十四日壬午　西風益勁，上午陰，下午晴。校《續漢志》。下午答拜熊孝廉鏡心，不晤。詣敖金甫談。詣允臣偕其群從子千、幼翹夜飲蔚華室。予招芷秋，允臣招桂亭，子千招桂官，三更歸。付車直七千，車飯二千。

二十五日癸未　丑正二刻寒露，九月節。浙江丑正三刻。晴，風不止。張主事度來，不晤。作片致幼翹。子常來。子頌來，以其從父辛木會元《真意齋詩存》一卷爲贈。會元詩學白、蘇，稿皆散失。此卷皆亂後所作，雖多近游戲，而筆蒼骨秀，故不落袁、趙惡道。得族弟品芳八月十一日書。夜洗足。

二十六日甲申　晴。校《續漢志》，官本率依監本，故亦有誤。其每卷之首皆題『梁剡令劉昭補并注』一行，亦仍監本之舊，而不標司馬彪續志之名，幾似志爲昭所作矣。今江寧新刻本雖悉依汲本，而以此志次范書列傳之後。題曰《續漢志》，又載昭補注之序，其體最善。呼表糊工修補屋漏紙。作書致香濤，得復。徐芸士助教出爲江蘇同知，來拜。

邸鈔：翰林院侍講許應騤、徐致祥俱轉補侍讀。司經局洗馬王之翰、右春坊右中允徐郙俱升補翰林院侍講。

二十七日乙酉　晴。閲戴氏《毛鄭詩考正》及《詩二南補注》。以銀四兩交首飾鋪製簪擿等寄王氏妹。付糊紙人錢十七千。

二十八日丙戌　晴。

閱鄒叔績《讀書偶識》。其論廟室服制等頗詳覈，能斷制，餘多失之繁瑣，且武斷不根。予于乙丑之冬，曾正其論《尚書》謬誤者數條。然如言《棄稷》此當作《皋陶謨》。之丹朱，爲驩朱之借字，敖爲驩朱之子。據《莊子》堯伐叢、胥敖，謂虞賓在位，即非殄世，亦何至于朋淫，列有七證。言《梓材》即伯禽之命，據《尚書大傳》作《杍材》，而載伯禽、周公橋梓之説。謂王曰對，當是王曰材，材蓋伯禽之名，杍者子也。《尚書》百篇，無摘篇中二字爲篇名者。二事雖似立異無堅據，而具有至理。《梓材》以《左傳》祝佗所言及《康誥》首冠以『維三月』至『大誥治』四十八字文義推之，蓋《書序》『以殷餘民封康叔』下脱落『伯禽』二字，故後人遂不得其解，而《梓材》者實周公誥伯禽兼誡成王之書也。至伯禽之爲字，則證以《左傳》楚靈王之稱曰禽父，而不與王孫牟連類稱王孫禽，尤爲明顯。父者且字也，伯者五十伯仲之稱也，皆配字不配名者也。

作片致家雅齋、慧叔、吴松堂，俱約明晚飲福興居。安仁軒禮部安興來。王廉生户部懿榮來。得梅卿書言以明月四日南歸，并以書兩篋來寄頓。殷鶴庭來，不晤。

邸鈔：上諭：張之萬奏職官招摇生事，請嚴行審辦一摺。浙江試用府經歷賴其勳自稱知州銜浙江候補知縣，在江蘇上海地方招摇多事，聲名甚劣，並有刊刻匿名小録，妄言人罪情事。經蘇松太道發縣看管，飭將議敘加銜飭知及加捐知縣部照呈驗，該員延不檢呈，顯有詐冒情弊。賴其勳業經咨部斥革，即著張之萬提訊該革員實犯劣跡，從嚴究辦。

二十九日丁亥　晴，稍和。作書致梅卿。出門拜許子頌、朱味笙、張吉人、譚研孫、吴子重、孫子授、戈曉帆，俱不值，午歸。作書致允臣，作片致子千，俱約今日夜飲。得梅卿復。傍晚詣福興居，子千、允臣、幼翹、松堂、雅齋俱來，歌者六七人，予招芷秋。夜二鼓，子千邀飲寶善堂，予再招芷秋。四鼓返寓。結局送來是月分結銀十四兩二錢八分。是日成《臺城路》詞一闋。

臺城路 秋夜偕周子千水部、允臣農部、幼翹解元飲，贈舊歌者。

十年扶醉金門路，秋風又吹萍梗。絳燭圍尊，銀襟貯月，重話舊游輕俊。筵前漫省。看零落何戡，半凋青鬢。怕説更深，畫簾斜墮桂花影。 江南燕歸未準。天涯芳草遠，誰寄愁信。庾賦傭金，清歌换米，同是隨人消損。商量舊隱。待種樹招鶯，借它清蔭。只恐年年，露寒鴉占穩。

邸鈔：上諭：御史劉國光奏給事中景隆等前奏内務府用款不敷，請增添關税盈餘，恐致弊端叢生，請飭無庸核議等語。著内務府會同户部一並妥議具奏。原疏略言：景隆、秀文有稽查内務府之責，察弊端以防浮冒是其責也，乃以增添關税盈餘爲請，顯與諭旨崇儉之意相違。在該給事中等以爲籌諸關税可紓部款也，增係盈餘，非加正額也。不知關税各衙門近年以來吏役需索，商民視爲畏途，如果准加增盈餘，則藉端重斂，肆意取求，所增者名係盈餘，所征者實浮正額，輸于官府者無多，入于私橐者益飽，因而商賈居奇，民間食用益見艱難。且各省兵燹之後遍灾時，見畿南大水，百姓流離，皇上正須籌賑以拯灾，豈宜加税以累民。黎庶之脂膏有限，國家之元氣攸關相應。請旨飭下内務府、户部，將景隆、秀文請增添關税盈餘一摺，無庸核議。至宫廷用度，自有常經，昔既無虧，今何不足？並請飭下總管内務府大臣恪遵迭次諭旨，實求節省，當用之項，必先量入爲出，已用之項，不得以少報多。總期用款能敷，無俟籌借，以副朝廷實行節儉之至意。

九月戊子朔 晴。宿寐不寧，終日疲倦。

讀《莊子》，《十子全書》本，即《六子全書》本。雖不删郭注，兼載釋文，而訛字甚多。且附宋、明人評語，殊爲可厭。予向有方密之炮莊本、題曰《藥地炮莊》。藥地者，密之僧號也。某人《莊子因》本及明刻無注本，今皆失去。當取林鬳齋《莊子口義》本、焦弱侯《莊子翼》本、朱東光《中都四子》本校之。

梅卿來。付昨日車錢八千，前月賃屋錢三十六千七百文。

初二日己丑　晴有風。作片致研孫，爲梅卿取壽屏。作片致周子千，辭飲。讀《莊子》。是日付高麗參錢十八千，金織闌干錢十九千六百，皆以寄家人。

初三日庚寅　晴。作片致研孫、致子常、致許竹篔、陶子方、致殷鶴庭，俱約後日飲福興居。得幼翹片，招夜飲。剃頭。得子常復。作片致幼翹、子千，辭飲。子千來。

邸鈔：副都統托倫布、富和等十二人，均發往烏里雅蘇臺參贊大臣榮全軍營幫辦事件。科布多參贊大臣瑛棨、伊犁領隊大臣圖庫爾俱因病請假。詔均著開缺，瑛棨即行回京。長順補授科布多參贊大臣。

初四日辛卯　晴，晡後陰。撰《周文勤公神道碑文》，既無行狀可據，僅取文勤自癸卯至丁卯日記采綴之。得梅卿書，即復。允臣來，即以日記等還之。夜撰碑銘并録稿，成約二千字。

邸鈔：以鴻臚寺少卿許庚身爲内閣侍讀學士。

初五日壬辰　晨微雨即止，旋晴，午後有風。得幼翹片并送令弟南垣刑部文燾鄉會試行卷來。得子千片招夜飲，即復。午後詣潘星丈、芾丈、伯寅、香濤、廉生、肯夫，俱不值。詣史寶卿談。詣子千，不值。晡詣福興居，研孫旋至，子方、蓴庭、竹篔、子常，先後俱來，二更時歸。

邸鈔：李鶴年、蔣志章奏潼關屯劄之豫軍勇丁楊開運等倡亂劫掠，旋竄閺當作閿。鄉盧氏。詔：甘肅提督馬德昭身任統領，未能先事豫防，著交部嚴加議處。中營營官游擊謝連升革職拏問，交李鶴年嚴行審訊。

初六日癸巳　晴。得曉湖六月十一日浦江書。作書致伯寅，爲允臣求書神道碑。又爲王子常求薦江浙間書局。作書致香濤，謀九日登高之集，且索還騈文。作片致肯夫，索還文集。史寳卿、周吉臣來。得伯寅書。

初七日甲午　晴和。出門賀喬鶴儕侍郎升河督。晤詣徐壽師，不值。進城拜安仁軒。并送梅卿行。詣徐蔭師，并答拜芸士，傍晚歸。是日付買金葉子錢十六千，兩日車錢十千。

初八日乙未　晨陰旋晴。得香濤書，約明日登慈恩寺毗盧閣。作書香濤，以鄒叔績《讀書偶識》三册託轉還周學士壽昌。此本學士物，予於癸亥得之廠市，今學士介香濤來求，言將付梓耳。姬人阿珊性悍而愎，屢忤予，今日稍詬責之，竟盛怒相向。此輩難以恩撫理化如是，自愧治家無法，閉户自撾而已。晚步詣幼翹談，知文勤柩于明日卯刻南還，不及往送，爲之歉然。是日賞王福銀六兩，緝石銀四兩寄家。

邸鈔：閩浙總督英桂屢以病請開缺。諭令留京當差。以江蘇巡撫張之萬爲閩浙總督。以山西巡撫何璟調江蘇巡撫。以户部右侍郎順天學政鮑源深爲山西巡撫。命兵部右侍郎夏同善爲順天學政。禮部左侍郎温葆深調補户部右侍郎，兼管錢法堂事務。兵部左侍郎黄倬調補禮部左侍郎。禮部右侍郎胡瑞瀾調補兵部左侍郎。以内閣學士徐桐爲禮部右侍郎。以吏部左侍郎胡家玉兼署兵部右侍郎。以詹事府少詹事何廷謙爲詹事。以翰林院侍讀學士松溎爲詹事府少詹事。

初九日丙申　晨微雨，終日微晴甚和。肯夫來，偕至廣和居小食，即赴慈仁寺登高之集。周荇農學士，陳六舟、謝麐伯兩編修已先到。偕肯夫登毗盧閣，香濤、廉生、董硯樵、陳逸山亦先後至。午飲于佛殿之西偏禪室。晚再偕香濤、肯夫、逸山、廉生登毗盧閣。此閣本可西眺玉泉諸山下，攬盧溝橋人物。今年气暖霜薄，木葉未零，故一望青葱，遠景都蔽耳。夜歸。是日于寺外西偏顧亭林祠前見有井，其幹刻『開成四年十二月二十五日建造』十三字，又祠門内左壁嵌唐咸通九年幽州押衙使王君夫人張氏墓志銘，鄉貢進士李玄中撰，夫人之子弘泰書。王子常來，周幼翹來，俱不值。夜大嘔吐。是日付車錢七千。

初十日丁酉　晴和。得梅卿書，言明日即行。作致季弟書。寄去家用銀八兩，致仲弟銀二兩，致二妹銀二兩，三妹包金簪擿各一事，并麗參、搢紳録等雜物。又作書復曉湖，復品芳。俱託梅卿携回。再作書致梅卿。吴禮園來，不晤。夜得梅卿復。是日付買金繡夾袋錢八千，搢紳録錢三千六百。

邸鈔：詔：以萬青藜、梁肇煌奏順天各屬被灾甚重，再給賑米三萬石，賑銀四萬兩，妥爲散放。其黄村、禮賢鎮、龐家莊、盧溝橋、定福莊、清河等六處，分設粥廠，命通政使于凌辰、大理寺卿王榕吉、光禄寺卿惠林、大理寺少卿色普哲訥、龔自閎、候補太僕寺少卿彭祖賢前往彈壓。

十一日戊戌　卯初初刻十分霜降，九月中。浙江卯初一刻十分。晴，連日甚和。部吏送大婚典略來，賞以錢四千。下午步訪王子常久談，子常以秦宜亭所繪《桃花潭水圖》乞題。訪允臣不值，傍晚歸。付前日醵飲慈仁寺酒食錢九千二百。香濤片來催詩。讀《王莽傳》，以王氏《讀書雜志》、錢氏《考異》校之。夜暖甚，疾動。

十二日己亥　晨霧甚重。終日薄晴。得族弟品芳七月望後書，并寄來先世祭日條略數紙。又王蓮伯寄宗滌師《崇祀鄉賢録》及錫侍郎試帖來。香濤再來催詩。題子常横幅一詞，不存稿。作片致秦宜亭，索畫《湖塘村居圖》。作片致譚研孫，屬書名戳。作片致子常，乞刻小印二方。作片致雅齋。送忌日單兩分。撰九日會飲詩序。

辛未九日慈仁寺宴集詩序

京師宣武門之西，有慈仁寺焉。傑構自古，崇臺乃基。門翳百嚚，庭蓄萬彙。綺廊延靚，緟堂納明。後阜積隆，聳出高閣。複𨸏百級，折登其顛。顔曰毗盧，憑眺所恣。勝流栖寄，實曰麗區。塵海結營，彌仰仙宅。時則歲紀叶洽，月在厲玄。嘉辰載珍，羈客斯集。各命巾轄，相期隅中。馴禽候林，幽磬導徑。密葉未落，氣和若春。偃松曲盤，晝黯疑夕。罥華簪于清樾，休驕驄以豐蕪。殿宇竦丹，平緑陰于幢頂；經簾截翠，迴清風于幄前。遂歷小橋，躡危磴。苔痕映日，時澀屐聲；筱枝掠烟，常礙冠影。搜遐川隰，攬近郊原。太行峨峨，微露纖髻；桑乾浩浩，如聞怒波。凌雜景光，揮霍雲物。峻賞既極，迤尋而西。相與讀咸通之碑，訪開成之井，幽討未已，芳筵已陳：酒盡百壺，鮭別卅品。二敖八跪，商《勸學》之異文；糗餌粉餈，窮題糕之雅謔。發難經史，吹彈藝能。間及稗諧，亦資温噱。慈銘夙游京邑，結企林坰。庚申辛酉之間，春秋佳日，屢與中表陳子，同里周生雪鷗，聯襼命儔，詠饋于此。驚飈倏集，相輪不移。歲早終乎一星，腹猶痛于十步。玄都再至，重陪長者之游；闍黎不逢，難覓舊題之什。日精鑄菊，招瘦蝶于籬邊；霜信傳楓，懷遰鴻于江上。淋漓泉石，篇翰猶新；去秋里居作《重九》于曹山。濯浪烟霞，觴匏又接，蓋不勝故國之思，逝華之感焉。是日集者，周學士壽昌、謝編修維藩、陳編修彝、董兵備文焕、張編修之洞、朱編修逌然、陳户部喬森、王户部懿榮及余共九人。期而不至者一人：温編修忠翰。諸君皆爲之詩及記，陳君又爲之圖，而余序之云。

九日宴集慈仁寺毗盧閣用少陵宿贊公土室第二首韵

城僻多幽事，林深識禪静。經壇散菊華，雲幢閟松影。幸預華纓游，樂此蕭晝永。危厂凌蘿梯，殘銘剔苔井。玄關詎云款，談塵猶可秉。語笑出天半，爽氣與秋迴。寄興清虚間，即物見濠潁。詠觴有餘歡，塵俗奚待屏。夕光弄微晴，遠翠導西嶺。迴看暮烟生，月上鵲巢頂。

十三日庚子　曉霧如雨，終日晴和。遣王福至土地廟買菊花。剃頭。閲《爾雅》《説文》。得研孫書，即復。得雅齋書。夜二更時雨，旋大風，達旦震撼。

十四日辛丑　昧爽小雨，晨陰，巳後晴，終日大風，稍寒。作書并詩序致香濤，適香濤走使來取，遂付之去。爲王子常寫前所答詩。伯寅送所書楹聯來。夜閲《經義叢鈔》。疾動。

邸鈔：龐鍾璐爲武會試正考官，潘祖蔭爲副考官。

十五日壬寅　晴。濮紫泉來，不晤。得藍洲八月十七日杭州書，言王眉叔丁内艱，潘鳳洲丁外艱。得子常書，并所刻小印二方，即復。午前步詣子常送行。即至慶和園觀劇，遇殷萼庭，晚歸。

菩薩蠻 題王子常《桃花潭水圖》，即送其還台州。

春風人面桃花樹，春江直送行人去。花落又經秋，有人長倚樓。　歸舟争認得，家住清潭側。潭水隔年春，桃花仍傍人。

十六日癸卯　晴。作書致平景蓀，并録先六世祖天山府君傳略，乞景蓀轉致江西通志局，采入名宦。又作書致研香二伯豐城。作書致小帆屬其轉遞。牧莊來。潘星翁來，不晤。下午步訪肯夫、香濤俱不值。

閲《臧拜經文集》，其《爲妾服緦議》，蓋在阮文達兩廣督幕時，因文達有愛妾死而爲此以獻媚者，其論偏譎，不軌于正。後世既無姪娣，安得有貴妾？乃以齒長有子者爲貴妾？而又云：今之尚書總督，猶周之六卿，當準《儀禮》緦麻三月章公卿大夫服貴妾例，不論有子無子，但年長者皆爲貴妾，皆當服緦。斯言也，舞文造例，嬻經害教，是率天下以亂適庶之序，潰夫婦之防也。今制既令妾子，無論父在適母在，俱爲所生服斬縗，已駸駸無貴賤之等矣。嬖寵之惑溺，抑之猶懼其犯義，而又揚之。致近世如江夏陳巡撫、錢塘許侍郎，皆以妓之爲妾者爲妻，冒封製服。而官太保在武昌，其妾之死，至官吏皆白服送喪，一品夫人之稱且形之章奏矣。儒者立言，可不慎哉！

傍晚又大風。夜得肯夫書，以重九詩相商。

邸鈔：上諭：醇郡王奏屬員被參冤抑請旨查究一摺。據稱派赴榮全軍營之左翼翼尉桂祥，以刑部控案未結，赴該部朝房，向管理刑部事務大學士瑞常面遞稟詞，刑部以該員自恃派往軍營，輒入朝房遞呈奏參議處。該員在朝房遞呈，如果違例，何以瑞常率行接收，並命司員作速審理，旋又將桂祥奏請議處，前後自相矛盾等語。著瑞常明白回奏。其桂祥、烏什哈等控訐一案，據稱左翼總兵達明阿貪穢無行，皆烏什哈爲綫索，嗣烏什哈爲桂祥列款稟揭，步軍統領存誠意存偏袒，始令右翼翼尉文秀等向桂祥説合，令遞退呈。繼又授意烏什哈反控桂祥，藉口于各執一詞，奏交刑部。該部已審有確供，瑞常連次駁令再訊，是以永無了期等情，均應徹底根究。除醇郡王無庸會審外，著派御前大臣、軍機大臣提集全案，會同訊明具奏。

十七日甲辰　晴寒有風。作書致香濤，得復。肯夫來。

閱牟默人《雪泥屋遺書目録》。默人名庭，初名廷相，字陌人，山東栖霞人，乾隆乙卯優貢生，官觀城縣訓導。其子房，字農星，嘉慶戊寅舉人，嘗署會稽令事，此書即農星所刻，中列書共五十一種。曰《學易録》，曰《校正崔氏易林》，曰《同文尚書》，曰《尚書百篇序證案》，曰《周公年表》，曰《詩切》，曰《校正韓詩外傳》，曰《左傳評注》，曰《春秋算草》，曰《國語評注》，曰《禮記投壺算草》，曰《古今年表》，曰《更定漢書王莽傳》，曰《明史論》，曰《名士年譜》，曰《繹老》，曰《道德經釋文》，曰《校正晏子春秋墨子呂氏春秋韓非子淮南子》，曰《揚子太玄注》，曰《繹參同契》，曰《楚辭述芳》，曰《十二賦箋》，曰《校正龍文四十篇》。曰《校正説文》，曰《方雅福書》，曰《句股重差圖》，曰《兩句和與兩股弦較算草》，曰《帶縱和數立方算法》，曰《算學定本》，曰《風星正源》，曰《校郭璞葬書》，曰《雪泥屋秘書》，曰《凡翁丹訣》，曰《雪泥屋志》，曰《神仙集》，曰《删定唐人試律説》。（又有《擬我法集》。）曰《雪泥屋文集》及詩賦、策經文、時文試帖等十種，惟《周公年表》《投壺算草》已刻。有序者存其序及其大恉。

默人之學盡屏古説，專任臆斷，持論不根。其《詩切》一種，云稿凡六易，言餘百萬，而痛攻《毛詩》，悉反《小序》，甚至改定篇名，蓋近病狂之言。眉批：其尤詭異可笑者，改《鄘風·柏舟》篇名爲《小柏舟》，謂句少于邶之《柏舟》也。讀《太叔于田》爲《大叔于田》，謂句多于前篇之《叔于田》也。改《君子于役》爲《鷄栖》，改《君子陽陽》爲《執簧》，改《東方未明》爲《折柳》，此改篇名也。以《黍離》入衛詩，以《下泉》入豳詩，以《葛覃》爲去婦詞，以《卷耳》爲思婦吟，以《鵲巢》爲刺召南君以妾爲妻，以《擊鼓》爲迎喪詞，以《谷風》爲妒婦詞，以《簡兮》爲刺大夫獼猴舞，以《君子陽陽》爲思婦夢，以《葛藟》爲贅子詞，以《采葛》爲刺人娶妻而不出，以《叔于田》爲少年詞，以《風雨》爲問疾詞，以《子衿》爲寄衣詞，以《出其東門》爲巫臣喜得夏姬，以《蔓草》爲夏姬答子靈，以《園有桃》爲刺没入人田宅，以《十畝之間》爲刺人悦桑女，以《東門之枌》爲詠神叢歌舞，以《東門之池》爲觀美女戲舟，以《東門之楊》爲詠夜游張燈，以《月出》爲望月詞，以《澤陂》爲嘲人怕婦，以《羔裘》爲刺婦人好游，以《蜉蝣》爲刺裸裎而游，以《東山》爲周公悼亡，以《南有嘉魚》爲刺狎客，以《南山有臺》爲傷大貴之損生，不如柱下史老聃，以《蓼蕭》《庭燎》皆爲宮怨，以《車舝》爲刺人送女爲貴家媵妾，以《角弓》爲傳母箴娣姒不相親，以《黍苗》爲送召伯爲徐偃王築城，以《隰桑》爲寵妃刺王私悦宮婢，以《白華》爲大夫之賢妾見疏而贈其新寵姬，以《綿蠻》爲窮士謁貴而借資，以《大明》爲諫成王欲封后族，以《思齊》爲邑姜以成王觀先后畫像，以《文王有聲》爲止康王欲遷都，以《既醉》爲刺良王留賓夜飲而弛宮禁，以《抑》爲共和夫人教嗣君小學。如此之類，真是風狂寱語。名教罪人，録之以資笑柄可也。

《同文尚書》則惟信伏生二十八篇，頗與閻、惠諸儒相合，而亦更定篇目，以序爲僞。至於《周禮》《左傳》，無不力詆，以《儀禮》爲漢文帝時徐生所造，皆愚妄悖謬，爲亂經之巨蠹。其《校正崔氏易林》者，即《焦氏易林》，以舊序有王莽時建信天水焦延壽所撰之言，謂據《後漢書·崔駰傳》及《孔僖傳》，當是王莽時建新大尹崔篆所撰。延壽是篆之字，因大尹誤爲天水，崔誤爲焦，後人遂以爲焦延壽，《隋志》據以著録。案此説稍爲近理，近儒亦有言之者，然亦不得竟改爲《崔氏易林》。

其所最尊信者，《老子》《楚辭》《太玄》，而以《老子》爲經尹喜所倒亂，文義不屬，爲之移易補綴，凡七易稿，名曰《繹老》。以《楚辭》爲被王逸誤注，因考其時地，定《九辨》、二《招》爲屈原作，稿亦四易，名曰《楚辭述芳》。是亦可謂心勞日拙者矣。其曰《十二賦箋》者，《高唐賦》《神女賦》《好色賦》《風賦》《鵩鳥賦》《子虚賦》《上林賦》《長門賦》《洞簫賦》《甘泉賦》《羽獵賦》《長楊賦》，而附以相如《封禪文》、子長《報任少卿書》。其曰《校正龍文》四十篇者，始以《管子·牧民篇》，終以《史記·伯夷列傳》。其曰《神仙集》者，選輯鍾離權以下群仙詩。其《繹參同契》及《祕書丹訣》等，皆自署曰凡翁務唐，其文筆峻悍簡潔，頗爲可憙。

國朝山左之學，自蒿庵、宛斯謹守古學，顨軒、蘭皋、未谷蔚爲大師。近之文泉、菉友，師法不墜。而默人鄉壁虚造，無所取資，恃其精心，敢于立異，岸然自以爲孔子後一人。其實所好者不出丹經道書，所長者不出時文批尾，枉耗日力，讕言滿家。聞其《雪泥屋時文稿》已刻行，頗有隆萬家法。蓋約其著書之指，《書經》《楚辭》兩種，當有可節取；算學道集，存亦無害。其《風星正源》所載《風角序》《星象序》《農圃星占序》三篇，語甚平正。《投壺算草》推演鄭注，詩文等集，必有佳者。《明史論》迄於宣德十年，爲未定本，其中當有獨闢之論，餘舉畀之烈火可也。以彼其才，凌轢百家，誠亦間出之士，而夜郎自大，恣意肆言，卒爲學究之傖荒，經儒之梟賊。獨學而無友，可不戒哉！

香濤送閲重九日所作七古，其詩甚佳，録之于此。云：『曉起開門風葉落，白日憶弟心不樂。自注云：舍弟還南皮，今聞其病。佩壺欲上西山頭，但愁日晚上城鑰。漁洋老子耽秋吟，黑窑廠畔曾登臨。今日平岡上樵牧，寒雲碣石空陰森。自注：『碣石寒雲出塞悲』，漁洋《黑窑廠登高》詩句。忽憶慈仁有高閣，百級三休試腰脚。晴烟隱約浮觚棱，萬瓦鱗鱗壓羅郭。使我百憂今日寬，翩然衫履來群賢。開口且從杜牧笑，枯顱誰誚參軍顛。力士酒鐺舒州杓，仰天醉看秋雲薄。王郎摩挲井闌字，謝公面壁看書勢。自注：寺有咸豐六年陶鳧翁等卅二人修禊詩。東嚮大嚼西停杯，二陳豪逸各有致。自注：豪者木父，逸者六舟。高臺葉響夕風起，薄寒清瘦愁朱李。就中祭酒長沙周，承平先進常同游。手撫松鱗幾圍長，舍利滿塔僧白頭。自注：戒和尚已化去。董老五年離京國，幽栖良會惜難得。倒冠落佩都相忘，何用唐賢畫主客。清霜未高蟹未肥，籬菊未孕寒花稀。莫嫌花少蟹螯瘦，猶勝歲晏征鴻歸。夕梵鐘魚出林表，尚道行廚莫草草。却憐寓直潘安仁，高閣翳日思魚鳥。自注：潘伯寅侍郎以在直不得與會。佳日行樂須及時，楚客何必生秋悲。不見閣後累累冢，酹盡千觴彼豈知。門外馬嘶奴執鞚，游客倦行主僧送。獨携殘醉辭雙松，菜市燃燈街鼓動。』

江西熊孝廉又來，以留别七律一章見贈，且索和。其詩甚拙，而末韵云：『君返天台求異士，長生别有海南方。』蓋以予之羸病爲言也，其意可感，因於燈下答和一章。

江右熊孝廉鏡心年七十矣素未相識今春入都屢承過訪于其行也以詩留别且索和依韵答之孝廉素究丹訣，嘗注《參同契》等書，來詩有云：『君返天台求異士，長生别有海南方。』

老被人問喚酒狂，海天回首夢迷茫。蕨薇星宿誰曾摘，清淺蓬萊詎可航。白髮三朝怨顔駟，朱門十載滯鄒陽。勞君席帽頻相過，悵結秋風水一方。君終未見予，故云。

邸鈔：奎昌奏甘肅回匪竄入蒙古地方。八月十六日總管達爾濟擊敗賊于喀喇。張廷岳奏賊竄庫倫，八月二十六日札齊魯克齊伯克瓦齊爾迭敗賊于阿達哈楚克山之額里音華，一日三戰，共斃賊八百餘名，奪獲橐駝一千數百隻，馬四百餘匹。詔：剿辦甚爲得手，總管達爾濟交部從優議敘，四等台吉札齊魯克齊伯克瓦齊爾賞加二等台吉，並准其世襲，以昭激勸。

十八日乙巳　晴寒。作書致陳邁夫皖中，託研孫轉寄。去室中紗窗換波黎，付錢四千五百文。夜讀《楚辭》。牟默人有《聽潮懷屈子詞》四章，頗古雋可誦。今録其三云：『聽潮水乎大海之南，被明月乎屋之東山。子愛芳草，今誰與玩，石蘭一别，畹無秋戀。』其一。『像設有橘，差玉失之。生千載後，子貌不知。欲吊之文，湘遠九疑。欲酹之斝，子不醊釃。』其二。『春朝而風，秋夕而雨。我涕則零，歌則激楚。子之聞之，懷我椒糈。子之不聞，吐我角黍。』其四。又載其弟端甫《讀楚詞述芳》絶句五首，亦爲幽雋。今録其四云：『楚江月白楚山秋，風馬雲車葬楚囚。猶得君王遥指點，一堆新土老臣丘。』其一。『招魂直到大江東，千里微波望已窮。自是不歸歸有路，空舲高峽幾株楓。』其二。『江水溟溟郢路遥，亦無舟楫亦無橋。夢魂癡絶誰相憶，星月光中過晚潮。』其三。『不握秋蘭握橘枝，回看宋玉拜江湄。莫教木偶飄流去，雕就青黄作汝師。』其四。五更時大風起，徹旦囂怒。舊疾復動，遂不能睡。

邸鈔：上諭：張之萬奏官犯乘間脱逃請飭查拏，並將疏防各員，先行摘去頂戴等語。已革浙江候補府經歷賴其勳，經張之萬交長洲縣轉發代理縣丞王啓曾看管。該革員欲赴素識之候補同知樊毓桂寓，王啓曾遂與偕行。及至寓所，該革員直入内室，乘間脱逃。著張之萬咨行沿途及該革員本籍各地方官，嚴拏務獲。倘該革員潛行來都，並著步軍統領衙門、順天府、五城御史一體查拏。王啓曾、樊毓桂二員僅予摘去頂戴，未免太輕。著改爲革職交該督撫嚴訊，有無同謀賄縱情弊，即行據實參辦。

十九日丙午　終日大風，上午陰，午後微晴，晡後開霽，風少止，傍晚復大作。作書致香濤，屬以《雪泥屋書目》轉還王廉生。作書至肯夫，借徐星伯《西域傳疏證》、嚴子進《元和郡縣志補》兩書。香濤書來，問陳恭甫所著書目。夜風，至二更時止，月出甚皎。

邸鈔：詔：將山東曹州屬之菏澤、曹單、定陶、城武、鉅野、鄆城，濟寧州及所屬之金鄉、嘉祥、魚臺，兖州府屬之汶上，泰安府屬之東平等十三州縣，應征漕米即行截留，就各屬相近之區分設粥廠賑濟。以八月間黄水盛漲，鄆城沮河冲决，下淹汶上等縣。從丁寶楨奏請也。詔：河南開歸道成孚以督防黄河大汛功，賞戴花翎。從蘇廷魁奏請也。詔：福建候補知府周懋琦准補臺灣府知府。從文煜、王凱泰請也。

二十日丁未　晴。

閲《臧拜經文集》，拜經之學，長于校勘搜輯，蓋守其師盧抱經氏家法，而又加密。集中所載校《爾雅》語，致爲精詳。然《釋獸》『騋牝驪牝』一條，則陳恭甫言當作『騋牡驪牝玄』者爲確。其論《儀禮》冠字辭、昏醮辭之韵，則迂僻乖繆，幾于文理不通。此必不可從者也。其解經亦多煩碎偏執。漢學之遭妄人掊擊者，實常州之臧氏、莊氏詒之口實耳。

作書致香濤。

邸鈔：詔：追謚咸豐六年正月守江西吉安殉難之吉安府知府陳宗元，並于原籍江蘇吴江縣建立專祠。從曾國藩、張之萬請也。宗元，道光癸巳進士，由吏部郎中出守。旋于謚武烈。

二十一日戊申　晴，再作片致肯夫借書。雅齋來，見示芸圃二伯父所藏道光庚寅輯録吾家伯叔兄弟譜一册，予兄弟輩五十五人，至予而止。汔今四十二年，予兄弟之數過倍，而其次序不可考矣。其五十五人中，絶者、殤者幾半。計二十一人。其死而有後者十九人，存者十五人而已。先君子兄弟八十七人，今僅存四人。夜得肯夫書，以《元和郡縣志補》借我，而言《西域傳疏證》已寄回越中。前日肯夫自言此書現在其中，尚有星伯親筆改定處，今蓋秘之而託辭也。予向借人書，無過十日者，其愛護之勤，過于己物，而尚不能見信于人如是，人自量固自難耳。允臣來，夜談甚久。

閱《元和郡縣補志》，凡補關内道一州，商州。河北道十州，景、幽、涿、瀛、莫、平、嬀、檀、薊、營。山南道一府江陵。十七州，峽、歸、夔、澧、朗、忠、萬、金、集、璧、巴、蓬、通、開、閬、果、渠。淮南道七州，揚、楚、滁、和、舒、壽、廬。劍南道二州，霸、乾。嶺南道三十七州，春、新、雷、羅、高、恩、潘、辯、瀧、勤、崖、瓊、振、儋、萬安、藤、巖、宜、瀼、籠、田、環、古、容、牢、白、順、繡、鬱林、黨、竇、禺、廉、義、湯、芝、武峨。前有盧抱經序及子進自作例七則。其書不稱志補，而稱補志，已爲不辭。所采書目不列于前，據其例，言據兩《唐書》《唐會要》《通鑑》《通典》《通考》《通志》《玉海》《寰宇記》《九域志》及《史記索隱》《正義》《漢書》《後漢書注》《文選注》《北堂書鈔》《藝文類聚》《初學記》《白氏六帖》《北户録》諸書。今考此外所引者，《太平御覽》、胡氏《通鑑注》、王氏《通鑑地理通釋》三書尤多，而引《括地志》《十道志》《元和郡國志》諸佚文及本書佚文者，往往不記其所出。其諸引書，自《御覽》外皆不記卷數，而每州縣下敘其沿革，俱首加一按字，不注其所引之書，自言援引既多，不能逐句備載，尤爲非體。其紕繆者，如幽州良鄉縣下云：『聖曆元年，因不從安史之叛，改名固節，神龍元年復名良鄉。』聖曆乃武后年號，神龍中宗年號，聖曆元年安得有安史之叛？此蓋拒突厥之訛。通州下云：『梁置萬州，後魏乾明二年改爲通州。』西魏之得通州在廢帝後，安得有乾明之號？揚州江陽縣下云：『邑有康令祠，咸通中大旱，令以身禱赴水死，天即大雨。』咸通乃懿宗年號，豈元和所及見。廬州巢縣下張魏公曰云云，此乃《通鑑地理通釋》引張浚之語。子進因上稱《郡縣志》巢湖在巢縣云云，遂概以爲李氏原文。劍南道下小注云：『《唐書·地理志》是道内有保州。保州廣德二年没于吐蕃，元和之際，不入版圖矣，是以未補。』不知舊有後失之州，地志未有不載者。此書較之陳蘭森所補《寰宇記》，自爲差勝，惜爾時如洪北江、錢十蘭諸公，稍後如徐星伯，張石舟諸君，皆湛精地理，又具文筆，未及將李、樂二書及《九域志》所闕之四京第一卷，《輿地廣記》所闕之首二卷，一一補完，以成全璧耳。

邸鈔：上諭：鑲黃旗滿州奏原任杭州將軍瑞昌次子續承，查有下落，現由湖北巡撫派員護送到旗一摺。續承著該旗帶領引見。瑞昌長子續光先由内閣中書襲一等子爵兼工部郎中。

二十二日己酉　晴。盧氏《元和郡縣補志序》，見《抱經文集》，《湖海文傳》中亦載之。今《補志》所刊序下，有盧氏自記歲月云：乾隆四十年青龍在乙未極且月。極且月者，謂六月，是月建癸未也。以月陽配月名，自《史記》『月在畢聚』之文始，好古者多用之。王伯厚《通鑑地理通釋序》亦題曰『上章執徐歲橘壯之月』，謂八月月建乙酉也。嚴刻『極且』誤作『極旦』，其書中誤字，亦不可勝指。

二十三日庚戌　晴。巳後大風甚寒。作片致肯夫還所借書。閲《臧拜經日記》。陶子方來辭行，言明日還里，以明年之官。夜讀《阮儀徵文集》，其《塔性説》《文韵説》兩篇，名言至理，創所未聞，學者不可不知也。此在續集，故《海學堂經解》《揅經室集》中所未收。

二十四日辛亥　晴，微風。晨起剃頭。巳刻出送陶子方，則已行矣。詣殷蕚庭，小坐而歸。爲允臣代撰《文勤公行述》，至夜成，約三千六百言，與碑文事同文異，而較詳密。文勤遺事搜輯靡遺，至其師弟淵源，家世衰盛，亦俱附見，謹嚴完美，不見其斡旋詰曲之端，而氣體仍極醇實，自信並世當無二人，而沉埋下僚無過問者，恐數百年後，當有子雲、君山其人思之而不得也。此文是代人作，例不存稿。夜殷蕚庭來，不晤而去。

邸鈔：詔：派侍郎延煦、桑春榮承修泰陵、隆恩殿、寶城及和裕皇貴妃園寢，内恭順皇貴妃寶頂工程。

二十五日壬子　晴，稍和。趙心泉來。作書并行述致允臣，兼借龍巖魏笛生觀察茂林《駢雅訓纂》。點閱《水經注》。是日付風門錢十七千，計兩扇。白灰火鑪錢九千文，計兩具。昨日車錢三千。

二十六日癸丑　寅正三刻一分立冬，十月節。浙江卯初初刻一分。上午多陰，下午晴，終日有風。舊有吴枚庵箋注《梅村集》，此予十七歲購書第一部也。前携入都，後以贈允臣。今復取閱之，忽忽卅年，闕幘之交，已無一有，惟與此書相晤對矣。

梅村長歌，古今獨絶，製兼賦體，法合史裁，誠風雅之適傳，非聲均之變調。而世人不學，皮傅唐人，輒藉口杜韓，哆言正變。豈知鋪陳終始，正杜陵之擅場；蚍蜉毁傷，入昌黎之雅謔。嗟兹聾瞽，難語精微。世有知言，必契斯恉。至其諸體，未可概論。五古間有佳篇，七絶亦饒雋致。五律七律，沿襲雲間。要皆具體古賢，不足專門自立。枚庵之注，亦未爲精。

得允臣書借《水經注》，復之。

邸鈔：以大理寺少卿龔自閎爲光禄寺卿，以前大理寺少卿王維珍爲通政司副使。

二十七日甲寅　晴和。研孫來。得邁夫八月七日皖中書，邁夫近寓安省近聖街。點閱《梅村集》。其言辔清湖之勝，令人神往。吾越之芝塘湖，風景相似，而地多山，尤爲秀絶，辔清所不及也。貧悴奔走，一椽之卜，終不遂懷。平生遊屐，亦都未至。眷言鷗鷺，深負林泉。得結局片，送來是月印結銀十二兩。

二十八日乙卯　晴和，午後微陰。上午步詣吴禮園談。詣濮子泉，不值。點閱《梅村集》。得紫泉書。夜，殷尃庭來。此人頗樸愿，而不知世故，屢來聒擾，頗厭苦之。

二十九日丙辰　晴和。下午步詣瑠離廠閲市，以銀四兩買得平津館初印《續古文苑》一部，計二十卷六册。《援鶉堂筆記》一部，計二十五卷八册，此是初刻本，多有訛誤，不及後刻之精，然幸未載方東樹附案語，轉爲可貴。元和蔡立青雲輯注《蔡氏月令》一部，分上下卷四册，首爲《明堂月令論》，次《月令章句》，次《月令問答》，附以《月令集證》。以銀三兩買得武英殿聚珍本《輿地廣記》一部，計三十八卷四册，宋廬陵歐陽忞著。孫淵如氏元刻道藏本《孫子十家注》一部，計十三卷，又附《敘録》一卷，《遺説》一卷，共八册。河間苗仙鹿夔《説文聲訂》一部，分上下卷兩册。又向寶森堂賒得陳仲魚《續唐音》一部，計七十卷共十册，首紀十，次襄四，次志十，次世家十三，次后妃傳二，次宗室傳二，次諸臣傳二十一，次諸國臣傳九，次外國傳二，以後唐、南唐續天復。采取精博，體例謹嚴，遠出蕭、郝《續漢書》之上，其自序謂『稿經累易，力殫窮年』，非虚語也。惜書爲其外孫祝修據副本刻于廣東，校勘不慎，脱誤甚衆。然予平生僅兩見之，爲可貴也。湖南翻刻澤存堂本《玉海》《廣韵》各一部。新化鄧氏道光三十年所翻。又借得戴氏祖啓《經説》一部，吴氏樹聲《詩小學》一部。詣允臣談，晚歸。陶羲民來兩次，云後日遞封奏，故來告予，且坐待久之始去，此甚可怪。

閲戴氏《經説》，上元戴祖啓敬咸著，共三種，曰：《尚書協異》二卷，曰《尚書涉傳》四卷，曰《春秋五測》三卷。前有朱石君相國序，言尚有《老子新解》一種。其曰協異者，專考二十八篇之異文。曰涉傳者，爲二十八篇之傳，取《史記》涉《尚書》以教之意。曰五測者，謂先儒之説《春秋》，紛而益遠，故以五者測之：一常文以定體，二變文以別嫌，三互文以通異，四便文以修辭，五闕文以慎疑。前有袁子才序。朱序稱其書爲其子衍善所録，曾屬沈嵩門進士景熊、王畹馨孝廉紹蘭校之，二君皆湛深于經籍者，頗有異同。然以老書生穿穴衆説，成一家言，不必競是非于前賢，而自有不可没者。

又謂《尚書》專注今文，亦食肉必食馬肝也。案戴爲朱分校乾隆戊戌會試所得士，而其言如此，甚有不足之意，其不爲沈、王所許可，更不待言。王即南陔先生，蕭山人，後官至福建巡撫。戴夙爲畢秋帆尚書所知，朱序亦言其子將就正于尚書，然後開雕。今書無畢序，蓋弇山亦未取之，然其《尚書》頗能依據詁訓，專釋名物，不爲空言。雖不信《書序》，又簡略過甚，鮮有獨得，而所采者皆《爾雅》、《史》、《漢》、馬、鄭、陸、孔之説，梅氏僞傳，一字不收。其解皇極，謂朱子作《皇極辨》，以漢儒訓大、訓中爲非，而曰『皇，君也。極者，至極之義，標準之名。』然《釋詁》固明訓『皇，君也。極，至也』。《漢書·五行志》固明訓『皇，君也。極，中也』。中所以爲至，則中與至固一訓也。漢成帝詔『皇極者，王氣之極也』。《兒寬傳》『唯天子建中和之極』。意既與朱子同，而《洪範五行傳》明作建用王極。《史記·宋世家》又明言王極之傳言，然則朱子之説固同于漢人，而偶未之考也。凡後儒創説多如此，故此書于一字之訓，務溯其原云云，即此一條可知其留心古義矣。《春秋》亦依經爲説，不强通所不知，雖譏左氏從赴《公》《穀》設例之非，而尚知折衷三傳，意存簡覈，較之焦袁熹之《春秋闕如編》，方苞之《春秋通論》，固爲勝耳。

邸鈔：英桂補授内大臣。

三十日丁巳　晴和，下午陰。徐壽蘅師來，久談。付同雅書坊銀四兩，付數月來京報、井水等錢三十千。

閲保山吴樹聲《詩小學》共三十卷，又補一卷。前有自序，言不精于訓詁聲音，不可以説經，尤不可以説《詩》；而段氏玉裁《毛詩小學》《毛詩故訓傳》，皆用其注《説文》雙聲疊韵之法解字以解經，然域于《毛傳》專門之學，因謂《采蘋》『于以奠之』，《傳》：『奠，置也。』據《禮注》：『奠，獻也。』『簡兮簡兮』，《傳》：『簡，大也。』據《左傳》等書注：『簡，選練也。』『考槃在澗』，《傳》：『考，成也。』據《箋》及《説文》、《漢書》注：『考，老也。』皆當以疊韵字爲訓。《北門》『室人交遍摧我』，《傳》：『摧，沮也。』據《説文》：『摧，擠也。』《太玄注》：『摧，趣也。』《定之方中》『靈雨既零』，《傳》：『靈，善也。』據《説文》作『霝雨既零』，訓『霝也』。皆當以雙聲字爲訓。又謂《詩》中有古字，如《凱風》『吹彼棘心』，心爲尖之古字，《説文》作櫼。『母氏聖善』，聖爲聽之古字。《定之方中》『匪直也人』，也爲殹之假借，即緊之古字。《斯干》『君子攸芋』，芋爲宇之古字。《文王》『有周不顯，帝命不時』，不爲丕之古字。『不顯亦世』，亦爲奕之古字。《抑》『無競維人』，《桑柔》『秉心無競』，《烈文》『無競維(烈)〔人〕』，『執競武王』，各競字，皆爲强之古字。《泮水》『靡有不孝』，孝爲學之古字。有訛字，如《關雎》『君子好逑』，逑爲仇之訛。『左右芼之』，芼爲若之訛。《汝墳》『惄如調飢』，調爲朝之訛。《殷武》『罙入其阻』，罙爲突之訛。有假借字，有合音，如《采苓》『舍旃舍旃』，旃爲之焉之合音。《七月》『八月斷壺』，壺爲胡盧之合音。《東山》『有敦瓜苦』，敦爲團圓之合音。《十月之交》『山冢崒崩』，崒爲崔巍之合音。『楚楚者茨』，茨爲蒺藜之合音。有一字數義，如同一介字，或訓爲助，或訓爲大，或爲匄之假借，或爲戒之假借。同一且字，或訓爲往，或訓爲存，或爲怚之假借，或爲輔之假借。有一義數用。如曰、與、于皆語詞也。『女曰鷄鳴，士曰昧旦』，義近于云。『見晛曰消』『曰嬪于京』，義通乎聿。『曰止曰時』，曰爲焉之假借。『黄鳥于飛』『之子于歸』，于與曰同義。『于彼原隰』『于邑于謝』，于訓爲往。『作于楚宫』『作于楚室』，于讀爲爲。

其書純用段氏疊韵雙聲之法，有不得通者，參用旁通引申之義，博采古籍，研極形聲，卓然小學名家。然不遵《小序》，好異舊説，往往近于武斷。雙聲疊韵，固爲訓詁之本，而義貴引申，故訓所傳，必非無自，亦安得以聲韵相限？即如穆姜曰：元者，善之長也。四語俱于聲韵不相關合。天者，顛也。天有顛誼，不得以顛誼盡之。日者，實也。日有實義，不得以實誼盡之。吴氏開卷釋周南二字，以周爲地名，南爲樂名，皆考之未審。以《商頌》『天命玄鳥』爲本作『天命玄王』，漢世爲讖緯之學者所改，則近于妄矣。《説文》霝字下本引《東山》詩『霝雨其濛』，古零作霝也，『靈雨即零』之零，與霝同，非靈與霝同。若如吴解，則『霝雨既零』之零字，當從段注《説文》零字解，作徐雨也。此謂霝雨既徐耳，而吴仍依《説文》舊本，解零爲餘雨，謂霝雨已後尚有餘雨也，則不成語矣。眉批：書刻于同治七年壽兒縣，前有印記曰『鼎堂七種之第三』，書中屢引其所著《六書微》，蓋亦七種之一。然如所言，女爲女墻字，从户从乙，即古之覠字。穆从㣎，㣎象日光之下没，即古没字。人爲果中核，仁之本字。帝爲雩、丗之本字。物、我皆爲旗幟字。則穿鑿迂妄，殊不可訓。

夜二更後大風起。

冬十月戊午朔　大風徹晝夜，晨晴，終日陰寒。

訂正《説文》若、辺、婁三義。艸部：『若，擇菜也。』若，从口又，古文當作[illegible]，从又擇艸，又即手也，古左右字祇作又。《毛詩》『左右芼之』，芼當作若。從吴氏樹聲説。許君芼下引《詩》，當本在若下。《玉篇》引作覒，乃三家異文，覒訓亦爲擇。《釋文》若之古文䔲，即叒之籀文𠭥，其下从又口，即右字。參用畢氏沅、席氏世昌、王氏筠之説。丌部『辺』，當是《左傳》古文『遒人』作『辺人』，此下説解，當作『辺，記也』。《春秋傳》曰辺人以木鐸徇于路，記《詩》言也。辺記以聲爲訓，辺从辵，象其行巡之義。故《漢書·食貨志》作行人。辺从丌，象其自下薦上之義。記《詩》言者，是許解《左傳》之語。遒乃輶之借字，劉歆所謂軒車使者，揚雄所謂輶軒之使。此因采風之使有乘輶軒者，故曰輶人。以音近亦借逌字爲之。僞書遂改爲遒人，後人反因僞書以改《左傳》，遂轉以改《説文》。其文又有脱落，而許書始不可讀矣。《玉篇》云『辺，今作記』，已不知辺人之義，然以辺爲古記字，則古文古訓，尚可推究得之。女部『婁』，當是《易·離卦》本字，从毌从中女。毌，古貫字，象其中虛也，中女卦位也。籀文从[illegible]从中女，[illegible]即申字，古神字作[illegible]，亦申之變體。申者坤也，言其爲坤之中女也。古文从囪从女。囪者象其虛明也。今《説解》誤作从毋，蓋非許氏之舊。段氏知中女爲取諸離，而未悟其義。孔子曰：『離者，麗也。』當本作『婁者，麗也』。婁麗雙聲爲訓，離婁、麗廔，皆取虛明之意。離乃鳥名，許君但訓爲『離，黄倉庚』，全與卦義無涉。顨卦字作顨，不作巽，幸許于丌部明言之。婁下未言，世遂莫識。惠氏棟知卦字不當作離，而改從离。离爲山神，亦與卦遠。段氏謂倉頡制八卦字，坤、𦣞皆特造，餘皆取音義相同之字。然乾、震、艮、坎、兑固與卦義卦德皆合，離則借而無義矣。故知婁爲卦之本字無疑也。

殷蕚庭邀夜飲，辭之。從寶森堂借《經訓堂叢書》四帙來，自《山海經》至《樂游聯唱集》共十八種，尚少《吕氏春秋》《釋名》《中州金石志》《晏子春秋》等四種。然尚是全書未出時所印，索價八金。

初二日己未　大風達夜，始稍止，上午陰寒甚，下午晴。祖妣倪太君忌日供饋。移卧榻東室。

畢氏《經典文字辨證》書五卷，最爲簡要明通，有功來學。其序備言古今正變，足以上繼《説文》之敘，尤不可不讀。然亦有小誤，如云冑胄莫析，陜陝今刻本及下注字皆作挾，蓋刻者之誤。不殊。句下自注云：『陜字从夾，夾从大，从兩人。陝字从夾，夾从大，从𠆢𠆢。』案陜即俗狹隘字，其字从夾。夾在大部，从大从兩人左右相向，故作夾形，以兩人俠一大人，爲夾輔義也。陝即今陝西字，其字从夾，夾在亦部，从亦，象褱物形，即後出之閃字也，亦即俗腋字，亦間褱物，故作夾形。𠆢者非人非入，所謂指事也。自隸體便俗，故變夾作夾，變夾作夾，以取易別。畢氏似尚未瞭其義。又譏張有《復古編》以莩爲孚别，而不知二文並有。然莩實俗字，因孚變爲芆，遂訛爲莩，俗又造殍字。畢氏謂古有莩字，不知何據？其書亦間有誤者。如夭部云𡴘正幸通，凡从幸字放此，又見幸部。幸部云㚔正幸通，凡偏旁从幸放此，又見夭部。案夭部之𡴘，覬幸之幸也，幸乃隸變。㚔部首㚔字，訓曰驚人，讀若籋，其字从大从羊。今段注據《五經文字》改作㚔，从大𢆉，𢆉即隸干字，其説甚確。今从㚔偏旁之字，如執、睪等，隸皆作幸，遂與徼幸字亂，故俗又造倖字，而其聲義自别，畢氏似誤仞爲一字矣，此千慮之失，不爲小也。

邸鈔：户部郎中姚覲元授四川川東兵備道。

初三日庚申　晴。濮紫泉來。閱宋敏求《長安志》，畢刻誤字甚多。

邸鈔：周瑞清授鴻臚寺少卿。

初四日辛酉　晴，大風。閱《長安志》及李好問《長安圖》，畢氏間附考正之語，皆爲詳慎。閱苗夔《説文聲訂》，皆辨正二徐之誤，于近時諸家，如段氏、嚴氏、姚氏，俱多詆斥。其論聲亦間有微悟。如言昏當从民，非从氏省，漢碑可據。農當从囪，囪亦聲，謂農忙及時匆匆也，不當从囟。嚳當从囪省，囪亦聲，亦不當从囟。口部既有否，不部之否當作不，从不、聲，《詩》鄂不字當作不，鄭箋之柎，《釋文》之跗，《集韵》十虞之不及趺，皆即不字。《漢司農劉夫人碑》有不字。此等一知半解，不無可取，而好爲異説，任臆勇改，矜己駡人，多武斷之談，錮學究之習。其可笑者，謂牡从垚省聲，不从土；叙从占聲，不从古；痛詆段氏古叙雙聲、支真合韵之説；是于古音尚甚茫昧。至謂古無戈、麻之音，其來始于西域，則真妄人之言矣。夔所著尚有《説文聲例》等書。

比日忽寒甚，昨始裘，今夕始用火鑪。

初五日壬戌　晴。自昨夜被煤氣不快，今日頭痛胸懣不能食。終日閱王菉友《説文句讀》。王氏于此書剖抉極精，采證尤博，然好改原文，多所增減，至有無堅據而竟删篆者，則較金壇爲甚矣。所注大概本段、桂二家，兼用嚴氏、王氏煦，惜尚未能最諸家之長。傅子蓴來。是日買毛兒窩一雙，付金錢十七千。始見明年新曆。

邸鈔：翰林院侍講學士文澂轉補侍讀學士左春坊左庶子，烏拉喜崇阿升授侍講學士。

初六日癸亥　晴。祖妣余太君忌日供饋。楊雪漁孝廉來，以方祭，不克見。史寶卿來。

初七日甲子　晴。曾祖妣倪太君生日供饋。剃頭。書賈陳姓來，以鈔本《續資治通鑑長編》求售，索銀二十兩，還之。買得《微波榭叢書》一部，《洪北江詩文全集》一部。夜閱《更生齋集》文甲集四卷，乙集四卷，詩集八卷，詩餘二卷。是夕咳嗽甚。

邸鈔：刑部郎中惲鴻儀授貴州貴陽府遺缺知府。文煜、楊昌濬奏浙江省變通兵制一案，計緑旗水陸三十八營額，設提督一員，總兵五員，副將十二員，參將六員，游擊二十員，都司二十五員，守備十三員，千總一百一十員，把總二百二十四員，外委三百一十三名。除海防一營專顧塘工不與征調，應行循舊設立外，其餘三十七營，如錢塘水師、澉浦營、湖州城守營、太湖營、寧波城守、定海城守、衢州城守、楓嶺營、瑞安協、麗水營等十營，毋庸裁改。其應行量地遷移，擇員駐防者，杭州城守、海寧營、石浦營、黄巖鎮標、寧海營、太平營、盤石營等七營。其冗員應裁或舊制應改者，撫標左右兩營。嘉興協、乍浦協、提督標、鎮海營、定海鎮標、象山協、紹興協、台州協、金華協、衢州鎮標、嚴州協、温州鎮標、温州城守、平陽協、玉環營、樂清協、大荆營、處州鎮標等二十營，通擬裁大小官弁共四十二員名，内都司一員，守備一員，千總三員，把總十一員，外委二十一名，額外五名。又擬裁都司，改設守備一員，對調都司一員，守備一員，改設中軍都司二員，守備一員，添設把總一員。又台州地處海濱，額設總兵一員，原駐黄巖縣城，專營外海水師兼轄台屬陸營，距海門四十五里，所募營兵均係黄巖土著，離海既遠，不習水操。查台屬六邑，天、仙僻處山陬，臨、黄、寧、太四邑均屬海疆，臨、黄交界之海門地方，前因防倭，設有衛城，爲台屬吭喉要地，現擬請將黄巖鎮總兵改駐海門衛城，作爲海門鎮總兵。並將所轄中左兩營游守備弁等舊同駐黄巖者，分別駐札海門，以資控制。劃出原歸寧海營參將管轄水師左營各弁兵，歸於海門鎮標左營游擊統轄，仍駐健跳衛城專防，並分防北幫洋面。原駐海門衛城之黄標右營游擊，改爲海門右營游擊，調駐太平縣屬之松門衛城，總巡南幫洋面。如此量爲更調，于海疆不無裨益。至前議添設嘉湖水師，應俟留防勇丁將次裁徹時察看情形，另行籌辦。詔：兵部議奏。

初八日乙丑　晴，比日寒少減。閲《更生齋集》。下午過徐壽蘅先生談藝，至晚歸。壽師以近作《送鮑侍郎巡撫山西五古》四章相示，古鍊沉著，并世之高作也。夜閲孔氏微波榭本《五經文字》。邸鈔：以詹事府詹事何廷謙爲内閣學士兼禮部侍郎銜。以宗人府府丞唐壬森爲都察院左副都御史。湖南巡撫劉崐開缺，另候簡用。以湖南布政使王文韶署理巡撫。以翰林院侍講學士吴元炳署理湖南布政使。

初九日丙寅　晴。終日勘點《孫蓮士詩文集》，删其七律七首，詩中小序二則，詞一首，改易十數字，悉正其誤文、奪文、古字、俗字，將以交伯寅刻之。董硯樵觀察來，久談去。是日同司趙心泉及滿洲禧晟皆嫁女，各送分子去。夜閲微波榭本《五經文字疑》及《九經字樣》。二更後有風。

初十日丁卯　晴。得董硯樵書并贈所著《峴嶕山房詩》初、續集，詩學韓、孟，亦一時之能手。校改《陳珊士遺集》，即并蓮士詩詞作書致伯寅。作片致殷蕚庭，贈以錫鶴亭試律。揭《續唐書》《續古文苑》等籤，并以印章遍識所得書。作書復硯樵，并録寄今年去年九日兩詩。得伯寅復。

十一日戊辰　晴。得硯樵書。作書約允臣明日小飲。步詣濮紫泉、楊雪漁、朱鼎甫。楊館王大理榕吉家，朱館朱宗丞學勤家，三君皆居繩匠胡衕。晡後吴禮園邀同紫泉、雪漁飲廣和居。夜月甚佳。二更時歸。是日丑初三刻小雪，十月中。浙江丑正初刻。

十二日己巳　晨陰，終日微晴，傍晚風起。詣董峴樵、錢辛伯、張香濤、孫子授，晤香濤、子授。晚詣允臣，留飲，二更時歸。是日何相山嫁女，送分子三千，付車錢七千。夜大風，月色寒潔。以綿袍褂質錢五十千。朱鼎甫來，不值。

十三日庚午　晴。

閲《洪北江年譜》，自癸丑閲此後未嘗再寓目。憶癸亥歲，平景蓀嘗言北江之舅蔣曙齋名蘅檢討科分無可考，予時亦不能記憶，今乃知由副貢以年老賜銜，《年譜》及《更生齋詩》注中俱載之。北江補縣學生時，本名蓮，字華峰，後改禮吉，試禮部時以避嫌名改亮吉，蓋合其姓呼之，與純皇帝廟諱二字俱音近，故云嫌名也。其辛丑會試，出吾鄉王芳洲先生房，薦而不售。甲辰會試，則以五策爲主司紀文達所奇賞，而以監試御史忿争，仍不録。其庚子之舉北闈，亦以曹來殷爲房官賞其五策，得由副榜改正榜。而庚戌之舉禮闈，則朱文正欲物色之作第一人，始得李鄦齋卷，以策有駁問數條，擬置第一，繼得朱蒼湄卷，以用古文奇字，遂定元，而北江名在第二十六。此固見科名有定，而彼時公卿嗜學，人材甚盛，能賞奇拔異者，已不過數人，何况悠悠今日耶。北江以乾隆壬子充順天鄉試同考官，在闈中奉視學貴州之命，向例未散館翰林無爲學政者，自北江及石修撰韞玉始，石爲庚戌進士第一人，北江第二人也。一甲三人未散館即任學政，今遂沿爲故事。而爾時命學政在八月十四日，故校試北闈者得與其選。今以八月三日，而順天之命主考、同考在初六日，轉後三日矣。

是日先付賃屋錢十千。

邸鈔：詔：記名提督王心安照提督立功後在營病故例從優議恤，並加恩予謚。從丁寶楨請也。旋謚果壯。

十四日辛未　晴。比日無風而和，欲出閲市，而囊空如洗。因姑出門，不覺行之西頭，念無可詣者，適過殷鴻疇家，遂入訪之。劉儀同、楊風子風流政復如此，然亦足見其無憀矣。坐席甫定，匆匆而歸。閲舊定詩集，稍點改之。傅子蓴次子以鹽知事赴廣東，來辭行。傍晚忽咳嗽大作，終夕不能寐。

十五日壬申　上午陰，下午晴，終日大風。咳嗽益甚，身熱頭痛。胡侍郎家玉來，不晤。得季弟九月九日書，知于八月間得一子，小名僧壽，仲弟得一女。夜作片致子尊。作書致吴松堂，爲季弟捐官事。夜，身熱甚，達旦不寧。

十六日癸酉　晴，午後風又起。頭痛咳嗽不止，延光州李孝廉俶診脉，言風散而寒氣未出，服温散湯。胡比部國棟來，不晤。吴松堂來，不晤。夜，身復熱。

邸鈔：以哈密幫辦大臣景廉爲烏魯木齊都統，以頭等侍衛錫綸爲哈密幫辦大臣。

十七日甲戌　晴，上午風又起，微陰。曾祖考忌日，上午供饋。趙心泉來，不晤。得陶紫畛孝廉九月望日書，言欲搜輯許君《淮南子注》，兼采《説文》《五經異義》諸書，以存祭酒古學。其志甚鋭。書辭古艷，亦尺牘之佳選也。仍服李元禧孝廉藥。夜咳嗽益甚，達旦不寐。

邸鈔：以翰林院侍讀學士馬恩溥爲詹事府少詹事。左贊善黄毓恩升補司經局洗馬，右贊善楊紹和升補右春坊右中允。

十八日乙亥　晴有風。周吉臣、史寶卿來，不晤。得允臣書，即復。補鈔庚申年詩。夜，咳嗽如前。以珍珠毛袍褂質錢六十千。

十九日丙子　晴，下午大風又起。夜咳嗽益劇。

二十日丁丑　晴，有風。連日改輯舊詩初集稿本，今日始畢，計點竄者三十餘首，全改者十三首，更録者十一葉。是日又付賃屋錢十千。吴松堂來，不晤。

邸鈔：以江浙官紳捐助綿衣解赴天津，降詔獎勵。升任閩浙總督江蘇巡撫張之萬交部從優議敘。湖南按察使涂宗瀛、江蘇蘇松太道沈秉成、前湖北鹽法道盛康、候選道魏綸先均賞加布政使銜。翰林院編修吴大澂、兩淮鹽運使方濬頤、前蘇松太道吴煦、記名道潘曾瑋、福建補用道胡光墉均交部從優議敘。前天津道周家勳交部議敘。已革記名鹽運使金安清、已革江蘇補用道吴雲均開復原銜頂帶。從李鴻章請也。

二十一日戊寅　晴。剃頭。作書致允臣，贈以《卷葹閣甲乙集》及附《鮚軒詩集》。此予所素愛，行間手批幾滿，今允臣必欲得之，而新購全集中闕《城東酒壚記》一篇，是日鈔補既畢，遂割愛送去。夜得濮紫泉書，約明日午飲，即復。

二十二日己卯　晴。紫泉來，不晤。出門拜對門胡少宰，詣吴松堂、傅子蓴，俱爲舍弟官事，晤松堂。午後赴紫泉之招，同坐爲楊雪漁、吴禮園，肴饌精潔，暢談至晚而歸。補録辛酉歲詩。

邸鈔：都察院左都御史皂保、吏部左侍郎胡家玉俱賜紫禁城騎馬。

二十三日庚辰　晴。録舊詩，又補七律一首，五律一首，五絶二首。吴子重來。史寶卿來，談至晚去。寶卿好學而温克。今年在京師最與予相親愛者，寶卿、紫泉二君而已。

二十四日辛巳　終日霒陰釀雪。録壬戌以前詩畢，删去戊午詩二首，定爲初集六卷，共四百五十四首。計自丁未始有詩稿四卷，以後庚戌至癸丑四年新作尤多，蓋通計之不下二千矣。今所存自甲辰迄壬戌幾二十年，而祇得此數，不過十分之二耳。得失寸心，尚難自喻，世之摇筆萬言積稿尺計者果何爲耶？壬戌以後當别爲二集。

閲《漢學諧聲》，吾浙太平戚學標鶴泉著，取《説文》之字，自一至旦，條系其諧聲偏旁，以次相附，爲二十二卷。其聲無所附者，别爲《雜字》一卷。又《總論》一卷，附以《説文補考》一卷，又《考》一卷，共二十六卷，成于嘉慶八年鶴泉官河南涉縣知縣時。前有黄氏河清序及自序，後有洪氏頤煊跋、臨海宋氏世犖跋及自跋，其書務明許君古音，辨正二徐及孫愐《唐韻》之誤，徵引經籍傳注，精確爲多，于古人通轉假借之法，言之尤悉。惟過疑今本《説文》，以爲後人竄亂，全非許君之舊。謂原本必以聲相附，後人盡改附于形，故今《説文》有祇存部首一字，而下無所从者，則何以云凡某之屬皆从某？又何以謂之建首？又謂轉注者，考老字皆从耂，爲建類一首。考老互訓，爲同意相受，由老而考，如挹彼注兹，故謂之轉注。推此而爾與爽轉注也。㸚爲建首，爾、爽同意。裘與衰轉注也，衣爲建首，裘衰同意。苟與美善轉注也，羊爲建首，苟、美、善同意。許所言勹與包同意，皿與豆同意，巫與工同意，置與罷同意，𢍏與䙴同意，皆轉注之字。而譏戴氏以《爾雅·釋詁》證轉注之非，其論皆偏駁。許書固形聲並重，然既爲文字，取義則自當以形統部，而不以聲。轉注與假借，皆六書之用，而非六書之本體，戴氏之説，確不可易者也。鶴泉又謂古人不知有韻，猶漢人不知有反切，今取韻以言《詩》，已不可，取韻以言《易》，則更顛矣。顧氏之《音學五書》，江氏之《古韻標準》，皆論韻之書，不可以言音，尤不可以言經，亦可謂獨闢之論。

夜雪。

邸鈔：山東巡撫丁寶楨奏病難速痊，懇請開缺調理。詔：賞假三月，安心調理，毋庸開缺。以布政使文彬署理山東巡撫。

二十五日壬午　雪至巳後止，有日景，旋復陰。戌正二刻十一分大雪，十一月節。浙江戌正三刻十一分。得朱鼎甫書，借日記。作書致殷蕚庭借銀。作書致紫泉，借以雜文、駢文各一册。作書復鼎甫，借以日記四册，并從朱修伯宗丞借惠氏《後漢書補注》。得蕚庭復片，借我四十金。朱宗丞處借得《後漢書補注》二十四卷，桐鄉馮氏集梧所刻，前有無錫顧氏棟高序，寶山李氏保泰字嗇生，官揚州教授。序及馮氏序。又嘉興沈銘彝孟廬《後漢書注》又《補》一卷，刻于道光丁酉，前有沈氏自序。

邸鈔：新授閩浙總督張之萬奏言其母年逾八十，懇請開缺回籍養親。許之。以福州將軍文煜兼署閩浙總督。

二十六日癸未　晴有風。下午陰。姚致堂太守來，名詩雅，粵東人，以懷慶孟縣知縣保升知府，入都引見。王孟調客河南時，嘗館其署中，且課其子禮泰。今日以重刻孟調《西凫殘草》四帙見贈，較伯寅所刻多詩九十餘首，皆丙辰以前家居作也。其中有次予勸其歸故山詩韵五律四首，次予村居雜感詩七律十首，別予及魯容生、汪韵山市樓餞飲七律一首，同予宿青藤書屋五律一首，懷予養病柯山五律一首，又有芝社泛舟同予聯句五古一首，則予早亡其稿矣。隙駒早逝，篇翰猶新，感念平生，能無腹痛。得紫泉書。是日付寶森書直銀八兩，文華書直銀六兩，質庫贖珍珠毛袍褂錢六十一千，付王福工食錢二十千，緝石十千，陳媪十千，買毛燕屑錢十二千。作書復紫泉。夜讀舊、新兩《唐書》帝紀論贊。《舊書》間有蕪辭，然大致詳盡，是非頗協。《新書》則多事外之文，不免支離，其文亦甚散弱，固不及子京列傳諸論峻潔可觀，即較之《新五代史》之往復抑揚，亦爲遠遜。蓋歐公于《五代史》全力爲之，《唐書》事出分撰，精神有所不暇耳。夜有風。

二十七日甲申　晴，下午微陰。補成初集中《會龍橋歌》七古一首，《寶山謁南宋六陵》七古一首。會龍橋今稱會龍堰，離吾家西郭舊宅數百武，據《宋史·理宗紀》言生于虹橋里第，而府縣志俱言余天錫自臨安歸慶元泊舟橋下，夢二龍夾舟，醒見兩小兒浴水上，遂從之，入其外祖全保長家。《宋史》則謂天錫因避雨入全保長家。全謝山《結埼亭外集》謂其先世侍御府君以宋初卜居會稽浴龍橋旁。案虹橋今在西郭門外一里之南岸，會龍橋去郭門半里，亦在南岸。其横跨運河者爲麟趾橋，今俗皆呼此爲虹橋。而全氏居東浦，在虹橋之北十里。余天錫由杭返鄞，其涂必由運河，則泊舟當在虹橋、會龍橋之間，無遠至東浦之理。理宗之父榮文恭王既早卒，其系雖名帝牒，而式微殆甚。所謂全保長者，名大節。度宗時贈太師徐國公。保長猶今之地保、古之里長也。則慈憲夫人之父，亦甚卑微，疑當時全氏尚未居東浦，蓋與榮王皆居西郭官道旁，故理宗兄弟游戲其間，浴龍、會龍之名，皆後所增飾耳。此不特鄉里一大掌故，且關系史事甚鉅，而越人無歌詠之者。予自乙卯即擬此題，先爲文記之。今文既不存，因補成歌行一首，以爲枌榆生色，後之考古迹者當有述焉。周吉臣來。紫泉來。周荇農學士來。是日付買高麗參錢六十一千，碎燕屑錢十二千，米錢四十千。

邸鈔：上諭：伊犁自同治五年失守，逆回盤踞淪陷數年，該處宫弁軍民人等身陷賊中，本有應得之罪，惟念當時回氛猖獗，被其逼脅，未能自拔，尚屬情有可原。朝廷惠愛黎元，務從寬大，均加恩免其治罪。並著署伊犁將軍榮全遍行宣示，寬其既往之愆，予以自新之路。該官弁軍民人等，務各激發天良，共保地方，毋任回匪再行窺伺。至該處人衆顛沛流離，情形困苦，殊堪軫念，並著該署將軍妥爲撫恤，毋令失所。聞伊犁、惠遠等城，皆爲俄羅斯國人所克，夏間俄國官從銅綫致其駐京公使，書言其七江省巡撫已出兵代爲收復伊犁，且擬進復烏魯木齊，朝命榮全率兵往伊犁與俄人交代，命烏魯木齊提督成禄由肅州統兵出關，會同哈密幫辦大臣景廉規復烏魯木齊。

二十八日乙酉　晴，日夜大風。香濤來，告其弟之涌之喪。得潘鳳洲太翁之訃及哀啓。伯寅書來，并王孟調遺集四册，即復。夜閱《舊唐書·經籍志》。

邸鈔：工部都水司郎中杜來錫授山西朔平府知府。

二十九日丙戌小盡　晴，大風嚴寒。以印章遍鈐新購諸書。拜姚致堂太守、周荇農學士，俱不值。詣賈琴巖，久談而歸。是日付煤錢四十六千二百文，賃屋錢十六千文，車錢六千文。

邸鈔：上諭：都察院奏廣西職員霍康海等呈訴廣西桂林府遺缺知府李載文于咸豐六年在署平南縣任内殉難，業經奉旨優恤，該故員死事慘烈，懇請予謚等語。李載文著加恩予謚。賜謚壯烈。李載文，順天通州人，道光甲辰舉人，予同司友李李村之從父也。上諭：都察院奏浙江貢生陶琴條陳事件，據呈代奏一摺。所陳多屬窒礙難行，自請召試，尤爲冒昧，原件著交該衙門擲還。

十一月丁亥朔　晴，風不止，嚴寒。終日揭櫫題跋并改舊詩。得孫子九九月六日汀州書，并芸舫弟稟牘，俱粤人吴君應廉送來。夜閲《後漢書補注》。

邸鈔：山西太原府知府升泰擢授河東兵備道。

初二日戊子　晴，午後又風。閲《後漢書補注》。作片致殷萼庭，贈以《孟調遺集》一册。得結局片分得前月印結銀十三兩。作復子九汀州書。致節子福州書。作片致傅子蓴，詢節子寓地。夜補作《乙卯冬日自繞門山舍舟步入昌安門》詩及序，録入初集卷三。

邸鈔：上諭：李鴻章奏據直隸儘先知府李孟平稟稱，伊父李卿穀、兄李孟群先後殉難，應建專祠，現在工竣，懇請代奏，列入祀典。又該員伯曾祖前甘肅都司李雲福于乾隆年間從征金川陣亡，並懇一併祔祀等語。前署湖北按察使李卿穀、前署安徽巡撫李孟群父子先後死事，一門忠節，大義懔然。其專祠既經落成，著河南巡撫李鶴年飭固始縣地方官，照例列入祀典，春秋致祭。李雲福並准其祔祀，以彰忠藎。禮部祠祭司郎中左雋授山西太原府遺缺知府。

初三日己丑　晴，微和。外王父倪仁甫公生日，供饋于寓。外王父以是月初三日生，初四日卒。

外王母孫孺人以初八日卒。今日合祭之。剃頭。補成己未入都所作《行路難》樂府五章并序，録入初集卷六。夜閲宋歐陽忞《輿地廣記》。

初四日庚寅　晴。前日作致子九、節子書，并附寄《孟調遺集》三册，託城東新泰厚錢局郵遞，以重累却還。今日更易書付之。殷萼庭來，夜飯後去。

邸鈔：以河南巡撫李鶴年爲閩浙總督，以直隸布政使錢鼎銘爲河南巡撫，以廣東按察使孫觀爲直隸布政使，以直隸大順廣兵備道李文敏爲廣東按察使。

初五日辛卯　晴，午後風又起。作片致賈琴嚴，得復。作片致姚致翁，再索《孟調遺集》，又得十本。終日鈔换舊詩，得六葉。孫子授侍講來。夜大風，閲馬令《南唐書》。是日付前月賃屋錢三十六千，付煤錢三十千。

邸鈔：以太常寺少卿王家璧爲大理寺少卿。編修趙曾向升補左贊善，直隸保定府知府恩福升授大順廣道。

初六日壬辰　晴，風。昨夜感煤氣，今日頭痛不食。上午坐車詣觀音院，唁香濤令弟之喪。晤陳逸山、方受甫、桑叔雅、謝惺齋，即歸。得允臣書，即復。夜小食燈下，復能作字看書。是日付車錢八千，燭楮錢四千。

邸鈔：掌京畿道御史薛斯來授直隸保定府遺缺知府。

初七日癸巳　晴，風少止，傍午後微陰。鍾在山庶子來。補初集中《論詩絶句》四首，又改補己未《燕薊道中雜詩》六首。得周吉臣書，言明年已定館施氏。

初八日甲午　晨晴，巳後陰，下午微晴。朱修伯宗丞來，不晤。同司蔣保燮員外來，訃其嫂喪，送分二千。更定詩稿初集，共得四百七十二首。夜閱畢《通鑑》太宗、真宗紀。

初九日乙未　晴，有風。閱姚薑塢《援鶉堂筆記》。以後日冬至，先祭寓屋故主人。作書致允臣，以其嘔血，勸服燕屑。

邸鈔：左宗棠、穆國善奏甘肅回匪麇聚三甲集、黑山頭等處，壘卡林立。提督傅先宗等軍先後渡洮，攻克高家集壘，生擒賊目馬五、馬元亮正法。十月初一至初十等日，傅先宗力攻黑山頭，布政使王德榜等同時並進，立將黑山頭數十里大小賊壘悉數鏟平，官軍即分札三甲集前後，以圖進取。詔：剿辦甚爲得手，仍著左宗棠等督飭各軍，乘勝進取太子寺大東鄉等處，迅殄逆氛。陣亡之總兵銜副將睦金城、參將楊其昌均交部議恤。副將喻友才，副將銜參將廖嵩、殷德益均交部從優議恤。前任河南按察使譚鍾麟發往陝甘，交左宗常差遣委用。從左宗棠請也。前任雲南臨安府知府李宗賓授甘肅蘭州府遺缺知府。

初十日丙申　晴和。祭曾祖考妣、祖考妣。作書致徐壽翁，贈以《孟調遺集》一册。夜閱畢《通鑑》真宗紀。

十一日丁酉　未正初刻十四分冬至，十一月中。浙江未正一刻十四分。晨陰，上午晴。比日天氣温和如春。祭本生祖妣、先考妣。作片致琴巖，致牧莊，約以明日作夜談。閱《全唐詩》中李、杜二家詩。夜作致仲弟書，致陶子珍書，致陳藍洲書。

十二日戊戌　上午晴，下午陰，夜雪，四更止。閱《研六室文鈔》。賈琴巖來。晡後作片，約肯夫、寶卿、吉臣、紫泉、鼎甫、禮園夜飲。得肯夫復，紫泉復。肯夫來，寶卿來，吉臣來，夜飲廣和居，二更時踏雪歸。四十八千。得肯夫書。偕琴巖夜談徹曙，始寢。

十三日己亥　終日霃陰。琴巖早去，睡至傍午始起。閲《研六室文鈔》。邸鈔：編修温忠翰升補詹事府右贊善。右庶子特亮轉補左庶子，國子監司業宗室崑岡升補右庶子。

十四日庚子　晴，微陰，有風。閲《研六室文鈔》。爲姚致堂書扇。作片致致堂，饋以肴饌數器。得伯寅書，詢予近狀，言將爲謀卒歲資，其意可感。然平生苟足自活，不欲累人，作復辭之。夜閲顧亭林氏《音論》及《詩本音》。

十五日辛丑　晨陰，巳後晴。閲戚鶴泉《漢學諧聲》。剃頭，以羊裘質錢八十緡。

十六日壬寅　晴，微和。閲《九經古義》，此書鑽研畢生，今日彌歎難盡，恨無人爲作疏證耳。眉批：錢警石言嘉興馬應潮嘗注《九經古義》，頗晐洽，書蓋未刻。姚致堂贈銀八兩。夜撰陳珊士、王孟調、孫蓮士三君傳，未成。初更風起。

十七日癸卯　晴，風。祖母倪太君生日，設祭。揭《禮記集説》及《經訓堂叢書》籤題，共六十册。陳同叔來，不晤。得陳伯海丈春間鹽城書，并惠銀六兩。丈名學洪，一字充之，德夫之尊人也。錢辛伯司業來，久談去。夜得潘紱丈書借《樊榭集》，即復。閲畢《通鑑》宋哲宗紀。

邸鈔：署伊犁將軍榮全劾奏科布多幫辦大臣文碩于所屬臺站並不實心整頓，前據知照烏梁海各台，業經安設，乃沿途仍復阻滯，實不勝邊疆之任。詔：文碩即行開缺，交部嚴加議處。以保英爲科布多幫辦參贊大臣。志剛賞給副都統銜，署理烏里雅蘇臺參贊大臣。富和爲塔爾巴哈臺參贊大臣。額爾格巴圖賞給頭等侍衛，爲伊犁索倫領隊大臣。

十八日甲辰　晴。撰《三子傳》成，共二千七百言，得香濤書，約爲消寒會，即復。殷蕚庭來。閲畢《通鑑》徽宗、高宗紀。

十九日乙巳　晴。閲畢《通鑑》高宗、孝宗紀。作片致謝惺齋，詢陳珊士所補主事員外司名。得陳同叔書，即復。夜繕録《三子傳》稿，將以寄伯寅侍郎，刻之《三子集》首。

邸鈔：以太常寺卿程祖誥爲宗人府府丞。改派通政司副使承繼稽察蘆溝橋粥廠。以原派大理寺少卿色普哲訥病故。色普哲訥，癸亥甲子間户部同司也。記名知府蒯德模補授四川夔州府知府。

二十日丙午　晴。閲畢《通鑑》孝宗紀。手龜不能多作字，録沈曉湖所作《蓮士集後序》致伯寅，屬并三子傳刻之，並乞轉向翁閣學同龢借《先莊簡集》，向彭太僕祖賢借《秋士集》《二林居士集》。得伯寅復。夜周允臣來，送《文勤碑銘行述》潤筆銀八十兩。

二十一日丁未　晴。謝惺齋來。出門答拜陳同叔，不值。詣鍾荏山，晤。拜吴應廉。詣朱修伯，晤。晚歸。傅子蓴來，不值。夜作書唁潘鳳洲丁外艱。是日付車錢五千，修洋表錢三千。

二十二日戊申　晴。閲畢《通鑑》高宗、孝宗紀，作書致琴巖，爲謀王孟調歸柩事，屬其語姚榁甫父子，堅助銀之約。紫泉來夜談。夜作書唁王眉叔丁内艱。又作書致邑人張念慈秀才，亦爲孟調歸柩事。秀才爲平子中表親也。

二十三日己酉　晴。作書致譚仲修，并藍洲、鳳洲書，俱託紫泉附去。作書致梅卿。夜爲季弟撰《重刻功過格序》，此本無謂，以弟請之不已，故應之。再作致季弟一紙，并前旬日所作書及致子珍、眉叔、梅卿、竹舫諸書，都爲一函封題訖，將以明日交文茂信局寄去。是日付米錢三十四千。

邸鈔：陝西巡撫蔣志章病卒。詔稱其籌辦防剿，實心任事，兹聞溘逝，悼惜殊深，照巡撫例賜恤。以陝西布政使翁同爵爲陝西巡撫，以前河南按察使譚鍾麟爲陝西布政使。

二十四日庚戌　終日陰，傍午微有曦景，夜雪。發家書。手指瘃裂，不能作字。終日閲畢《通鑑》

徽宗、高宗紀。周荇翁柬約廿六日爲消寒第一集。是日付煤錢二十七千。

邸鈔：上諭：鑲黄旗滿洲富統所出恩騎尉一缺，即著該旗揀選，擬正之貴州知州富綿承襲，毋庸調取來京。嗣後外省官員遇有恩騎尉及雲騎尉世職，應行承襲之處，即照此次諭旨奏請承襲，俟該員因公來京，或例應引見時，再由該旗補行帶領引見，以示體恤。上諭：已故廣東從化縣知縣李福培、揀發湖北知縣王恩綬均于咸豐四五年間先後守城殉難，業經奉旨優恤建祠，著再加恩予謚。從給事中謝增等請也。福培、恩綬俱江蘇無錫縣舉人，福培謚剛烈，恩綬謚武愍。上諭：御史劉瑞祺奏勞績保奬請按照官階嚴示限制一摺，著吏部議奏。以詹事府少詹事馬恩溥爲詹事。

二十五日辛亥　晴。剃頭。閱畢《通鑑》高宗紀。牧莊來。蕚庭來。不晤。

二十六日壬子　辰初初刻十二分小寒，十二月節。浙江辰初一刻十二分。陰。

閱《湖海詩傳·蒲褐山房詩話》。此書于癸丑、壬戌歲評點兩過，一歸劫火，一爲周叔雲携去。述庵生極盛之世，又享大年，交遍寰中，國朝人物，是集已得大半。而拘守歸愚師法，短于鑒裁，故所選者往往膚庸平弱，腔拍徒存，求如明之青丘、二李、大復、大樽，國初之牧齋、梅村，以及稍後之漁洋、愚山、伽陵、翁山，竟無一首。蓋自海珊、樊榭、寶意外，無能成家，而自沃田、西莊、白華、蘭雪、雲伯外，并無堪節取。此固去取未精，而我朝詩學之衰，亦可概見矣。

朱鼎甫來，借以《周易二閭記》。傍晚，赴周學士消寒第一集，二更歸。坐客既多，又爲浮文所苦，其退讓者，如肯夫及謝麐伯編修、温味秋贊善，皆終席斂襟，（此處塗抹）全無文讌從容賞奇析疑之樂，虚費日力，（此處塗抹）以後不往可也。付車錢五千。

二十七日癸丑　晴。閱《春融堂文集》。下午詣琉璃廠閱市，購得汲版《三國志》《史通通釋》，共直四十五千。《曝書亭集》直二十千。晚歸。夜閲《春融堂集》。

二十八日甲寅　晴。比日和煦如春。校《三國志》。作書致香濤，借官本《三國志》。

二十九日乙卯小盡　陰。校《三國志》。夜風。

十二月丙辰朔　晴。校《三國志》。購得仿宋本《東都事略》一部，付直四十二千。予丁巳里居時購此書不過八九百錢，今春寓打磨廠，見邸旁肆有之，索直京錢六十千，以賈昂却之。近聞有索至二十四金者，故亟向原肆購以此數，較之昔賈已增七八倍矣。史寶卿、周吉臣來，借寶卿以《春秋長曆》《春秋土地名》等三種。

夜閲浦起龍二田《史通通釋》，此書《四庫提要》稱爲善本，而病其臆改。王西莊則極稱之。二田自言爲七十歲時所作，稿凡數易，多所訂正，頗具苦心。先于篇中節釋其文義，而後通爲按以釋之，其後則標句以注其出處。然識趣既卑，文又拙澀，全是三家村學究習氣，不特不及黄崑圃之《補注》，且不及郭延年之《評釋》也。今所購本又有不知何人以墨筆評點，頗亦摘二田之謬，而迂拙彌甚，且于《惑經》《疑古》諸篇，重加朱擲，是亦妄矣。

初二日丁巳　晴寒。向書肆取秀野堂《元詩選》來。閲《世本輯補》，江都秦嘉謨撰，共十卷。自序謂從孫淵如購得洪飴孫所編底稿，增輯成之，又延顧千里詳加校閲，體例悉依洪舊。其書搜采甚廣，較雷氏、孫氏兩本倍爲晐備，考訂亦詳。殷蕚庭來，以近購大字本《歐陽文忠全集》、五色評注本《昌黎集》、白紙《全唐詩録》、《明詩綜》、《馮注蘇詩》相示，皆紙槧精好，價亦不貴，近時爲難得矣。印結局送前月分結銀九兩三錢來，付王福工食錢十千，緝石、陳媪各五千。董硯樵約初六日作消寒第二集。

邸鈔：翰林院侍講學士楊慶麟轉補侍讀學士，以左春坊左庶子李文田爲侍講學士。

初三日戊午　晴，風嚴寒。始買雉作炙，食之。故城王信甫刑部應孚來。

《史通·申左篇》云：『近世漢之太史，晉之著作，撰成國典，時號正書。既而《先賢》《耆舊》《語林》《世説》，競造異端，强書它事。夫以傳自委巷，而將班馬抗衡，訪諸古老，而與子孫並列，斯則難矣。』浦氏妄改『班馬』爲『册府』，『子孫』爲『同時』，以爲班馬語無涉，子孫更謬。不知班馬字承上漢之太史句，子孫當作干孫。謂晉之干寶撰《晉紀》，孫盛撰《晉陽秋》也，承上晉之著作句。馬、班、干、孫皆以當代人居史職而撰當代史，故爲可信。干與子字形近而誤。浦氏不學，而專臆恣改，比比皆是，此蹈明人之惡習也。各本皆誤作子孫，明李維禎、郭延年評本則不尋文義，而輒動筆加圈，亦爲可笑。

是日付質庫贖首飾銀二兩五錢。

夜閲《元詩選》中薩雁門、楊鐵崖、張玉笥、王梧谿、丁海巢諸家。壬子、癸丑間于是選用力最深，迄今二十年，重復翻閲，若夢若覺，大半不能省記。歲月俄空，學業不長，感念身世，良增悲悵。《梧谿集》，知不足齋刻本最精。《雁門集》亦曾見刻本，尚工整。鐵崖、玉笥爲吾鄉古宿，而楊集已無全刻，舊見一二零集，亦甚草草，張集則未嘗寓目。越俗不好古，可一歎也。

夜二更雪。

初四日己未　晴。作片致肯夫，約過談，不值。午後覺小病不快。點閲竹垞《江湖載酒集》《静志居琴趣》。

邸鈔：文麟、景廉奏肅州回匪勾結陝回大股迭次出關，攻撲安西州，經提督張玉春督率兵勇合力夾擊，連獲大勝，餘賊分路敗遁。詔：張玉春賞換圖桑阿巴圖魯名號，並賞給白玉翎管、白玉搬指各一，火鐮一，大小荷包各一對，以示優異。餘升賞有差。

初五日庚申　晴，終日大風嚴寒。跋《史通通釋》。閱薩雁門詩，雁門五七言律，非宋人所能及也。七古亦俊爽，不獨穠艷可取。七絶亦有高作。昔人有言元詩優于宋者，固非無見。予謂元詩優于南宋，元文則遠過于南宋，而明詩又勝于元，明文則遠不及元。成前飲周學士齋中七律一首、明日辭董硯樵飲五律一首。肯夫來。

小寒夜香濤肯夫廖伯三編修温味秋贊善董硯樵兵備王信甫員外偕飲長沙周學士新居作

學士高齋啓玳筵，紅鑪銀燭小寒天。梅花格峻宜宮體，蘭芷香多怨楚絃。千里風烟清輦下，百年文獻屬尊前。江湖席帽龍鍾客，强侣金貂趁玉鞭。學士曾以薄遊被彈，官久不遷，故有第四語。

峴樵兵備招飲以小疾不往賦詩柬之

上客賡聯佩，朱儒獨擁氈。窮愁艱一醉，衰病入中年。竊禄千官下，論交百代前。西鄰歌舞地，風雪閉門眠。

初六日辛酉　晴，大風貫晝夜。作片致峴樵，并兩詩。寒甚不能讀書。夜校注《後漢書・杜篤傳》。

邸鈔：曾璧光、周達武奏六月十六日貴州八寨、三脚各城剿苗之捷。詔：提督鄧有德著儘先提奏，並賞換霍鑾巴圖魯名號。餘升賞有差。

初七日壬戌　晴，日夜大風不絶。閱《淮南子》莊校本，以王氏《讀書雜志》校注之。付前月賃屋錢三十六千七百文。

邸鈔：命刑部右侍郎常恩、工部左侍郎童華馳驛往熱河查辦事件。

初八日癸亥　晴，終日大風。史寶卿來。得伯寅侍郎書，饋卒歲銀三十兩，即作書復謝，犒來使錢十千，并賦詩爲謝云：『窮巷經時絶過存，歲寒冰雪阻修門。嗣宗交舊多讎録，杜牧文章總罪言。獨有侍郎能念我，每銷清俸與傾尊。長安僵卧知何限，慚負春風滿室温。』題作《伯寅侍郎饋銀爲伏臘之資賦詩爲謝》。夜風始止。

邸鈔：詔：原任陝西巡撫蔣志章加恩予謚，伊子俟服闋後由部帶領引見，候旨録用。從左宗棠奏請也。賜謚文恪。

初九日甲子　晴。終日校注《三國志》。作書致允臣，借《知不足齋叢書》中《論語皇侃義疏》、蕭吉《五行大義》。

邸鈔：吏部左侍郎胡家玉奏中外收捐之數，須歸劃一，請飭各省統由藩司經理。詔户部議奏。

初十日乙丑　晴。剃頭。校注《三國志》。肯夫來。得董硯樵書，并和前日五律韵一首。付煤錢五千二百。

邸鈔：上諭：兵部等衙門奏遵議桂祥、烏什哈互控案内各員處分一摺。步軍統領存誠、左翼總兵榮禄均著加恩改爲革職留任。右翼總兵兼公中佐領達明阿著照部議即行革職，左翼翼尉桂祥著降三級調用，仍遵前旨，即赴伊犁交榮全差委。十一月二十七日王大臣等奏審明定擬此案，協尉烏什哈因公科斂，即行革職；翼尉桂祥報銷辦公銀兩，辦理含混，交部議處；右翼總兵達明阿授意文秀，令向桂祥開導有意彌縫，且既奉旨明白回奏，猶復飾詞掩蓋，尤屬非是，交部嚴加議處。步軍統領存誠雖無偏袒屬員、授意説合確據，惟于烏什哈、桂祥各節失于覺察，迨既經互控，遲至四月之久，始行奏交刑部，其爲意存消弭，亦可概見。左翼總兵榮禄同辦一事，亦難辭咎，存誠、榮禄均交部議處。

十一日丙寅　晴，此三日無風，而隆寒沍冰，今冬爲甚。阿珊又以事忤予，此婢恣肆，漸不可忍，明春當決遣之。得族兄葆亭前月十四日書，言越中禾稼本極豐，而九月間連雨兩旬，三江口塞水淹害稻，今族人議以八分六厘爲收租之則，米價取最高者石錢二千九百，次則二千一二百，較京師幾賤四之三矣。夜又風。

邸鈔：編修文治升補國子監司業，前宗人府主事范鳴龢准調部。

十二日丁卯　晴，終日風。子正一刻十二分大寒，十二月中。浙江子正二刻十二分。香濤柬約十四日消寒第三集。

閲雷禮《列卿紀》，共一百六十六卷，首題『柱國少傅兼太子太傅工部尚書豐城雷禮輯』。先有引，即序也；又有略，即凡例也。其書首中書省左右丞相、平章政事、左右丞、參知政事，次國初宏文館學士，次國初侍臣四輔官，次國初殿閣大學士，次内閣元輔並同直，次詹事府，次翰林院，次六部，次都察院、通政司、大理寺，次總督南京糧儲，次各總督巡撫，次太常寺，次四夷館，次順天應天府尹，次光禄、太僕、鴻臚寺，次國子監，次尚寶司、詹翰及各部寺監，俱先以國初諸任官自爲一卷。詹事兼及少詹，翰林兼及諸學士，又以兼翰林院諸學士別爲一卷。六部兼及侍郎，而以總督倉儲附户部，提督團營戎政附兵部，總督易州山廠附工部，又以行部別爲一卷。都察院兼及副都僉都。而以明太祖先設御史臺，御史大夫秩從一品，又有中丞，故先以大夫中丞，別爲二卷，猶内閣之先有中書省也。通政兼及左右通政及參議，又有謄黄通政，自爲一卷。大理兼及少卿及丞，太常寺、四夷館、光禄寺、太僕寺、鴻臚寺、尚寶司俱兼及少卿，順天府、應天府俱兼及丞，國子監兼及司業。自詹翰以下皆並載南京，惟四夷館爲南京所不設，鴻臚寺、尚寶司南京皆無少卿，故不著。每衙門皆先爲年表，次爲行實，年表止于萬曆十七年，行實止于嘉靖四十五年。其年表中皆書籍貫出身，謂防同名也。行實略如傳體，惟終于本職者，詳載始末。其所歷之官，則但分載其本任之事。自謂凡有美刺，一一書之，皆注明出于某書某録，明非由愛憎之私。今所見是鈔本，盡去其注矣。惟尚寶司但有年表，無行實。書首有明善堂珍藏書畫印記，又有安樂堂藏書記，蓋怡賢親王故物也。坊賈索賈十六金，仍却還之。

是日付同雅堂書賈錢五十二千，文華堂書賈銀三兩五錢，又錢三千。寶森堂書賈銀三兩五錢，餘慶堂肴饌錢二十六千。敖金甫來，不晤。夜爲伯寅撰《蓮士集》序，文以偶散兼行，頗簡雅，例不存稿。

邸鈔：大理寺卿成林署理右翼總兵。

十三日戊辰　晴。終夕不成寐，早起欲趁窗旭讀書，而室外書架爲貍溺所污，料檢洗晾，忽忽至午，可恨。作書致伯寅。下午出門詣錢辛伯、董硯樵、朱肯夫、濮紫泉、謝愋齋，俱不值。答拜王信甫，詣寶卿，俱晤。晚歸。許竹篔來，不值。夜早睡，疾動。

十四日己巳　晴。下午詣伯寅、蕚庭，俱晤。詣香濤消寒第三集，談宴甚暢。香濤言新得宋刻《曹子建集》，荇翁言舊藏有宋刻《唐四傑詩文集》，惜俱未得見耳。夜酒罷後，荇農、硯樵先去，香濤出所購宋畫《香山九老圖》卷，是漢軍御史李恩慶季雲所藏，題曰宋人所畫，亦無名字。時在坐者，予與肯夫、麐伯、味秋、陳六舟、陳逸山、王信甫、王廉生及香濤，適得九人，相約各賦詩紀之。三更歸，月色如畫，付車錢五千。

十五日庚午　微晴，霏雪。

《淮南子·繆稱訓》云：『福之萌也綿綿，禍之生也分分。禍福之始萌微，故民嫚之。』王氏《雜志》

曰：『分分，當爲介介。』引《易》『介于石』『憂悔吝者存乎介』。虞注並訓介爲纖。又《齊策》曰：『無纖介之禍。』以介本作介，分俗作分，形近而誤。案王説非也。分分即紛紛之省，此文以綿、分、微、之與下圍、危爲韵，綿、分、微一聲之轉。《史記·司馬相如傳》索隱引胡廣曰：『紛，亂也。』《文選·封禪文》注引張揖曰：『紛綸，亂貌。』《漢書》作紛輪，注引張説同。紛之本誼，《説文》爲『馬尾韜』，蓋因馬尾散亂，故駕車則韜之，引申遂爲紛亂之誼。《釋名》：『紛，放也，防其放弛以拘之也。』紛、放雙聲爲訓，防其放弛云云，即本誼之引申。《左傳》『治絲而棼』，即紛之借字。《書》：『泯泯棼棼。』枚氏傳訓爲亂。《逸周書·祭公解》『泯泯芬芬』，注云：『泯，芬亂也。』《漢書·敘傳》『湎湎紛紛』，注云：『紛紛，雜亂也。』《三國志·夏侯太初傳》：『緬緬紛紛。』與此『綿綿』『分分』，皆同音通借。《詩》『綿綿瓜瓞』，毛傳：『綿綿，不絶貌。』東方朔《非有先生論》：『綿綿連連，殆哉世之不絶也。』《説文》：『綿聯微也。』《説苑》：『綿綿不絶。』《詩·綿》鄭箋：『綿綿然，若將無長大時。』《正義》：『綿綿，微細之辭。』蓋此皆以絲爲譬，綿綿者，謂如絲之微連而不絶也。綿與緬誼相近，《説文》：『緬，微絲也。』故《魏志》作『緬緬』也。紛紛者，謂如絲之細雜而不理也。物之微甚者必易亂，故紛从分，言當于不可分者分之，此形聲兼會意也。蓋四字連用，則皆言雜亂之貌；分言則綿綿爲微而連，紛紛爲微而亂。今俗語猶然，故云福禍之始萌微。《文子·微明篇》作『禍之生也紛紛』，是正字。此作『分分』，是借字。王氏改作『介介』，既失文韵，且古書亦未見有用『介介』者，殊臆造不辭。

吴禮園來。夜雪稍密，至二更後積二寸許。疾又動。

邸鈔：上諭：已故江蘇溧陽縣知縣尚那布、刑部主事朱麟祺均于咸豐間禦賊殉難，業經奉旨優恤建祠。該故員等死事甚烈，均著加恩准其予謚，朱麟祺並附祀吕賢基專祠。從内閣學士宋晉請也。朱麟祺謚武毅，尚那布謚勇烈。上諭：内閣學士宋晉奏永定河工經費支絀，請由部改撥南河未裁舊款。著該部議奏。原奏稱：永定河向來歲修工費約銀二十萬兩，迨軍興減至二萬兩，嗣加至九萬兩，尚不足昔年之半。查南河有額解一款每年六十萬兩，前此裁徹河督河員，獨未議裁此款，而各省亦遂因循不解。請旨飭下户部查明此款，即以十成中二成改解北河云云。

十六日辛未　晴寒。付質庫贖衣錢一百五十九千文。閲《東都事略》。夜成消寒三集，題宋畫《香山九老圖》七古一章。

消寒三集香濤出示宋畫香山九老圖卷即題長歌四十韵且訂西山之游並柬肯夫

香巖居士城南居，香濤自號香巖居士。寒宵高館羅尊壺。酒闌興發更張燭，拂床出示九老圖。緝素流傳自宋代，丹青渲筆無凡姝。衣冠樸野見古意，竹樹點綴猶鮮敷。龍門八節髣在眼，青蒼萬劫仙所都。遼陽侍御富緗軸，圖舊藏漢軍李御史恩慶家。愛護不使纖塵污。君今好事過前輩，寶此何啻千金醵。即論文采照當代，政恐長慶供筆驅。我獨披圖再三歎，青雲驥尾良非誣。胡吉劉盧豈足算，幸隨退傅相喁于。柳宿二星動天子，飛雲躡履凌霄虚。洛中遺老亦何物，谷神養息山林癯。百三十歲一無事，龜苓寧與蜉菌殊。自來清福貴名德，匪借泉石容頑軀。樂天出處有深義，中唐國是多艱虞。太阿顛倒弄熏腐，南衙低首不敢吁。前有伾文後訓注，懷忠奮發謀芟鋤。雅志不遂蒙世詬，清流接踵遭羅阹。劉柳才人坐奸黨，涯餗儒相殲門誅。微之忼慨思厲節，一挫失足遂迷途。公獨回翔不濡尾，新昌履道忘江湖。同年不幸有牛李，靖恭諸楊況葭莩。一緘文字屏塵箧，平泉草木誰嘘枯。牛李黨者，謂僧孺、宗閔也，有以李指衛公者，誤。是時贊皇正當國，中興群彦連茅茹。洛師分務乞骸骨，退友麋鹿相歌呼。白須朱紫互輝映，却視門户真人奴。後來至道續高會，吾家文正聯瓊琚。熙陵造膝引詩諫，文章行事常追摹。三台七秩備恩禮，園亭絲竹多怡娱。所惜仕宦歷周漢，醉吟風節猶非徒。君今盛年致臺閣，坐作霖雨爲時需。承平人物轢唐宋，從容雅歌集簪裾。周董胡爲早逃席，得非盧尹同兼謨。是日集者十一人，荇翁、峴樵先去，故以河南尹盧貞、祕書監狄兼謨二人與會而不及列爲戲。香山之會有兩盧貞，其一官侍御史内供奉，《新書》改貞作真，又不數李元爽、僧如滿，而以盧尹、狄監入九老，皆誤。我預題詩紀絶倒，出門霜月横天衢。西山殘雪忽照眼，佳名京雒遥相符。玉泉潭柘富烟景，籃輿宜及春風初。雲深寺寺出鐘磬，紅衫導鶴穿松株。勝流名迹例代嬗，可令丹翠扃靈區。招邀霞侶胥入畫，萬卷先約西鄰朱。至道九老中有工部侍郎朱昂，號小萬卷。肯夫居與香濤鄰，秋初曾有游山約，故云。行糧日日打包待，問訊張子今何如？

王叔文事千載含冤，范文正稍爲八司馬平反。國朝田山薑、何義門、陳亦韓、王白田、方樸山、王西莊，皆力雪之，而西莊之言尤切至。予夙持此議，正非以鄉里曲護之也。朱蒼湄修《山陰志》始收入列傳，而不别白其事，蓋其意亦可見。若李訓事，則李衛公之論，已深惜之。宋景文即采其語爲傳贊，然未有訟言其忠者。西莊亦極意闡發，是非之公，久而始定。碧血早化，具眼難逢。余特見之此詩，以資尚論。世有知者當不以詩人相輕耳。

邸鈔：上諭：李瀚章奏遵旨前赴湖南查明地方文武辦理匪徒情形一摺。據稱道州土匪滋事，已于上年十月辦結，武岡州自拏獲教匪蕭逢源後，地方安堵。本年六月内並未圍城，亦無匪首施玉山聚衆潛匿等情。舉人陳景滄探悉匪首劉道美等結會謀逆，報官捕獲匪黨正法，並將劉道美之父劉家實收禁。劉道美等遂將陳景滄父子殺害，撲犯龍陽、益陽縣城，並非陳景滄激變所致。陳景滄亦無誣殺劉秀芝之事。劉崐與陳景滄並非姻親。至李光燎一軍剿匪甚爲得力，洞庭西湖一帶，查無頭目劉鴻怡在彼潛藏，及肆用洪逆僞記等情事。羊瀛所帶團勇，不諳紀律，未及一月即經徹回。劉崐于雷伯旺及藍溪匪徒劫殺兩案，實已獲犯懲辦等語。劉崐辦理會匪尚無粉飾貽誤，惟雷伯旺、藍溪兩案並不明晰奏報，僅于清查逸匪摺内彙奏，實屬疏略，著交部議處。已革益陽縣知縣黄應誥拏辦會匪，未能迅獲正犯，僅將犯屬收禁，致被匪衆劫獄陷城，前已革職，永不敘用，著發往軍臺效力贖罪。候補參將羊瀛著以守備降補。餘照所議辦理。　孫楫補授廣東高廉道。

十七日壬申　晴。得允臣書，并借《知不足齋叢書》五帙。殷蕚庭來。

邸鈔：上諭：李鴻章奏請將已故副都統道員分别優恤等語。已故記名都統前正黄旗漢軍副都統温德勒克西前在軍營管帶馬隊，剿辦粤捻各逆，從征十七年，轉戰直隸、山東、河南等省，迭殲巨憝，屢立戰功。已故布政使銜廣東高廉道許道身前于同治初年總辦江南北糧臺，當軍需支絀之時，力籌接濟，從無貽誤。温德勒克西、許道身均著照升階升銜，交部照軍營立功後病故例，從優議恤。温德勒克西著加恩予謚，入祀昭忠祠，宣付史館立傳。温德勒克西旋予謚威恪。以光禄寺卿龔自閎爲太常寺卿，夏家鎬補授太常寺少卿。以鴻臚寺卿長敘爲大理寺少卿。

十八日癸酉　上午風。作書致香濤，致肯夫，並各寫前日詩去。閲《東都事略》。付買桌帷錢十五千。夜有盗自西房穴墻入，竊去被褥、銅洗頭盆、水烟筒、龍須席、白銅小鑪及姬人衣飾等，約七十餘金。適從何來，逼人太甚，此亦窮途一厄矣。

邸鈔：上諭：李瀚章、王文韶奏特參庸劣不職各員一摺。湖南試用知府唐廉行止卑污，永桂理猺通判楊恩植聲名惡劣，均革職永不敘用。平江縣知縣陳煊心地糊塗，保靖縣知縣湯鑄銘性耽麴蘖，均即行革職。安化縣知縣邱育泉才具平庸，寧鄉縣知縣簡春鑅才短識闇，均以府經歷降補。江藍理猺同知盛海言動失常，時發痰迷，著勒令休致。候補同知黄炳堃人尚明白，惟查辦土匪失之寬縱，著革職留營，以觀後效。

十九日甲戌　晴。本生祖父生日設祭。傍晚詣西鄰園中，相盜所入處，令圬工塞穴。閲《玉壺清話》《清虚雜著》諸書。夜風。

邸鈔：吉林副都統毓福奏病難速痊，懇請開缺調理。許之。

二十日乙亥　晴，有風。北城坊官黄錫祺來讞盜。

閲《歸潛志》。一卷至六卷，雜記人物，雖意主詩詞，而旁及時事，略如傳體。七卷雜記宣宗南渡後政教風俗之弊。八卷、九卷雜記文章詞賦，十卷雜記時事。十一卷録大梁被圍事。十二卷録崔立碑事及辨亡雜議論。十三卷皆泛論事理而附以雜文及詩。十四卷爲《歸潛堂記》及同時人所作銘詩。京叔多交金源名士，熟于掌故，其所聞見，足以傳信。予嘗謂説部之佳者，如《世説》《語林》《唐語林》《國史補》，宋之《春明退朝録》《揮麈録》，金之此書，元之《輟耕録》，皆足稱小史，與它書之偶存故事者不同。惟京叔文筆頗拙，又世仕完顔，而以身久不第，于宣、哀二宗，頗無恕辭。幽蘭之炬，青城之刑，千古慘變，而苛貶末帝，京叔稱哀宗爲末帝，與《金史》及諸書皆異。絶無哀痛之言。文人浮薄，可太息也。至其辨金之亡，不咎宣宗輕棄燕都，而摭拾浮談，亦爲非要，予已于丙辰年日記中論之詳矣。

《歸潛志》載金章宗宫中絶句云：『五雲金碧拱朝霞，樓閣峥嶸帝子家。三十六宫簾盡捲，東風無處不楊花。』魏道輔《臨漢隱居詩話》載宋神宗《秦國大長公主輓詩》，其第三首云：『慶自天源發，恩從國愛申。歌鐘雖在館，桃李不成春。水折空環沁，樓高已隔秦。區區會珠市，無復獻珠人。』皆高華清妙，具體風騷，相其品格，當在初唐以上也。

夜得肯夫書。是日付米錢三十二千，煤錢十四千四百，圬工灰錢六千。

邸鈔：上諭：前據御前大臣奏蒙古貝勒錫哩巴札爾札布使用黃韁，與例未符，當令軍機大臣查詢，理藩院再行核辦。茲據奏稱，理藩院咨覆，本年六月間議覆烏里雅蘇台將軍福濟等奏，捐輸之貝勒錫里巴札爾札布請用黃韁，詳核尚與成案相符，當經奉旨依議，並據聲稱，内外札薩克、蒙古貝勒、貝子，均未賞過黃韁。惟郡王銜貝勒多布清札木楚曾因捐輸賞用黃韁等語。貝勒錫里巴札爾札布並無郡王銜，與多布清札木楚成案不符，前經議給黃韁，著即徹銷。應得獎敘，著理藩院另行核議具奏。該衙門堂司各官辦理此案，未能詳核，遽稱與成案相符，實屬不合，著交部分別議處。

上諭：劉坤一奏總兵積勞病故，懇請予謚一摺。記名提督江西九江鎮總兵黃開榜，前在軍營轉戰湖北、湖南、江蘇、安徽、山東、直隸等省，屢摧巨寇，迭克城池，戰功卓著。抵任以後，整飭營伍，躬親校閱，無間寒暑。茲因積勞，在任病故，殊堪憫惻。著交部從優議恤，並加恩予謚。旋謚剛敏。上諭：翁同龢奏因母病懇請開缺侍養一摺。著賞假兩月，毋庸開缺。以國子監祭酒黃鈺爲詹事府少詹事。右春坊右庶子鍾寶華轉補左春坊左庶子。翰林院侍讀許應騤升補右庶子。載耀補授吉林副都統。周惠堂補授江西九江鎮總兵。

二十一日丙子　晴。祖妣余太君生日，供饋。剃頭。閲《臨漢隱居詩話》《滹南詩話》。魏道輔時有會心，王若虛亦有得處，而拘滯未化。其極推東坡，而力詆山谷，亦頗過當。惟于大謝『池塘生春草』句，獨取李元膺『反覆求之，終不見佳』之論。以爲謝氏誇誕，猶存兩晉遺風。後世惑于其言而不敢非，則通人之言也。肯夫來。夜大風。

邸鈔：上諭：楊昌濬奏訪獲齋匪訊明正法一摺。齋匪周洪海，即周國良，綽號諸葛亮。彭洪勝即彭散化子。于同治五年至九年間，先後糾約匪黨，在江西石塘、福建黃柏山下等處滋事。本年三月復糾夥逃至浙江壽昌縣地方，攻撲嚴州府城。經楊昌濬飭知縣李宗鄴等帶領紳團，將周洪海等擒獲正法，辦理尚屬奮勉。龍游縣知縣李宗鄴著以同知儘先補用，並賞加知府銜，賞戴花翎。餘升賞有差。上諭：李鴻章奏請將雲南楚雄府知府賈致恩改選近省等語。據稱予告大學士賈楨年逾七旬，僅有親子賈致恩一人，選授雲南知府，未能迎養。因念賈楨宣力三朝，迭邀恩眷，兹因伊子遠道赴任，侍奉乏人，殊堪垂念。加恩著照所請，賈致恩即行開缺，仍以知府改選近省，俾得就近迎養，以示體恤耆臣至意。

二十二日丁丑　晴，風極寒。謝麐伯編修柬約廿五日消寒四集。上午出門詣賓卿，爲肯夫欲延之課子也。詣肯夫。并晤楊理庵久談。詣譚硯孫、周允臣，俱晤。晚歸。得香濤書，并惠銀一流。夜閱比書册，以次入笥，及移入卧内，以防盗并胠此物也。料檢回皇，已至四更，般薑之癡如此。

二十三日戊寅　晴。

閲潘閬《消摇集》，連文鳳《百正集》、蘇過《斜川集》。《斜川集》鈔最于《永樂大典》，尚得六卷，世間贋本，一旦而敗，自爲佳事。叔黨詩文俱有父風，其《田布論》《志隱論》《海南黎事書》《祭叔父黄門文》《㲋灠亭上梁文》諸作尤可觀。潘消遥詩極淺俗，全是五季惡習，四庫本掇拾殘零，尤不足傳。其稍可誦者，《望湖樓上作》一律，《歲暮自桐廬歸錢唐晚泊漁浦》一律，《孤山寺易從房留題》一律，《夏日宿西禪院》一律，《秋日題琅邪山寺》一律，《自諸暨抵剡》四律，《留别金山寺》一絶，《書璿公房牡丹》一絶耳。餘皆粗獷浮率。其所云琅邪山寺，即吾郡之怪山清凉寺也。連應山爲元初月泉吟社中人，其詩境逼仄，不出江湖小家。《春日田園雜興》七律，當日社中賦詩者二千七百三十五人，以連作爲第一。然卑陋淺弱，不過如童子學語而已。

作書致香濤。寶卿來。作書致肯夫。作書致允臣，并還《知不足齋叢書》四帙。夜祭竈。

上諭：前因劉銘傳奏病難速痊，未能前赴肅州軍營，當經降旨賞假三個月，准其回籍調理。其所部淮軍即令曹克忠赴陝接統。並恐兵將或不相習，復諭該提督俟曹克忠抵陝後晤商妥協，將辦理情形會同具奏。乃據曹克忠先後陳奏，該提督行抵陝州一帶，即遇淮軍所徹隊伍絡繹東行，即所留各營其中員弁勇丁亦復紛紛告假，不絶于途。迨抵乾州後，劉銘傳將各營弁勇清册移交，即日將交替情形主稿會奏，劉銘傳亦即星夜遄發。查新接各營疲弱缺額及領餉告假者爲數甚多，均須一律募補辦理，實形掣肘等語。劉銘傳于軍旅重事，自應恪遵諭旨，與曹克忠會商妥協，再將隊伍分别徹留。乃竟迫不及待，又不先行奏明。且所交各營亦多疲弱缺額，實屬措置乖方，不顧大局。前直隸提督劉銘傳著交部嚴加議處，以示懲儆。

二十四日己卯　晴。料檢歲事，祀先供器食物。點閱日本人河世寧所輯《全唐詩逸》，其中佳句甚夥。第三卷所載亡名氏《海陽泉》等五古十三首，云得之藤原佐理真跡中者，其風格高逸，極似次山、文房諸家，决非宋以後人所能爲也。允臣來。

二十五日庚辰　晴。閲《朝野類要》《翰苑群書》《麈史》。下午出門，詣潘星翁、紱翁，俱不值。至東頭訪芷秋，還局錢四十千，茶話而出。詣吉臣小坐。晚赴麐伯之招，仍設飲香濤齋中。集者肯夫、逸山、味秋、信甫共八人。酒間伯寅以殘本宋槧《文選》贈香濤，列坐傳觀，古色可愛。罷酒後，香濤復出示宋拓率更《化度寺碑》，是明駙馬李祺所藏，後歸項墨林，印記皆遍，國朝嘗入内府，有『乾隆御賞』及『懋勤殿』兩印。三更後歸。付車錢九千。牧莊來，不值。終夕不成寐。

邸鈔：都興阿奏舊疾增劇，請開缺調理。詔：賞假兩月，毋庸開缺，盛京將軍著瑞聯暫行兼署。

上諭：內閣學士翁同龢之母許氏秉姓淑慎，教子有方，今日疾終，深堪軫惻，著加恩賜祭一壇，賞銀二千兩，經理喪事，由廣儲司給發，用示優禮儒臣，推恩賢母至意。上諭：翁同爵現丁母憂，陝西巡撫著邵亨豫署理，宜振著署理倉場侍郎。　平湖縣教諭嚴嘉榮升嘉興府教授。

二十六日辛巳　酉正三刻立春，明年正月節。浙江戌初初刻。晴。

閲陶岳《五代史補》、王禹偁《五代史闕文》，汲古閣合刻本也。介立識趣卑陋，所記皆小事，雖有一二可采，無當大體。又文筆拙俗。以其爲楚人，而馬殷又諂事朱温，故大恉惟尊僞梁頌武穆耳。元之《闕文》僅十七事，而敘述嚴整，深明褒貶，以視介立，何啻霄埃。

牧莊來。司吏送養銀六兩四錢八分來，賞錢四千。長班送浙省官單來，賞錢二千。夜三更時，天赤紫如血色，起自北方。

二十七日壬午　予生日。微晴。閲《東觀漢記》，桐華館刻本也，較武英殿聚珍版爲精。研孫來。

邸鈔：上諭：順天府府丞張緒楷奏部員中式進士補缺無期，請量爲變通一摺。著吏部議奏。疏言舊章此項人員本以各部員缺壓班統選，嗣經部議改歸本部補用，並如滿三年俟奏留後以本部選缺即補。原以各部選缺較多，補缺更速，而即補班次吏部定爲儘先。當時無所謂遇缺各項，惟此最優也。自有勞績遇缺班出而儘先，作爲資深先然。始猶資深到班時儘數補用也。總則資深先與資深分而爲二補一，資深先續補一、資深合之勞績則爲三班輪補矣。其間有留題之缺、有咨選之缺、又有年論、題選、咨留一項，輪班間補。而此項遂無到之期矣。懇請飭下吏部量爲變通，或題選兼補，或仍補選缺統壓各班先行儘數補用，或另爲一班與各班間補，無論勞績資深、應留、應題、應咨，以及無論題選咨留，伺項到班時，先補中式進士之俸深一員，庶不失諭旨准予即補之意。

二十八日癸未　薄晴。閲《後漢書補注》。付王福工食錢二十千，年賞十二千，付緝石、陳媼工食各十五千，年賞各四千。賞本司吏役等錢十千。洗足。

邸鈔：命翰林院侍讀林天齡在弘德殿行走。龔家儁補授浙江紹興府知府。嘉儁雲南人，丙辰進士，由禮部郎中軍機章京授山西平陽府知府，丁憂起復。

二十九日甲申　晴。連日和煦，有春意，冰皆融釋。剃頭。掃塵。肯夫饋雙雉、年糕，作小啓爲謝，犒使錢二千。謝麐伯來。買餅餌角黍之屬，爲祀神供先所需。夜洗澡。大風。

邸鈔：李鴻章奏甄别庸劣不職各員。直隸前祁州知州劉尹卿、青縣知縣章斐成、蠡縣知縣孫康壽、新樂縣知縣蔡振玉、順德府同知張錫祺、楊村廳通判潘漣、候補同知趙家勳等九人，詔休致、降革有差。上諭：萬青藜、梁肇煌奏書吏舞弊行賄，牽涉言官，請旨辦理一摺。前據御史彝昌奏參薊州知州宋彭壽，信任家丁，貪鄙不職，已交李鴻章查辦。兹據萬青藜等奏，宋彭壽禀稱該州户書朱開甲等，虧欠已完糧租，正在勒限比催，忽聞换官之説，隨即密訪得朱開甲等挾嫌賄買言官，參奏並鈔呈該户書等來往信稿等情，案關書吏斂銀行、賄言官，亟應徹底根究。著將案内人證解交刑部嚴行審訊。彝昌著即行解任，聽候傳質。

三十日乙酉　晴。早起祀門户諸神。書春聯及福字，大門聯云：『環帶畿甽，守德之宅；浮湛郎署，與物爲春。』聽事聯云：『斧藻馬班，鉤稽許鄭；辨雕風月，纂組山川。』堂聯云：『芸函銀管千秋業；花勝珊籢百福人。』書曾祖考妣、祖考妣、本生祖考妣、先君先恭人神位于直幅上，懸中堂奉之。買水仙花兩本，爲瓶供。夜祀竈，祀先人，祀寓中故主。是日還諸肆債錢，付福興居酒食錢七十二千，廣和居酒食錢三十八千八百。寶森堂書錢二十五千，寶經堂書錢二十千，廣益公雜貨錢二十一千，米錢三十二千，煤錢二十一千，又四十六千。是月賃屋錢三十六千七百。

邸鈔：漕運總督蘇鳳文丁母憂。以山西布政使張樹聲爲漕運總督。

答陶紫眕孝廉書

孟冬中旬得手教，備承獎飾，遠挹謙光，具稔。銳力典墳，覃精閉户，孟晉迨群，卓爲儒軌，甚善甚善。承示《淮南》之注，耆拾許君，遍討群書，重還古本，此誠不朽之盛事，闡微之絶業。夫《鴻烈》内外，囊括群言，上自邃古，以訖先秦。大義微言，故書雅説，賴以綴輯，得存一斑。千載類書，此爲鼻祖。雖曰體同《吕覽》，而實醇過信侯。汶長所詮，尤多古誼。自溷合于高注，遂併亡于宋時。足下好學深思，實事求是，將以扶翼異義，參證《説文》，非特存南閣之真，兼可蒐涿郡之逸。禮堂寫定，誠足千秋。但有進其愚言者：足下盛年劬學，鑽仰高深。旦晝之思，欲窮極乎倚杵；方寸之管，即畢意于殺青。立志太專，進趣太驟。似聞金玉之軀，已資藥石之力。士安扣刃，終非惜身；照鄰乞方，何能止疾。絶學在子，宜嗇其神。名山有書，當成以漸。區區相愛，非爲私言。晚俗侜張，鄉里尤甚。習愚成智，嫉異如仇。以僕之刻楮雕蟲，稍違衆嗜，怒踶瘈吠，已不能堪。何况足下枕秘搜奇，久非世識，豈得責君山于白蠟，求中郎于濁泥哉？海上薰蕕，本非屑計，鷄鳴風雨，想同此懷耳。心雲令弟，雋上照人。睹其詩歌，天才葩逸。比來對榻，精進可知。仲彝隨宦楚中，采蘭之暇，成其馨逸。少雲同年，温文可親。惟處此暇，研經爲上。揣摩帖括，固難潤身。即嫥溺詩歌，亦爲小道。此尚欲爲群季相敬勖者也。秋伊秦子，林泉養和。傳微雲之雅詞，踵金粟之好事。黄塵輦下，望若登仙。僕伏吹郎曹，屏迹窮巷，感事憂生，殆難爲懷。自夏秋連雨，畿輔流灾。食米逾珠，屑煤抵玉。聖賢悲其丘貉，貴賤鄰于轍鮒。而白面家兒，黄口豎子，徵歌選舞，蟻附蠅鑽。炫耀金繒之光，熏蒸酒肉之臭。流水之轂，日湊于朱門；成山之金，夜集于媄舍。環翠于臂，以爲威儀；涂赭于鼻，以爲智慧。鷄栖之樹，自謂百年；鴻蜚之野，豈闕三事。僕則擇饜充俎，櫜麥作糜。入共蓬葆之飢，出逐徒隸之步。然尚傭書難給，卷褥行酤，每爲貧士之吟，坐致朱儒之笑而已。都中雅故，尚有數人，談宴過從，亦非甚寂，頗得整比舊業，稍補新篇，較之里居，轉爲閑適。頃重訂詩集，勒成十卷，駢體散文，以次纂録。惟鏤冰雕朽，畢命華姸。間有識小之言，終是無本之學。大雅宏達，所不取耳。寒夜率復，不宣。

與譚仲修書

自倞從出都，經秋歷冬，忽將逾歲。微言莫共，談燕闃然。維勤味道腴，研綜述作，里多英絶，素業益充。官事何如？黄綬累累，得之匪易。吾曹面目，尤非所宜。鄙意不如併力校官，得一真補。弦誦既暇，仍與計偕，似尚勝局促趨轅，需次百里也。人生餓死，自有分定。與其干乞殘炙，覬幸腸肥；不如從容皋比，飽啖齏鬵。况淩雜千古，儲藏名山，較之一官，豈非霄漢。僕緣此自處，敢以相繩。輕重之間，所貴審度。如以朝華恐失，絳樹工嚬，將欲償竹釵以珠冠，易蘿帷以金帳，則雅人深致，非所敢知耳。書局校讎，想益精覈，舊唐紀傳，已刻幾分？劉宋兩書，夙苦紛挐，官本考證，甚不足恃。足下宜悉心是正，以成佳觀。東甫合訂之版，聞藏吴榮禄家，何不從臾，令其廣爲印布？此書雖體例可議，而便于稽覽，其功不可没也。都中書價，貴甚精璆，秃尾草驢，久不過瑠璃廠市矣。旅况落莫，即此可想。儻有奇獲，弗遴惠書。不宣。

書牘皆無稿本，兩作以稍有關系，特録存之。

桃花聖解盦日記戊集 起壬申正月

同治十一年正月初一日至五月三十日（1872年2月9日—1872年7月5日）

同治十一年（一八七二）

同治十一年歲在玄默涒灘孟春之月月在終聚元日丙戌　晴和無風，景氣清晏。晨起叩拜先人。書勝。出門賀劉副都師、徐侍郎師、徐壽蘅師及知好，共歷内外城三十家，下午還寓。夜閱《論語皇侃義疏》。

邸鈔：上諭：以山西布政使張樹聲爲漕運總督。以山西按察使李慶翶爲布政使。以甘肅安肅道蔣凝學爲山西按察使。以前直隸按察使史念祖爲甘肅安肅道。以□□□□額爾欽額爲凉州副都統。江西按察使俊達調補廣東按察使，李文敏調補江西按察使。前任甘肅甘凉道董文渙補授鞏秦階道。

初二日丁亥　上午微陰，午後晴。寶卿來，尚卧，不晤。凡賀客僅到門投刺者皆不記。都中俗以今日祀財神，爆杖甚盛。前館商城相國邸中，見其躬率子孫，鞠跽必敬，乃知横財鑪鑄，其來有自也。今日迫于家人之請，亦設豚酒祝之。書生效顰落水，書之以發一笑。一作片約寶卿閑話，至晚去。夜閱《五行大義》。

初三日戊子　晴，下午微陰。

閱《負暄野録》《澠水燕談録》《庶齋老學叢談》。《歸潛志》載正大初朝廷以夏國爲北兵所廢，將立新主，命趙公秉文入使册之。既行，館閣諸公以爲必厚獲。至界上，朝議罷其事，飛驛追回。楊之美爲禮部尚書，寄以詩云：『中朝人物翰林才，《老學叢談》作『謫仙才』。金節煌煌使夏臺。馬上《老學叢談》作『得句』。逢人唾珠玉，筆頭到處灑瓊瑰。《老學叢談》作『揮豪落紙散瓊瑰』。三封書貸揚州命，《老學叢談》作『一封書貸揚州牧』。半夜碑轟薦福雷。自古書生多薄命，《老學叢談》作『窮達書生略相似』。滿頭風雪却回來。』案金宣宗元光二年十二月崩，哀宗即位，是月夏神宗遵頊傳位于子德旺，非由蒙古所廢。次年金改元正大，至四年，蒙古滅夏。是時金已自顧不暇，安能尚爲夏計？夏國既覆，册立新主，將置之何地？且使者安得尚有厚獲？遍考《金史》各書，俱無其事。《庶齋老學叢談》亦載此詩，而云趙秉文奉使西夏，中涂聞夏主殂而回，楊以詩戲之。疑盛氏所紀爲得實。京叔雖身歷其時，恐亦有傳聞之誤也。

盛如梓學識凡陋，其論詩文，亦多溺南宋迂腐之習。然其論韓致光當作致堯。《過湖湘食櫻桃》詩，謂意與少陵同，而尤悽惋。則古人所未發。詩云：『時節雖同氣候殊，未知曾薦寢園無。合充鳳食留三島，誰許鶯偷過五湖。苦笋恐難同象匕，酪漿無復瑩蠙珠。金鑾歲歲長宣賜，忍淚看天憶帝都。』今人選致堯詩，鮮及之者，特載于此，以見本原忠愛，方堪争艷《香奩》耳。

盛氏又言漢、唐盛時，文章之秀，萃于中原，其次淮、漢。唐詩人江南爲多。陶翰、許渾、儲光羲、皇甫冉、皇甫曾、沈頌、沈如筠、殷遥，潤州人。三包、融、何、佶。戴叔倫，金壇人。陸龜蒙、于公異、丘爲、丘丹、顧況、非熊父子、沈傳師、誠之父子，蘇州人。三羅、虯、鄴、隱。章孝標、章碣，杭州人。孟郊、錢起、沈亞之，湖州人。施肩吾、章八元、徐凝、李頻、方干，睦州人。賀德仁、吴融、秦系、嚴維，越人。張志和，婺人。吴武陵、王貞白，信州人。王昌齡、劉昚虚、陳羽、項斯，江東人。鄭谷、王轂，宜春人。張喬、杜荀鶴，池州人。吉中孚，饒州人。劉太真、顧瀯、汪遵，宣州人。任濤、來鵬，豫章人。李群玉，澧州人。李濤、胡曾，長沙人。山川之氣，隨時而爲盛衰，談風水者，烏能知此？案盛氏所舉，雖多漏略，如褚亮、許敬宗，皆杭州人。沈千運、周朴，皆吴興人。駱賓王，婺州人。舒元輿，睦州人。崔國輔、殷堯藩，皆蘇州人。許棠，宣州人。張籍，和州人。蕭穎士，常州人。劉駕，江東人。綦毋潛、戎昱，皆荆南人。李中，九江人。歐陽詹，晉江人。張九齡，韶州人。孟賓于，連州人。曹鄴、曹唐，皆桂州人。此俱昭昭在人耳目。即以吾越言之，如虞世南、徐浩、齊唐、朱慶餘，亦皆人所共知，而都未及列。然其言可謂深知古今之變。自宋以後，東南人才益盛，文事敦槃，幾不齒及西北。而金有遺山，明有空同、大復，國朝有漁洋，崛起中原，足以相持不敝，此又天地之元氣相爲旋斡者也。

夜有風。

邸鈔：詔：以紀年開秩，遵乾隆以來故事，頒旨省刑。凡刑部及各省已經結案監禁人犯，除情罪重大及常赦所不原者外，著大學士會同刑部酌量輕重，分别請旨減等發落，其軍流徒杖人犯，一併分析，減等完結。

初四日己丑　晴，微風。揭寫書籤得四十四本，是日又寒，指創欲裂。遣人至寶森書肆取《日下舊聞》。

夜閲南海吴荷屋中丞《吾學録》。其書詳于器服刑律，俾流俗易曉，頗爲有意。惜其餘經法大制，多所漏落，既病太簡，而又有不必載者，近于官書鈔胥之類。以國朝紀述掌故，自《會典》、三《通》數大書外，私籍甚鮮，故遂風行一時耳。

初五日庚寅　晴。出門賀年三十三家，下午至廊房胡衕看燈。都門歲華無可紀者，惟燈事猶有承平故態，雕飾百物，間以波黎，較外間爲精巧，而價甚貴，一對直皆數金，走馬百花諸燈有至百金者不止，十户中人賦矣。牧莊來，不值。晡後歸寓。夜祀先。閲《日下舊聞》。初更大風起，是日甚和，幾不能著緟裘。

初六日辛卯　晴。終日大風，寒甚。閲《日下舊聞》。琴巖來。僕輩以風冽不欲延客，託辭謝去。此都下惡習，主人所不能禁也。王信甫柬約初八日消寒五集。理庵來。夜大風，至五更絶。

初七日壬辰　晴，上午有風。剃頭。

閲《日下舊聞》。是書不觀者十餘年矣。朱氏采取稍嫌泛濫，其每門之下隨事標舉，不用分注附見之法，亦病錯雜。又坊市寺院，不按里條系，頗難徵考，疑是竹垞未經刊定之書。其子西畯每卷各補數十則，亦多蕪漫。然軼史遺文，藉以耆拾。京華故實，鉅細咸資，自非《夢華》《夢粱》所堪仿佛。故乾隆間御定之本出，去取既精，摭實而談，固視原書遠勝，而此編終不能廢也。眉批：其書搜采至一千六百六十九種，然所切據者，張爵之《五城坊巷胡衕集》，孫國敉之《燕都游覽志》，蔣一葵之《長安客話》，宋啓明之《長安可游記》，劉侗之《帝京景物略》，孫承澤之《春明夢餘録》，周篔之《析津日記》及《元混一方輿勝覽》《明一統志》，曹學佺之《名勝志》，顧祖禹之《方輿紀要》，顧炎武之《北平古今記》等十餘書而已。

牧莊來，談至晚去。夜風稍大，至二更後止。卧閲《驂鸞録》《桂海虞衡志》。

初八日癸巳　晴，寒甚。得香濤書，屬撰楊中允之母壽文。出門賀年十餘家，晤琴巖暢談，晡後還寓。得曉湖去冬十月十一日浦江書，屬撰其母夫人七十壽文。王子敬眉批：王君之字犯先祖諱，故以清字代之，今以音義改爲敬。廷訓來，自吴門解户部固本餉銀至京者。夜赴信甫之招，設飲硯樵寓中，三更後歸。

邸鈔：劉長佑奏參道銜廣西候補知府陳秉彝行止卑鄙，平樂府鍾山通判胡袒暄貪婪無執，均請即行革職，並不准投效軍營，以儆官邪。從之。

初九日甲午　晴。得肯夫書，約改日游廠市。得理庵書，送來其妹貞女事略兩本，其中如南海譚瑩所撰之誄，番禺廖鶴年所撰之墓志銘，皆近時駢文之能手，稍嫌其辭太多耳。閲《攬轡録》《北行日録》，攻媿不菲薄金原，所記制度、朝儀較石湖爲詳。琴巖來。

初十日乙未　晴。游廠市，晤陳逸山，偕至火神廟閲書。購雷尚書《列卿記》、孫氏《岱南閣叢書》不成，又購殿版白紙《詩經注疏》，還直四金，亦不成。有殿版廿四史，紙印尚佳，索價千金，王本《史記》裝以錦韜，索三十金，此皆聞所未聞也。晡後歷廠甸觀百貨，偕逸山僦車還寓小坐。逸山言近日遇吾鄉天水妄生于酒間，恃河陽侍郎之寵，倚醉罵坐，逸山怒叱之不止，奮拳欲毆之，逡循遁去，坐客皆拊掌稱快，可發一笑。夜作書致肯夫。

邸鈔：上諭：前據曾國藩等奏請，以候補道孫衣言補授江寧鹽巡道，經吏部以與例不符奏駁。兹據曾國藩等奏稱，鹽巡道事煩任重，非資望素著之員，不足以資治理。江寧鹽巡道員缺，著准其以孫衣言補授。上諭：曾國藩、張之萬奏知州人地相需懇請仍准補授一摺。江蘇候補直隸州知州吴承潞，既據該督等奏稱于太倉直隸州知州一缺，人地實在相需，著即准其補授。至所稱擬將太倉州、通州、海州三缺中，酌改一題補之缺，著吏部議奏。

十一日丙申　未正三刻五分雨水，正月中氣。晴和。先妣生日，上午供饋。作書致香濤，謀買書之資。得香濤復言，當與楊中允言之。下午再游廠市，晤朱修伯、張牧莊、徐壽蘅師、周荇農丈、殷尃庭、濮紫泉、方勉甫。購得廣東版《吾學録》，明刻《楚辭章句》，許重熙《明殿閣部院大臣年表》，訖于萬曆丁巳，兼載南京六曹尚書、河道、倉儲、戎政、總督諸尚書加銜，及侍郎之加太子三少、賓客銜者，名下皆詳其出身、籍貫，其致仕者仍書其卒。又購得列卿記《岱南閣叢書》，計直十三金。晚歸。

十二日丁酉　晴和。逸山片來，爲購得《詩經注疏議》，定直五金。作片致蓴庭借買書貲，未得。作片致盛吏部植型，支印結銀，亦未至。肯夫來。午又詣廠市，偕肯夫遍歷書肆，至廟攤晤硯孫、香濤、廉生及周小軒工部，觀宋畫《貨郎擔圖》，沈鳳臨吴道子白描《觀音帝釋像》。是日購得洪興祖《楚辭補注》一部，餘姚人李清華《西子澣紗圖》一幅，購《江都陳氏叢書》、陳穆堂逢衡所注《逸周書》、《竹書紀年》、《穆天子傳》、《楚辭·天問》、《博物志》、《協律鉤玄》、漢人古詩諸種。《經學叢書》、吴縣吴志忠所刻惠硯谿《詩説》，惠半農《禮説》、《大學説》、《春秋説》、顧亭林《左傳杜解補正》、吴英《經句説》及岳氏《九經三傳沿革例》，宋人彭耜《道德經集注釋文》、《三正考》（吴鼐）、《漳水經流考》、《春秋疑義》（華學泉）諸種。眉批：璜川吴氏《經學叢書》，吴志忠字有堂刻，前有陳奂碩甫序，尚有惠半農《易説》，江慎修《群經補義》，明周洪謨《疑辨録》共十四種。《十國春秋》、翁注《困學紀聞》、《法苑珠林》，俱不成。諸書皆索直六金。傍晚偕肯夫同車歸。

十三日戊戌　晴和。付《列卿紀》等直十金有五錢。牧莊來，談竟日去。賓卿來。舊寓傭媪王來叩歲，備言其故主人周□□公私不法事，賞以錢二千。作書致殷蓴庭，贈以前日所購《楚辭章句》。夜叩拜先人，供茶湯。蓴庭來，閑話至三更，破此佳夕，甚可惜。

十四日己亥　晴。是日和煦，甚不堪著羊裘，地凍融濘。以所佩洋表質錢得六十千，付王福買花爆、燈供諸物。得肯夫書，以明日偕作消寒第六集也。肯夫閩人能飭廚饌，故設飲其家。下午復游廠市，至窑甸中觀車馬人物，有艷妝少婦三四人登瞻雲閣倚欄而望。此燒瓦公所也，向不許人登眺，蓋是監督曹郎眷屬。無耻甚矣！池名廠甸，正月百肆所聚，大率婦人、小兒插戴玩弄之物，及陳戲樂、虎豹、孔雀諸異狀。旁有吕祖閣，婦女燒香者尤衆。前有小石橋，已陷土中，俗名廠橋。蓋明嘉靖以前外城未築時，此地有水西流，爲清廠潭，又西南爲章家橋，又南爲虎坊橋，又南爲潘家河，而自廠橋南爲梁家園，可引凉水河，處處經脉流通，今皆久成平陸，并凉水河亦迷其處矣。是日既苦道濘，又不逢一人，遂不至廟攤而回。作書致肯夫。夜月甚佳，二更時有風，四更後風勁雪作，比曉已積二寸許。是日剃頭。

十五日庚子　雪大作，至下午稍止。以朱記遍印所得書。傍晚祀先。夜詣肯夫家，作消寒集，至者荇農、硯樵、信甫、香濤、逸山、𪊲伯、廉生，肴饌鮮潔，二更後歸。雪積不寒，微月吐影。偕家人放花爆，賞朱僕錢六千。

邸鈔：雲南迤南道吴鎬、迤東道蔡錦青對調。從劉嶽昭請也。雲南鶴麗鎮總兵宋國永以久不赴任開缺，以馬忠爲鶴麗鎮總兵。

十六日辛丑　晴。閲《唐律疏義》。（此處塗抹）

十七日壬寅　上午陰，下午晴。入城答賀諸同官，直至安定門，雪濘載涂，輪蹄顛躓，月出方歸，罷勞無謂。人生世上乃作此等周旋，可自笑也。夜揭書籤三十六册。

十八日癸卯　晴。祀先收藏神位圖。閲《元和郡縣志》。得應敏齋按察蘇州書。向盛吏部支得結銀十兩，以五金還《毛詩注疏》直，以二兩五錢還岱南閣諸書直。夜五更時，大風起。

邸鈔：上諭：曾璧光奏分别舉劾文武各員一摺。所舉之候補道曾紀鳳，興義府知府吴宗蘭，候補知府羅應旒、周步瀛，同知直隸州知州周祚嶧，同知樊葆書、談廷桂，知縣黎懷，記名提督平遠協副將林從泰，記名總兵何世華，補用總兵曾敏行均照所請，俟得缺後送部引見。候補知縣柳熙恩借事招摇，王子林鑽營巧詐，韋廷魁逗留趨避，州同許本篤行止有虧，副將李泉源、曾作忠逞凶争毆，都司張世楨行同無賴，均即行革職。許本篤、李泉源、曾作忠並著遞回原籍，交地方官嚴行管束。詔：陝西巡撫邵亨豫未到以前，譚鍾麟暫行護理。

十九日甲辰　晴，風。閲《元和郡縣志》，孫氏此刻，誤文甚多，似不及武英殿聚珍本也。下午答拜王子清、龔幼安郡守、同司喬員外峰，傍晚歸。夜校正《元和郡縣志》數條。

二十日乙巳　晨晴，上午微陰，有風，微雪，午後陰。王子清來，不值。寶卿來。同司文昌館團拜演戲，午後往觀，傖賈接茵，犬彘共食，人生若駒過隙，何至與此輩作緣，不終席而歸。

隆福寺書賈取璜川吴氏《經學叢書》來。其《章水經流考》一卷，據吴志忠跋謂，不著撰人姓氏。書中稱禮從大學士富陽董公校閲庫書，知是乾隆間人，名禮，而未知其姓。所考章水經流，實爲三江而發，大略言江右豫章之水，蘇氏軾定以爲《禹貢》之南江，蓋祖鄭康成岷江至彭蠡并與南合，始得稱中之説。因證以今豫章江出南安之聶都山，奔流直下，凡一千九百八十里，亦與彭蠡爲匯，至尋陽而始合大江。故鄭氏逆得經，而以班固、韋昭、郭璞、顧夷諸家之説爲非，其辭甚辯。今案其中有云吾江右及司鐸南安語，則仕籍皆可詳，當訪之江西人也。《道德真經集注釋文》一卷，宋鶴林、彭耜撰，爲道藏本。前有自序，謂集李、林二家音釋，以補陸德明之未備。其經文則專據政和御本，而互見諸家同異。今觀其引有河上本、王弼本、李畋音解本、纂微本、五注本、達真本、清源本。李畋以下多世所不傳，可貴也。《春秋疑義》二卷，無錫華學泉著。華氏字霞峰，顧復初《春秋大事表》嘗稱之，所著尚有《讀易偶存》六卷、《春秋類考》十二卷，俱未刻。吴英《經句説》二十四卷，英字簡舟，即志忠之父。其學不主漢、宋，兼采諸家，頗有所折衷，然不脱學究講章氣。簡舟爲陳碩甫姑之夫，碩甫序稱所著尚有《六書解》，而頗存微辭，又言簡舟之父懶堂著有《經史論存》，並附刻叢書後，志忠序亦云然，今總目中無有，蓋已去之矣。簡舟言其祖容齋生于新安之璜原，後居上海，老遷蘇州之瀆川，與惠松崖交好，曾由部曹守吉安，歿後松崖爲作墓志。半農《禮説》《大學説》，是上海彭純甫所刻板。《春秋説》則吴企晉所刻板，簡舟與企晉爲從兄弟也。岳氏《刊正九經三傳沿革例》稱依也是園景宋本開雕，當取知不足齋本一校之。

安仁軒禮部來，不值。是日寒甚，晚風益勁，夜二更時雪。

二十一日丙午　終日陰寒。香濤來。

閲吴大年《三正考》，分上下兩卷。大約據元儒張氏以寧、明儒李氏濂之説，參取諸家，以駁胡武夷、蔡九峰之謬論，而于元儒則引趙氏汸，國朝則引顧氏炎武、陳氏廷敬、蔡氏德晉説爲多。上卷條列三代以前建朔及改時改月之證，冬可爲春之辨，商、周分至不繫時之辨，三正通于民俗之説。下卷條駁何邵公、程伊川、胡康侯、蔡季默、陳止齋、程敬叔端學、吕涇野諸説之誤，皆疏通證明，言簡而覈，誠如《四庫提要》所言，篇帙無多，而引證詳明，判百年紛紜轇轕之論，于經學深有功焉。惟信《僞古文尚書·伊訓》《大甲》篇，申明其兩十二月之説，而反以李川父疑之爲非。又以唐、虞爲皆建寅，而以鄭康成謂堯正建子、舜正建丑爲無據。案《尚書正義》引鄭注堯正建丑、舜正建子，蓋三正爲寅、丑、子迭嬗，故孔冲遠推鄭意，以爲女媧建丑，神農建子，黄帝建寅，少皥建丑，顓頊建子，帝嚳建寅；而馬融注《甘誓》『怠棄三正』云建子、建丑、建寅，則以堯爲建子，舜爲建丑，似違其次，不若鄭説爲愜。吴氏既誤以馬説爲鄭説，又以唐、虞、夏爲皆不改朔，殊爲失考耳。吴名鼐，無錫人，乾隆丙辰進士，官工部主事，前有顧棟高序。

閲明周文安洪謨《疑辨録》，分上、中、下三卷，前有成化十六年自序，結銜稱禮部右侍郎，蓋其進呈之本。其序言官祭酒時爲六堂諸生會講而作。上卷爲先儒訓釋有害經旨者二十四條；中卷爲先儒訓釋有誤經旨者五十五條，又與經旨不協者二十五條；下卷爲發明先儒言外之意百又七條。于漢、唐、宋諸儒皆肆意駁詰，于朱子亦無所回護，而攻漢儒尤力。其中、下卷多零星經義，一知半解，亦或有可取。其上卷辨《春秋》周正至十六葉，約六千言，深取蔡九峰周不改時月之説，而謂魯史每年本先書冬十一月，孔子作《春秋》每年截取前兩月而以春正月爲首，其妄正與同時之吕涇野不謀而合，吴氏所謂行夏時之説至涇野而怪斯極者，蓋尚未見此書也。

桑柏齋侍郎之子主事炳開吊，送分子三千。

二十二日丁未　上午陰寒，下午晴。得潘紱丈書，索觀日記。温味秋贊善柬約廿六日消寒第七集。作書致孝達，致肯夫，致允臣。允臣來，方午卧，不晤。得肯夫復。是日傷風小極。

二十三日戊申　陰。感寒喉痛，飲橘酪。楊雪漁柬約明日晚飲。浙紹鄉祠知會二月四日春祭演劇，并餞龔太守。爲曉湖撰其母陸太孺人七十壽序，至夜成。

邸鈔：施振賞給委散秩大臣。

二十四日己酉　陰晴相間，傍晚有風，甚寒。身熱，喉痛更甚，飲青果，麥冬、梨汁。梳頭。閲《風俗通義》。武林何允中《廣漢魏叢書》七十六種本，雖尚盈十卷，而錯繆訛奪，至不可讀。當求程榮刻三十八種本，以盧氏《群書拾補》校之。朱厚齋來，殷蕚庭來，俱以疾不晤。作片致楊雪漁辭飲。作片致肯夫，託辭温君明夕之飲。作片致濮紫泉。夜録壽文、尺牘諸稿。得香濤書。

邸鈔：以湖南長沙府知府杜瑞聯爲辰永沅靖兵備道，以候補御史宋邦僡爲長沙府遺缺知府。以河南開歸陳許道成孚爲長蘆鹽運使。

二十五日庚戌　陰。喉痛不止。作書致香濤，竇卿來。夜以吴刻岳氏《九經三傳沿革例》景宋本校知不足齋本。吴刻間有誤字，不及鮑刻之精。倦翁于小學尚疏，而别白謹慎，不敢妄改，南宋人中所僅見。其書雖僅三十餘葉，而詳載版本源流，經注體例，于音釋一門尤爲晐備。此讀經者之津筏，尤刻書者之準繩，所當家置一編者也。

二十六日辛亥　未初一刻三分驚蟄，二月節。晨陰，上午晴，有風，晡後益甚。過録彭耜《道德真經集注釋文》于畢氏《道德經考異》本。彭氏雖未通小學，而羅列宋時諸本異同，致爲詳備，于音義亦甚别白，較之畢氏《考異》，雖折衷《説文》，辨明正俗，有所未逮，而校勘字句，細密不遺，則非畢氏所及。其中載陸氏《釋文》最備，間亦可以訂今本之訛。耜乃白玉蟾弟子也。

二十七日壬子　晴，大風，晡後稍止。録文稿二篇。作書致紱丈，并日記。作書致伯寅侍郎，乞新刻《竹汀日記》。王子敬來，招飲景龢堂，辭之。得紱丈復。得伯寅復。再得伯寅書，惠白金十六兩，并檢還舊藏顧澗薲《思適齋集》《陳司業集》《高青丘集》，即作復謝，犒來使五千。過録彭耜《釋文》，并校盧刻陸本。

邸鈔：上諭：兵部左侍郎崇厚著在總理各國事務衙門行走。太常寺少卿總理各國事務衙門章京夏家鎬著在該衙門大臣上行走。　以河南開封府知府張瀛爲開歸陳許兵備道，以刑部郎中英瑞爲開封府遺缺知府。

二十八日癸丑　晴和。剃頭。得伯寅書，言《蓮士集》已付刻，即復。三次得紱丈書，借閲雜書，皆復。牧莊來。得香濤書。作書致肯夫，還消寒餐錢五十千。仍録彭耜《釋文》。

邸鈔：上諭：前因御史李德源奏熱河圍場開墾地畝委員任意予奪等情，當派侍郎常恩、童華前往查辦。兹據常恩等查明具奏，此案圍場地畝越墾已久，經庫克吉泰派委主事孫恩慶等清查，雖無串通闈員揑稟騰闈轉售熟地及私賣正闈地畝重交銀兩等事，惟因該處屢經聚衆抗違，輒請調隊彈壓，以致不洽輿情，且于烏拉岱等處應騰闈地未將緩騰情形明白曉示，實屬辦理不善。闈員富順隨同辦理騰闈，不能勸導旗民，致滋物議，亦有應得之咎。熱河理刑司司員刑部主事孫恩慶、補用知府高登衢、署闈場正藍旗防禦富順，著一併交部議處，並不准再令辦理騰闈事宜，以示懲儆。

二十九日甲寅　小盡日。晴和。得肯夫書，還錢十千。作書致香濤。作片致寶卿。得香濤復。庚午同年知會初六日文昌館十八省團拜，帶燈戲分子十二千。

録彭氏《道德經釋文》竟。彭氏有《道德經集注》十八卷，此其集注之釋文也。所引音義，自陸氏外，爲李、林二家。李者，李畋《音解》。林者，林東《音釋》。所列諸本異同，自河上公、王弼外，凡十二家，又引朱文公説一條，采取頗博，且考覈詳慎，有經生家法。乾隆間畢氏沅撰《考異》，僅載彭説四條及所采司馬温公、葉石林、程文簡、陳象古四家異同數條，漏略殊甚，至彭所據政和御本，畢考亦多取之，稱爲宋徽宗本。

夜風。

邸鈔：上諭：刑部奏訊出書吏賄賣摺奏各情一摺。據稱薊州書吏賄買御史彛昌奏參知州宋彭壽一案，訊明朱開甲等輾轉賄買，及該御史供認得受銀兩等情。彛昌身任御史，輒敢聽受賄屬挾私彈事，實爲言官中之敗類，著先行革職，從嚴訊究。

二月乙卯朔　晨晴，旋陰，大風作寒，下午微晴，傍晚溦雨。朱厚齋來，濮紫泉來，俱不晤。作書致香濤，致紫泉。得香濤復。

比日又於隆福寺購得雷尚書《國朝列卿年表》一部，前有秀水項篤壽序，僅有表而無行實，凡一百三十九卷，止于國子監司業，而無尚寶司。有謝在杭藏書印。予前所購有顧起元、徐鑒兩序，徐亦豐城人，官南直隸提學御史，書即徐所刻，而有所增删，其增者，别注一增字以别之。明道堂所藏鈔本前有尚書自撰略例，徐刻亦無。尚書史既無傳，其在世宗時督大工甚有幹濟，最被恩眷，故階至柱國、少傅兼太子太傅，而風節清峻，非同阿説。范正己《續大政記》稱爲昭代名臣。然自隆慶二年告歸，以至于殁，不聞有加官贈謚之事。蓋嘉靖朝之能臣，隆、萬改政以後，皆在所薄，此華亭、新鄭諸公所不能無遺議者也。其字古和，亦僅于項序見之。又《明史・七卿表》書其加官至太傅。考明代尚書無加三太者，宰輔及身，亦至少師而止。惟洪武初之李善長，萬歷初之張居正，皆至太師耳。此表及許重熙表皆作少傅，而各卷題銜亦俱云少傅，可知《明史》之誤。

陳逸山、王廉生柬訂初三日消寒第八集，香濤又增一席，餞朝鮮使臣閔、林二人。

初二日丙辰　晨晴，上午微陰。紫泉來，吉臣來。閲陳見復《經咫》及《掌録》。印結局送來正月分銀九兩六錢五分。

邸鈔：上諭：鮑源深奏請暫留升任藩司辦理大計等語。升任漕運總督張樹聲著暫留山西布政使之任，辦理大計。漕運總督著恩錫暫行署理。江蘇布政使著曾國藩、何璟派員暫署。

初三日丁巳　晨陰，上午晴。蔡編修壽祺來訪，不晤。此君素不相知，忽承見過，未知何意。閲《思適齋集》。午後赴香濤三君之招，集者荇丈、硯樵、肯夫、信甫、廖伯、味秋、六舟及朝鮮使臣閔致庠，字經園，彼國刑曹侍書判樞密，秩一品。朴鳳彬字綺園，彼國辛未慶科榜眼，翰林院編修内閣直閣事，秩三品。共主客十三人。予詢其王爲李氏二十四傳名熙，年二十一矣。至其國之史事，茫然不知也。觀諸君贈答詩，香濤爲最。是日兩席並設，賓皆東面，頗有古意，晚歸。是日皇上册立后妃。

邸鈔：奉慈安皇太后、慈禧皇太后懿旨，皇帝冲齡踐祚，于今十有一年，允宜擇賢作配，正位中宫，以輔君德，而襄内治。兹選得翰林院侍講之女阿魯忒氏，淑慎端莊，著立爲皇后。皇太后懿旨：員外郎鳳秀之女富察氏，著封爲慧妃。知府崇齡之女赫舍哩氏，著封爲瑜嬪。前任副都統賽尚阿之女阿魯忒氏，著封爲珣嬪。皇太后懿旨：皇帝大婚典禮，著欽天監諏吉于本年九月内舉行。所有納采大徵及一切事宜，著派恭親王奕訢、户部尚書寶鋆會同各該衙門，詳核典章，敬謹辦理。謹案：《典禮》載納采用文馬十，甲胄十，幣百，布二百。大徵賜后父母黄金二百，銀萬兩，金銀茶器各一，金盆一，幣千文，馬二十，閒馬二十，馱甲二十備。賜后兄弟黄金百兩，銀五千，金銀茶器各一，銀盆一，帛五百，布千，馬六，甲胄、弓矢各一，朝服、朝衣各二，貂裘一帶一備。

初四日戊午　上午晴，天氣甚和，下午陰，有風。比夜舊疾連動，憊甚。作片致肯夫。作書致香濤。作書致伯寅，索所刻葉潤臣《橋西雜記》。得董硯樵書，乞題《太華衝雪圖》長卷。硯樵以庚午臘日冒雪游華山至青柯坪，故圖以記之。得香濤復。得伯寅復。謝廖伯知會明日已定松筠庵之飲，以予與廖伯、肯夫、信甫、味秋諸君合餞朝鮮使也。夜饌贈閔、朴兩使七律兩章。

贈朝鮮使臣閔經園致庠判樞**朴綺園**鳳彬直閣**即送其歸國**二首

東來畫鷁静風烟，玉塞車書奉九天。王會自修唐職貢，雄封不改漢山川。聲靈薄海三千里，禮樂稱藩五百年。仙李柯條應可數，太白詩：『我李百萬葉，柯條布中州。』朝鮮李氏自明洪武二十五年得國，至今四百八十一年。羽儀今見使臣賢。

聯翩尊俎接華裾，已是東門祖帳初。殘雪官梅迎遠驛，早風關柳引歸旟。清班雅負三韓望，温旨親承九陛書。珍重文章經國事，中朝執戟愧相如。

初五日己未　晴。是日温煦，曉露如雨，蒸潤有風。曾祖妣忌日，上午供饋。隆福寺書賈持汲本《魏書》來。午詣松筠庵餞朝鮮使。香濤、譽伯、逸山、廉生及閔、朴二君已先至。觀所贈墨，有字曰『洋夷侵犯，非戰則和，主和賣國』十(六)〔二〕文。蓋其國皆甘心洋醜，人懷敵愾，前年其王樹碑平壤，額曰衛正斥邪之碑。此墨即所産之地，有司依碑文製之，遍行國中，務絶其教，用意可謂深矣。又觀其贈廉生陳光大三年新羅真興王北狩界碑拓本，碑已殘缺，字多曼患。閔君云在其國咸鏡道咸興府黄茅嶺也。肯夫、六舟、荇丈、味秋、硯樵、信甫先後至，是日列坐，閔、朴二使爲賓，東面；荇農、硯樵、六舟、逸山，南面；香濤、廉生，西面，皆以齒序。予與肯夫等四君爲主人北面，此依古禮也。傍晚始散，予詣福興居，邀秦宜翁、劉仙洲、緘三師之子。香濤、逸山、廉生、牧莊、子欽夜飲。偕逸山同車往，子欽、牧莊已先在，香濤、廉生後到，宜亭、仙洲、子欽皆招歌郎，予亦招芷秋，三更後歸。終日酬應，甚覺困憊，吾衰至此，顧鬢慨然。夜風頗大。

初六日庚申　晴暖。剃頭。作書致季弟，并作片致梅卿，致曉湖，都封家書中。作片致硯樵，以家書屬其轉託龔太守附去。太守與硯樵及珊士爲進士同年，珊士母黄恭人年七十九矣，窮老篤疾，珊士諸子皆不肖。予與硯樵謀以太守至越後，每月恤以四番金，存問其疾苦，且弗入其諸孫之手。太守以親致爲難，予因寓書，令舍弟轉付之。蓴庭來問疾，作片復。午後詣文昌館團拜，晤濮紫泉、陳芰生、姚樫甫、朱蓉生、楊雪漁、許竹篔、查耀亭，演劇頗佳，三更樂輟而歸。

初七日辛酉　晴。得閔致庠判樞書，并贈高麗色箋、蒞紙、菸絲、摺扇，即作復書，報以漢三老碑拓本一通，烏木摺扇一柄，賞來使錢四千。寶卿來，肯夫來。閲《魏書·釋老志》。二教皆盛于元氏之世，伯起創爲此志，自有深意，所謂變而善者也。一目之士，輒加詆斥，非知史者。

初八日壬戌　晨微陰，上午後晴。得紱翁書。許竹篔約明日夜飲。作書致香濤，致紱丈，致伯寅。閱《魏書》帝紀、后傳。得香濤復，借到官本《三國志》。得紱丈復。揭《阮氏十三經校勘記》籤題，凡六十册。得伯寅復書。

邸鈔：上諭：鑲白旗滿洲副都統何永安病故，前在右翼監督任内短交銀兩，加恩免其賠繳。鑲白旗漢軍副都統穆隆阿調補滿洲副都統。以額駙符珍爲漢軍副都統。

初九日癸亥　陰。進城答拜禧晟郎中、安興禮部。車行十餘里，詣此不辨胡盧之人，甚無謂也。至隆福寺觀市集，閱書于同立堂，有《津逮秘書》，索價六十金。晡後出城，答拜蔡編修而歸。夜赴宴賓齋許竹篔之招，同席爲吴禮園及秀州士夫徐用儀京堂等四人，二更歸。付車錢八千，賞孫雨田舊僕劉升二千。是日頗寒，夜半有風，星月俱見。

初十日甲子　晴，下午有風。楊雪漁來。

閱劉楚楨《漢石例》。其書大體精覈，而以竹邑侯相爲二千石，漢制王國相同郡太守，秩二千石，侯國相同令長，竹邑又小國侯。以《韓敕前碑》『皇戲統華胥』皇字高出一格爲尊敬古皇，而駁錢竹汀、王石渠後人妄加之説，皆非。

廠肆取《法苑珠林》來，道光初常熟蔣氏據釋藏本鳩資所刻也。每卷後各題出貲婦女姓名，而系以其夫若子。首有駢文序一篇，極密麗，末題萬善花室女弟子吕琴姜撰，蓋皆文人潤飾爲之。序言明萬曆時刊本妄析爲百二十卷，與《新唐書·藝文志》百卷之目不符，以致簡錯章離，字句脱誤。虞山蔣伯生大令之篋室董申林用藏本校勘，因集百人，凡費千鎰，人刻一卷，以還其舊。據其第二卷末題前山東齊河縣知縣常熟蔣因培妾董姝出資重刻，百卷之後有琴川申林女子董姝跋。稱道光辛巳九月，燕園主人以事遣戍，姝實從行，發願刻經一部，及早賜環，女君聞之，欣然質錢鳩工，并普告閨閣諸大家，共襄是舉云云，是非好事刻經者比矣。第九十九卷末題翰林院編修江都秦恩復妾端木守柔刻。第一百卷末題奎文閣典籍元和顧千里妻韓道映刻。則其書當經秦、顧二君勘過，而訛脱仍疊，未爲善本。豈釋藏本誤，末由是正邪？書爲唐西明寺沙門釋道世字玄惲所撰，成于高宗時，前有朝散大夫蘭臺侍郎隴西李儼字仲思序，末題總章元年。然道世之名，何以不避太宗之諱，殊不可解。序亦駢文，似有殘缺。書分劫量至傳記共百篇，皆以兩字標題，於佛典故事，以類敘述。其每篇又各分子部，部猶篇也，每篇首皆有述意一部，猶之小序也。大恉不過張大經像，申言報應，而辭理清雅，猶有東晉支惠遺風。

夜四更時雪，有風。

十一日乙丑　晨風雪，旋爲小雨，上午稍止，下午晴。閲《法苑珠林》，方畢數卷，覺詞義繚複，令人欲睡。蓋彼教書，止可佐清譚消閑暑耳。尋味其理，轉生厭棄。平生不嫥禪悦，良由鈍根未除也。下午以室中置書漸多，几桌皆無隙地，復檢數部庋藏篋中。夜校注《後漢書·鄭康成傳》。惠氏引《高士傳》言墓在高密城西北五十里礪阜，五十當是十五之訛。唐史承節所撰《鄭公碑》，言在高密縣城西北一十五里礪阜山之原是也。

十二日丙寅　未正二刻八分春分，二月中。終日陰寒。祭曾祖考妣、先考妣。

閲《思適齋集》。顧氏校讎之學，實爲古今第一。其時年輩，在前者如盧抱經、孫淵如，皆此事嫥門，深相引重。至高郵王氏父子，尤善讀古書，而於澗薲極口推服。蓋其交好，有張古餘、胡果泉、秦敦夫、顧抱沖、黄蕘圃、張月霄、彭甘亭、陳仲魚、袁綬階、吴山尊、汪閬原、葉紉之，皆經苑老宿，收儲極富，賞奇析疑，不遺餘力。而又多見錢遵王、毛斧季、季滄葦三家藏書，故獨步一時，無慚絶學。乃近世如張石舟、苗仙鹿、王菉友輩俱力詆之。諸君之學，雖各有所得，而聞見既遠不逮，校録又非專家，執一相攻，亦多見其不知量矣。

殷蕚庭來，言昨舉一子。

邸鈔：朱鳳標奏病難速痊，懇請開缺。詔賞假兩月，安心調理。

十三日丁卯　晨晴，旋陰，傍晚溦雨。蕚庭分洗兒果卵來，且邀夜飲。邑館柬邀十五日春祭。得吴子重書，催題畫件，即復。得傅子蓴片，催書扇。此二事庋閣已久，當了之。閲徐星伯《唐兩京城坊考》，以宋次道《長安志》校之。遣僕至土地廟市買水仙花三本。傍晚赴蕚庭之招，夜歸，小雨。作書致季弟，又作書致藍洲。

邸鈔：太子太保、武英殿大學士、兩江總督、一等毅勇侯曾國藩卒。二月初四夜中風暴。上諭：曾國藩學問純粹，器識宏深，秉性忠誠，持躬清正，由翰林蒙宣成皇帝洊升卿貳。咸豐年間，創立楚軍，剿辦粤匪，轉戰數省，迭著勛勞，文宗顯皇帝擢授兩江總督，命爲欽差大臣，督辦軍務。朕御極後，簡任綸扉，深資倚任，東南底定，厥功最多，江寧之捷，賞給一等毅勇侯爵，世襲罔替，並賞戴雙眼花翎。歷任兼圻，于地方利病，盡心籌畫，老成碩望，實爲股肱心膂之臣。方冀克享遐齡，長承恩眷，兹聞溘逝，震悼良深。著追贈太傅，照大學士例賜恤，賞銀三千兩治喪，由江寧藩庫給發。賜祭一壇，派穆騰阿前往致祭，加恩予謚文正，入祀京師昭忠祠、賢良祠，並于湖南原籍、江寧省城建立專祠，平生政績事實宣付史館。任内一切處分，悉予開復，應得恤典，該衙門察例具奏。靈柩回籍時，沿途地方官妥爲照料。其一等侯爵，即著伊子曾紀澤承襲，毋庸帶領引見。其餘子孫幾人，著何璟查明具奏，候旨施恩，用示篤念忠良至意。上諭：兩江總督著何璟署理。恩錫著署理江蘇巡撫。漕運總督著改派文彬署理。山東布政使著丁寶楨派員署理。上諭：兵部奏遵義提督劉銘傳處分一摺。前任直隸提督劉銘傳移交所兵部勇，辦理乖方，部議革職，並請將所兼一等男爵革退，本屬咎有應得，姑念該提督從前勦匪出力，著照部議革職加恩，仍留一等男爵，以示薄懲。

十四日戊辰　晨微晴，旋陰，上午後雪大作。作片致蕚庭，以家書託其鄉人回浙者附去。寒甚，復擁爐。晡後雪又大作，積半寸許，夜晴。閱《太平寰宇記》，乾隆癸丑其崇仁後人所刻，後有三十世孫斯盛跋。言其族叔之篪及斯盛子薤賓所校刊。每卷之末，間附校勘數條，頗能依據群書，有所駁正，不知出何人之手，似較萬庭蘭爲勝。而文句訛脱，魚豕相仍，亦未遠過萬本，其首葉題籤有曰『詩集嗣出』，則世所稀見者也。

邸鈔：署兩江總督何璟兼署辦理通商事務大臣。

十五日己巳　晨晴，上午復陰。室中書雍閼不能舒肱，稍理出之。自昨夕咳嗽，今覺身熱，小極。張牧莊來，借《小學鉤沉》及《思適齋集》去。閱《金石萃編》，近日看書雜亂如此。夜半後雪。

十六日庚午　晨雪大作，積寸許，旋爲澂雨，終日霡霂。閱彭文勤《石經考文提要》，此高宗御定奉敕頒行，宜萬世遵守之書。而場屋命題，學校教士，乃悉沿監本、坊本之誤，不知更正。習俗難移，可慨歎也。夜晴。

邸鈔：奉慈安皇太后、慈禧皇太后懿旨，欽天監奏選擇大婚納采、大徵吉期各摺。皇帝大婚典禮著于本年九月十五日舉行，七月二十六日納采，八月十七日大徵，所有應行事宜，著各衙門敬謹辦理。上諭：本日據恭親王奕訢等奏，大婚禮成，應加上慈安皇太后、慈禧皇太后徽號一摺。慈懷謙抑，未荷允行。朕以典禮攸關，恪遵成憲，因復竭誠，籲懇至再至三，始蒙俯如所請。所有應行事宜，著各衙門敬謹辦理。

十七日辛未　晨晴，巳後陰，有風甚寒。感寒身熱。剃頭。閱《金石萃編》。書賈以鈔本元楊翮《佩玉齋類稿》兩册來售。夜爲硯樵作《華山衡圖歌》，初欲作七古，以前有香濤詩極雄駿，因改爲五言古詩。終夜咳嗽，不能寐。

邸鈔：以太僕寺少卿丁紹周爲光禄寺卿。

十八日壬申　晴，大風徹日夕。蔡梅盦編修兩次來訪，不得已見之。其年甫五十七，龍鍾髮盡白矣，出其所刻同人詩兩册，必欲得予詩刻之。又以其兩女守貞殉夫事乞予詩，出示永新龍文彬所作蔡氏貞烈合傳。蓋編修長女曰澤茗，許字漢陽袁侍郎希祖子晋，未昏而晋死，侍郎無它子，澤茗竟歸於袁，立晋族子爲後。三女曰澤芝，適江夏彭知縣祖壽子元善，元善死無子，其殯也，澤芝飲藥卒，時辛未七月三日也。御史劉國光疏其事，得旌如制云。撰《太華衡雪圖》詩成，又爲理庵題《嶺嶠望雲圖》七古一首，爲吴子重題《金華避兵圖》七律一首。是日傍晚，方坐室中作書，忽有巨磚破窗突入。其半裂墮窗外，疑是鄰人所擲。察之無有，此甚可駭，使稍移寸許，頭顱爲齏粉矣。人之處世，豈不險哉！夜被鼠裂書，銜《平津館文集》五葉去，可恨，復畜一貓嚇之。

邸鈔：編修錫珍升侍講。又給事中劉秉厚、郎中卓景濂等皆外用。

十九日癸酉　晴，風，夜止。爲濮紫泉改《江淹夢五色筆賦》。得譽伯書，屬題彭侍郎玉麐所贈墨梅畫幅，中有香濤七古一首，極警峭深婉之致。譽伯自題七律亦高警，皆近代之傑也。吴縣吴編修大徵七古亦尚清麗。夜爲譽伯題七古一首，復爲楊雪漁書扇，燈下作細字，殊苦目眊。

二十日甲戌　晨起晴和，始見春光之麗，午後又風。作書致紫泉。先祖忌日，節孝張孺人忌日。上午供饋，付餘慶堂錢十千，治㷊㷼。作書致楊雪漁。得紫泉、雪漁復。寫四詩於各圖卷，即作片致硯樵、譽伯、子重分送之。得秦澹翁書并銀十二兩，去冬所饋炭金也。無錫王庶常綷送來，因閽人辭以它出，遂不交銀而去。硯樵來。爲傅子尊書扇，即作片致之。作書致肯夫。吴子重復以畫幅屬轉索香濤題詩。其圖既甚無謂，與予又非素識，而相嬲不已，殊可歎也。

二十一日乙亥　晴。作片致王户部綷取銀得復。得恩竹樵書。上午詣肯夫談甚久。傍晚同訪香濤，留夜飯，縱談甚快。夜二鼓復坐肯夫車歸。得理庵書，并惠阿膠一斤，新刻《明夷待訪録》一册。夜初更時，大風又起，二更後稍止。

邸鈔：翰林院侍講王之翰轉侍讀。司經局洗馬黄毓恩升侍講。

二十二日丙子　陰，上午微晴。作書致理庵。得肯夫書，即復，并借以《毛詩稽古編》。得伯寅書，屬校《蓮士集》樣本，并贈《竹汀日記》、葉潤臣《橋西雜記》各一册，即復。《橋西雜記》一卷，内閣侍讀浙江候補道漢陽葉名灃撰，吾鄉天水妄生于廠肆敝簏中得之，伯寅爲之付梓。曰橋西者，其居在虎坊橋西，紀文達之故宅也。所記皆見聞雜事，惟内閣官制職掌及師傅保銜兩條，爲有裨掌故。得理庵復，并贈其妹《貞女事略》四册。夜校《蓮士集》。是日付正月賃屋錢三十六千七百，王福工食錢十千，緝石、陳媪各五千，升兒三千。

二十三日丁丑　晴，晡後陰，有雨數點，傍晚大風怒起。得伯寅書，即復，并還《蓮士集》。允臣來。再得伯寅書，又復。寶經堂取《蓮雲簃叢書》來，説定價銀十二兩。

夜閲俞理初《癸巳存稿》，即《類稿》所刻之餘也。本名《米鹽録》，道光癸巳理初下第後，其房師王菽原禮部爲之先刻十五卷，故以癸巳爲稱。其未刻者即名存稿，亦於癸巳寫定。其稿後歸葉潤臣，今葉書盡散，聞是稿亦爲天水妄生購得矣。此刻張石舟序言己亥理初館于祁文端江蘇學政署中所寫副本，石舟從文端假以付刻者。葉氏言石舟曾假其所藏本校訂，又言先亦録有副本，理初取去，故以原本贈之。俱見《橋西雜記》。然則是刻乃葉本之副本，而天水生所得者俞之原本也。其分爲十五卷，則石舟所定耳。

夜大風震撼徹旦。

邸鈔：以内閣侍讀學士岐元爲鴻臚寺卿。

二十四日戊寅　晴，大風，至下午稍止。伯寅侍郎來，尚卧，不晤。爲允臣作致湖南王署撫、安徽學政景閣學兩書，即作片付之。得允臣復。

閲《癸巳存稿》。其書雜記古今，不分門類，亦無目録，較之《類稿》，爲無倫次。所采浩博，兼綜説緯，固多可觀，而筆舌冗漫，有學究氣，且時雜以戲謔不經之辭。如駁《吕氏春秋》高誘注數條，而謂誘思載其金，利令智昏所致，蓋以吕氏有懸千金易一字之言也，此復成何等語？殊失著書之體。惟其言王勃《滕王閣序》『南昌故郡』，唐以前祇有南昌縣，無南昌郡，據《文苑英華》乃作『豫章故郡』，此『南昌』二字，村塾師所妄改。《宋史・梁顥傳》『卒年九十二』，與其上文『顥美風姿，强力少疾，閨門雝穆，六月暴疾卒』語不相貫，知《宋史》本同《東都事略》作年四十二，後人妄據《談苑》及《遯齋閑覽》所載僞啓，改四作九。此二條足訂千載之疑。《東都事略・顥傳》亦有『風姿粹美、强力少疾，閨門雍穆』等語，《宋史》多本之，則九字之爲妄改無疑。

二十五日己卯　晴。閲《癸巳存稿》。作片致王子欽，詢其行期。寶卿來。夜校《三國志》。連夕咳嗽，今日頗憊。

二十六日庚辰　陰。戴少梅之叔登州太守開吊，送分子三千。剃頭。周吉臣來，朱修伯宗丞來。殷蕚庭來。夜校《三國志》。咳嗽益不止，終夕不能熟寐。是日聞楚軍覆於洮州，總統提督傅先宗陣亡。

二十七日辛巳　晴，戌初初刻六分清明，三月節。出門詣硯樵兵備、辛伯司業、伯寅侍郎、肯夫編修、雪漁孝廉，俱不值。晤潘星翁、王星鋤[綍]、王子敬，晡後歸。得香濤片，邀飲廣和居。得竹篔片，邀觀文昌館夜劇。即赴廣和居，酒已畢矣。香濤邀同潘紱丈，至其寓暢談。夜飲香濤齋中，麐伯、木夫、廉生繼至，予先歸。赴竹篔之招，晤硯孫及家雅齋。是日丁卯團拜也，燈戲頗佳，三更後返寓。得肯夫書，饋龍井茶葉兩瓶。

二十八日壬午　嫩晴，極佳。作書致肯夫，致香濤。閲《癸巳存稿》。得香濤復。夜閲吴才老《韵補》。

邸鈔：江西廣饒九南兵備道景福調補奉天奉錦山海兵備道。户部山西司郎中毛鴻圖升補廣饒九南道。李祐補雲南迤東道。

二十九日癸未　晴，春氣極和。謝夢漁來。夢翁所居賈家胡同，故丹徒楊氏兄弟寓也。有一女子縊死于室。夢翁之孫甫五歲，去冬十二月驟見此鬼，驚而死。夢翁痛之甚，夜坐孫屍旁，此鬼忽至，被髮破面，遍體朽腐。夢翁叱之不退，因責之曰：『女之仇楊氏也，何怨于我，而爲祟鬼？』曰：『我死甚慘，魂魄不能去此。公占我室，我無所容，不能不觸人。陰气所中，福薄者死，非我所能爲。公太夫人年高，公亦老矣，宜速徙宅。不然，它日毋怨我也。』謝曰：『汝豈不知我貧？徙居非易，且冤必思報，何不從楊氏而圖之？』鬼曰：『彼兄弟凶焰方熾，更二年後，公當知之。我死已十二年，後二年亦當轉生人間矣。公固清貧，然性命至重，豈不審度也。』謝曰：『都中空宅甚少，猝不得徙。奈何？』鬼曰：『我死在某室，公但先扃鎖之，然後卜遷京華，不患無居處也。』謝詢其爲楊氏何人，何以致死，則但泣不言，遂倏不見。去年廖伯曾爲予言，今日夢翁又歷歷言之。然則無鬼之論真可廢，而范史傳王忳遇驛亭女鬼訴狀事，不得斥爲語怪無稽矣。夢漁又言前一年病劇幾死，忽覺至一公署，室宇華潔，異花滿庭。室東一間，案列書兩函，如國史檔册。見有一人緋衣，自稱姓名爲薩大年，與謝爲同年友，遣吏送之歸，遂醒，而病若失。謝初不省薩爲何人，既檢其鄉會齒録，則薩乃庚戌進士，福建人，薩玉衡之子，殿試引見，授中書後即告歸，歿已久矣。此與昔年簡主事宗杰病死，至都城隍理事處，見一人緑袍，自稱爲陝西人路璋，與簡同官，放之歸，事正相同。簡，雲南昆明人，壬戌進士，今在户部候補。路爲丙申進士，嘗官户部主事，久卒，簡亦初不知其人也。鬼神之事，蓋難言哉！印結局送來本月分銀九兩八錢。晚有風，旋止。夜洗足。

邸鈔：以詹事府詹事馬恩溥爲内閣學士兼禮部侍郎銜。以前國子監祭酒章鋆仍補祭酒。

三十日甲申　終日小雨霢霂，地氣蒸潤。校寫《九經三傳沿革例》，以殿本注疏、盧本《經典釋（氏）〔文〕》、《阮氏十三經》校勘記、彭氏《石經考文提要》，訂正數條。終日疲甚，目力幾昏。蓄水仙花三盆，皆花多而開久，其一千葉重臺襛纖殆絶，其一作花至五十餘朵，香溢一室，比日怒放，蓋將衰矣，爲賦一詞賞之。夜雨稍密，旋止。

邸鈔：都察院奏廣東職員李學恂等爲殉難惠州府知府文晟請謚。上諭：文晟于咸豐九年在署嘉應州任内殉難，業經奉旨優恤，兹據呈稱該故員死事慘烈，著加恩予謚。旋謚壯烈。陝甘總督左宗棠奏籌辦金積堡善後事宜。請改寧夏府水利同知爲寧靈廳撫民同知，移駐金積堡，並添設靈武營參將一員。疏略言：金積堡即舊志金積山，地屬靈州，東達花馬池，南達固原、迤西，毗連中衛，襟帶黄河，雄據邊要，實形勝之區。舊設靈州治所，在其東北，後移州治於今城，相距百餘里，鞭長莫及，地方官政令不行，其權遂移於回目。于是回民畏其所管頭目，甚於畏官，此亂之所由生也。臣維寧靈一帶，古稱沃壤，秦漢兩渠，因時灌溉，兩渠又釃爲各渠，分流引水，水土適均，所以有『天下黄河富寧夏』之謡也。亂後渠工失修，半多淤塞，臣飭將馬化隆繳剩餘資飭地方官各按所屬逐段挑濬修築。現據報稱，一律工竣。寧靈土著漢回人民均飭寧夏道陶斯詠、署寧夏府知府李藻等分别擇要安插，一律俵發賑糧，撥給地畝、牛隻、籽種，令其及時耕墾，並編審户口，散給門牌，並回民百家長、十家長各牌，以便稽查。管帶董字三營都司董福祥所部勇丁，原係陝北降衆，臣飭董福祥等將所部三營眷口移來靈州各處，撥地墾種，其部衆皆久歷行陣，可備將來緑營之選。飭提督蕭章開將所部各營分札金積堡，提督譚拔萃駐札靈州，陝安道黄鼎分飭所部駐札中衛大垻，副將馮南斌帶所部正營駐五百户，知州黄立鼇帶所部定營駐四百户，以資彈壓。更於金積堡設立善後局，擬將寧夏水利同知一員，改爲寧靈撫民同知，駐札金積堡。添設靈武營參將一員，附駐彈壓所有漢回命盜重案，及一切户婚、田産、辭訟均歸撫民同知管理，回目不准與聞。其寧夏水利應即歸府縣經理云云。詔下部議。

太華衝雪圖爲董峴樵觀察題

唯華奠豫雍，金天實幠燾。削成而四方，坤維秘靈隩。鉤梯通蛇行，飛絙接蝯躁。董生真好奇，高爪誓凌蹈。玄冬萬象閉，積雪一騎導。翳麓展丹房，靈風啓真誥。信宿結藤纏，賓從謝車膏。漸覺頂踵齊，寧辭腹背靠。迴峽循劍臘，嶔巖透璧好。呀豁疑出籠，蹲伏恍在菴。仄磴駐頳景，凍磵抉微瀑。歷險得青柯，中空闢方墺。仙樂微可聞，群靈若相勞。仰拂玉女鬟，雲裳曳鮮縞。明星粲可摘，天漿飲猶嫪。下俯萬銀海，三秦縮寸眊。終（終南吴吴嶽）散丘垤，涇渭特溝潦。神王力不疲，心清氣愈傲。奈何懸度窮，冰級乏人鑿。得半已賈勇，投書枉增悼。逡遁遂旋跬，顧見踣蓴倒。下界撫松顛，始聞鳥雀噪。歸來紀幽勝，險絶詫童髦。奇句足相抗，飢魂藉當犒。寥慄營粉本，層凌映風帽。尚惜龍駕絶，凌虛未能到。君今再入秦，嶽色眷行橐。我聞雙池泉，蓮葉鮮可芼。鐵船纜柏根，詭迹務極造。更以遐覽力。歷舉關輔奥。西夏猶連烽，北山亦窟盗。玉門千里内，天府赤爲秏。屯田諗地隘，輸粟辨河漕。尺寸洞厥形，氛翳漸以掃。行見露冕馳，褰帷慰民禱。區區徐霞客蔡子羽流，游記安足傲。

嶺嶠望雲圖爲楊理庵檢討泰亨題

丹蕉紅荔開羊城，翰林槖筆依老兵。忽起登樓望雲嶠，珠江越水無限情。人生苦爲衣食計，短簿髯參豈初意。湖邊歲給二頃租，何羨東方擁千騎。君今諼草榮北堂，承明歸奉天羹香。難兄粲粲持饌案，循陔笑看芝蘭長。昔年掄才往南國，星軺歸獻五花敕。羅浮衡嶽雲千重，都映宫袍萬年色。披圖讀罷心自哀，皋魚薄禄徒徘徊。項里墓田松柏少，白雲天際爲誰來。予二親葬項里山。

彭侍郎玉麐畫墨梅爲謝麐伯編修題時湘鄉使相新逝

風雪十日無酒錢，漫郎老作飢鶴拳。典衣買梅得盈把，插入膽瓶配水仙。吟香嚼茗絶朝事，閉門不受東風憐。街南謝公忽走使，示我此幅情悠然。爲言侍郎潑寒墨，正坐山寺儕枯禪。放臂夭矯作曲幹，頓覺鐵石生清妍。長江水師百萬衆，踏冰苦戰經十年。瘦骨時與怒蛟搏，勁節能挽天心旋。投閑寫此古明月，鑒影不負清泠淵。枯枿亦荷雨露力，高枝詎假蚍蜉權。方今歲寒更寥落，霜風一夜凋貞荃。江南江北失嫵媚，雲臺粉本無華顛。地下冬心已寂寂，山中處子猶娟娟。白雲豈尚耐高卧，坐令荆棘纏風烟。還君此圖三歎息，楚辭愁絶朱琴弦。詩成泠澹成獨賞，更爲寒花澆井泉。

題峴嶕枌東老屋校韵圖

古人取韵緩，清濁限方域。世儒泥章句，音義遂煩數。長短齊人言，輕重漢儒讀。後出益紛拏，圈發逞私欲。梁陳講聲病，强以四聲束。高貴暨梁武，卓識獨破俗。奈此風會趨，浮華斫其樸。顛倒言下上，虚實昧秀宿。絅乃切紂紅，頊改翻許绿。燕説誰爲刊，天籟反遭梏。北宋家法存，近守唐代躅。丁賈皆經儒。同志有洙王淑李。十卷十二凡，部别慎通獨。悂繆偶貤孫愐，典型未祧陸。字不取類隔，文亦參篇玉。别體務薈萃，一音自聯屬。雖病雅俗都，尤多形體複。觀過宜知仁，多文在富蓄。誰歟妄兼并，畫部成百六。疵議叢劉淵，創始實文郁。金王文郁《平水新刊韵略》出於正大六年，已并二百六部爲一百六部，先於南宋劉淵《淳祐新刊禮部韵略》二十四年。又上聲已去拯韵，亦非始陰時夫也。國朝勇復古，亭林首張目。十部至廿一，研析遞繁縟。經子務博證，集矢遍吴棫。入聲互割配，頭脯强接續。其意或過通，往往見違觸。之脂支必分，元魂痕當副。無錫與儀徵，雅冀古騷復。無錫秦文恭嘗以江、戴兩君言元與魂、痕當依《三百篇》析爲二，真、殷當從唐人同用，上聲拯，去聲證，當分出獨用。上疏請刊正韵書。阮文達取段氏之、脂、支，群經、《楚辭》分三部之説，欲并《廣韵》，定爲古韵廿一部，爲作古辭賦者之用。昌言終未行，習非徒彔彔。蒙嘗發狂論，吹萬貴抱蜀。雙聲本天機，造化具宫録。六書半形聲，偏旁不相黷。持此兩大端，如宗合其族。一掃塵徑蕪，兼通絶津軸。霓蜺枉分别，頗陂免點辱。屢欲勒一書，私以詔家塾。病懶輟觚翰，家貧艱畢牘。羡君勤著述，榆陰掩深屋。朝夕羅丹鉛，雅詁盡撰録。體乃方密之《通雅》。吴山夫《别雅》。殊，義與朱鬱儀《駢雅》。夏味堂《拾雅》。足。簡鍊比治兵，爬梳類折獄。即覘經濟優，豈爲盤錯屻。此圖便千秋，雕蟲等奴僕。

三月乙酉朔　陰。紫泉來，談竟日，去。得小帆去秋進賢書。得蓴庭片，以所購殿版《後漢書》及《十子全書》問價，即復。夜校《三國志》，至四更方畢。

初二日丙戌　上午陰，下午嫩晴。校《三國志》。得紫泉書，方勉甫舍人、陳芰聲户部邀游龍樹寺，復書辭之。信甫來。

《三國志注》引《獻帝傳》載禪代衆事書表詔令，往復至萬餘言，鄙陋諂僞，辭費而言呐，文卑而氣茶，承祚盡削之是也。然裴氏載之，亦足著當日之醜。其引《孔子玉版》及《易運期》《春秋漢含孳》《佐助期》《詩推度灾》諸緯書，可備搜采。至引《孝經中黄》讖不横一等辭，引《易運期》讖言居東西有午等辭，則諸緯之讖也，與緯書不相涉，六朝以前人皆能分别言之。自隋文禁緯，其書多佚，於是唐宋以後人不能辨之，往往以讖亂緯，而緯愈亡矣。《孔子玉版》即所謂《春秋玉版讖》，亦讖而非緯。許芝所引《漢含孳》曰：『漢以魏，魏以徵。』考《文選》陸機《答賈長淵詩》注引《春秋保乾圖》，亦有『漢以魏徵』『黄精接期』『天下歸高』之語。芝又引《佐助期》曰：『漢以蒙孫亡。』考蒙孫二字，屢見《易緯是類謀》，有曰蒙孫之名生衆妖，鄭康成注：『蒙孫，童蒙之孫也。』又曰：『網害之效慎蒙孫。』又曰：『赤世順蒙孫之詳。』鄭注：『蒙孫，君赤之孽名號。』案：順當作慎，詳同祥，猶徵也。『君赤之孽名號』，當作『倉赤孽君之名』。又曰：『赤世遭斯，蒙孫當衡，卒貴大嬉，道主之游。』其語多不可解。鄭注『嬉，咸言赤世之末有有卒貴之人道爲游之人黄門常侍者』云云，尤訛誤不可讀。蓋諸緯亡逸之餘，斷爛錯繆，莫能是正。而近人侯官趙氏在翰乃因黄門常侍語，謂東京以宦官亡，而蜀後主繼之。魏爲常侍曹騰之子，鄭君注緯已先知之。則其附會，甚於許芝矣。緯惟《乾鑿度》最純粹，其文及鄭注亦尚完善可讀。

夜得信甫書，約明日修禊之舉，即復。

初三日丁亥　晴暖有風。先農壇陪祀，遞職名。上午詣信甫，同詣硯樵，觀近詩及所緝《集韵編雅》。午偕至南郊游龍樹寺，柳絲已緑，草色遍青，丁香、海棠，尚未吐萼耳。坐葦海室，臨檻看水，略存褉意。香濤、廉生亦來，縱談甚樂，薄暮方散。信甫邀飲廣和居，夜歸。楊理庵來，不值。得紱丈書，借《後漢書》評本。

上諭：丁寶楨奏堵築侯家林決口現已合龍，請將出力各員弁獎勵一摺。山東侯家林決口，經丁寶楨親赴工次，督率布政使文彬，嚴飭在工各員，陸續進口南北兩埧，於本月二十四日合龍，工程一律堅實。覽奏實深欣慰。丁寶楨勇於任事，督率有方，未及兩月，克竟全功，辦理實爲妥速，著交部從優議敘。尤爲出力之布政使文彬、按察使李元華均交部從優議敘。兖沂曹濟道長賡賞加布政司銜，並交部從優議敘。候補道潘駿文著以道員遇缺題奏，並賞加布政使銜。知府薛福辰著免補知府，以道員遇缺提奏，並賞加按察使銜。知府陳錦著免補知府，遇有道員缺出題奏，並俟補道員後，賞加布政使銜。餘升賞有差，凡擢道府、同知、直隸州及提督、總兵、副參、游擊共二十九人。以上各員弁因辦理緊要工程異常出力，用特破格施恩。另片奏前任東河守備劉蓁挑挖引河，節費省夫，成功迅速。著賞換花翎，並賞銀五百兩，以示優異。又片奏此次工程請免報銷等語。東省鄆城地方，舊未設有廳汛，辦理河工，亦無成案可循。此次工程用款，著開單奏明，咨部存案，免其按照成例報部覈銷。他處工程有案可循。不得援以爲例。

初四日戊子　晴，有風。蔡梅庵來，不見。周子千以去年臘月卒，今日開吊，輓以一聯云：『卅載次公車，科第獨先群從，話西臺辭絹，東閣焚囊，早知名、裙屐風流，錦里清才冠蘭玉；一官成吏隱，京華同老閑曹，數鶴市携琴、駝街賭酒，驀回首、鶯花寂歷，黄壚舊事邈山河。』子千，道光庚子舉人，爲芝昉廉使之子，文勤之兄子也。題顧南雅通副爲其姬人所作紅梅小幅，得《疏影》一闋，用白石元均，即寫致肯夫。作書致紱丈，借以《漢書》。作書致伯寅，取回舊詩稿。下午詣廣惠寺吊子千，答拜蔡編修、朱修伯、謝夢翁，晤修伯、夢翁。詣肯夫及吴蓉圃，俱不值。詣寶卿而歸。付三日來車錢十八千。肯夫來，夜談。

初五日己丑　上午晴，下午陰，傍晚溦雨即止。蔡編修來兩次，不得已見之。其人衰老而貧，憙刻人詩文爲小册，以贈達官富人，博微利，故屢過予者，欲得予詩刻之也。既非所願，且近無謂，然其窮途無聊，亦可歎矣。爲硯樵題《枌東老屋校書圖》，温贊善所繪也，設色秀潤，宜於填詞，故以《甘州》一闋寫之。硯樵前備兵甘凉也，即作書致之。得硯樵復。作片致秦宜翁，催畫《湖塘村居圖》。夜風，二更後雨。

閲海鹽俞湛持浩《西域考古録》，共十八卷。首以甘肅蘭州、西寧、凉州、甘州四府，肅州、安西、鎮西三州，次及新疆、西藏、蒙古源流，而終以俄羅斯考略。其書成於道光之末，言所采自《西域圖志》外，如彭氏之《西域地形訓》、顧氏之《方輿紀要》、常氏之《行國風土記》、謝氏之《戎幕隨筆》《西北域記》、七氏之《西域聞見録》、戴氏之《水地記》、萬氏之《河源彙考》、孔氏之《胡注拾遺》、和氏之《烏斯藏賦》、圖氏之《使俄羅斯記》、董氏之《外藩圖説》、杜氏之《藏行日記》、松氏之《西(□)〔陲〕圖記》《三州輯覽》、札氏之《喀爾喀使記》、紀氏之《烏魯木齊賦》、徐氏之《西域水道記》、錢氏之《秦邊紀略》、洪氏之《乾隆府廳州縣志》、祁氏之《西陲紀略》《西域釋地》、魏氏之《海國圖志》《聖武記》，凡若干種。頗能參證古今，多所駁正。而提行別類，體例錯雜，忽按忽敘，全無條貫，方隅道里，尤多溷淆。且校刻粗疏，字句脱誤，往往有鈔撮它人書而無首尾者。以其摭拾説部頗多，亦爲考邊防者不可少之書，不知視後出之《朔方備乘》何秋濤著，本名《北徼會編》。爲何如也。今坊間所刻《朔方備乘》僅數卷，其經進之書稱八十卷，庚申澄懷園焚時已毁，外無傳本也。

邸鈔：曾璧光、周達武奏總兵何世華等剿辦貴州上游回匪，攻拔鐵鎖橋，肅清安南縣境，十一月初八乘勝克復貞豐州城，進規興義府。詔：剿辦甚爲得手。何世華交軍機處記名，遇有提督缺出，儘先題奏，並賞换瑚松額巴圖魯名號。餘升賞有差。以□□□□汪柱元爲甘肅涼州鎮總兵。山海關副都統玉亮奏病難速痊，懇請開缺。許之。以吉林即補協領納蘇肯爲山海關副都統。直隸灤州知州游智開升補永平府知府。

初六日庚寅　上午雨有風，下午薄晴，傍晚又小雨，即止。得硯樵書，并上巳紀游五律二章，即復。和硯樵詩二首，又絶句一首。作書致硯樵、信甫、香濤，得三君復。得伯寅侍郎書，即復。夜得香濤書，以所作禊日和峴樵七古一首，又讀予禊詩兼訂極樂寺之游七古一首見示。初更後大風。

初七日辛卯　晴，風終日。得紱丈書，還《後漢書》。買丁香二本，杏花二本，種之庭中。得琴巖書，即復。吴蓉圃來。作書致香濤，致肯夫。剃頭。得香濤復書，并招夜飯。傍晚詣香濤，同詣峴樵齋頭夜飯。談至五更，步歸寓。就枕，曙鴉啼矣。

初八日壬辰　晴。紱翁來，尚卧不晤。作書致肯夫，約同至法源、花之兩寺探花事。寶卿來。牧莊來。得肯夫書。牧莊携去日記三册，寶卿携去叢稿及游賞志各一册。

初九日癸巳　晴，極暖。作書致紱翁，謝夢翁。作片致竹篔、雪漁、紫泉，約飲廣和居。雪漁來辭行。晡後飲廣和居，并邀陳逸山，至夜二更始散。香濤來，不值。夜歸，爲硯樵題校韵圖。

初十日甲午　上午晴，下午陰，終日風。得蕚庭片，招明日湯餅飲，即復。得伯寅侍郎書，贈新刻包慎伯楹帖一幅，即復。題硯樵圖成，得五古四十三韵，具述古今韵學源流，即作書致硯樵。作書致孝達，商極樂寺看花之局。得王子敬片，招夜飲和興居。再得伯寅書，以仁和張文節洵詩集屬删定，即復。得硯樵復、香濤復。傍晚坐車詣青廠問允臣病狀，即赴子敬之招。（此處塗抹）夜二更歸，生未能絶泛應，取辱宜也。得肯夫書。同官宋維熹、倪人垓、王兆蘭、廷愷等十三人，柬訂十四日張樂宴福壽堂。又買得藍子花一本種之。勘閲《張太史集》，選得詩二百一十首，分爲二卷。

十一日乙未　晴暖。伯寅、香濤柬訂十四日極樂寺賞海棠。以涂金銀羅漢、壽星共九事，長命鎖、長命索各一事，詒蕚庭洗兒，計錢二十六千。作書致伯寅，問張君之謚，得復。閲海州許桂林《穀梁傳時月日釋例》，亦一家之學。而首爲總論，極詆左氏，其言甚悖。且云所著尚有《疑左》二卷，蓋妄書也。是書成於道光丁未，前有阮儀徵、唐陶山兩序，唐序尤佳。蕚庭再來速飲，辭之。夜有風，旋月出如晝，庭下新種杏花，雪白相映，吟賞久之。撰《張肖梅太史詩集後序》。

邸鈔：上諭：左宗棠奏請將護理道員革職拏問一摺。撤任護理安肅道花翎四品頂帶竇型，前在肅州時，諸事惟回逆馬四之言是聽，且目漢團爲土匪，迫令散團從教，復借官銀賞賊，實屬悖謬已極。竇型著即行革職拏問，交左宗棠嚴行審訊，按律定擬具奏。先是去冬烏魯木齊提督成禄奏參竇型身陷肅州城中，惟爲回逆馬四所使，籤傳漢民入城與回講和輸銀，且劾左宗棠不肯遽令徹任。有旨令左宗棠查覆。

十二日丙申　晴，暖甚。作書致伯寅還張集，得復。雜書堆案，不得舒肱，稍整理之，又破工夫半日。爲王子敬書扇。録《重刻法苑珠林》吕琴姜序。硯樵來。夜，孝達招飲宴賓齋，不往。

十三日丁酉　丑正三刻二分穀雨，三月中氣。上午陰，下午晴陰相間。得陳六舟編修片，并約十六日揚州館看花，即復。庭下杏花漸落，藍子花開，丁香亦漸吐矣。竇卿來。剃頭。得硯樵書，并贈閣譜，即復。

十四日戊戌　晴和無風。上午詣打磨廠福壽堂，辭同官之飲。即進正陽門，出西直門，至極樂寺。道中見河流清抱，平野緑縟，西山映帶，垂楊夾畦，大有江南春意。河即高梁河，《水經注》所謂高梁水也。發原玉泉山，山亦以泉名也。寺明成化時建，與崇教坊元時所建之極樂寺同名，彼寺在内城東北隅，近國子監。寺中海棠紅萼未放，雜花亂開，伯寅、香濤及逸山、秦宜亭、吴清卿編修大澂，許鶴巢賡颺、顧緝庭肇熙兩舍人已俱至。遍游寺院。海棠以外，梨花、雀梅尤盛。設飲於國花堂，堂本以牡丹名，明時甚盛，今連畦皆雜卉矣。堂後廣庭有池，疊石爲山，渡以小橋，橋南爲臺屋三間，顔曰雨花庭。庭當爲亭，見方應祥《青來閣集》。後軒老杏一樹，當窗敷雪，以外皆寺圃也。硯樵後至，觴詠極歡。罷酒，更游可園，都中人呼三貝子花園。相傳爲誠隱親王賜邸，道光間嘗歸寶文莊相國，今爲賣花人居矣。繞園有墻如城，外爲重門，老樹參天，地廣數十頃，昔時亭榭甚盛，今俱頽廢，佳卉古木，亦十九爲薪。然曲徑平蕪，高柳疏錯。堂宇之東，有曲廊一帶，下臨清池，隨土堆高下，爲方亭折闌，足令林客宅心，谿叟眷眺，同游諸子謂有水鄉籬落之思。清風徐來，夕陽漸墜，登車促反，恨不得流連數晷也。仍進西直門，出宣武門而歸，時日景甫落，晚風頗勁。

十五日己亥　晨溦雨，終日嫩陰，下午又有小雨。以敝裘質錢五十千。爲硯樵題《玉泉道院聽泉圖》七絶二首，又題漢光禄勛劉曜殘碑拓本觀款，即作書致硯樵。得伯寅書，屬題文宗御畫馬及朝鮮人金秋史畫。録舊作駢體文一首。題金秋史畫二絶句，即作書致伯寅。夜二更時雨，題定陵畫馬七古一首。

十六日庚子　上午嫩陰，下午晴。作書致伯寅。上午入城至署，晤趙心泉、譚敬甫諸君，即歸。

昨得平景蓀江右書，并惠銀十六兩。得伯寅書，屬題勘書圖。牧莊來，不值。姚樫甫來。下午詣揚州館，赴陳六舟之招，中有看花館、蒼屏閣，皆阮文達所題，新藝花藥數種，楚楚有致。荇翁、硯樵、香濤、信甫、麐伯、肯夫諸君俱先至，逸山來獨後。晚歸，付車錢十六千。

十七日辛丑　晴。王子敬東訂晚飲惠風堂。午入署晤譚敬甫、李李村、吴時齋、蔣蘭泉諸同官，見董尚書，遞學習報滿呈。即出城，順道拜廣東司主稿戴霖祥郎中、劉餘慶主事而歸。晡後詣徐壽蘅師久談，又詣譚敬甫，詣謝麐伯，不值。即至惠風堂，辭子敬飲。録録往返，無謂之至，夜歸。

邸鈔：太子少保、文華殿大學士、管理刑部事務翰林院掌院學士、總管内務府大臣瑞常卒。上諭：大學士瑞常植品端方，老成練達，受先朝知遇之隆，由翰林洊陟正卿，屢司文柄。朕御極以來，擢晉綸扉並總管内務府大臣，兼理部旗事務，宣力有年，勤勞懋著。前以微疴，給假調治，方冀即日就痊，長資倚畀，兹聞溘逝，悼惜殊深。著賞給陀羅經被，派孚郡王帶領侍衛十員，即日前往奠醊。加恩晉贈太保，照大學士例賜恤，入祀賢良祠。伊子禮部員外郎文暉，俟服闋後以該部郎中即補。旋予謚文端。命存誠佩帶總管内務府印鑰。

十八日壬寅　上午微陰，午後晴。作書致孝達，邀出城看花。肯夫來。得孝達復。姚樫甫來。偕肯夫至慈仁寺看花。柍梅杏梨諸花已過，丁香金雀正盛，毗盧閣下碧桃一樹，尤艷絶人寰。登閣小憩，復驅車出南西門，至花之寺，本三官廟也。曾賓谷題額曰『花之寺』。殿前對植海棠二本，蓋二百年物，高及脊棟，紅艷通霞，諸天照耀，斜枝覆檐，錦錯碧瓦，平生所未見也。東院一株枯幹，旁生穠花蔟枝，明麗尤絶。偕肯夫賞歎久之。謂視慈仁碧桃，又有仙凡莊冶之别矣。方勉甫舍人、受甫户部兄弟偕周伯蓀編修蘭、梁兵部有常設飲西院，甹邀入席。院之前楹有井泉，極清洌，勉甫兄弟携龍井茶烹之，色味俱佳。傍晚酒畢，至後院户牖看野色。松柳卓峙，新緑滿疇。復至花所，夕陽綺映，裴回久之，始上車入城，由南窪循畦而歸。是日飲微醉，晚風吹面，草緑侵衣，昏暮抵寓。付兩日車錢十二千，王福工食錢十千。夜作書致孝達。閱《古文苑》。得孝達書，約廿一日再游花之寺餞研樵。

十九日癸卯　晨陰，上午晴，下午復陰，有風。逸山來，以新繪謝麐伯《楊祠談海圖》見示。作書致孝達，得復。是日曉卧，中疾動，憊甚。閱《古文苑》。夜雨達旦。

二十日甲辰　晨溦雨，上午止，終日陰。閱《古文苑》。買筆楮數事。作書致孝達，乞題《沅江秋思圖》便面。夜爲伯寅題《藤陰老屋勘書圖》，得五古四十韵，圖爲吴編修大澂所畫，有香濤七古一章，硯樵、逸山五古各一章，皆佳。又户部郎錫縝五古長編，句法清老，而用事多舛駁，然亦近時之矯矯者矣。户部字厚安，丙辰進士，署中所稱姚、楊、錫三大將之一也。楷法亦秀健。

二十一日乙巳　晴陰埃瞖，氣燠地潤。晨題圖訖，即作書致伯寅。香濤訂廿三日花之寺公餞。寶卿來，吉臣來，朱鼎甫來。得伯寅復。作片致許竹篔，約同游極樂寺。方勉甫來，紫泉來，約明日偕竹篔醵飲極樂寺。得竹篔復，言明日之游，方、濮、許三君外，尚有金華人余子駿烈、章端甫，及予共七人。周生文令來，不見。剃頭。夜作書問允臣病狀，且勸其易醫。

二十二日丙午　晨霧，上午晴。早起即呼車進宣武門，出阜成門，沿壕而北，過西直門，再詣極樂寺。是日有雲氣，不能見西山，而前日得雨以後，新緑禯鮮，河流膩碧。過高梁橋以北，浴鵝眠犢，更自宜人。比入寺門，萬花疊錦，望之如珊瑚，紺珠矗綴緑葉間，真奇觀也。東院已爲吴人吴清卿、顧緝庭諸君所占，因偕竹篔坐窗外欄檻，對花吟賞久之。其地花深樹接，當欄一樹，富艷尤絶。垂柳映之，妍奪明霞。前環池水，池外庳墻，遠樹如薺，望不可極。旋坐于西院國花堂。堂前海棠兩株，左邊高過屋梠，花盈萬朵。堂後有叢竹，以緑色波黎窗隔之，翠蔭一室。殿前丁香作花正盛，又頻婆果樹，四五列峙，花開如玉，香溢旃檀，有一樹以海棠合接之，紅白相半，彌可愛玩。山門之西有偏院，雜蒔樹石，中累石數級，覆以方亭一間，顔曰『勺亭』。四眺野緑，高下如繪。西有五塔寺、即真覺寺，建於明永樂時。刺麻寺也。五塔攢竦，殊有光氣。前後多王公冢墓，豐碑宰木，卓立烟際。如明之茶陵李文正，文正墓在畏吾村，去極樂寺里許，今湖南人歲以三月祭之，其父墓亦在此間。國朝之宛平王文靖，皆葬於此。是日春光極麗，士女雲集。海棠花事，已過十分，其花開有大如杯者，間有紅萼，百之一二而已。罷酒，復游三貝子園，有户部司官會飲於此，騶車喧雜。小坐東廊闌上，看水楊柳，偕竹篔至西邊，歷話雲樓，登土山上一空亭，遠見諸湖，湖外雲樹，直接西山。亭外松槐，蒙密不見日景。山下有華神廟。此地勝絶，前游所未至也。晡後回車。歷西直、阜成門，過月壇，經西便門，游天寧寺，登土山，坐塔射山房外，據石几，憑檻看隋仁壽塔，始進廣寧門金之彰義門，今猶呼之。而歸。付車錢七千。

二十三日丁未　晨微陰，上午晴，晡後風。皇上壽節。晨起呼車出門，詣竹篔同游法源寺，古憫忠寺也。丁香二十餘株，作花正繁，寺宇華整，規制甚嚴。山門之内，高松森列。二門以内，皆植丁香，東邊尤盛。又有白皮松一樹，雪幹孤竦。廣庭中爲重臺，登之則星攢玉粲，花頭畢見。此寺建于唐貞觀十九年，太宗憫東征高麗戰亡士卒，因建此以薦福。歷代崇飾，故事最多。而宋末謝疊山復抗節餓死于此，故其寺額，明改崇福，國朝改法源，而今道俗，皆仍古稱。忠義之風，感人深矣。寺尚有唐至德二載碑文及會昌六年、景福元年重藏舍利兩記。其東西雙塔，已不復存。殿前重臺，蓋即《春明夢餘録》所謂『憫忠高閣，去天一握』者也。金史肅，元迺賢、張翥，明袁凱，皆有登憫忠寺閣詩。都中梵刹雖多，大抵創於有明，金、元所建，存者已少。如琉璃廠東之延壽寺，建于遼初。西之永光寺，本元大萬壽寺。一二尚在人耳目，而延壽最號大刹，遼之諸帝屢降鑾輿，金俘道君，亦寓其宇。今僅僧院數間，甚爲湫隘。永光自辨公卓錫，曹洞大興，屏山湛然，皆居坐下，勒碑紀法，允爲名藍，今亦惟寮廡粗存，略無名迹。至天寧之基，肇興元魏，（魏爲光林，隋爲弘業，唐爲天王，金爲大萬安，今額則明宣德中所改也。）然當元末，兵火蕩盡。今寺乃明成祖在藩時所重造，蓋自一塔以外，無昔制矣。其法界代崇，雲構宏峙，緇徒守律，清規不替者，惟憫忠耳。（今寺中正門不開，有宴客者，不得携熏腥入。）京師花事，憫忠丁香，崇效牡丹，（今已枯。）花之、極樂海棠，（極樂本有荷花，今已無。）天寧芍藥，（亦有牡丹及菊花。）豐臺芍藥，（在南西門外，地皆民家，散植村落間，以買花爲業，含萼稍舒，即前儋入城，亦有它植，皆無可留賞。）十刹海荷花而已。慈仁、長椿二寺亦多花，然不名一種。慈仁以殿前雙偃松奇古絶塵，傳爲元時物。（寺建於明成化時，以居周太后之弟吉祥，而相傳寺西北隅有小寺曰報國寺尚存。遼乾統三年尊勝陀羅尼石幢吉祥爲僧後，常宿於此。故猶呼慈仁曰報國寺。然寺額實曰『報國大慈仁』，蓋已兼而有之故。雙松得爲元植。）又有毗盧閣可登眺，故游屐時至。長椿有明孝定李太后九蓮菩薩畫象，寺僧甚秘之，別摹一幅，供之丈室。花之寺，曾侍郎燠所題也。本名三官廟，蓋即韋公寺。劉同人《帝京景物略》所稱武宗朝内侍韋霦所建，賜額弘善寺，在左安門外二里。寺内西府海棠二株，左右列者是也。惜所謂臨流水亭柰子古樹不復可問，而自一井以外，亦並無深豁里許荻花蘆葉之觀。上午詣肯夫，早飯畢，即同出南西門，詣花之寺。荇農、六舟、逸山、廖伯已先在，香濤、味秋、研樵繼至，信甫到獨後。海棠已就零，花大而作白色，無復可觀矣。是日在肯夫處，見鄧嶰筠總督《詩雙聲疊韻譜》《説文雙聲疊韻譜》，王廉生處見許印林所著《經韵》一册，蓋主臧拜經諸君之説，以經文多有韵也。晡後入城。研樵招飲齋中，晚赴之，香濤、信夫、味秋、木夫、廉生皆至，夜初更後歸。大風徹旦。

二十四日戊申　晴，風。研樵、香濤約赴顧亭林祠堂春祭，不果往。庚午同年某某等訂廿七日會飲福興居。後生倦得乙科，自憙可矣，曠日朋飲，牽連老夫，不亦可以已乎！其啓辭理惡拙，尤爲可笑。予既拒絶之，書此以爲子弟之戒。比日游燕過勞，今日倦甚，往往擁書而瞑。然春事無多，既不可坐負流景，而林花悦魂，魚鳥養性，取資幽適，亦不致廢嘯歌。

二十五日己酉　晴燠，晡後有疾風，晚雷電，有雨。得伯寅書，即復。同官榮溥、鈺坤、成允、禄德、俞恒治、景聞、蔡宗瀛等，柬訂廿九日會飲陶然亭。再得伯寅書。寶卿來，付米錢三十五千，計百斤。煤錢七千二百，前日車錢七千。作片致逸山，乞畫《湖塘村居圖》。致研孫，乞書扇。致硯樵，送詩集，致誼亭催畫。

二十六日庚戌　晴，終日大風。再删張文節詩，去四十首，共存百七十首，大致清婉可誦矣。即作書致伯寅。蕚庭來。爲伯寅撰張集序，即作書致之。得伯寅書，贈潤筆銀三十兩，再辭不獲，犒來使錢十千。夜閲《廣雅疏證》。

二十七日辛亥　晴，風時作。鈔書兩葉。得伯寅書，言《孫蓮士集》已刻成，屬爲一校。得竹篔書。得秦宜亭書，送村居圖來，即復，并犒使人錢一千。作書致竹篔，送去前目極樂寺公分錢五千八百。得趙心泉片，言明月初四日福壽堂張樂公宴，同官派分錢五十千，即付之，并賞茶房錢二千。印結局送來是月分結銀八兩。以朱筆校《蓮士集》一過，即作書致伯寅。夜卧甚早，大風屢作。

二十八日壬子　未初二刻一分立夏，四月節。晴，大風。得研樵書，以新刻《詠樓盍簪集》四册爲贈，今蘇松兵備沈君秉成所刻也。自桂德山學士桂霖至研樵，凡九人詩，共十一卷，惟許海秋起居宗衡、王霞舉兵部軒各得二卷，餘皆一卷。姚樫甫來，不晤。贈其尊人所刻《詩詞韻輯》一部，琅嬛仙館本《佩文詩韻》及戈順卿《詞林正韻》也，又贈孟調《西鳧殘草》十册。周生文令來，言允臣病甚危。即作片致肯夫及李芍洲，託其轉請鍾雨人修撰往診。得芍洲復，言鍾君亦病。譚研孫送所書扇來。晡後步詣青廠，視允臣疾，已奄奄綿惙矣。浮質易脆，對之慘然。允臣流涕，甥慰之而出，偕美臣履行其南園，昔年下榻處也。亭石無恙，竹樹半枯，不勝逝華之感。歸寓小憩，夜詣肯夫、研樵，俱久談而回。

二十九日癸丑小盡　晴，巳後大風狂甚，天色黃霧。本司書吏來告，明日奏留引見，且呈堂官考語曰『人精明，辦事練達』，向來部員奏留，例出七字考也。京察一等以及題缺升補，則皆八字。予以癸亥五月到部，及今十年，僅滿三載，計自二月二十二日起，始可論資序補矣。拙於吏事，大率如此。剃頭。上午詣陶然亭，赴同官榮員外、鈺郎中、成郎中等之招。葦葉已舒，水畦卷碧，惜狂飇塵涌，不能展矚耳。晤胡甘伯郎中，酒一行，匆匆辭出。詣孝達小坐，借鄭子尹所撰《鄭學録》二册而歸。

閲《鄭學録》四卷，遵義鄭珍子尹著，所以明康成之學及平生行事也。卷一爲傳注，取《後漢書》本傳而采取它書以爲之注，務詳本事，不及訓詁。卷二爲年譜，分紀年、時事、出處、著述爲四格。卷三爲書目，條舉康成所著書，而系以考證。卷四爲弟子目。其書謹嚴詳覈，於司農家法，可謂服膺弗失者矣。中於不爲父母群弟所容一條，知引《史承節碑》無不字，而尚泥父數怒之之語，以有不字者爲實録，則子尹僻居播州，未見近時阮文達、陳簡莊、錢警石諸家之説，不知元刻《後漢書》本無不字也。子尹此書，本未有名，殁後貴筑黃編修彭年爲名之，前有編修序及《答唐鄂生書》，別録所補正者二十四事。子尹意在墨守鄭學，而編修務欲糾鄭違失，蓋未明著書之體耳。

夜得伯寅書言李祖陶《文録》之陋劣，且索予昔年日記中文字，即復。

壬申上巳日王信甫員外邀同董峴樵游城南龍樹寺峴樵賦詩見寄即次其韵二首

小試郊南騎，芳塵軟不驚。草長知蝶態，水滿得蛙聲。暖日常依闕，輕烟欲抱城。相期投古寺，幢影隔林明。

寥落芳華節，歡游止百哀。柳絲依水檻，花氣出香臺。遠樹壇陰直，浮雲塞上來，烽烟應未静，相勸手中杯。

暮春十四日伯寅孝達招同秦宜亭董峴樵陳逸山吴清卿諸君極樂寺賞海棠酒畢復同游三貝子花園

窮居不知春事至，亂書床頭雜堆置。滿庭積潦草不青，老槐婆娑乏生意。一昨街頭聞賣花，典衣諧價鄰人嘩。丁香紅杏亂栽插，短墻隙壤紛夭斜。侍郎好花復好客，南皮公子興尤劇。招邀共探蕭寺春，詩賭百篇酒一石。驅車争出西直門，平疇萬緑開晴暾。青山婉孌向人笑，恍然身到江南村。高梁之水玉河抱，翠色春陰接瓊島。時聞流出宮中花，浴鴨游魚滿清藻。林陰梵宇沿流開，雜花千樹環講臺。諸天香色現長晝，石幢雲采繽紛來。所惜海棠獨遲發，火速緑章奏何迫。坐失華鬘絶代姿，不遣紅妝勸浮白。董侯戎旃行入關，秦老酒半頽玉山。人生行樂那可極，看花幾度凋朱顔。隔湖灌木何王邸，亭館半傾花石徙。追凉池上林風長，暮靄遥隨晚鐘起。僕夫催返行踟躕，清游不足留畫圖。城東歌舞列紅燭，豈知世上春光徂。是日户部同官招赴城東樂宴。

後三日偕肯夫慈仁寺看花復出右安門訪花之寺海棠遇方勉甫舍人恭釗**兄弟留飲至日暮而歸**

春風十日吹暖晴，結侣又向城西行。慈仁寺中春事早，杏梨緑暗丁香明。玉白花叢間金雀，柍梅滿地燕支落。碧桃一樹朝霞鮮，綽約新嬌倚經閣。僧貧寺寂門常開，卷衣蝴蝶時去來。危梯轡屧出花上，踏青争上文殊臺。回車出城更尋寺，詩老花之有題字。入門錦照緋羅天，雙樹蒸雲一何綺。相輪眴轉七寶裝，朱檐碧瓦危相當。齋鐘一杵散花雨，華嚴色界回春光。京師海棠本第一，此花奇麗尤絶出。猩紅鸚緑天人姿，回首夭桃惝如失。方家兄弟携玉卮，周郎爛醉倒接羅。坐有周編修蘭善飲。紫雲照坐絳仙舞，深杯百罰何須辭。酒罷開窗延野色，夕陽返映艷無極。欲具袍笏拜金神，留此十旬作花國。嗚呼！盛時不遇誠可傷，南鄰張子聞應狂。是日期孝達不至。

後四日偕許竹篔編修景澂方勉甫舍人濮紫泉兵部子潼朱鼎甫孝廉一新兩同年再至極樂寺看海棠復游可園而歸

鳳城一雨花更嬌，嬉春排日無停鑣。命儔夙戒起清旭，馬蹄又踏高梁橋。阜成門外緑莎軟，清絶壕流荻芽短。浴鵝眠犢更宜人，故里風光客中滿。寺門尚遠花光來，漫天錦繡連雲開。下者珊瑚上虎魄，細亦玉樹堆玫瑰。天公鬥巧乃至此，令人一步千徘徊。國花堂前艷尤絶，寶釵十萬亭亭列。朱闌一曲垂緑楊，却襯臨風舞迴雪。幢幢佛殿金鑪烟，鹿苑柰花開滿前。就中一樹最殊麗，棠梨牉合成雙妍。花紅玉白眩香國，雪膚丹頰真天仙。寺僧以海棠接頻婆果樹種之，香色尤絶，頻婆果樹，即柰之别種也。平生看花未曾飽，何惜銀罌百回倒。羡煞優曇深擁簾，白頭僧向花中老。誰家繡轂吹香塵，花叢接隊紅裙巡。蝶醉鶯酣雜語笑，時見緑葉銜紅巾。碧紗如烟隔窗影，掩映花枝出深靚。繁華一夢狂英飛，晼晼夕陽在西嶺。五塔寺前光氣多，茶陵祠墓扃烟蘿。幽尋更入廢園去，相約薰風來看荷。寺西爲真覺寺，中有五塔，李西涯墓在畏吾村，去寺里許。

次日復偕荇翁孝達肯夫逸山麐伯味秋六舟諸君過花之寺餞峴樵同孝達作孝達以花事已過爲恨即取其意調之

前日極樂寺中，紅苞緑葉含火珠，今日三官廟裏，殘香淡艷凋珊瑚。人間萬事無躊躇，春風一瞬形神徂。張子好游兼嗜書，十日不出横琴居。招邀餞客城南隅，韋公舊寺重停車。水亭柰樹今已無，殿前對峙雙錦株。絳雲疊鬟玉作趺，看花已晚成歎吁。回首紅萼梢頭初，生小無人迴清矑。翾風雖老情有餘，孝達詩以房老爲比。緑珠未墜終絶殊。人生有酒連百壺，東寺西寺隨所驅。檀槽玉笛紅氍毹，果騮倒載傾城姝。緑韝監奴携行廚，新詩題遍纖羅襦。夕陽醉索花影扶，及時不樂胡爲乎。我曹局㾗轅下駒，通塞雖異貧一涂。流連光景多憂虞，尋春作達聊相娱。西行萬里董大夫，持君一觴花擁旟。明年隴首春何如，莫忘今朝花下譽。

夏四月甲寅朔　晴。昧爽起，坐車至東華門，詣内閣俟驗放。坐於大學士直堂，門外懸順治十一年聖旨云：『機密重地，一應官員不許擅入，違者治罪不饒。』滿漢金書。堂上懸乾隆九年御書『調和元氣』四字，額左懸嘉慶二十年御製内閣箴，亦滿漢書。其旁懸累朝上諭六道，黄瓦朱扉，中施簾幕。巳刻派驗放王大臣，六額駙、單吏尚等四人。至是日驗放者四員，户部三員，一題升員外吴某不至，一奏留員外福建馬某年四十餘，狀若風狂，此中真罯生道也。出協和門，遇逸山，以遞奏摺也。詣理庵，久談。出城詣温味秋，晤謝麐伯，午後歸。錢辛伯來，久談。姚樫甫來，不值。是日覺感觸中悶不快。

初二日乙卯　晴有風。聞允臣於昨日卒，即驅車往吊。允臣未嘗學問，而極傾折於予，惓惓畢生知交中所少也。本擬撫屍哭之，其家固辭而歸。姬人詣朝陽門外元之德勝門，今猶沿故稱。東嶽廟燒香。予素禁止家人入廟，而以姬今年三十矣，固求禮佛懺悔。婦人之愚，難以理曉，且此廟制嚴而地僻，司命之説，於古有徵，因令一往。廟中本有元人劉元今誤爲劉鑾，鑾乃金末元初人，亦善塑像，嘗塑燕四賢祠，見郝伯常《陵川集》，元官昭文館大學士、正奉大夫、秘書監卿，見《元史·方技傳》。所塑諸神像，奇妙殆絶，今蓋已久易矣。得姚樫甫片，催撰其尊人壽序。予本不以此事應人，况致堂年僅五十，與予相若，亦不宜在稱壽之列。至唐人以同中第者爲同歲生，亦曰同年。自是汔明，相沿成俗。然祗及進士，不及舉人。國朝以來，舉人漸亦稱同年，然祗及同榜，不及它省。近日士不務學，專競聲氣，借此爲徵逐梯媒之緣。又惟以勢利爲高下，以酒食爲冷熱，反面易觀，不如陌路，此衣冠之惡習，最可痛恨者也。予年長矣，豈尚以區區乙科，自屈輩行，致卑鄙流俗之稱於年少白面之子，而人不自量，難以户曉，可歎也夫！是日覺身熱，口耳鼻間俱有火氣，夜患咳嗽。

初三日丙辰　晴。作書致琴巖，爲姚樫甫壽文也。又作片致樫甫。是日身熱，咳嗽益甚，飲麥冬青果湯。卧閲戈順卿《詞林正韵》，前有《發凡》一卷。順卿自以專力於詞，能辨别宫商，較量分寸，其實不過奉白石、玉田之詞爲金料玉律，妄言律吕，不識烏焉，一村學究之見解耳。得秦宜亭書，約明日飲宴賓齋，辭之。得琴巖復書。

初四日丁巳　晴，有風。得椖樵書，并惠題《湖塘村居圖》五古一首，甚雅鍊可誦。作書復峴嶕。作片致趙心泉，以今日福壽堂公燕同官，不能赴也。免此冢間一坐，病之惠我厚矣。是日始吃粥，仍飲麥冬青果湯。夜服梨汁，不快。

初五日戊午　晴。精神稍佳，仍飲麥冬湯。姚樫甫來，不晤。戴霖祥郎中來，不晤。陳逸山來，且邀飲，不能見。吴松堂約初九日飲如松館。始買豌豆食之，甚佳。有鄰女上樹擊鵲巢，墮其雛，苦禁之不得。北婦人之頑悍，固不可以仁心化，而京官勢力至不能庇一鵲，可歎可歎。謝夢漁給諫來，不能見。寶卿來，夜談。

初六日己未　晴。得紱翁書，索觀詩集。得硯樵書，還詩集。作書致硯樵，極言作詩甘苦。以硯樵題予詩，謂初學温、李，繼規沈、宋，予平生實未嘗讀此四家詩也。義山七律有逼似少陵者，七絶尤爲晚唐以後第一人，五律亦工，古體則全無骨力。飛卿亦有佳處，七絶尤警秀，惟其大恉，在揉弄金粉，取悦閨襜，蕩子艷詞，胡爲相儗。至於沈、宋，唐之罪人耳。傾邪側媚，附體僉壬，心術既殊，語言何擇。故其爲詩，大率沿靡六朝，依託四傑，浮華襞積，略無真詣，間有一二雕琢巧語而已。雲卿尚有盧家少婦一律，粗成章法，『近鄉心更怯』十字，微見性情。延清奸險尤甚，詩直一無可取。蓋不肖之徒，雖或有才華，皆是小慧，必不能抒揚理奥，託興風雅，其辭枝而不理，其氣促而不舉，縱有巧麗之句，必無完善之篇。硯樵溺志三唐，專務工語，故以此相品藻。予二十年前，已薄視淫靡麗製，惟謂此事，當以魄力氣體，補其性情，幽遠清微，傳其哀樂。又必本之以經籍，密之以律法，不名一家，不專一代。疵其浮縟，二陸、三潘，亦所棄也。賞其情悟，梅村、樊榭，亦所取也。至於感憤切摯之作，登臨閑適之篇，集中所存，自謂雖蘇、李復生，陶、謝可作，不能過也。硯樵之評，實深思之而不可解。以詩而論，世無仲尼，不當在弟子之列，而謂學温岐、規沈、宋乎？

前日香濤言，近日稱詩家，楚南王壬秋之幽奥，與予之明秀，一時殆無倫比。然明秀二字足盡予詩乎？蓋予近與諸君倡和之作，皆僅取達意，不求高深，而香濤又未嘗見予集，故有是言也。若王君之詩，予見其數首，則粗有腔拍，古人糟魄尚未盡得者。其人予兩晤之，憙妄言，蓋一江湖唇吻之士，而以與予並論，則予之詩亦可知矣。香濤又嘗言，壬秋之學六朝，不及徐青藤。夫六朝既非幽奥，青藤亦不學六朝，則其視予詩，亦并不如青藤矣。以二君之相愛，京師之才亦無如二君者，香濤尤一時傑出，而尚爲此言，真賞不逢，斯文將墜，予之録録，不可以休乎！逸山嘗言：『以王壬秋儗李炁伯，予終不服。』都中知己，惟此君矣。此段議論，當持與曉湖語之。

學詩之道，必不能專一家，限一代。凡規規摹儗者，必其才力薄弱，中無真詣，循墻摸壁，不可尺寸離也。五古自枚叔、蘇、李、子建、仲宣、嗣宗、太冲、景純、淵明、康樂、延年、明遠、玄暉、仲言、休文、文通、子壽、襄陽、摩詰、嘉州、常尉、太祝、太白、子美、蘇州、退之、子厚以及宋之子瞻，元之雁門、道園，明之青田、君采、空同、大復，國朝之樊榭，皆獨具精詣，卓絶千秋。作詩者當汰其繁蕪，取其深蘊，隨物賦形，悉爲我有。七古子美一人，足爲正宗。退之、子瞻、山谷、務觀、遺山、青丘、空同、大復可稱八俊。梅村别調，具足風流，此外無可學也。五律自唐讫國朝，佳手林立，更僕難數，清奇濃淡，不名一家，而要必密實沉著爲主。七律取骨於杜，所以導揚忠愛，結正風騷，而趣悟所昭，體會所及，上逢東川、摩詰，下至公安、松圓，皆微妙可參，取材不廢。其唐之文房、義山，元之遺山，明之大復、滄溟、弇州、獨漉，國朝之漁洋、樊榭，詣各不同，尤爲絶出。七絶則江寧、右丞、太白、君虞、義山、飛卿、致堯、東坡、放翁、雁門、滄溟、子相、松圓、漁洋、樊榭十五家皆絶調也，而晚唐、北宋，多堪取法，不能悉指。我朝之王、厲，尤風雅替人，瓣香可奉。五絶則王、裴，其最著已。平生師資學力，約略在兹。自以爲馳驟百家，變動萬態，而可域之以一二人，賞之以一二字哉！蓋今之言詩者，必窮紙累幅，千篇一律，綴比重墜之字，則曰此漢、魏也；依仿空曠之語，則曰此陶、韋也；風雲月露，堆砌虛實，則以爲六朝；天地乾坤，徉狂痛哭，則以爲老杜；雜填險字，生凑硬語，則以爲韓、孟。作者惟知剿襲剽竊，以爲家數，觀者惟知景響比附，以爲評目。振奇之士，大言之徒，又務尊六朝，而薄三唐，託漢、魏以詆李、杜，狂譫寱語，陷於一無所知。故自道光以來五十餘年，惟潘四農之五古，差有真意。而七古儜弱，諸體皆不稱。魯通甫筆力才氣皆可取，而工夫太淺，格體不完。其餘不乏雅音，概無實際，欲救乾嘉諸家之俳諧卑弱，而才力轉復不逮，此風會所以日下，而國朝之詩遂遠不如前代也。

道光以後名士，動擬杜、韓，槎牙率硬，而詩日壞。咸豐以後名士，動擬漢、魏，膚浮填砌，而詩益壞。道光名士苦於不讀書而騖虚名，咸豐名士病在讀雜書而喜妄言。

得硯樵復書，言所評非本意也。再索詩集去。又復一書，備言以人品定詩品之恉。得伯寅書，屬題安期生、東方曼倩二圖。得姚致堂孟縣書。作書致王萩子，問行期。再得硯樵復。買紙裁作横幛二幅，欲乞温宫贊繪《三山世隱圖》，吴編修繪《城西老屋圖》。夜擬圖略兩紙，故鄉風景宛在目前矣。三山世隱者，以梅溪府君有《龜山垂釣圖》，龜山即方干島也。又嘗與厲先生煌等營詩巢於湖桑埭，曾祖有《柳西按笛圖》，柳西爲柳姑祠之西，明司理劉澹尹建柳西别業，園林甚盛，今其扁猶存。先本生王父尤愛畫橋紅樹，時携予往觀，賦紅樹詩前後十餘首，嘗欲繪《畫橋載酒圖》不果，而予家田業又多在魯墟、石堰，其地皆系三山村落，湖山夙稱秀絶，故爲圖以志之。作書致香濤，乞題秦宜亭所畫《湖塘村居圖》。是日以作字過多，咳嗽大作。

初七日庚申　晴。作書致温味秋贊善，乞繪圖及扇。作書致紱丈，作書致硯樵，取回詩集。得硯樵復。王萩子來。温味秋來。再得紱丈書，借詩集。

邸鈔：李鴻章奏爲原任河南南陽鎮總兵記名提督王萬釗請優恤予謚。詔：著照提督軍營立功後病故例從優議恤，並加恩予謚。謚勇毅。

初八日辛酉　晴，下午大風。作書致味秋。贈以上虞王氏所刻《天香樓藏帖》一部，帖凡十集，先編金、石、絲、竹、匏、土、革、木八集，續編西文二集，多明季國朝人書，内文待詔八十歲後小楷《出師表》最佳，汪退谷楷書先梅谿府君《鑑湖垂釣圖記》及所題長歌在土字集第十五葉，以府君記及汪詩言三山風景極備，故持贈贊善，可按而圖之。閱《五經異義疏證》。作書致硯樵。得紱丈書。得硯樵復。

肯夫來久談，至晚去。夜風，三更時雷雨，旋止。

邸鈔：左宗棠奏甘肅提督馬德昭請開缺回籍葬親。許之。

初九日壬戌　晴。閱《五經異義疏證》。得紱丈書，還詩集，即復。得研樵書，并別撰題詞一通，則許以老杜矣。性識素定，豈可雰哉。然硯樵之謙退，予之直諒，亦近世所少。因復作書，略言今日名士流弊，可以相戒相勉之故。賓卿來。是日憊甚，咳嗽大作。

初十日癸亥　晴，大風徹旦夜。秦宜亭約十四日夜飲。

邸鈔：御前大臣、正藍旗滿洲都統郡王銜貝勒溥莊卒。詔賞銀四百兩，經理喪事。刑部尚書全慶充翰林院掌院學士。協辦大學士文祥稽察欽奉上諭事件處。以詹事府少詹事黄鈺爲詹事。以右春坊右中允楊紹和爲司經局洗馬。彭祖賢仍補太僕寺少卿。以工部郎中宗室奕沆爲内閣侍讀學士。貝勒奕劻調補正藍旗滿洲都統。前閩浙總督英桂補授鑲紅旗漢軍都統。以陝西漢中鎮總兵李輝武爲甘肅提督。記名總兵田宗揚補授漢中鎮總兵。沈玉遂補授甘肅河州鎮總兵。成俞卿補授湖北鄖陽鎮總兵。鞠耀乾補授福建南澳鎮總兵。刑部郎中倪文蔚授湖北荆州府知府。前雲南順寧、浙江處州府知府清安授山西朔平府知府。

十一日甲子　晴，風至傍晚止。剃頭。得陳藍洲、王眉叔三月廿七日杭州書。閱俞理初《癸巳存稿》，其學務雜博，而時有小説氣。《酷儒莠書》《愚儒莠書》諸條所徵，挂漏之甚，而又多不確當。洗足。得伯寅書，屬題《東堂喜雨圖》，去年知貢舉時志春圃侍郎所繪也。即復。晚飯於庭中槐陰下，月景隔樹，流光滿案，因以一詩寫之云：『攝疴不出門，風定啓蘿幔。移床就樹陰，惜此小庭晏。鵲語檐間親，蛛絲花際亂。韭簌出我廚，言趁夕時飯。初月生槐間，流光滿几案。恍惚山中居，松輝落琴薦。

幽思無取盈，即景此焉眷。碧雲天末來，茶香與心遠。』此等詩淡遠中字字有名理，無一虛飾，非唐之儲祝、常尉，明之徐昌穀、高叔業、四皇甫輩所能到也。漁洋五言，僅知以清悟勝，而不知其悟入之處，所謂有遠體無遠神。然予詩自是七古第一，七律第二，五古第三，此等詣又是五古之第二乘耳。

十二日乙丑　晴。爲伯寅題安期棗、方朔桃七古各一首，又題《東堂喜雨圖》七絶二首云：『五雲捧詔領群英，閑向東堂品雨聲。官燭摇銀香燼落，緑槐風裏斷茶笙。』『春疇水滿喜堪知，報賽應宣供奉詞。時大内方禱雨。想見滿堂鼾睡客，垂簾據几獨聽時。』蓋伯寅久不得主文，去年知舉，非其雅意，故昨書謂與予之不第同一氈毦也。詩中微恉，可以求而得之。作書致伯寅。作書致姚樫甫，以前日其尊人致堂書言助王平子歸柩銀二十兩，已付樫甫，今因屬樫甫轉交琴巖也。香濤來久談，至晚去。黄昏時有風。

邸鈔：朱鳳標奏假期已滿，病仍未痊，懇請開缺。詔：再賞假兩月，安心調理，毋庸開缺。

十三日丙寅　晴，微陰。咳嗽疲甚，卧閲吴梅村詩。對門王澍指揮嫁女，送分子二千。王爲山陰人，不知其所出。吾邑人專爲此等雜流官，内而兵馬司、光禄寺，外而巡檢、典史，盈千累萬。蓋皆駔儈之變計，胥吏之窮途，士類所不通，鄉評所不及。如近日五城正副皆系越籍，而里居族姓，皆茫然莫辨者也。吴金輅來，甚可厭。作書致江西平景蓀、浙江秦澹如，皆謝其饋銀也。又作書致季弟。予家諸兄弟皆録録阿奴，至半年有餘不得家信，可恨也。今稍督數之。夜二更時大風狂甚，東城火發。

邸鈔：巡視北城御史奇臣等奏初五日夜盜劫正陽門外延壽寺街刑部主事劉有科家，刃傷有科手及腕。外城向多穿窬而無劫盜，以民居稠密也。自去冬金井胡同兵部主事白某家被劫無獲，今再見矣。有詔嚴飭捕務。

十四日丁卯　上午晴，下午有風旋陰，溦雨即止。作書致江西學政李學士師、浙江仁和知縣陳討堂師、嘉興教授嚴菊泉師，皆數百言，作小楷，甚覺勞也。李書託景蓀轉遞，陳、嚴二書託澹翁轉遞。得伯寅書，詢藥粥及過節費，其意甚可感，即作復辭之。香濤約明日飲宴賓齋。同律堂書賈來，付以銀四兩五錢，爲汲本《魏書》及《唐兩京城坊考》之直，還其《寰宇記》《列卿年表》兩書。竇卿來。伯寅柬訂十七日晚飲。傍晚詣錫金館，赴宜翁及子敬之招。宋雪帆閣學、潘星丈、紱丈及胡雲楣等已先至，且爲予呼芷秋矣。肴饌兼吴味，頗精，諸郎沓至，各擫笛度曲，更餘而散。夜又有風。

十五日戊辰　丑正三刻十二分小滿，四月中氣。晴，微陰有風。鈔書兩葉。閱張碩州所輯《閻潛丘年譜》。潛丘學有精到處，而學究氣太重，其行事實鮮可述，其子詠所撰行述，敘次尤陋。碩州蓋以鄉誼，故與亭林並譜之。然顧之與閻相去當不可道里計耳。傍晚詣殷蕚庭小坐，即赴香濤宴賓齋之招，硯樵、逸山、廉生繼至，夜更餘歸。都中苦無佳茗，而予又絶嗜之，去年所携已早盡，惟用薰葉而已。前日肯夫分惠龍井兩小瓶，憙甚而惜之不遽開，昨夕烹之，則已久蒸鬱，色味俱壞。今日遣人至東頭買薰葉，較西頭稍佳，而價甚貴，且亦只有花氣耳。念故鄉平水、紫洪、上竈諸山雨前緑芽，不啻明星玉女矣。

十六日己巳　晴。咳嗽稍止，方擬補作前日花游諸詩，而俗客沓至，遂敗此意。王子敬來。姚樫甫來，交到其尊人所寄孟調歸櫬費二十金，以琴巖不肯任經理，而事尚未集，樫甫將出都，故㽙委之予而去。得謝麐伯片，言二月松筠庵之飲，人醵費二十千。得孫生子宜去年十月書。周吉臣來，言以病，將以二十四日出京。吉臣新咯血，瘠甚，不能食，此狀殊可憂。作書致樫甫，送其省覲河南。夜初有風，微雨，旋月出如畫。作片致麐伯，并公費錢二十千。

十七日庚午　晴。宋雪翁、秦宜亭邀夜飲萬興居，辭之。剃頭。午後訪雪帆閣學，不值。詣香濤小談，詣肯夫、寶卿，俱不值。晡後赴伯寅之招，夜飲於半舫，同坐十四五人，香濤、硯樵、逸山、宜亭、麐伯、六舟、廉生、胡甘伯、許鶴巢皆在，更餘歸。失去銅水烟管一具。若是乎從者之廋與灾星所隨，貪狼變幻，亦可笑矣。

十八日辛未　晴，上午有風。早睡，中疾動。得王子裳二月寧海書，言仍主講緱城書院，并惠寄番銀十圓。束修之芊，所得有幾，而承分惠意過厚矣。平生此感，何可多得！牧莊來，并以所借書見還。夜再爲峴樵題秦宜亭所畫太華衝雪第二圖，得七古一首云：『都下幾人畫山水，錫山秦叟稱能工。吮豪索價頗自惜，襪材曾被嘲凡庸。一朝爲君拂絹素，經營慘淡天外峰。玉蓮朵朵入雪色，松根樵徑微能通。金天惝恍失奇氣，靈泉百道凝瘖龍。危橋盤磴何歷落，時見木末緣奚僮。所恨點綴特丘壑，轉於側面摹巃嵸。天門虎豹不可上，明星玉女誰爲容。使君峰距本孤抗，欲排閶闔凌長風。凉州不用美酒博，防秋乘障徒書功。瓊樓高絶難再至，觚棱曉夢瞻曈曨。廷推秦隴易方面，帝曰汝往臨西戎。河湟烽火斷右臂，單車亟馳扼賊衝。書生報國當在此，探奇覽勝奚稱雄。氛祲霽盡嶽色見，岷峨萬里青濛濛。長安偃卧一蟣虱，賦詩跌蕩長終窮。』詩成，即作書致研樵。得研樵復，謂學韓至此直噬其臍。此語亦僅髣髴耳。

十九日壬申　晴。早疾又動。作書致肯夫，約過談。作書致香濤，示以昨詩。得香濤復，言予詩雄秀二字，皆造其極，真少陵嫡派，其火候在竹垞、阮亭之間。竹垞、阮亭七古，皆學杜也。此語殊誤。阮亭七古平弱已極，無一完篇，豈足語少陵宗指。竹垞亦僅規東坡耳。若予此詩，儗之空同、大復，則殆庶乎！作片致陳六舟，爲草廠王嫗求支寡婦糧事。牧莊來。再作書致香濤，申言作詩宗派及李、杜、韓、白、王、孟、錢、劉、沈、宋、温、李諸家之優劣。顧緝庭工部肇熙來。偕牧莊詣肯夫，談至夜飯後歸。再得孝達書。

二十日癸酉　晴。鬱悶，午噎有風。鈔書兩葉。作書致肯夫，借《龍城札記》。得廖伯片，約明日偕游崇效寺觀青松紅杏卷。作書致香濤催詩。得孝達復。廖伯來。午後詣吉臣、逸山、硯孫，俱晤。詣胡雲楣、顧緝庭，俱不值。詣王信甫，晤。送研樵行，不值。宋雪翁來，不值。作片致研樵，得復。夜初更小雨，三更後又雨，稍密有聲。得研樵書，饋白金十兩，即復謝。

二十一日甲戌　終日密雨，傍晚大風。補鈔《龍城札記》兩葉，又別鈔書半葉。閱鄧嶰筠《詩雙聲疊韵譜》，凡分四目：曰錯綜，曰對待，曰累句，曰單辭。謂錯綜爲古人巧思，對待爲作者常例，累句偶見，單辭最多。大率通所可通，而不彊通所不通，猶有亭林、慎修諸君家法。以虞協侯，不從顧而從江；以妻韵室，不從段而從孔，亦爲謹嚴。前有自序及凡例八則，持論皆佳，惜於古音同異之故，俱不標注，過爲簡略，又其中可補者尚多耳。此書與《説文雙聲疊韵譜》皆成於總督兩廣時，俱有番禺林伯桐序。以駢儷言音韵之學，原流深邃，裁制精工，亦近世之名篇也。林字月亭，廣東舉人。

二十二日乙亥　晴。作書致肯夫，還《龍城札記》，得復。王信甫約同峴樵、荇翁、逸山夜飲燕賓齋。鈔書一葉。得曉湖正月廿八日浦江書。作書致硯樵。理庵來。作片致信甫，辭飲。是日以案几間爲書册所壅，復大料檢之，移置數部於聽事，甚覺疲乏。

二十三日丙子　晴。得顧緝廷工部書，屬題其叔祖南雅通政所畫紅梅。爲濮紫泉評選李紳琦《駢體文鈔》。肯夫來。作片招牧莊共話。作片送硯樵行，得復。作片招寶卿夜談。夜初更後，肯夫諸君去西鄰冶鐵家鑄鐘，鼓橐吹鞴，其聲甚喧，鷄鳴始罷。

二十四日丁丑　晴。以内城糕餅一匣、杏麥粉飴一合饋吉臣，作書致之。吉臣來，言準以廿七日行。吴松堂來。潘孺初户部來，適倦卧不晤。孺初名存，瓊州人，辛亥舉人，年五十餘矣，工詩耆學，有古君子風，與逸山同寓。逸山來，番禺廖雲鼇兵部來，雲鼇名鶴年，乙丑會元。二君邀飲，以腹疾不赴。爲顧輯廷畫幅書一詞，即作片致之。

二十五日戊寅　晴。得香濤書約同過崇效寺，看青松紅杏卷。得二妹夫張文溶四月十一日上海信，言已由粤返越起復矣。貧甚可念，年少不識丁字，又無技能，恃一卑官，漸染惡習，不知何以自活。剃頭。得謝麐伯片，約同游崇效。上午詣王子敬小坐，見潘星翁及秦宜亭爲所畫扇俱細皴密字，稱謂甚恭。兩君於後生皆以文人自居，子敬年少卑秩，何以致敬，若此蓋重其爲外吏，不無覬望，又酒食徵歡，其交易密耳。宜亭江湖老客，固不足責。星翁年位俱高，似稍失中朝老輩之體。午訪廖雲鼇而歸。晡詣香濤，同麐伯、六舟、肯夫、廉生偕至南下窪之西，遍訪崇效寺，古棗花寺也。唐幽州節度使劉濟舍宅所建。事載《析津志》。見《永樂大典》徐星伯説。寺中牡丹，昔時最盛，有緑墨二色異種，又多雜卉。今廊廡半圮，殿門僅存，僧徒貧甚。聞其中花木多賣於人，庭院荒蕪，幾斷行迹。殿後藏經閣尚無恙，殿西破屋數間，壁嵌唐王仲堪墓志，吴荷屋中丞得之廣渠門外者。徐星伯有記，亦刻石。其外爲西來閣，已傾陊不可登矣。寺僧出青松紅杏卷觀之，康熙時盤山僧智朴字拙安，結庵青溝，繪爲此圖。一老僧憑松而立，蒼枝虬互，紅杏夾之，一沙彌手執一芝立其下。有康熙辛未王漁洋題詩，癸酉朱竹垞題詩，前有行書青松紅杏圖四大字，蓋亦出漁洋筆也。其後如陳子文、查初白、翁覃谿、法時帆、吴蘭雪皆有詩，桂未谷、孫淵如諸公題款尤夥，而野僧貴官之惡札亦相厠雜。然寺僧頗秘之，不輕視人也。傍晚復游龍泉寺，觀張茶農深所繪龍泉寺圖，甚深秀，寺屋華潔，僧富而壽。香濤謂是良田廣宅供養所致也。以香茗飲客，爲盡數杯。偕肯夫立寺門外看西山晚霞，相賞有越中里居意。廖伯邀夜飲燕賓齋，肯夫去，逸山來，二更歸寓。擬賦長歌紀其事。

邸鈔：上諭：彭玉麟、李瀚章、黄翼升奏特參長江水師庸劣各員請旨分別革懲一摺。簰洲營都司記名總兵蔣振元等二人革職，永不敘用。岳州中營候補參將劉義方等十四人革職，不准投效別營希圖開復。荆州營都司記名總兵李大鵬等四人，摘去頂翎以觀後效。田鎮營都司記名總兵梁永學撤任，勒令回籍，不准留營效力，以示懲儆。仍著彭玉麟隨時稽察，認真整頓。所劾諸弁，有把總儘先游擊者二人，外委儘先游擊者一人，千總記名總兵者一人，階職相懸，蓋如唐之中晚有以牙將而檢校三公者，有以軍校而封開國公者，其文臣則有以別駕而檢校御史大夫者，有以縣丞而加勳上柱國者，今京官亦有之。如杭州蔡某以中書而加按察使銜以道員用。其編檢之加學士主事之銜三品者，指不勝屈矣。附書于此，以志世變。

二十六日己卯　晴曀鬱悶。作片致廖伯。課僕掃除花下積穢。得廖伯片，託寄山陰李縣尉書。作書致季弟，并緘銀十兩、英銀十圓，寄内子爲家用。又作書致梅卿，作書致孫生子宜，并還沛亭所詒墨兩匣。晚作片致吉臣，以書件託其附去。夜初更大雷雨，旋止。

邸鈔：楊昌濬奏爲殉難道員繆梓請謚。梓，江蘇舉人，由知縣起家，稱能吏，曾署紹興知府。喜交結傾險之士，以貪酷聞。咸豐十年署鹽運使，守杭城，所部先潰，遂死。庚申杭州之陷，論者多歸獄之。上諭：已故浙江金衢嚴道繆梓加恩予謚，並將事蹟宣付史館立傳。賜謚武烈。上諭：翰林院侍講孫詒經奏天象可畏請遇灾修省一摺。朕臨御以來，兢兢業業，宵旰不遑，期與中外臣工，共求上理。方今軍務未竣，民氣未舒，正君臣交儆之時，豈上下恬嬉之日。矧值本年五月初一日日蝕，上蒼示警，寅畏益深。該侍講所陳隆孝治勤政理，親君子遠小人，並崇儉黜浮各節，披覽之餘，實深嘉納。爾中外大小臣工，亦當振刷精神，各勤職業，以迓祥和，而消沴戾。竣字平聲，在一先，此詔代言者似讀爲仄矣。上諭：朕奉慈安皇太后、慈禧皇太后懿旨，本月十九日據通政使司副使王維珍奏請益廣孝思以臻豫順一摺。覽奏殊深詫異。皇帝冲齡踐祚，于今十有一年，侍奉晨昏，孝養無間，當亦在廷臣工所共知。王維珍摺内所稱先意承志，幾諫不違，孝思維則，基諸宫庭等語，不知意何所指。似此任意揣測，信口妄言，實屬荒謬。王維珍著交部嚴加議處，原摺擲還。小人之用心，亦何所不至哉。西朝自三月初旬違豫，久不視朝，外間頗有異論。夫己氏遂以此嘗試之。鬼蜮之技可謂險矣，卒無逃于光天之照，何哉！

二十七日庚辰　陰晴餖飣，下午雨旋止，傍晚有日景。上午出送吉臣行。謝夢翁來，不值。劉副都師約後明日午飲。

鄭君《後漢書》本傳，言八世祖崇，哀帝時爲尚書僕射，《唐史承節碑》同。崇字子游，班書有傳，云本高密大族，祖父以訾徙平陵。鄭君傳稱北海高密人，不知以何世還歸故國，史無可考。而賈公彦《周禮疏》云鄭氏者，漢大司農北海郡鄭冲之孫，見卷首原目鄭氏注下。范書但言父數怒之，而無名字，亦不及其祖。鄭君《戒子書》亦言吾家舊貧。不知賈氏何所據也。鄭君《周禮序》云：『二鄭者謂大中大夫鄭少贛及子大司農仲師。同宗之大儒。』賈氏《周禮》卷一辨方正位下疏云：『二鄭皆康成之先，故言官不言名字；杜子春非己宗，故指其名。』案范書：鄭興字少贛，河南開封人。《唐書·宰相世系表》曰：『鄭君生當時，漢大司農，居滎陽開封，生韜，韜生江都守仲，仲生房，房生趙相季，季生議郎奇，奇生穉，穉生御史中丞賓，賓生興。』《史記·鄭當時傳》云陳人。其傳末云：『兄弟子孫至二千石六七人。』《漢書》作昆弟二千石者六七人，俱不詳其名。而《鄭崇傳》云父賓爲御史。《唐表》乃云御史中丞賓生興。豈與崇之父是一人耶？歐陽此表，荒率多不足據。近人鄭子尹謂古人於同高祖者稱同族，同始祖者稱同宗，不同宗族者稱同姓。康成於二鄭蓋同始祖者，其説是矣。至仲師之後甚盛，其曾孫公業與鄭君同時，范書別有傳。而賈氏乃以二鄭爲康成之先，其誤亦明。子尹又謂賈氏厓誣，何哉？

《鄭學録》之誤，又有三事：第五元見《太平御覽》引《康成別傳》，爲故兖州刺史。子尹誤讀元先爲句，以爲是其人之字，當爲博士，而別無可考，一也。張恭祖，《史承節碑》作張欽祖者，以碑爲金承安五年所重立，故避顯宗允恭諱，易爲欽，猶宋人諱敬，凡敬皆易爲恭，子尹以爲未詳，二也。《毛詩譜》今行世有戴氏震本、吴氏騫本，皆校補精密，釐然復故，遠勝歐陽永叔之顛倒妄補，而子尹以爲今僅有歐陽本，三也。

邸鈔：上諭：何璟、英翰、李翰章先後臚陳曾國藩歷年勳績。英翰、李瀚章並請于安徽、湖北省城建立專祠。又據何璟遵查該督子孫，詳晰覆奏。披覽之餘，彌增悼惜。曾國藩器識過人，盡瘁報國。當湘、鄂、江、皖軍務棘手之際，倡練水師，矢志滅賊。雖屢經困阨，堅忍卓絶，曾不少渝，卒能萬衆一心，削平逋寇。功成之後，寅畏小心，始終罔懈。其薦拔賢才，如恐不及，尤得以人事君之義。忠誠克效，功德在民。允宜迭沛恩施，以彰忠藎。著于安徽、湖北省城建立專祠，此外立功省分，並著一併建祠。伊次子附貢生曾紀鴻、伊孫曾廣鈞均賞給舉人，一體會試。曾廣鎔賞給員外郎，曾廣銓賞給主事，均俟及歲時分部學習行走。何璟、英翰、李瀚章摺三件，均著宣付史館。

二十八日辛巳　薄晴，多陰。終日校閲雜書，又稍更置之。家人買玫瑰花曬之，又養蠶一箔，今日半已成繭。夜閲《全謝山集》。

二十九日壬午　晴熱。得伯寅侍郎書，饋賜葛一匹，賜紗一匹，端午餅三合，梨一合。即作小啓復謝，返葛及梨。午赴劉緘三師之招，香濤及江南同門過竹雲、王鶴卿兩孝廉已俱在。飲於素絲堂，去年新闢置也，前後頗有花竹。酒畢，登其北樓，高敞可眺數里，長簾四垂。偕香濤、仙洲及其西席張颸坪茗談久之。颸坪布衣喜言詩，香濤之族子，亦緘師之姻也。晡後歸。朱鼎甫來，不值。閱《全謝山集》。

三十日癸未　上午晴，下午微陰。酉正二刻芒種，五月節，有雷雲合。先本生王父忌日，供饋於聽事，午後始畢。作片致仙洲，以戈順卿《詞韵》借張颸坪。王子敬來。閱《朱竹垞集》。

敬題文宗御畫馬石刻本賜伯寅侍郎上幅有御書少陵詩雄姿逸態四句

嗚呼先皇神聖姿，幾餘宸翰昭華夷。偶然畫出渥洼種，便覺世上無驊驪。龍媒蹀躞自天下，玉花垂髦氣閑雅。驕嘶寫取杜陵詩，迴立俯視曹霸馬。一自御極風塵多，噴沙浴鐵驅渡河。禁中乙夜歎頗牧，披圖索駿將如何。侍郎昔值承明日，密疏薦材頻造膝。不煩赭白賦瑰辭，常恐騏驎眼前失。回首龍髯已莫攀，長憑賜墨想天閑。昭陵石馬同靈異，氣象中興咫尺間。

題峴樵玉泉院聽泉圖二首院在華山下

乍試鳴騶入谷行，嶽池萬仞墮泉清。經房夜雪丹爐閉，此是人間第一聲。

石洞仙人卧冷霞，宮左有陳希夷石洞睡象。御風去訪玉妃家。不知絶頂春多少，流出明星萬點花。

題伯寅藤陰老屋勘書圖

東吳治經藪，惠氏爲適傳。九經徧剬緝，古義遂以宣。書勘梅傳僞，易抉虞義偏。折衷康成氏，一掃性理禪。艮庭與古農，高弟追淵騫。合注復孔籀，鉤沉補唐賢。嶽嶽褚員外，士禮窮鑽研。力闢君善謬，功在賈公彦李如圭先。齦齦王光禄，墨守廿九篇。抉去子雝蠹，日星同回旋。西莊，本嘉定人，後居吴門，其《尚書後案》題曰：東吴王氏學。鏗鏗段大令，許書頻絶編。字必求達詁，二徐破拘攣。賾誼闢奥竅，異文窮波沿。懋堂亦由金壇遷吴門。賴此六君子，孔書明千年。錦帆一涇水，遠與洙泗連。英髦遂踵起，家自勤丹鉛。校讎誰絶出，黄顧稱尤專。孝廉富精槧，百宋溢一廛。文學稽四部，思適顔齋榜。所詣皆卓絶，宋後無齊肩。務博似繁碎，專門絶旁緣。讀書無家法，何由致精堅。篳縷始何氏，義門。文道彌便便。陳氏景雲。懿維先太傅，實師嘉定錢。淵源自小惠，百氏資綜銓。紫陽老主講，群言匯其全。君受祖庭學，闕幘分寒氈。青雲致身早，中秘窺琅嬛。顧問備法從，啓沃居經筵。大義述經法，餘事刊烏焉。精心契鄭學，名盦志拳拳。藤陰一畝屋，翠覆朱檐圓。退直下簾坐，几席生清妍。想見五官用，雌黄滿青箋。紛紛謬悠説，掃落如浮烟。此圖即禮堂，綈帙羅花前。婀娜紅豆樹，南北長便娟。

夏初偕宜亭峴樵香濤六舟甘伯逸山廖伯諸君夜飲伯寅半舫醉後走筆作歌

一病經旬不能出，減米量泉卧白日。故人知我幽憂多，特借高談起廢疾。小脉望館伯寅藏書處。千卷書，古色濃薰花不如。間以彝鼎及壺杓，朱簾一一垂青疏。坐客縱横半夙好，張生舌存尤絶倒。其餘經史多顓門，拓碑作畫亦精妙。清風習習生庭柯，兩筵對設傳叵羅。沉酣不用主投轄，玉缸早見横星河。長安百司少暇隙，計臣仰屋竭籌策。潞沽水怪奔支祁，海國夷獠買人臘。平時醉飽非偶然，蜚鴻千里無炊烟。腐儒溝壑本素分，車茵一吐誰非天。宋老旗亭鬥春酌，是日宋雪帆閣學招飲酒樓，以醉不得往。招聽吴歌白翎雀。戀此餘醺銀燭光，花外不知華月落。

劉鑴山師招飲新齋偕孝達登新構北樓坐話時四月晦日

絳帳新開地，高樓啓夕晴。一尊提月醉，雙篴緒風清。樹密山容遠，簾疏野色明。紅塵應不到，同數梵鐘聲。師所居鄰長椿寺。

五月甲申朔　晨陰，微雨，上午日出，仍有雨，午日有食之既，下午晴。補作前游極樂寺、花之寺七古各一章，夜飲伯寅侍郎邸中七古一章，謝伯寅饋節料七律一章，登劉鎸山師北樓五律一章。有鄉人顧某來，不見。海鹽人沈能虎來。寶卿來，夜談。

初二日乙酉　昧爽，大雷雨，至曉漸止，上午微晴。作書并詩致伯寅。作書致周生文令，以明日允臣出殯廣慧寺，屬代焚燭楮。得結局片，送來前月結銀九兩。得伯寅書，惠銀十六兩，即復謝。翁巳蘭來，巳蘭以去年改官江蘇同知，今派護海運入都。補作再游極樂、花之七古各一章。夜雨。

初三日丙戌　晨小雨，上午後晴。作書并寫詩三首，致香濤。爲王廉生摺扇書舊時湖塘雜詩三首，詞一首。剃頭。香濤片來，言三月花之寺公餞峴樵，人醵錢十三千，即付之。閱《竹垞文集》。吾浙竹垞、西河、謝山、堇浦四家之集，可謂理博辭富，探討不窮者矣。竹垞尤醇雅，不愧儒者之文。

邸鈔：上諭：昨日御史李宏謨奏請勤召對一摺。覽奏實堪詫異。自朕御極以後，兩宮皇太后垂簾訓政，勵精圖治，惟日孜孜。本年入春以來，慈禧皇太后聖躬時有不適，仍以勤政爲心，無間召對。迨三月初旬，聖體違和，久未痊愈，始月餘未經視朝。然四月二十六日猶力疾召見軍機大臣。因尚未大安，是以連日仍未召見。李宏謨近在京師，豈獨豪無聞見，竟以逐日召見爲請，嘵嘵瀆陳，冒昧已極。朕意本欲從重懲處，皇太后以廣開言路之時，特降懿旨，加恩免其褫革，仍傳旨嚴行申飭。聞此出上旨，初諭革職，以東朝言而止。

初四日丁亥　上午晴熱，午後陰，晡後有雷，小雨旋止，晚晴。姬人三十生日，爲之買燭爆、酒肉。

署吏送養廉銀六兩四錢來。上午出門詣劉緘三師、徐蔭軒師、徐壽蘅師賀節。（此處塗抹）出城送王子敬行而歸。近日有直隸人李如松號虎峰者，以優貢捐一内閣中書，自名理學，對客必危坐，所食惟脱粟、豆腐，常食於門屏間，欲令人皆見之。目不識數字，而著語録盈尺。萬尚書青藜首推重之，爲言於倭文端，文端亦爲所惑，都中爲宋學者如徐侍郎桐尤所致敬。前年曾文正入都，此人晉謁，雅步般辟而入。文正詢其鄉里。曰：『高陽侍郎本家也。』高陽侍郎者，今上師傅李公鴻藻，本高陽世族，而此人乃吾邑之山前村人，其父入京爲部役，冒籍固安，與侍郎風馬牛不相及也。文正曰：『若於侍郎何輩行？』曰：『遠族。』文正微哂，揮之出。此孝達爲予説。此人之父亦庸鄙，由胥吏爲小官，歸京師。又有一兄，亦儜劣。其人深耻其父兄爲道學累，常欲去之。三月間脅其父逐兄出走。既去，父常念之。其妻怒詬翁，相憤詈。此人聞妻泣，怒，向父曰：婦賢能助我，父欲黨兄爲惡耶？其父夜自縊死。坊官申之巡城御史，御史移刑部，將重案其事，而侍郎等十人爲宋學者謂是道學孝子也，連名呈部力保之，得免。烏虖！天下乃有此人，都下乃有此論，可不哀哉！前日直隸人言李如松父死送去，王維珍嚴議免官，江南龍神死通州廟中，可謂北地去三害。予亦謂吾越人，北有講宋學之李如松，南有講漢學之趙之謙，可稱雙絶。近以此人與李虎峰並稱南北清流，衆口同聲，不知所自，猶足見人心之公也。

江南龍神者，自元至今相傳有金龍四大王，或云神爲謝緒，或云其神兄弟四人，著靈河堤，累加封號，祠廟遍江淮，常見蛇身以行水，其類不一，或稱公侯，或稱將軍。向來官南河者，遇河堤潰決，見有此等出，輒迎置之盤中，供奉於廟，盛張宴樂，自河督以下皆叩祝維謹。去年直隸大水，忽有此類長短七八至天津，李合肥如南河故事禮之，於是畿輔嘩言金龍四大王來矣。四月初，有一蛇至通州，通永道亦置之盤，供一古廟中，鎖其扉，禁人出入。數日而蛇死。夫龍，神物也，非人所能化。冥勤其官而水死，後世祀之，不聞其見形。鯀壞息壤，受殛而死，乃有化黄能入羽淵之語。是則績用弗成者，始降而爲厲於水，要其事亦出於周之季世，所謂國將衰聽於神也。近世治河最著者，如賈魯、宋禮、陳瑄、潘季馴、靳輔、朱之錫等，皆無見神于水之事。且神而爲蛇，其神亦細已甚。朝廷盛時，歲糜金錢於河數百萬，不人力之恃，而乞靈于它，禱張爲幻，亦可見矣。龍門而子産不覿，蛇出而道輔笏擊，皆解惑之通方，勝邪之上策也。

前日孝達謂趙之謙之荒謬狂鄙，本不值一罵，然其不學無行之詭狀，三尺童子可立發其覆，而士夫乃爲所紿，良由實學不明，世無正論。使生乾嘉之代，太陽遍照，妖魅自消，何煩我輩齒頰哉！予甚韙其言，因思如李如松輩姓名，何屑污吾簡牘。而事取相類，故牽連它孽，拉雜書之。觀李如松名字，便可知其人。明代寧遠伯之子何重不幸哉。

陳芰生來，不值。顧慶咸來，不晤。得香濤書并惠銀八兩，即作復，辭之。譚硯孫來。夜雷有雨。作片致肯夫，饋以端午餅及杏。得肯夫復，報我角黍鳧茈。

邸鈔：上諭：據御史袁承業奏，近聞太監在京城内外開列多鋪，並蓄養勝春魁戲班，公然于園莊各處演戲等語。我朝綱紀嚴肅，從不准太監任意妄爲。若如所奏各節，實屬大干禁令。著總管内務府大臣、步軍統領衙門、順天府、五城一體嚴行查禁，並著嗣後隨時稽察。如有前項情事，立即據實奏明，從嚴懲辦。經此次訓諭後，倘有太監在外生事，别經發覺，除將該太監嚴行懲辦外，並將該管大臣及地面各官懲處不貸。

初五日戊子　晴。徐壽蘅師來，濮紫泉來，鍾雨辰修撰來，蔡梅盦來，俱不晤。兩日來付節債、屋直及僕役工賞，共費京錢二百三十九千有奇。

桂未谷《説文附記》謂《漢外黄令高彪碑》云師事□□尉許公，其所闕處當是『故太』二字。許叔重爲太尉祭酒，故稱太尉。彪卒於光和七年，正與許公同時。王蓀友謂太尉爲銜署之稱，猶今官某部者，無論爵之大小，概以某部稱之。案，此真郢書燕説也。漢人稱公，雖有數例，然大約主三公者爲多，碑銘之例尤嚴。此闕處者，固是『故太』二字。考熹平四年汝南許訓由司空爲太尉，所稱許公，當是訓也。無論以銜署稱人，漢世所無，至六朝始有之。如王融官中書郎而稱王中書，何遜官水部郎而稱何水部，其先如潘岳官黄門郎而稱黄門者，尚是後人所追稱。至唐而李翰林、杜工部始漸多，然未有標其長官以爲稱者。如唐制，郎中、員外郎皆屬尚書省，故結銜曰尚書某部郎中、尚書某部員外郎，然止可稱某部，不得稱尚書。太尉並非銜署之稱，自漢及宋，皆以爲官名。南北朝以上，太尉皆得置屬，未聞其下有得冒此稱者。且今亦惟郎中、員外、主事稱某部耳，尚書、侍郎未有亦渾稱某部者。自唐以後，惟退之官吏部侍郎而尚稱韓吏部。至司務以下，則直稱司務，亦不得稱某部。王氏謂無論爵之大小者，其言亦誤。許君事迹，既已闕如，幸傳《説文》一書，而得知其歷官有太尉、南閣祭酒，其師有賈侍中，其子有冲，爲召陵公乘，亦可稍裨史闕。而必於尹珍以外，再求高弟一人，勥取一《文苑傳》中縣令以爲洨長門墻光寵，是措大之見，而不知其繆惑可笑也。

作柬約孝達，巳蘭、劉仙洲、宋雪翁、秦宜亭、方勉甫、受甫兄弟明日夜飲，并爲王子敬餞行，二方以事辭。

初六日己丑　上午晴，下午陰，有微雨。連日舊疾三發，憊甚不可支。今日又有小小酬應，無謂之至。上午往祝紱翁壽辰，不見即歸。以室中换冷布窗及表糊紙壁，不可坐，乃卧聽事，讀《山海經》，忽忽睡去，又似感風。傍晚往福興居，得宋雪翁書以疾辭，子敬、巳蘭、仙洲、宜亭、孝達皆至，又招譚研孫及沈能虎，研孫辭，沈生至，二更後散。三更時有雷，旋雨，五更雨甚。

初七日庚寅　昧爽，大雷雨，歷辰至巳，雷漸歇，密雨淋浪，至晡後止，傍晚見日景，紅似朝霞。雜閱小學諸書，因補正《段氏説文注》瓊玉兩條，削去昔年癸亥附記之語。予是年最多病，而躁忿，故所作文字及札記書中者，往往偏執而疏略，可見讀書浮氣之多妄也。今十年來，每隨事刊去之。是日涼，可綿衣。

邸鈔：正黄旗護軍統領、正黄旗滿洲副都統、鑾儀衛鑾儀使、一等承恩公德懋病故。詔旨悼惜，賞銀三百兩治喪。副都統托雲補鑾儀使。

初八日辛卯　晴。終日校正錢晦之所補《後漢公卿表》，其謬誤蓋不勝指。以大將軍與度遼將軍並列一格，在司空之下，尤爲乖舛。大將軍位在三公上，度遼將軍任爲邊將，秩二千石，與刺史、太守相更代，不敢望九卿。高下雜糅，幾昧官制。又光武時軍中所置大將軍如吴漢、杜茂、景丹，（此處塗抹）皆草創權置，實不過一將之任，與西京霍光、王鳳之爲大將軍，及永元後竇憲等之爲大將軍，爵秩權任，尊卑懸絶，而一概列之。錢氏譏熊表不明體例，而所表實未大勝熊氏。又表中諸人所遷徙之官，或有不列于表者，自宜書明徙何職，而亦但書曰遷，令人莫可尋究。其餘官爵回互，拜罷舛漏，層見疊出，疑是未定之本。而其子同人等遽以付刻，嘉定秦氏又不知校勘，訛字甚多。予嘗謂史表如王侯封嗣，無甚關系，惟公卿爲治亂所出，深裨考證，而作者草草，爲可惜耳。作片致牧莊，還《説文句讀》。

邸鈔：内奏事處傳旨于初十日起接遞引見。

初九日壬辰　晴。《後漢公卿表》中致誤之故，蓋由拘于班例，不敢出入。然西京武帝始命衛青以大司馬冠大將軍，位次丞相。其後霍光爲之，權侔人主，而班尚在丞相之下，觀《霍光傳》奏昌邑王事可見。非東京比。袁紹拜太尉時，曹操爲大將軍，紹耻班在操下，讓位趙岐。操懼，乃以大將軍讓紹，自爲司空。西京度遼將軍始于范明友以衛尉兼拜，其任頗重，故班氏俱入第四格將軍之列。班表祇標列將軍。東京度遼則有專秩比太守，此史表當隨時變易者也。潘譜琴來。

初十日癸巳　晴，微陰清曣。作書致伯寅，索《越三子集》。致孝達催詩。致肯夫，索還詩集。閲《金石萃編》中漢碑武梁祠畫像，中有哺父之孝子邢渠，求代兄考之外黄義士范贖。見前石室畫像，邢渠亦再見，邢作刑，古通。皆兩漢書所不載。邢渠未知時代，當亦漢人也。邢渠之後爲董永，永事見《搜神記》。董永之後爲朱明，朱明之後爲李氏遺孤，畫一小兒在筐内，一人手撫之者，洪景伯以爲李善，是也。善事見范書，阮氏元以王成、李燮事當之，誤矣。得伯寅復、香濤復、肯夫復。夜雨，有雷。

十一日甲午　晴。得肯夫書，惠洞庭枇杷二十枚，走筆書兩絶句爲謝。校《孫子十家注》，十家注，曹公、李筌以外，牡牧最優，證引古事，亦多切要，乃知樊川真用世之才，其《罪言》《原十六衛》等篇，不虚作也。惜孫刻據道藏本，尚多誤字。施刑部啓宗來。施字敏先，會稽之鮑家埭人，其家世以貲得官。此君年二十餘，已以刑部郎中截取煩缺知府矣。夜洗足。

十二日乙未　晴。剃頭。得伯寅書，以新得編鐘拓本見示，其文曰：『集王。』云云。凡八十三字，每行十字，新出于□□□□，自來金石家所未著録者也。買床席一，直七千；坑俗作炕。二，直四千；竹簾一，直五千；紈扇一，直四千。作書復伯寅。傅子蓴來，言新自山東還京。夜大風，有雹。

邸鈔：上諭：前因安徽署天長縣知縣馮至沂投水自盡一案，情節較重，當派何璟親提研訊。兹據奏稱，此案前署盱眙縣知縣路玉階被控稟留馮至沂幫辦考差、架詞傾陷等情，堅不承認，辦差家丁楊玉延不交解，顯有狡飾庇縱情事。路玉階著暫行革職，勒令將家丁楊玉交出，歸案審訊。

十三日丙申　晴。上午出門，詣陳逸山、潘孺初、陳芰生、吴蓉圃、謝夢翁，俱不值。詣肯夫，久談而歸。作書致施敏先，屬轉求望江倪荆州畫山水團扇。謝夢翁來，不值。作書致伯寅，還邵鐘拓本。

閱《漢書·百官公卿表》。班氏此表，例亦未能畫一。其自三公、將軍外，有太常、光禄勛、衛尉、太僕、廷尉、大鴻臚、宗正、大司農、少府、執金吾、水衡都尉，已十一卿，又加之以三輔，則班氏固不限以九卿也。水衡都尉及三輔秩皆二千石，則班氏固不限以中二千石也。然太子太傅、少傅、將作大匠、詹事、大長秋、典屬國皆二千石，將作等四官皆號列卿，何以不列？是熊氏後漢表兼及諸官，未爲違失，可盧一概去之，非也。

夜疾動。

十四日丁酉　晴，熱甚。得陶子珍三月廿八日書，并所撰《淮南許注敘》，考訂甚密，文亦爾雅，書翰古奥尤絶。子珍力追漢魏，孟晉追群，海内少年，未見其比。吾邑古學，其在兹矣。得曉湖四月八日書。得伯寅書，送來《蓮士集》十册。校得《蓮士集》誤字八九處，即作書致伯寅，乞飭改正。董舍人文燦來，研樵之弟也，不晤。

十五日戊戌　上午晴，下午陰。隆福寺書賈取《顧亭林年譜》來。亭林學識絶代，石州之譜，專搜瑣屑，于其用世本意，及滄桑時事，俱屬茫如。昔人謂作譜之才，須與其人相稱，誠知言也。吴蓉圃來。得伯寅書，以新刻常州《楊汀鷺詩文集》兩册爲贈。逸山來。得謝夢翁書，邀飲宴賓齋，適痔發，作書辭之。肯夫來。閲《後漢書補注》。夜四更時大雷雨。

十六日己亥　午初二刻夏至，五月中。晨微陰，上午晴，下午陰，傍晚有雨，旋止，晚晴，有凉風。祀先又饋屋之故主。作片邀肯夫、寶卿、朱鼎甫夜飲。作書致伯寅，示以陶紫珍《淮南許注敘》。得鼎夫復，以疾辭。得伯寅復，再贈《楊汀鷺集》兩册，且言金石之學爲實學，以世人不能識古文奇字爲恨。又言近人如朱菽堂、吴子苾、許印林精于此事，不讓嘯堂，尚功。復伯寅書，言金石固不可不講，而近之後生往往全不讀書，惟持一破瓦之背，以爲是漢也、魏也；一壞象之髻，以爲是北魏也、北齊也。模黏文字，不識點畫，而曰可正《説文》；杜撰年號，不辨時代，而曰可補正史。文理不通，字體不正，而游揚聲氣，干謁公卿，謷行妄言，習爲狂傲，是風氣之大害，所當防其流弊者也。

再得伯寅書，以戴望所刻《論語注》一册爲贈，言其人爲陳碩甫高第弟子，書甚可觀，即復。閲戴望《論語注》。本劉申甫《論語述何》之指，以《公羊》義例詮發聖言。謂絀夏存周，以《春秋》當新王，而微言在《論語》，其立意已甚謬。注中傅會牽率、迂妄可笑之處，不勝僂指。又謂《齊論》有《問王》《知道》二篇，蓋明託王之事，改周受命之制，與《春秋》相表裏，惜爲張禹所去。夫《問王》，即《問玉》，《聘義》末所載子貢問君子貴玉賤珉一節，及《説文》璠字下所載孔子曰『美哉璵璠，遠而望之奂若也，近而視之瑟若也』云云，蓋皆是其文。張侯以《論語》教授，欲便學者之讀，故合齊、魯兩家，爲之章句。其去此二篇者，蓋以文少，不足分簡策，而貴玉之文，已爲小戴附入《禮記》，故遂去之，猶《古論》分《堯曰》『子張問』以下爲《從政》篇，後儒亦以奇零而并合之。望既不識字，妄以公羊家最謬之説，孱誣聖人，此東漢徐防所謂妄生穿鑿，輕侮道術者也。其標題曰《戴氏注論語》二十卷，末有自敘，亦僅題戴氏二字，不出其名。狂愆至此，真小人之無忌憚者。此人爲湖州之附學生，游丐江湖，夤緣入曾湘鄉偏裨之幕，嘗冒軍功，詭稱爲增廣生，改其故名，求保訓導。又竊文符，徑下湖州學官，爲其出弟子籍。

學官以無其人申報，湘鄉大怒，將窮治之，叩頭哀乞乃免。今之匿名，殆爲是耳。

浙西湖州有戴望，杭州有曹籀。籀亦附學生，年六十餘歲，科試未嘗得列一等，自言爲龔定盦畏友，文亦不通一字，凶傲好罵，新刻其石屋藏書兩小册，一曰《春秋鑽燧》，題曰褐寬博撰；一曰《籀書》，皆雜文也。吾邑妄子趙之謙爲題記曰：某年某月石屋藏書啓籥録版。嘗見其説中字，云此爲男子陽物象形，則它可知矣。兩人者皆與趙妄子爲至交。妄子推之曰：淮以南學問，戴第一；江以南學問，曹第一。蓋自居于天下第一也。吾浙不幸，厲祲所鍾，生此三人，雖黎丘鬼幻，轉瞬烟滅，而後生好怪，頗有被其陷溺者，是亦風氣之害矣。伯寅延攬人才如恐不及，此皆爲妄子所惑耳。

肯夫來。竇卿來，夜小飲，二更散。

十七日庚子　晴，熱甚。得逸山書約後明日飲宴賓齋。得伯寅書，以新作消夏六詠見示，并再送《蓮士集》十册。即復。

閲《楊汀鷺集》。文三卷，詩二卷，詞一卷。汀鷺爲包慎伯之婿，學有師法。是集其友人張知府丙炎掇拾奇零，非其全矣。文未能佳，詩亦率硬，詞稍清婉，固當以人傳耳。其《内閣學士河南學政俞子相長贊行狀》一篇，可采入吾郡縣志。俞君爲大興諸生時，予族父青田先生入都，見其文，以爲必貴，欲妻以女，而族母嫌其貧，遂不果。後族姊嫁一湖北縣令，旋被劾，蕉萃以歿。而俞君入翰林，十二年而至二品，然三十七歲即卒，無子。榮悴易觀，亦不知誰爲得失也。

邸鈔：上諭：授協辦大學士李鴻章爲大學士，仍留直隸總督之任。李年僅五十一。上諭：賜閩浙總督李鶴年紫禁城騎馬。李以是日請安，上即召見，時漕督張樹聲留闕已一月尚未得見也。李年僅四十五。

十八日辛丑　晴，晡陰，晚有風，少涼。趙心泉來。得閩撫王補帆中丞書，言予去年八月所寄書，至三月中始到。王信甫來。閱《東觀漢記》四庫本，其末載不知時代者二十八人，案馮模即馮魴，楊喬見范書《孟嘗傳》。桓帝時人。

十九日壬寅　晨陰，有飛雨，上午後晴，傍晚又陰。逸山來催飲，上午赴之，潘孺初、廖雲鼇、番禺張研秋孝廉、香濤、廉生先後至，晡後始散歸，廉生贈山左漢碑數通。得伯寅書。寶卿及朱鼎甫來，不值。同鄉葛俊卿户部來，不值。夜雨，有雷電。

二十日癸卯　晴，傍晚大風急雨，即止。校《三國志》。

二十一日甲辰　晨微陰，上午晴，晡後大風雷雨，有雹，入晚止。校《三國志》。得伯寅書贈珊士、孟調集共二十册，即復。是日始聞新蟬。

二十二日乙巳　上午晴，下午陰，晡後大雷雨，晚晴。

校《三國志》及《後漢書》，以《華陽國志》《東觀漢記》等書證之。《蜀志》末《楊戲傳》載所著《季漢輔臣贊》，冠以昭烈皇帝，曰季漢，曰皇帝，以《先主傳》中不敢正名而于此見之，此承祚最得《春秋》微而婉之恉者也。輔臣自諸葛丞相以下凡五十三人，其本志無傳而贊有其人，承祚自爲之注者，鄧方、費觀、吴壹、陳到、程畿、程祁、糜芳、士仁、郝普、潘濬等十人，各注于題下，輔匡、劉邕等十七人皆注于贊中本句之下，此已是後人所亂。其末又一行云《益部耆舊雜記》載王嗣、常播、衛繼三人，皆劉氏王蜀時人，故録于篇，其下又提行列王嗣三人傳。何義門云益部以下疑皆裴注，而宋本誤同。錢竹汀云承祚作《益部耆舊傳》，見于《晉書》本傳及《隋・經籍志》，若《雜記》則《隋志》無之，或云陳術撰，亦必晉人，不應承祚遽引其書。蓋裴氏于李孫德、李偉南孫德名福，偉南名朝，皆有贊而承祚注之。二人注下，既各列《雜記》以補本注之闕，而王嗣等三人姓名不見于承祚書，故附録以傳異聞，此亦裴注之恒例。今刊本皆升作大字，讀者亦認爲承祚正文，則大誤矣。而姚薑塢云《蜀・李譔傳》末言陳術著《益部耆舊傳》及《志》，承祚或取其書，非裴注亦未可定。予謂古人著書無此體。承祚既有取于三人，何不爲之立傳，而忽羼它人著作于戲贊之末乎？《李譔傳》固言陳術著《益部耆舊傳》及《志》，未嘗有雜記之名。《華陽國志・陳壽傳》云：『自建武後，蜀郡鄭伯邑、太尉趙彦信及漢中陳申伯、祝元靈、廣漢王文表皆以博學洽聞，作《巴蜀耆舊傳》。壽以爲不足經遠，乃并巴漢，撰爲《益部耆舊傳》十篇。』又《漢中士女傳》云：『陳術字申伯，作《耆舊傳》者也，失其行事，歷新城、魏興、上庸三郡太守。』是術本不稱『雜記』甚明，錢氏之説是也。惟術實季漢人，常璩列之後漢燕邠、趙嵩之後，承祚附之《蜀・李譔傳》亦云歷三郡太守，而錢氏以爲晉人，則偶未考及耳。竊謂刻《三國志》者，嘗以輔匡等十七人之注皆迻之題下，與鄧方等十人注皆升爲大字，各較贊字低一格，而贊字皆升爲平格。今本贊某某皆低三格，亦非。其《益部耆舊雜記》以下皆低三格，以示存疑，不致相溷，可矣。今本《益部》云云低一格，王嗣等三人皆平格。

作片致殷蕚庭。蕚庭來。

二十三日丙午　晨晴，上午雷雨，陰曀不定，下午晴，是晚有風甚凉。校《三國志》。得紱翁書，即復。

二十四日丁未　晴，有爽氣。校《三國志》。鄉人顧慶熙來。施敏先刑部來，以倪荆州所繪蘿庵黄葉團扇見還。倪畫甚秀潔，而不署名字，未知其意。得紱翁書，即復。夜凉。

邸鈔：上諭：前據何璟奏，安徽署天長縣知縣馮至沂自盡一案，有牽涉學政情事，景其濬著開安徽學政之缺，俟結案後再行來京。安徽學政著祁世長去。世長，侍講學士。上諭：汪叙疇著回京供職。雲南學政著李端棻去。端芬，貴筑人，編修。詔：王文韶實授湖南巡撫。吴元炳實授湖南布政使。

二十五日戊申　晴，熱。剃頭。校《三國志》。日不得廿葉，計五日來尚未盡五卷，而所校者是最後印之汲本小注細字，加以斷爛漫患，十缺二三，手繭目昏，疲苦殊甚。今日天氣又熱，不能復校矣。周生文令來。得伯寅書來催詩，即復。傍晚詣肯夫、寶卿，小話而歸。

邸鈔：上諭：本日據御史張景青奏，内務府堂郎中文錫承辦公事，巧于營私，且恃伊父明善現任堂官，益無顧忌，遇有傳辦之件，動多浮冒，請將該員徹去差使等語。國家經費有常，迭經諭令内務府大臣撙節用款，力杜中飽。兹據該御史所奏各情，必係該員于承辦事件，不能覈實，以致物議沸騰。此等劣員，豈宜仍令干預差務？即著總管内務府大臣將文錫徹去一切差使，另派廉謹之員承辦，並著存誠、崇綸、春佑確切查明，如有浮冒侵蝕等弊，即行奏參懲辦。嗣後仍著該管大臣隨時稽查，一切支領款項務須實用實銷，毋稍徇縱。以翰林侍講學士袁保恒爲詹事府少詹事，前右春坊右中允張鵬翼補原官。

二十六日己酉　晴，熱甚。作書致伯寅。出詣施敏先、傅子蓴、胡陔甫、謝夢翁、朱修伯、朱鼎甫，俱晤，晚歸。得陳六舟書。是日買得秋花數本，種之庭隅。

二十七日庚戌　晨陰，上午後晴，大熱。作書致孝達，乞題蘿盦黄葉團扇。作書復陳六舟。作書致殷蓴庭，屬轉售姚春木《國朝文録》，以近日窘甚，今幾絶炊也。

閲《明詩綜》數卷。竹垞此選，最稱完美。然于後七子貶斥太甚，滄溟僅選十八首，其七律、七絶高作，多置不録。子相僅十七首，亦多遺珠之恨。子與、明卿，律絶俱佳，而竹垞尤峻詆之。徐取二首，吴取四首，彌爲失平。其稍許可者弇州一人，亦多所刊落。即此後之公安、竟陵，叢訶攢罵，談者齒冷，竹垞于中郎雖稍示平反，而其佳章秀句，十不登一；伯敬、友夏，則全没其真。此尚成見之未融也。

得蕚庭復，并書直四金，又可暫支旦夕矣。 得香濤書，并題《蘿盦黄葉圖》五古一首，甚清瘦可憙，即復。

滄溟諸君可厭者，儗古樂府耳。 五古亦鮮真詣，七古高亮華美之作，自爲可愛，惟不宜多取。 至于七律、七絶，則虚實開合，非僅浮聲爲貴，胡可非也。 如謂其用字多同，格調若一，則又不盡然。 觀其隨物賦形，古澤可掬，何嘗不典且麗。 至詩中常用好字，本自不多，陶、謝、韋、杜、王、孟諸公，何獨不然。 且明之高、薛、邊、徐、二皇甫專長五古，比而觀之，多有雷同，較其真際，亦不數見。 牧齋、竹垞，于彼則譽之無異詞，于此則詆之無遺力，不亦失是非之公耶！

晚雷小雨，即止。

二十八日辛亥　晨晴，上午陰，下午微雨，旋止。 得星翁書，索題畫扇。

伯寅索和消夏六詠，爲搨銘、讀碑、品泉、同錢。論印、還研、檢書，走筆成長句答之：『南齋侍郎今内相，論思討古同精勤。 朝來打門走急遞，示我六詠如璆珍。 長安貴人競消夏，凉臺曲館沉香薰。 罍罍玉碗飣奇果，青蛾羅縠歌遏雲。 君謂我意獨不爾，室中所有可具陳。 上者辛彝及乙鼎，齊罍宋洗犧象尊。 漢泉周印錯雜置，沙南碣字尤輪囷。 下者書研亦絶品，古香觸手皆天芬。 細辨名物補鄭注，遠窮远迹參籀文。 趙洪失色王薛沮，吾桂墨杘錢毛嗔。 朝回駐車輒閲市，片瓦不惜錢千緡。 貨郎倚擔與諧價，騶卒持貂時質人。 麝螺萬紙入瑶笈，牙籤百部排錦純。 奚奴交喘客流汗，炎歊隔户揚黄塵。 摸床繞室獨竟日，不持羽扇風常春。 響搨時疑棋落子，翻書不覺花堆茵。 偶烹佳茗數晨夕，麈尾一拂雲繽紛。 我慚貧兒未知賈，琅嬛欲入猶逡巡。 聞君過目已盡記，五車一一胸中吞。 舊藏悉入永嘉劫，餘者所得猶兒孫。頗肯荊州脱手贈，紫雲慷慨能消魂。窶人衣珠不敢望，底下亦足張吾軍。幾時傾君設寒具，一令餓蠹聞奇芸。』

爲星翁月季、蘭花畫扇題《菩薩鬘》詞一闋云：『蕊黄浥露秋心吐，燕支點綴梢頭雨。壓鬢一枝鮮，花紅月又圓。　攜來香滿袖，畫静微吟候。白髮自風流，好花長聚頭。』作書致星翁，得復。

得香濤書，爲予題《湖塘村居圖》長歌一首，録之于此。云：『江南山水數會稽，會稽無如鏡湖西。水甘能釀千日酒，山深可著高人栖。良田萬罫粳稻熟，中歲一畝收十斛。蝦菜如土不論錢，荷芰如雲高過屋。季真棄官甘投老，放翁曾爲楊梅飽。越縵先生逋峭人，卜居蹋遍山陰道。兒時上冢年年來，欲專一壑誰相猜。精舍便沿鷗波築，養堂正對屏山開。奉母躬耕此願畢，一椽未就到今日。塘上人家長子孫，墓田丙舍徒蕭瑟。釋之久宦産亦減，長卿爲郎思自免。逢人便索圖村居，要令家山常在眼。可憐畫手矜簡略，溪樹不春山容薄。新豐門巷無處尋，聊伴越吟解寂寞。買田陽羨知何時，仲長樂志空文辭。有山無錢買不得，勸君勿被巢由欺。』其情文宛轉，音節嘽舒，上可追香山、放翁，下不失梅村、初白，一時之秀出也。

作書復孝達。作書并詩致伯寅，并借所購《順治搢紳録》。得伯寅書，并送《搢紳録》來。夜雨。

二十九日壬子　自晨大雨，至午後晡見日景，仍有雨，傍晚稍止，夜又密雨。

閲《順治搢紳録》，所載庶吉士至辛丑科止。故翁覃谿定爲十八年所刻，舊爲紀文達所藏，有覃谿及法時帆兩跋，朱石君題七古一首。在嘉慶壬戌至庚午，阮文達又題一跋，後歸吴人韓小亭，有邵位西題七古一首，吴和甫題五古一首，則在道光庚子、辛丑間矣。葉東卿又借録一副本，東卿及沈匏盧濤皆有題款。伯寅今春以十金于廠肆購之。其版式寬大，與近時異，而字畫草率，則較今尤甚。卷面有記云：正陽門外西河沿浙江洪家新刊隨省總督撫按總鎮縉紳。時帆跋謂嘗得順治壬辰、乙未、戊戌三科會試齒録。卷後有京師正陽門外西河沿浙江洪氏書坊印記。阮文達跋謂家藏嘉靖搢紳册，各省總督巡撫皆列于都察院副憲之後。外省則但自布政司始。此册于都察院既列各省督撫，而外省又重列之，故題曰新刊隨省總督撫按，以明舊之不隨省也。

首爲内閣，系以大學士九人，曰少師兼太子太師中和殿大學士巴哈訥，滿洲人；太保兼太子太師中和殿大學士禮部尚書馮銓，字鹿庵，順天涿州人，癸丑。中和殿大學士太保兼太子太師吏部尚書金之俊，字豈凡，浙江嘉興籍，江南吴江人，己未。保和殿大學士少師兼太子太師户部尚書額色黑，滿洲人；保和殿大學士少傅兼太子太傅户部尚書成克鞏，字青壇，直隸大名人，癸未。文華殿大學士少保兼太子太保禮部尚書蔣元恒，後改蔣赫德。字九貞，滿洲籍順天遵化人；武英殿大學士少傅兼太子太傅兵部尚書胡世安，字菊潭，四川井研人，戊辰。文淵閣大學士少師兼太子太師刑部尚書衛周祚，字文石，山西曲沃人，丁丑。東閣大學士太子太保工部尚書李霨，字坦園，北直高陽人，丙戌。

次以教習庶吉士學士二人，曰文淵閣學士太子少保禮部左侍郎胡兆龍，字宛委，順天籍浙江山陰人，丙戌。東閣學士禮部侍郎艾元徵，字長人，山東齊陽人，丙戌。

次以掌院學士二人，曰翰林院掌院事學士兼教習庶吉士禮部侍郎折庫納，字仲實，滿洲人，壬辰。翰林院掌院事學士兼教習庶吉士禮部尚書王熙，字瞿庵，順天宛平人，丁亥。

次以學士四人，曰中和殿學士禮部侍郎鄂貌圖，字麟閣，滿洲人；武英殿學士禮部侍郎馬邇吉，字謙六，滿洲人，壬辰。保和殿學士禮部侍郎布顔，滿洲人，壬辰。文華殿學士禮部侍郎察不害，滿洲人。

次以翰林院侍讀學士姚思泰、楊熙等十一人，皆滿洲人，惟范承謨爲遼東瀋陽人。

次以翰林院侍讀十二人，惟周有德遼東遼陽人，王樛山東淄川人，亦皆不由科甲，餘皆滿洲人。又内翰林侍讀三人，皆滿洲人。内翰林編修三十三人，間有遼東人。檢討二十八人，皆滿州人，皆不由科甲。

次以翰林院侍讀學士左敬祖、字虔孫，河間人。曹本榮、字厚庵，黄岡人。張士甄字繡紫，鄞人，皆己丑。等三人。侍講學士曹爾堪、字顧庵，嘉善人，壬辰。楊永寧、字地一，聞喜人，壬辰。劉芳躅字增美，濱州人，己未。等三人。侍讀熊伯龍己丑。等三人。侍講綦汝楫字松友，高密人，乙未。等三人。修撰史大成、蔣超、徐元文、馬世俊四人。編修宋德宜等十五人。檢討譚篆等十二人。熊賜履、賜璵兄弟，時皆爲檢討，皆注明湖廣孝感籍，江西南昌人。

次以待詔孔目等官，有以太常寺卿加一級兼管待詔事者，張德地。光禄寺少卿管待詔事者，盧震。太常寺少卿管待詔事者，徐繼煒、董安國，皆滿洲及遼東人，無出身。

次以庶吉士，壬辰一人，戊戌十六人，己亥四十一人，辛丑十人。戊戌有陳澤州廷敬、李合肥天馥。澤州姓名上注曰：『欽命改名。』合肥下注曰：『江南合肥籍，河南永城人。』己亥有李平字治公，陳景仁字静公，周之麟字石公三人，皆浙之山陰人。治公，明山東巡撫懋芳之孫，予宗人也。辛丑有張丹徒玉書及葉忠節映榴。

次以聖訓館總裁巴哈訥等五人。

次以經筵日講官麻勒吉等十四人，漢人則爲胡世安、胡兆龍、曹本榮、李霨、王熙、馮溥六人。

次以纂修《通鑑》官石申、沙澄、馮溥、黄機、曹本榮、史大成、宋德宜等七人。

次以日講官麻勒吉、折庫訥、胡兆龍、李霨、王熙、曹本榮、劉芳躅、綦汝楫、史大成，侍讀田逢吉，侍講党以讓、馮源濟，編修沈世奕，檢討鄧鍾麟、項景襄等十五人。

次以内閣掌典籍事侍讀四人。

次以撰文中書舍人等。會稽人官中書舍人者有：金夢麟，字石子。魯越，字文遠。皆拔貢。

次以翰林院提督四譯館太常寺少卿一人，楊義，字崑嶽，山西洪洞人，戊辰。

蓋國初以弘文院、國史院、秘書院合爲内三院，而翰林院官分隸之，順治十五年改内三院爲内閣，始分置殿閣大學士及諸學士。又別置翰林院官，而衙門職制猶不甚分，故十八年復改内閣爲内三院，省翰林官。考《會典》及《詞林典故》諸書，事在十八年六月至七月，定制内三院滿漢大學士各一員，滿學士各二員，漢軍、漢學士各一員。此册猶未改制，則在十八年六月以前無疑也。時帆誤并侍讀學士數之，以爲内閣學士有二十四。又國初沿明制，修撰不必授一甲第一人，故蔣虎臣爲丁亥第三人，亦授是官。而朱文正詩云『蔣史徐馬列鼎元』，亦偶誤耳。

内閣之後爲六部：吏部尚書伊圖、孫廷銓。字枚先。漢侍郎石申、字仲生，灤州籍黄岡人，丙戌。馮溥。文選司郎中楊名耀，字修野，江南山陽籍山西高平人，乙未。太僕寺少卿管驗封司郎中事金拱敬，字翼如，江南全椒人，癸未。户部尚書車克、少師兼太子太師。杜立德。字純一。漢侍郎杜篤祜、太子少保，字振門，山西蒲州人，丙子。朱之弼。字右君，大興籍福建沙縣人，丙戌。總督倉場左侍郎白色純、陳協。字念蓋，大興人，丙戌。禮部尚書烏黑、太子太保。王崇簡。太子太保。漢侍郎沙澄、兼内翰林院侍讀學士，字會渭，山東萊陽人，丙戌。黄機。兼内翰林院侍讀學士，字次辰。兵部尚書蘇訥海、梁清標。字玉立。漢侍郎劉達、字淇瞻，直隸濬縣人，丁丑。李棠馥。字漢清，山西高平人，丙戌。督捕右侍郎高辛胤。字弗若，陝西韓城人，癸未。刑部尚書雅布蘭。漢未補。漢侍郎李敬、字退庵，丁亥。吴正治。字賡庵，己丑。户部江南等十四司郎中、員外各一人，主事各二人，皆漢員。

禮部儀制、祠祭兩司郎中、員外、主事各一人，主客司郎中一人，精膳司郎中、主事各一人，皆漢員。刑部江南等十四司郎中、員外、主事各一人，皆漢員。汪琬苕文時爲刑部山東司郎中，靳輔紫垣爲兵部職方司員外郎。工部尚書喇哈達、高景。字似斗，直隸新安人，丙戌。漢侍郎傅維麟、字掌雷，直隸靈壽人，丙戌。李呈祥。字五鹿，山西蘊州人，庚午。太僕寺卿管營繕司郎中事霍叔瑾，字龍淮，直隸井陘人，丙戌。工部四司中漢主事至二十一人，以管理京差及提督各省河稅各差多也。禮部尚書掌理藩院事明安達里，都察院左都御史阿思哈、魏裔介。字崑林。漢副都御史楊時薦。字質甫，直隸鉅鹿人，丙戌。僉都御史苗澄，字大生，滿洲籍，任縣人。總督陝西三邊四川少保兼太子太保兵部尚書兼右副都御史李國英，字培之，滿洲人。總督江南江西兵部尚書兼右副都御史郎廷佐，字一柱，滿洲籍，廣寧人。總督福建少保兼太子太保兵部尚書兼右副都御史李率泰，字壽籌，滿洲籍，遼陽人。總督浙江駐劄温州府兵部尚書兼右都御史趙國祚，滿洲人。總督湖廣太子太保兵部尚書兼右副都御史張長庚，遼東瀋陽人。總督兩廣兵部尚書兼右都御史李栖鳳，字瑞吾，滿洲人。總督雲貴兵部右侍郎兼右副都御史趙廷臣，字君鄰，遼東鐵嶺人，恩貢。總督漕運巡撫鳳陽兵部尚書兼右副都御史蔡士英，字魁吾，遼東錦州人。總督河道太子少保兵部尚書兼右副都御史朱之錫，字梅麓，浙江義烏人，丙戌。提督操江兼巡撫安慶徽寧池太五府廣德一州右副都御史張朝珍，字玉如，遼東廣寧人。巡撫順天河間永平三府宣府一鎮右僉都御史韓世琦，字心寰，滿洲人。巡撫直隸保定真順廣大左副都御史王登聯，字捷軒，遼東廣寧人。巡撫山東太子太保兵部尚書右副都御史許文秀，字賓軒，遼東義州人，生員。巡撫山西兵部尚書兼右副都御史白如梅，字懋韓，遼東鐵嶺人。巡撫河南右副都御史彭有義，字恩宜，遼東人，生員。巡撫陝西兵部右侍郎兼右副都御史張椿，字伯衍，山西陽城人，癸未。巡撫延綏右僉都御史林天擎，字玉楚，遼東蓋州人，選貢。巡撫寧夏右僉都御史劉秉政，字憲評，遼東廣寧人，丁亥貢士。巡撫甘肅右副都御史佟延年，字仁甫，遼東人，生員。巡撫江寧兵部右侍郎兼右副都御史朱國治，字平寰，撫順籍，滿洲人，丁亥貢士。巡撫浙江右僉都御史朱昌祚，字雲門，滿洲籍，山東高唐人。巡撫江西太子少保兵部尚書兼右副都御史張朝璘，字温如，遼東廣寧人。巡撫南贛汀韶惠潮郴桂右副都御史蘇弘祖，字耀我，滿州人，舉人。巡撫福建兵部右侍郎兼右副都御史許世昌，字中軒，遼東人。巡撫湖廣兵部左侍郎兼右副都御史楊茂勳，字燕石，遼東人。撫治鄖陽右副都御史白秉貞，字懿生，遼東廣寧人，恩貢。巡撫偏沅右僉都御史袁廓宇，字綏甫，陝西富平人。巡撫四川兵部右侍郎兼右副都御史佟鳳彩，字高岡，遼東遼陽人，生員。巡撫廣東右副都御史盧興祖，遼東人。巡撫廣西兵部右侍郎兼右副都御史于時躍，字龍洲，遼東瀋陽人，拔貢。巡撫雲南兵部右侍郎兼右副都御史袁懋功，字九敍，順天香河籍，浙江餘姚人，丙戌。巡撫貴州右副都御史卞三元，字月華，遼東人，舉人。巡撫鳳陽太子太保兵部尚書兼右副都御史林起龍，字北海，順天大興籍，福建福清人，丙戌。

後系以江南等十四道御史：李武定之芳爲廣西道御史，季振宜滄葦爲湖廣道御史，而董文驥以江南武進人爲江南道御史，顧豹文字旦庵。以浙江會稽人爲浙江道御史。爾時臺員不回避本省也。其後列十七省巡按銜，而皆無人。考國初用部主事、中書舍人、行人、評事、博士假御史銜巡按各省，順治七年裁，後又添差。十八年六月詔各省巡按事竣回京，其巡察事務，俱交巡撫，不更差京員。此旨雖在六月，而停罷之議早行，故此册不更列名矣。

次通政司，漢通政使冀如錫，字公治，直隸永年人，丙戌。左通政劉鴻儒，字魯一，直隸遷安人，丙戌。右通政胡亶。字厲齋，浙江仁和人，己丑。次大理寺，漢寺卿王度，字平子，山東泰安人，丙戌。少卿李昌祚。字過廬，湖廣漢陽籍，江西玉山人，壬辰。

次六科給事中，漢吏科都給事中嚴沆，字灝亭，浙江餘杭人，乙未。户科都給事中成肇毅，字而卓，浙江仁和人，己丑。禮科都給事中姜希轍，字定庵，浙江會稽籍，餘姚人。兵科都給事中金漢鼎，字紫汾，浙江義烏人，己丑。刑科都給事中楊雍建，字同玄，浙江海寧人，乙未。工科都給事中陰應節，字雲楚，山西洪洞人，丙戌。王命岳耻古福建晉江人，乙未。爲兵科左給事中，而右給事中爲袁懋德，字六完，順天香河籍，浙江餘姚人，乙酉，蓋雲南巡撫懋功之兄也。考舊制，六科屬通政司，雍正時改隸都察院。此册誤在大理寺之後，蓋刻版逸補時小有顛倒耳。國初沿明制，御史正七品。都給事中、左右給事中皆正七品，給事中從七品。雍正七年改給事中正五品，御史由翰林、郎中、員外郎補者正五品。由主事、中書、行人、評事、博士、行取知縣補者正六品。乾隆二十八年定御史爲從五品，以編修、檢討、郎中、員外四項補授。

次太常寺，漢寺卿董篤行，字藻賓，河南洛陽人，丙戌。少卿王胤祚。字還叟，順天文安人，丙戌。太僕寺少卿管左寺丞事朱守成，字明宇，浙江山陰人。光禄寺少卿管右寺丞事范玄寧，字冲宇，山東人，皆無出身。

次太僕寺，漢寺卿未補，少卿提督東路趙開心。字洞門，湖廣孝感人，甲戌。又協理兵部督捕事務朱紱。字白谷，江西進賢人，己丑。

次光禄寺，漢寺卿未補，少卿季昌齡。字長松，江南泰興人，甲午。

次國子監，漢祭酒章雲鷺，字紫儀，順天宛平籍，浙江山陰人，丁亥。司業陳鼓永、字學山，浙江海鹽人，乙未。王士禄西樵、龔鼎孳芝鹿，皆爲助教。芝麓盖自上林苑蕃育署丞量移者。

次順天府府尹羅繪錦。字完華，滿洲籍，遼陽人。

次鴻臚寺漢寺卿未補，少卿周之桂。字二峰，陝西咸寧人，癸未。

次行人司。

次宗人府，府丞王天眷，字龍錫，山東濟寧人，丙戌。不載宗令、左右宗人、諸王公。

次欽天監，首曰敕賜通玄教師加通政司通政使，用二品頂帶加一級。管欽天監印務事湯若望，字道未，大西洋人。

次太醫院，院使傅胤祖，字如岐，順天宛平籍，浙江會稽人。其屬有加太常寺卿仍管吏目事祝世遇，秀水人。蓋猶沿明制，醫工雜流，以恩寵加秩九卿也。

次侍衛衙門，有欽命教習武進士少傅兼太子太傅多裏機昂邦公遏必隆，多裏機昂邦霸突鹵公鰲拜，輔國公班布爾善，太子太保内大臣黑白昂邦蘇克沙哈等八人。其時侍衛猶仍國語稱蝦，故有欽選内侍一等蝦、頭等蝦、隨蝦學習、二品服俸、三四品服俸等稱，皆武進士爲之。一等、頭等蝦猶今之頭等侍衛也。隨蝦學習、二三四品服俸，皆庚子新武科，其分二三四品猶今之二等、三等及藍翎侍衛也。曰隨蝦學習者，仿文進士之庶吉士教習也。

次上林苑。

次鑾儀衛，漢人以都督同知協管衛事者二人：王鵬冲、劉永灝。而各省都統、提督、總兵皆列于後。挂鎮海大將軍印鎮守京口都統一人，劉之源，字清宇，滿洲人。副都統二人，提督十四人。江南隨征楊捷，字元凱。江南統轄滿兵哈哈木。江南江安劉良佐，字明輔。江南蘇松梁化鳳，字翀天。浙江田雄，字明宇。陝西統轄滿兵傅夸蟾。陝西統轄漢兵王一正，字定侯。江西嚴自明。湖廣柯永盛。貴州李本深，字樹臣。雲南張勇，字飛熊。福建馬得功，字小山。廣西馬雄，字蜚英。四川鄭蛟麟。總兵五十六人。潮州總兵吴六奇，字葛如，瓊州總兵高進庫，字槐庵。眉批：總兵有靖藩左右翼、平藩左右翼，皆鎮守廣東。加左右都督，此靖南王耿繼茂、平南親王尚可喜所統兵也。有定藩左右翼，分駐廣西。時定南王孔有德已早死，此其部兵也。惟平西無之。時提鎮皆加左右都督及都督同知、僉事等官，猶沿明五府軍衛之制，故以鑾儀衛統之。又太子太保鎮守漳州海澄公黄梧，字君宣。以加左都督亦列入焉。

後列直隸、盛京、奉天府府尹張尚賢，字遜吾，遼東遼陽人，生員。其下只有通判改經歷正六品服俸一員，遼陽、海城兩縣知縣二人。江南、山東、山西、河南、陝西、附延綏、寧夏、甘肅三鎮，亦稱整飭衙門，又有固原整飭衙門。湖廣、浙江、江西、福建、廣東、廣西、四川、貴州、雲南各省，自江南以下，布政使皆有左右二人。惟貴州衹一左布政，直隸不設布政。按察二司，各省道員皆兼參政、副使、參議、僉事等銜。凡要地繁缺皆設分守、分巡二道。乾隆二十八年始去各道兼銜。李來泰石臺爲江南蘇松常鎮四府糧儲參議道，王士禎阮亭爲揚州府推官，姜圖南匯思爲山東分巡濟南副使道，余國柱佺廬湖廣大冶人。爲兗州府推官，沈荃位庵爲河南大梁兵巡副使道，金鎮長真爲汝寧府知府，順天宛平籍，浙江山陰人。沈文奎清遠爲陝西督理西漢鳳平慶延六府糧儲左參政道，由漕督降調。法若貞玉符膠州人，丙戌。爲整飭漢羌參政道，駐劄陝西平涼府。有苑馬寺卿兼按察司僉事總理馬政遲日震，字嘉胤，遼東廣寧人。此亦尚沿明制。畢振姬山西高平人，丙戌。世爲湖廣左布政，劉楗公愚大城人，丙戌。爲右布政。謝祖悌友公爲整飭上江防兵備提督武昌、沔陽、常德、長沙等府副使道，順天籍，會稽人。宋琬荔裳爲浙江按察使，慕天顔鶴鳴陝西靜寧人，乙未。爲錢唐知縣。紹興府下『風俗』曰地狹民稠，事務冗雜，民俗繁華，差徭煩重。八縣糧三十三萬六千九百零。施閏章愚山爲江西分守湖西參議道。法若真黄石膠州人，丙戌。爲福建分守福興泉三府左參政道。胡昇猷貞巖爲分巡福興泉三府副使道。大興籍，山陰人。金鋐亦庵爲廣東分守嶺西參政道。宛平籍，山陰人，壬辰。傅弘烈竹君江西進賢人，舉人。爲韶州府同知。于清端成龍爲廣西羅城縣知縣。

時譯音猶未正，故滿州人名兔者甚多。又凡漢軍概目爲滿洲，不分晰滿漢及蒙古。各學教職、各縣巡檢皆不載。其首大學士中有一條云『武英殿大學士少保兼太子太保兵部尚書』，而下無其人，考之蓋爲聊城傅以漸。傅以十六年乞休，十八年始得旨回籍，故去其名而猶存其官。則此册之爲十八年益可徵信。凡此皆翁、法兩跋所未考及者也。

夜二更時有雷電，淋雨徹旦。

三十日癸丑　晨雨漸小，上午止，下午日見，仍有澂雨，夜雨有雷。改舊作湖塘詩詞。作書致香濤，得復。爲人書屏扇。

邸鈔：李鴻章奏據已革吏部尚書陳孚恩之子陳景蕃呈稱，親父孚恩遣戍伊犁，同治四年正月奉旨准其釋回，仍留伊犁幫辦兵餉事宜。五年正月回匪攻圍伊犁惠遠城，率同子孫登陴分守。二十二日酉亥城陷，親父身受重傷，持刀自刎。次兄户部候補郎中景和亦創重自戕。景蕃生母黄氏與景和妻徐氏、景和幼子小連，俱自投火中焚死。景蕃及景和子連官皆被擄。十年五月俄羅斯兵入城，回匪潰走，景蕃得入俄營，給照由恰克圖送張家口云云。請將陳孚恩開復原官，分别旌恤。詔：除陳孚恩無庸給予恤典外，其妾黄氏及子景和，媳徐氏，孫小連，均交部分别從優旌恤。